Le bonheur
était dans le pré

Pierre Bonte

Le bonheur était dans le pré

Albin Michel

AVERTISSEMENT

Inspiré d'un poème de Paul Fort, « Le bonheur est dans le pré » a d'abord été le titre d'un livre de Pierre Bonte publié en 1976 (Stock) et d'une de ses émissions de radio diffusée sur Europe 1 de 1976 à 1979. Étienne Chatiliez a repris ce titre en 1985 (sans l'accord de Pierre Bonte) pour le donner à un film interprété par Michel Serrault et Eddy Mitchell.

22, rue Huyghens, 75014 Paris
www.albin-michel.fr
ISBN 2-226-15129-X

Chapitre 1

La fontaine des veuves

C'était l'été dernier. J'avais pris huit jours de vacances sur l'île de Ré pour y suivre une cure de thalassothérapie. Je vous recommande l'endroit (le Relais Thalasso) si vous éprouvez le besoin d'une remise en forme. Installé sur la terrasse de mon bungalow, face à l'océan, je parcourai rapidement les pages du quotidien régional, Sud-Ouest, lorsqu'un titre, sur trois colonnes, a retenu mon regard :

« La laiterie de la Fontaine des Veuves va fermer. »

La nouvelle pouvait sembler d'une désolante banalité. Des fermetures d'entreprise, il y en a près de quarante mille par an, en France. Mais la laiterie de la Fontaine des Veuves – en dehors de son nom – offrait des particularités qui la rendaient unique.

Créée en 1904, elle s'apprêtait à fêter son centenaire. Elle était la plus petite laiterie de la région Poitou-Charente. Elle avait résisté au phénomène de concentration grâce à la qualité exceptionnelle de son beurre baratté, que les plus grands chefs se disputaient. Joël Rebuchon, natif de la région, n'en voulait pas d'autre. Sa fameuse purée, dans laquelle il entre presque autant de beurre que de pommes de terre, lui doit une bonne part de sa renommée. Il m'en avait parlé, d'ailleurs, quelques années auparavant. Sachant que j'aimais les petites histoires locales, il m'avait même donné un texte qui racontait la légende de la Fontaine des Veuves, dont l'eau a longtemps alimenté la laiterie... l'histoire de six veuves de bourgeois de Saint-Jean-d'Angély, massacrées par les soldats anglais pendant la guerre de Cent ans, alors qu'elles priaient pour le succès des armes de la France.

J'étais stupéfait. Comment cette laiterie coopérative, qui faisait l'un des meilleurs beurres de France, avait-elle pu être amenée à cesser sa production ? « Depuis deux ans, le marché du lait est en plein marasme », expliquait le président. « Une crise de deux ans, pour une petite structure de sept salariés comme la nôtre, c'est trop. Le beurre se vend toujours bien mais il ne représente qu'une partie de notre activité et il ne suffit pas à compenser nos pertes. »

Invité à donner son avis, le maire de la commune de Saint-Pierre-de-l'Île, où est située la laiterie, semblait résigné. Il s'apprêtait déjà à l'enterrer sous les fleurs artificielles du souvenir. Il parlait d'une « volonté de mémoire » de tout le conseil municipal.

« Il est prévu de réaliser un film », annonçait-il, « pour que ne s'oublient pas les techniques artisanales de fabrication du beurre dans ce coin du nord de la Charente-Maritime où, il n'y a pas si longtemps, on pouvait encore rencontrer une laiterie tous les deux ou trois kilomètres. À plus long terme, on pense même à faire revivre le métier de beurrier à travers une production non plus commerciale mais démonstrative, à l'intention des touristes. »

Sauve-qui-peut !

Cet article m'a fait mal parce qu'il venait soudainement renforcer un sentiment qui m'angoissait de plus en plus : cette France rurale dont nous sommes issus, dont j'avais montré toute la richesse et la diversité, dont j'avais soutenu les efforts et les luttes des années durant, était en train de se muer en un immense musée à ciel ouvert, un parc national de loisirs où des animateurs socioculturels allaient expliquer aux citadins en vacances ce qu'était la vie rurale autrefois, quand le bonheur était encore dans le pré... Dans l'ancienne laiterie de la Fontaine des Veuves, un préretraité allait faire semblant de faire du beurre « comme avant »... mais ce serait pour du beurre.

De la même façon, près de Thiers, on peut voir, l'été, d'anciens émouleurs se donner en spectacle, pour le compte de l'office du tourisme. Allongés sur le ventre au bord de la Durolle, ils repassent sur la meule la lame de couteaux de démonstration, pour offrir une attraction pittoresque aux vacanciers en short, bien plus insolites qu'eux dans ce décor tout imprégné de mémoire ouvrière, où ils furent des milliers à meuler le métal dans des conditions inhumaines, les mains dans l'eau, hiver comme été, le chien couché sur eux pour leur tenir chaud.

Je ne critique pas ces initiatives. Il est très louable de sauvegarder les vestiges et le souvenir du passé. Bien sûr. Mais c'est plus fort que moi : je ne peux m'empêcher d'avoir le cœur serré en visitant ces écomusées de la vie rurale, ces musées des vieux outils, des vieux métiers ou des traditions paysannes qui fleurissent un peu partout et qui sont autant de cimetières d'une civilisation défunte ou défaillante. J'ai l'impression d'assister à un « sauve-qui-peut » général. Lorsque l'homme qui fait office de guide est l'un des anciens artisans du village ou l'un des agriculteurs qui ont utilisé le matériel exposé, il parvient encore, avec ses souvenirs, à leur restituer un peu de vie. Mais cette génération aura bientôt totalement disparu...

Une certaine forme de bonheur

Voilà quelques-unes des pensées qui me trottaient dans la tête, ce jour-là, en refermant mon journal. J'ai pris conscience de la chance que j'avais eue de pouvoir vivre les dernières décennies de cette civilisation paysanne qui a fondé notre société et façonné nos mentalités. Grâce à mes émissions de radio et de télévision, de *Bonjour Monsieur le*

Maire à *Envoyé Spécial* – en passant par *Le Petit Rapporteur* et *Le Bonheur est dans le pré* – j'avais été le témoin privilégié d'une époque révolue mais dont beaucoup de Français avaient la nostalgie. J'avais peut-être le devoir de garder la flamme, de prolonger la mémoire de cette génération disparue, qui détenait le secret d'une certaine forme de bonheur. J'étais chargé d'histoire... de l'histoire de milliers de gens qui m'avaient ouvert leur porte et leur cœur. Il fallait que j'en laisse une trace.

Je voulais aussi apporter mon témoignage sur les combats souvent pathétiques que la France rurale a menés pour faire face à tous les bouleversements qui l'ont secouée durant cette période et pour tenter malgré tout de maintenir une campagne vivante.

C'est ainsi qu'est née l'idée de ce livre.

De retour à Paris, je me suis plongé dans les cartons de photos, de papiers, d'enregistrements sonores ou filmés que j'ai accumulés au fil des années. Les lieux, les visages, les mots ont resurgi comme par enchantement. J'ai remonté le temps jusqu'à mes souvenirs d'enfance, cette région du Nord où sont mes racines.

Chapitre 2

D'où êtes-vous ?

J'ai beaucoup d'admiration pour Georges Brassens mais le jour où je l'ai entendu chanter *La Ballade des gens qui sont nés quelque part* – c'était en 1972, au temps de *Bonjour Monsieur le Maire* – j'ai été profondément choqué. J'ai presque pris pour une injure personnelle l'épithète d' « imbéciles heureux » qu'il décochait à ces « gens du cru », dont je me faisais chaque matin le porte-parole,

« empalés une fois pour toutes sur leur clocher,
qui vous montrent leurs tours, leurs musées, leur mairie,
vous font voir du pays natal jusqu'à loucher ».

Je comprends bien qu'on puisse être agacé par le chauvinisme de certains mais, qu'on le veuille ou non, nous sommes tous marqués par ce « quelque part » où nous avons vu le jour, nous en gardons toute la vie une trace ineffaçable, et je ne vois pas pourquoi il faudrait dissimuler l'affection qu'on lui porte. Brassens lui-même, d'ailleurs, dans la *Supplique pour être enterré à la plage de Sète,* a cédé à ce sentiment commun en demandant :

« que vers le sol natal mon corps soit ramené
juste au bord de la mer, à deux pas des flots bleus ».

Aujourd'hui encore, quand je rencontre quelqu'un pour la première fois, je ne résiste pas à l'envie de lui demander : « D'où êtes-vous ? » Ce n'est pas une curiosité gratuite. En connaissant son terroir d'origine, je sais que je vais d'emblée apprendre quelque chose sur lui. Autant, sinon plus, qu'en découvrant son signe du zodiaque... Il y a des qualités et des défauts, des traits de caractère qui tiennent au pays d'où l'on vient, qui semblent inscrits dans les gènes, tout comme il en est qui dépendent de l'heure et de la date de la naissance. Je l'ai constaté maintes fois.

C'est aussi un petit jeu, pour moi, une façon de lier conversation. L'accent, quelquefois, ne serait-ce qu'à l'état résiduel, sous forme de « pointe », m'a déjà donné une indication sur la région d'origine, mais je veux vérifier, savoir si j'ai gagné... Et si je connais, en plus, la commune dont on me donne le nom, alors là, je peux épater la galerie, faire étalage de la science que j'ai acquise en quarante ans de reportages et dire (par exemple) : « Ah oui, c'est là que se trouve le château du marquis de Sade ! » ou bien « C'est la capitale de la camomille ! ». Plus le village est petit et ignoré, plus mon interlocuteur me regarde avec admiration !

Mais je sais aussi que j'ai marqué un point, dans ma relation avec lui. Il est subitement touché par cette évocation de son village natal, parce que, comme tout Français, il lui est resté attaché. Un climat de sympathie, de complicité s'est créé entre nous.

Je suis un « ch'ti »

Moi, je suis du Nord, de la proche banlieue de Lille. D'une région que j'aime par-dessus tout parce que les gens y sont d'une franchise et d'une simplicité rares. Pas compliqués. Quand un ch'ti vous dit quelque chose, vous n'avez pas besoin de vous demander quelle autre idée il peut bien avoir dans la tête (ou derrière). Les beautés du paysage sont moins évidentes, moins foisonnantes qu'ailleurs mais aucun autre pays n'accueille et n'adopte l'étranger avec autant de cordialité.

Mes racines y sont profondes : des cousins généalogistes m'ont déniché des ancêtres nordistes jusqu'au XVIe siècle, aussi bien du côté de ma mère (née Antoinette SIX, dans une famille d'agriculteurs de Prémesques) que du côté de mon père, Émile (né à Bondues dans une famille d'artisans cordiers). Bonte est d'ailleurs un mot flamand. Il signifie « bariolé, de toutes les couleurs ». Comme pour les Brun, les Blanc ou les Roux, il a d'abord été un surnom, sans doute, avant de devenir un nom patronymique.

J'y suis né le 15 septembre 1932 – l'année de la victoire du Cartel des Gauches, de la formation du Front Populaire et de l'élection d'Albert Lebrun à la présidence de la République – et j'ai été déclaré le même jour à la mairie de Pérenchies, commune de sept mille six cents habitants dont le nom n'est cité dans aucun guide touristique et qui n'a aucun titre, il est vrai, pour y figurer. C'est une commune de l'ère industrielle, dont la vie a été longtemps rythmée par la sirène hurlante de l'usine textile qui, quatre fois par jour, annonçait l'embauche des ouvriers et la sortie des ateliers. Les filatures et tissages de lin Agache employaient la majorité des habitants. Les enfants y entraient dès l'âge de treize ans et leur vie se poursuivait toute entière à l'ombre de l'usine, dont les trois immenses cheminées de briques trouaient le ciel. Comment lui échapper, d'ailleurs ? Tout appartenait à la famille Agache, à Pérenchies : les maisons, les jardins ouvriers, la crèche-garderie, le patronage, l'école privée, les sociétés de sport et de musique... et le château, dont elle se réservait l'usage.

Mon père était arrivé dans la commune cinq ans plus tôt, après avoir été obligé, pour raison de santé, d'abandonner le métier de boulanger, qu'il exerçait à Mouvaux, dans la rue de Roubaix. Il avait accepté, faute de mieux, un emploi d'« homme de peine » chez Agache. Il allait ensuite devenir « employé aux écritures », chargé de comptabiliser les entrées de matières premières et les sorties de produits finis.

Je me souviens d'une photo où on le voit dans la cour de l'usine, jouant aux cartes avec ses collègues, pendant les fameuses grèves de 1936, qui durèrent trois semaines et qui permirent au personnel d'obtenir – outre les congés payés et la semaine de quarante heures – la suppression des amendes et le relèvement de l'âge du travail à quatorze ans. J'ai toujours pensé qu'on avait dû forcer mon père à débrayer car ce n'était pas dans sa nature. D'une exactitude rigoureuse, quasi obsessionnelle, il avait un respect religieux pour le travail et la hiérarchie. Quand il a obtenu sa médaille du Travail, au bout de vingt-cinq années d'assiduité, il l'a fêtée comme une Légion d'honneur.

« Ite missa est ! »

J'étais le sixième enfant de la famille. Avant moi, ma mère avait successivement mis au monde cinq filles – dont deux jumelles – en cinq ans ! Tout en rendant grâce au Ciel pour cette heureuse fécondité, mes parents se désespéraient néanmoins d'avoir un jour un garçon. Leur désir était si fort qu'après la naissance de la cinquième fille, ma mère, très croyante, avait fait un vœu : « Si vous me donnez un fils, mon Dieu, il sera pour vous. J'en ferai un prêtre. » Exaucée, elle me prépara donc à cette « vocation » dès mon plus jeune âge.

Mes premiers jouets furent un petit autel en bois et la panoplie complète des accessoires, en miniature : calice, burettes, ostensoir, encensoir etc. Affublé d'une chasuble et des autres habits sacerdotaux qu'elle avait elle-même confectionnés sur sa machine à coudre Singer, je faisais semblant de dire la messe, sur un coin de la table de la salle à manger, en marmonnant des mots de latin entendus à l'église : « Dominus vobiscum », « Ite missa est », « Amen ! », et en agitant la sonnette avec conviction. Je prononçais même des sermons, sous les yeux étonnés de ma ribambelle de sœurs, à qui je faisais chanter à tue-tête le *Tantum ergo* et le *Salve Regina*....

Toute mon enfance s'est écoulée dans ce climat de religiosité, pieusement entretenu par ma mère qui allait assister à la messe tous les matins et m'y emmenait le plus souvent possible. Je me retrouvais encore à l'église en fin d'après-midi pour d'autres cérémonies du culte comme le salut ou les vêpres, sans parler des enterrements où je figurais accessoirement en tant qu'enfant de chœur, incapable de retenir mes larmes au moment du *Dies irae*...

Ma maison

Entre-temps, mes parents avaient changé de domicile. Ils avaient quitté Pérenchies pour installer la petite famille à quelques kilomètres de là, à Lambersart, dans une maison de briques rouges, à deux étages, qu'ils avaient pu faire construire grâce à la loi Loucheur. Louis Loucheur, député du Nord, dont on prononçait le nom, chez nous, avec la déférence due aux bienfaiteurs de l'humanité, est l'auteur d'une des premières lois en faveur de l'accession à la propriété. Votée en 1928, elle permettait aux familles nombreuses de devenir propriétaires avec un apport minimum de quatre mille francs et un crédit sur vingt-cinq ans.

La maison était située au 66 de la rue Auguste Delecourt (à trois minutes à pied de l'église). Elle était prolongée, à l'arrière, par un jardin, qu'une clôture à croisillons en ciment armé séparait du voisin. Ce potager occupait mon père tous les jours au retour de l'usine et fournissait une bonne part de la consommation familiale de légumes. De l'autre côté de la rue pavée, d'autres maisons semblables s'alignaient identiquement en rang serré.

La nôtre se composait, au rez-de-chaussée, d'un salon où nous avions l'interdiction de pénétrer – pour ne pas risquer de le salir – d'une salle à manger qui ne remplissait réellement son office que le dimanche et d'une grande cuisine où nous vivions le reste de la semaine. C'était d'ailleurs la seule pièce chauffée, l'hiver, grâce à l'imposante cuisinière à charbon au coin de laquelle reposait la cafetière émaillée, avec sa « chaussette » remplie d'un mélange de café et de chicorée. Tout contre, mon père avait son fauteuil, où il venait s'asseoir en rentrant du jardin, pour lire le journal, tandis qu'un des enfants lui apportait rituellement ses pantoufles. Premier levé, c'était lui, le matin, qui ranimait le feu de la cuisinière, avant de prendre son petit-déjeuner sur la table ronde recouverte d'une toile cirée, puis d'enfourcher son vélo pour partir à l'usine. Le samedi, on dressait un paravent autour de l'évier pour que chacun, à tour de rôle, puisse faire sa « grande toilette »... La pièce suivante, couverte d'une verrière, était la buanderie, où avait lieu la lessive du lundi. Tous les gestes de la vie se répétaient avec une régularité invariable, sans l'ombre d'une dispute ou d'un éclat de voix, tant l'autorité de ma mère était incontestée.

Premières impressions campagnardes

La guerre de 1939 est venue brutalement troubler cette existence paisible. Ma mère avait gardé un souvenir horrifié des Prussiens qui avaient envahi son village de Prémesques, en 1914, pillant les fermes et menaçant les habitants. Gagnée par la panique, elle décida de nous faire partir pour la Normandie, où son frère, agriculteur, exploitait une ferme dans le pays d'Auge. Elle confectionna pour chacun de nous une musette, dans de la toile à matelas, afin d'y entasser nos papiers et un peu de nourriture – au cas où nous serions séparés – et nous prîmes l'un des derniers trains qui circulaient encore, stoppés çà et là par les bombardements qui nous précipitaient peureusement dans les fossés.

Je suis resté là-bas trois mois, le temps d'emmagasiner quelques images et impressions toute neuves, pour moi. Je revois l'âne qui portait les bidons de lait de la pâture à la laiterie... la baratte en bois que je regardais tourner, dans l'odeur sure du petit lait... la charrette à cheval qui m'emmenait au marché, au côté de l'oncle, pour aller vendre l'énorme motte de beurre jaune, enveloppée dans un linge blanc humide...

Les nouvelles que nous recevions du Nord étaient rassurantes. Les Allemands se comportaient de façon « correcte », nous affirmait-on. Nous avons alors pris le chemin du retour, en traversant la Somme de nuit, couchés dans une barque, pour échapper aux soldats qui gardaient les ponts et interdisaient le franchissement de cette ligne de démarcation. Moment d'angoisse qui me parut très long. Dans un silence que froissait le bruissement des eaux de la rivière effleurées par les rames, nous retenions notre souffle et nous tremblions en apercevant, au loin, la silhouette de la sentinelle allemande, fusil sur l'épaule, faisant les cent pas sur le pont... Je garde une profonde reconnaissance pour le couple de passeurs qui bravait ainsi le danger, chaque nuit noire, sur sa barque, pour venir en aide aux familles de réfugiés du Nord qui aspiraient à retrouver leur toit. C'étaient des maraîchers de la région. J'ai oublié leurs noms, je ne les ai jamais revus, mais l'exemple de leur bonté, de leur parfait désintéressement et de leur courage est la plus belle leçon de morale que j'ai jamais reçue.

Le chouchou

À dix ans, ma mère me mit en pension dans un collège diocésain, à Lille, le collège Jeanne d'Arc. Cela supposait un effort financier bien au-dessus de ses moyens, mais elle avait réussi à m'obtenir la gratuité des études en allant voir l'évêque et en l'assurant que j'étais une bonne recrue pour l'Église. Je n'envisageais pas d'autre avenir que la prêtrise, effectivement, tant elle m'avait persuadé que j'appartenais à Dieu. J'avais lu la vie du Père Charles de Foucauld, missionnaire en Afrique, et dans mes rêves, je me voyais déjà à sa suite, vêtu d'une grande soutane blanche, parcourant les sables du Sahara pour évangéliser les petits païens...

En attendant, il me fallait accepter les contraintes de l'internat et aussi, en ces années d'occupation, les conséquences d'un ravitaillement rationné. Purées de pois cassés, rutabagas, lait battu aux flocons d'avoine, biscuits vitaminés... c'était l'essentiel de notre ordinaire. Au bout de deux ans, heureusement, j'ai pu opter pour le statut d'externe et j'ai retrouvé avec bonheur dans mon assiette les légumes du jardin et les produits frais que mon père s'échinait à récupérer dans les fermes, le soir, en sillonnant la campagne à vélo.

Au collège, le corps professoral était uniquement composé d'ecclésiastiques, qui compensaient la pauvreté de leur vie affective en se choisissant des « chouchous » parmi les élèves. Le chouchou faisait l'objet de manifestations de tendresse assez innocentes, généralement, et bénéficiait de petits compléments alimentaires (sucreries, gâteaux secs), de cadeaux divers, assortis d'un soutien scolaire appréciable. Le surveillant des études, qui se disait mon « grand-frère », flattait mon goût de la lecture en m'offrant les ouvrages de tous les bons auteurs contemporains : Georges Duhamel, François Mauriac, Georges Bernanos, Charles Péguy, Léon Bloy, Paul Bourget... Je les dévorai le soir, à la maison, sous l'œil indulgent de ma mère qui ne supportait pas, en revanche, de voir une de mes sœurs avec un livre en mains. Les filles devaient « s'occuper » en faisant du tricot, de la couture ou du ménage.

Je fus un bon élève. Rarement premier, car de la sixième à la philo je me suis retrouvé en compétition avec le même « fort en thème » qui raflait tous les prix d'excellence, je me maintenais toutefois dans le peloton de tête de la classe. J'étais même « en avance ». À l'époque, le bac se passait en deux parties. J'ai décroché la première à quinze ans, la seconde l'année suivante, sans efforts particuliers.

C'est alors qu'il fallut me montrer fidèle aux engagements maternels. J'avais la possibilité d'entrer au grand séminaire de Lille, pour devenir un jour vicaire, puis curé de paroisse, mais ce « profil de carrière » ne m'enchantait pas. Attiré par les pays lointains au parfum d'aventure, je choisis de m'enrôler dans la congrégation des Pères du Saint-Esprit, dont la zone d'évangélisation se situait principalement en Asie. À la fin des vacances scolaires, je pris donc la direction de leur séminaire à Bièvres, près de Paris.

Séminariste

J'y pénétrai, à dire vrai, sans enthousiasme. La foi naïve de mes jeunes années avait été sérieusement ébranlée au cours de mes études. Le professeur de philosophie nous avait imprudemment conseillé un livre qui m'avait bouleversé : *Les Nourritures terrestres*, d'André Gide. Celui-ci m'avait fait découvrir que ce monde auquel je m'apprêtais à renoncer était la source d'intenses bonheurs et que le plaisir n'était pas nécessairement un péché, comme on me l'avait enseigné. Quelques phrases m'avaient particulièrement touché : « Ne souhaite pas, Nathanaël, trouver Dieu ailleurs que partout. » C'était la première du livre. Et plus loin : « Ne distingue pas Dieu du bonheur et place tout ton bonheur dans l'instant. »

Il est difficile d'exprimer le choc que j'ai ressenti à la lecture de cet hymne panthéiste à la Création. On m'avait appris que l'obéissance était une vertu et qu'il n'y avait pas de plus parfait accomplissement que dans le sacrifice de soi. Et Gide écrivait, dans son nouvel évangile :

« Ceux-ci qui se disent le plus mes enfants, sous prétexte de m'aimer mieux, tournent le dos à tout ce que j'ai préparé pour eux sur la terre. Oui, ceux précisément qui me nomment leur père, comment peuvent-ils supposer que je puisse me plaire à les voir, par amour pour moi, maigrir, souffrir et se priver ? Cela me fait une belle jambe, dit Dieu. » Et puis ailleurs : « Commandements de Dieu, vous avez endolori mon âme... Vous avez entouré de murs les seules eaux qui me désaltéraient. »

Tout mon système de valeurs s'en trouvait chamboulé. Je commençai à me dire que j'avais peut-être fait fausse route.

Mon trouble venait aussi, sans doute, des premières émotions que j'éprouvais pour la fille d'amis de la famille, avec qui j'avais échangé, au cours de l'été, quelques regards et quelques gestes tendres. Je m'interdisais toute « mauvaise pensée » mais je trouvais quand même un peu sévère et injuste l'obligation de célibat que j'allais devoir respecter...

Il me semblait encore, pourtant, que je n'avais pas le droit d'abandonner la voie qui m'avait été tracée.

Le séminaire de Bièvres était installé dans une belle propriété entourée d'un grand parc, sur les bords de la rivière du même nom. La vie s'y déroulait de façon assez agréable, partagée entre les cours de théologie, les heures de prières à la chapelle et les exercices sportifs qui permettaient à notre bande de jeunes gens de dépenser une partie de leur énergie. Mais au fil des jours, je me sentais de plus en plus étranger au petit monde ensoutané qui m'environnait. La foi m'abandonnait. Au bout de six mois, ma conviction était faite. Ma vie était ailleurs. Après en avoir débattu avec le « père supérieur » du séminaire, je décidai de renoncer à ce que j'avais longtemps considéré comme ma « vocation ». Sans regrets.

Je rentrais donc à la maison, au grand désespoir de ma mère qui voyait s'écrouler toutes les ambitions qu'elle avait placées en moi. Je savais que dans ses rêves, elle m'imaginait déjà coiffé de la mitre d'évêque, faisant sonner la crosse sur le sol à chacun de mes pas, accordant au passage ma bénédiction aux foules agenouillées, tandis que les grandes orgues retentissaient solennellement, là-haut, dans l'odeur suave de l'encens... Elle mit longtemps à me pardonner ma « trahison ».

Comment je suis devenu journaliste

J'avais dix-sept ans. J'étais libre mais désemparé. Je me demandais quelle nouvelle orientation je pourrais prendre quand un dimanche, à la sortie de la messe, j'aperçus sous le porche de l'église une affichette de l'École de Journalisme de Lille (qui était à l'époque une section des Facultés Catholiques) annonçant que les inscriptions pour le concours d'entrée étaient ouvertes.

L'idée d'être journaliste ne m'avait jamais effleurée auparavant mais immédiatement, elle m'apparut avec évidence comme le seul choix possible. J'en parlais à ma mère, dont je dépendais à nouveau désormais, et j'eus la surprise de la voir acquiescer. Elle se consolait, m'a-t-elle avoué plus tard, en pensant qu'avec une telle profession je pourrais quand même dispenser la bonne parole...

En ce temps-là, l'École de Lille ne formait que des journalistes destinés à la presse écrite régionale. On y acquérait des notions de culture générale et l'on s'y exerçait aux différentes formes d'écriture journalistiques : l'éditorial (considéré par beaucoup d'étudiants comme l'expression la plus haute du métier !), le billet, l'enquête, la critique cinématographique (mon genre préféré), le reportage sportif, le fait divers, sous la férule de professionnels de la presse locale. Au passage, je tiens à souligner la qualité de l'enseignement que j'ai reçu dans cette école, qui fut la première en France dans sa spécialité, et qui dut lutter, à ses débuts, contre l'opinion dominante, selon laquelle le métier de journaliste ne s'apprend bien que « sur le tas ». Elle est aujourd'hui considérée, à juste titre, comme le meilleur centre de formation.

Mon premier contact avec « le tas » eut lieu en Bretagne à la fin de ma deuxième année d'études. Le directeur de l'école, Robert Hennart, m'envoya en stage à la rédaction d'*Ouest-France* à Rennes, où l'on me confia la responsabilité de l'édition de la Vendée. Le travail consistait à recevoir les dépêches des correspondants et des rédacteurs locaux, à les raccourcir éventuellement, puis à les mettre en pages. C'est là que, pour la première fois, j'ai été amené à m'intéresser à la vie des communes. Les comptes rendus de conseil municipal, les communiqués des associations, l'élection de Miss Sables-d'Olonne (très attendue !), la Fête des Fleurs à Chantonnay, les problèmes de la pêche à Saint-Gilles-Croix-de-Vie, le départ à la retraite de l'institutrice des Herbiers, l'arrivée du nouvel adjudant de gendarmerie à Challans... telle était la matière première de mes pages quotidiennes.

Jusqu'alors, j'ignorais à peu près tout de la France rurale. Ma seule expérience avait eu pour cadre la ferme de mon oncle Louis en Normandie. Après l'exode de 1940, nous y étions régulièrement revenus en vacances, l'été. Mon père aidait l'oncle à faire la moisson. En contrepartie, toute la famille était hébergée pendant quinze jours. Mais je n'étais pas encore sensible aux charmes de la vie paysanne. J'avais peur des animaux. Un jour mon père a voulu me faire entrer de force, en me prenant dans ses bras, dans la porcherie. J'en ai fait une jaunisse, paraît-il.

On m'aimait bien, à *Ouest-France*, et je m'y plaisais. Le rédacteur en chef m'invita à revenir en stage l'été suivant. Puis quand arriva le moment du service militaire, il me dit : « Partez tranquille, vous aurez toujours votre place ici. » Heureuse époque, où les jeunes journalistes diplômés ne connaissaient pas de problème d'emploi ! Il est vrai que nous étions six mille à posséder la carte de presse, contre trente-cinq mille aujourd'hui...

Un copain de régiment : Jean-Claude Brialy

Le service militaire, en ces années-là, était une obligation à laquelle on échappait difficilement. J'ai eu la chance, toutefois, de l'accomplir dans des conditions privilégiées. La caserne Napoléon à Berlin, où j'ai passé l'hiver 1953-1954. n'avait rien d'un palace, mais grâce à l'intervention du rédacteur en chef du quotidien lillois *La Croix du Nord*, R.G. Nobécourt, qui avait un ami « bien placé » au ministère des Armées, j'ai pu m'en évader assez vite pour être affecté au service de presse du Commandement en chef des troupes françaises d'occupation, dans la jolie station thermale de Baden-Baden, au cœur de la Forêt Noire.

Du jour au lendemain j'ai troqué avec soulagement le fusil pour le stylo, les manœuvres de nuit en godillots pour les reportages en Opel, et pendant un an, dans mon uniforme kaki, j'ai parcouru l'Allemagne, de ville de garnison en ville de garnison, afin d'assurer le compte rendu des prises d'armes, remises de fourragères, prises de commandement et autres manifestations ordinaires de la vie militaire. J'étais l'un des reporters de la « Revue des FFE » (Forces françaises de l'Est), dirigée par le colonel de Rémond du Chélas, fringant officier de cavalerie dont le principal mérite était d'être conscient de son incompétence en matière de presse, et de laisser à son équipe de rédaction une totale liberté de mouvement.

Dans le bâtiment qui abritait le service de presse se trouvait aussi le Service Cinéma des Armées. C'est ainsi que j'ai rencontré pour la première fois Jean-Claude Brialy. Sortant du Conservatoire de Strasbourg, il avait bénéficié lui aussi d'un bon coup de piston – actionné par son père qui était colonel – pour obtenir cette affectation privilégiée. Il y avait tout de suite donné libre cours à ses talents de comédien. Avec d'autres appelés de l'état-major et quelques PFAT (personnel féminin de l'armée de terre) qui étaient employées comme secrétaires dans les bureaux, il avait monté une troupe de théâtre qu'il menait avec brio. Elle se produisait régulièrement sur la scène du Petit Théâtre français de Baden-Baden, dans des pièces ambitieuses : *Ciel de Lit, Les Parents terribles, Le Barbier de Séville, Topaze, Les Vignes du Seigneur, Jean de la Lune, Bobosse.*

Jean-Claude en tenait toujours, bien entendu, le rôle principal, avec une maîtrise époustouflante. Mais dans la vie de tous les jours, il m'émerveillait tout autant par sa vivacité, son intelligence, sa drôlerie permanente. Toutes les filles de la troupe étaient amoureuses de lui, mais il restait indifférent à leurs avances. L'une d'entre elles, n'en pouvant plus, s'introduisit un soir dans sa chambre, en son absence, et se glissa dans son lit pour l'attendre. Sans plus de résultat. Le cœur de Jean-Claude ne battait que pour le théâtre...

J'ai gardé une critique que j'avais publiée dans la Revue des FFE, après sa représentation de la pièce *Les Parents terri-*

bles. C'est sûrement l'une des premières qu'il ait eue. Je n'y cachais pas mon enthousiasme : « Tour à tour espiègle, tendre, douloureux, tragique, il a bouleversé son public, atteignant la perfection dès le premier acte, dans la scène fameuse où Mic retrouve sa mère, au retour d'une fugue... » J'étais convaincu, déjà, qu'il ferait une grande carrière.

Quand il nous arrive de nous retrouver, à Paris, nous évoquons souvent avec amusement et émotion ces souvenirs de bidasses, qui ont forgé une amitié fidèle.

Jean-Claude n'oublie pas non plus que, deux ans plus tard, alors qu'il cherchait du travail à Paris, j'ai tenté de le faire engager comme meneur de jeu à Europe 1, où je venais d'être admis. Mais il faut que je vous raconte d'abord comment je suis entré dans cette grande maison, où j'ai passé vingt-neuf années très heureuses.

Vous écoutez Europe n° 1... 1647 m grandes ondes

J'étais revenu à la vie civile au cours de l'été 1955 et j'avais immédiatement regagné Rennes pour retrouver, comme promis, mon poste de secrétaire de rédaction aux pages régionales d'*Ouest-France.* Mon salaire était des plus modeste mais il me suffisait pour payer ma petite chambre meublée, chez l'habitant, et les repas que je prenais, avec quelques autres célibataires du journal, dans un café-restaurant de la rue Baudrairie où nous avions notre rond de serviette. À la table voisine venait régulièrement s'asseoir l'accordéoniste André Blot, dont la compagne était danseuse au théâtre de Rennes.

J'avais aussi mes habitudes au Café de la Poste, à quelques mètres du journal. J'étais tombé amoureux de l'une des filles de la patronne, Vetty, une brune aux yeux verts et au sourire ravageur qui, à dix-huit ans, me semblait d'une beauté exceptionnelle. Le soir, dans ma chambre, en l'espérant, j'écoutais la radio, plus spécialement une toute nouvelle station commerciale nommée Europe n° 1 qui avait commencé à émettre régulièrement en avril 1955 et qui était en train de révolutionner le paysage radiophonique.

Alors que Radio-Luxembourg diffusait de la « réclame », à coup de slogans et de ritournelles tapageuses, Europe n° 1 avait inauguré la publicité en douceur. Elle avait également inventé le journalisme parlé : au lieu des bulletins d'information de la RTF lus par des « speakers » à la voix empesée, on entendait des journalistes dire avec naturel les nouvelles qu'ils avaient eux-mêmes rédigées, raconter avec émotion les événements qu'ils avaient vécus. Les meneurs de jeu vous parlaient sur un ton familier, décontracté, comme s'ils étaient assis à coté de vous, sur le bras du fauteuil. Nous n'étions plus des « chers-z-auditeurs » mais des amis. La programmation musicale était résolument orientée vers les jeunes, à travers des émissions comme « Salut les copains » ou « Pour ceux qui aiment le jazz »... Tout cela était totalement neuf. Devant l'énorme succès de la formule, le « style Europe n° 1 » allait d'ailleurs être prestement copié, les années suivantes, par les autres radios.

Par chance, au service de presse de Baden-Baden, je m'étais lié d'amitié avec un jeune appelé, Pierre Andro, qui, de retour à Paris, avait réussi à se faire embaucher comme reporter dans la juvénile station de la rue François 1er. « Pourquoi n'essaies-tu pas d'y entrer, toi aussi ? m'écrivit-il. Le journal parlé recrute, en ce moment. Demande à venir faire un test. »

Deux semaines plus tard, j'étais convoqué dans un studio au décor futuriste, en même temps qu'une demi-douzaine d'autres candidats – parmi lesquels Georges Fillioud, futur ministre de la Communication du gouvernement Pierre Mauroy – pour subir quelques épreuves de sélection. L'éditorialiste de la station, Claude Terrien, qui avait en charge la formation des nouvelles recrues, se montra assez satisfait du résultat, pour ce qui me concerne, pas assez pourtant pour m'engager de façon ferme. « Vous avez des potentialités intéressantes, me déclara-t-il, mais il faut d'abord vous débarrasser de votre accent nordiste... Je vous propose un essai de trois mois. » Il faut dire qu'en ce temps-là, les accents régionaux, à la radio, étaient proscrits et pourchassés avec la même sévérité que le patois l'avait été dans les écoles de la IIIème République. André Arnaud sera le premier, quelques années plus tard, à imposer son accent du Lot-et-Garonne dans le journal de midi.

Durant tout le voyage du retour, je m'interrogeai sur la conduite à tenir. Était-il bien raisonnable de quitter une maison solide, confortable pour une expérience passionnante, certes, mais qui risquait de tourner court ? Mais si je ne la tentais pas, n'allais-je pas le regretter toute ma vie ?

Il me fallait donner une réponse rapidement. Dès le lendemain, je demandai rendez-vous au rédacteur en chef d'*Ouest-France*, Yves Le Dantec. Je cite son nom avec reconnaissance car, en l'occurrence, son comportement a été d'une générosité exceptionnelle.

« Europe n° 1 m'offre un engagement à l'essai. Si ça ne marche pas, est-ce que je pourrai revenir ? », lui demandai-je ingénument.

Sa première réaction fut brutale : « Vous n'y pensez pas ! Si vous choisissez de nous quitter, je le déplorerai mais je le comprendrai. Pour le reste, à vous d'assumer les conséquences de votre décision. »

Une demi-heure plus tard, alors que j'avais tristement regagné mon bureau, il me fit rappeler : « J'ai des remords », me confia-t-il en souriant. « Si à votre âge j'avais eu une telle opportunité professionnelle, j'aurais été content qu'on m'aide à la saisir. Je ne veux pas que vous la manquiez à cause de moi. Allez donc à Paris ! Et revenez quand vous voulez. »

Il ne me revit jamais puisque mon essai fut transformé, mais tous les ans, jusqu'à son départ en retraite, je lui ai envoyé une carte de vœux, pour le remercier de m'avoir laissé ma chance. Il est probable, en effet, que sans son soutien, j'aurais renoncé à m'aventurer dans l'inconnu parisien.

L'accent du Nord

Je suis entré à Europe n° 1 le 15 février 1956. J'ai retrouvé avec émotion ma première « carte d'entreprise » signée du chef du personnel, Mme Hermann. Sur la photo, je n'ai pas l'air très assuré mais j'ai encore des cheveux (même s'ils amorcent visiblement un mouvement de retrait). J'arbore une petite moustache en accent circonflexe, modèle Clark Gable, que j'imaginais sans doute avantageuse. J'avais tort. L'adresse indiquée au dos, 24 rue Trébois à Levallois-Perret, était celle d'un hôtel discret où j'avais pris une chambre au mois. Sage précaution car mon avenir à la radio est resté longtemps incertain.

L'accent du Nord, je le reconnais, n'a pas le charme de celui du Midi mais il est aussi résistant. J'avais fait une liste des mots qui le trahissaient le plus lâchement et le soir, en compagnie de l'ami Pierre Andro, devant un magnétophone qu'il m'avait prêté, je les répétais sans relâche en m'efforçant d'adopter la prononciation parisienne. Puis nous écoutions l'enregistrement, qui révélait de façon impitoyable les défauts à bannir. J'avais l'impression déprimante que je n'arriverais jamais à me défaire de ce pénible accent.

Dire « vagon » au lieu de « ouagon » pour parler d'une voiture de chemins de fer, on en prend aisément l'habitude. Ne pas glisser des « ch » partout, comme dans « métchier » ou « entchier », ça s'acquiert assez vite. Mais j'avais les plus grandes difficultés à ouvrir le son des voyelles : les o, les é, les a, qui sont systématiquement fermés, dans le Nord, quelle que soit l'accentuation. Et puis il y avait cette façon d'écraser les « r », ces intonations épaisses, dont je n'étais absolument pas conscient, en parlant, et qui sautaient à l'oreille quand elles étaient reproduites par la bande magnétique.

Aujourd'hui, je l'aime bien, cet accent. Je suis tout ému quand je l'entends à la radio, et je constate avec plaisir qu'il est encore solidement ancré. Il donne de la couleur et de la chaleur aux propos. Mais j'avoue l'avoir maudit, à cette époque.

Le piège de Monsieur Kisselev

Mes efforts se sont finalement avérés concluants, mais j'ai failli chuter sur un autre obstacle. J'étais incapable de résister aux fous rires, à l'antenne, ce que Pierre Sabbagh, le directeur de l'information, jugeait intolérable. Lors des journaux du matin en particulier, que nous présentions à plusieurs voix, il suffisait que l'un de nous se trompe ou prononce un mot équivoque pour que ma voix s'étouffe dans un irrépressible accès d'hilarité. J'avais beau me pincer la cuisse, imaginer l'engueulade qui m'attendait et le triste sort qui s'ensuivrait, rien à faire, je n'arrivais pas à retrouver mon flegme et à poursuivre normalement la lecture de mon paragraphe.

Un matin, je me souviens, j'étais devant le micro en compagnie de François Gerbaud (devenu sénateur de l'Indre) et Jacques Paoli. Comme nous ne disposions que d'un seul texte et qu'il manquait une chaise, dans le studio, pour nous permettre d'être tous assis, l'un de nous se levait à tour de rôle pour céder sa place à celui qui devait enchaîner. Ce petit manège nous avait déjà mis en joie quand arriva sous mes yeux une information concernant le départ de l'ambassadeur russe, M. Kisselev... J'avais à peine prononcé le nom de ce monsieur « Kisselev » (lui aussi !) que le fou rire m'envahit et gagna aussitôt mes comparses. Jacques Paoli et François Gerbaud, heureusement, reprirent leur sérieux plus rapidement que moi. Ils parvinrent à terminer le journal sans trop de dommages mais j'ai eu droit, au retour du studio, à un savon retentissant, assorti d'une menace de licenciement.

Au deuxième (et dernier) avertissement, j'ai réussi à mieux me contrôler, toutefois. Et Pierre Sabbagh, ma terreur, est reparti à point nommé pour la télévision, laissant la direction du journal à Maurice Siégel.

L'apprentissage

Durant ces premières années à Europe n° 1, j'ai été amené à toucher à tous les genres. Outre la rédaction et la présentation des journaux, j'effectuais des reportages. Nous disposions pour ce faire des premiers magnétophones portables, récemment apparus sur le marché : les « perfectones » et les « nagras ». Ils représentaient un progrès considérable, comparés aux camionnettes ou aux voitures d'enregistrement qu'on utilisait auparavant. Mais ils avaient quelques inconvénients redoutables.

L'appareil nommé « perfectone », qui était alimenté par huit grosses piles rondes, pesait lourdement sur l'épaule, les piles s'usaient très vite, et si l'on omettait de les renouveler à temps, la bande magnétique cessait de se dérouler en cours d'interview. Quant aux premiers modèles de « nagra », que nous expérimentions, ils avaient un autre handicap : le déroulement de la bande n'était pas commandé par des piles mais par un ressort qu'il fallait remonter toutes les trois minutes avec une manivelle située sur le côté de l'appareil. Et le risque était le même : si dans le feu du reportage on oubliait de tourner la manivelle, l'enregistrement s'interrompait dans un infâme dégueulis sonore.

Combien de fois ai-je été piégé par ce système ! Je me souviens d'un procès d'assises que j'étais venu couvrir à Perpignan. Un jeune instituteur, psychologiquement affaibli, était jugé pour avoir tiré sur l'un de ses élèves qui venait régulièrement faire du vacarme sous ses fenêtres. J'étais le seul à avoir obtenu de sa mère une interview poignante. Un document qui allait me valoir les félicitations de la direction, sûrement ! Hélas, dans l'émotion, je n'ai plus pensé à la manivelle... Plus de la moitié de la conversation s'est ainsi envolée.

Piaf et B.B.

J'étais très attiré, à l'époque, par le monde du spectacle, les coulisses du cinéma, les vedettes qui faisaient la une de *Cinémonde* et les starlettes qui se contentaient des pages intérieures. Depuis mes années d'étudiant, je rêvais d'approcher Martine Carol, dont les ravissantes apparitions dans *Caroline chérie, Un caprice de Caroline, Lucrèce Borgia* m'avaient vivement impressionné. J'espérais que mon statut de reporter parisien me donnerait enfin l'occasion de réaliser mon vœu. La belle et fragile comédienne mit trop rapidement fin à sa carrière et à son existence, malheureusement, pour que j'aie le temps de lui déclarer mon admiration, mais en 1956, l'année de mes débuts à Europe n° 1, un autre « sex-symbol » accédait à la gloire, grâce au film *Et Dieu créa la femme* : Brigitte Bardot. Je me suis consolé en allant l'interviewer un peu plus tard, sur le tournage de *La Femme et le Pantin,* aux studios de Billancourt...

Notre rencontre, soyons honnête, n'eut rien d'inoubliable. B.B. avait accepté de répondre à quelques questions entre deux prises de vue, tandis qu'installée dans sa loge elle recevait les soins de la coiffeuse et de la maquilleuse, et face au miroir où resplendissait sa beauté, je ne suis pas sûr qu'elle ait eu un regard pour le visage du journaliste à la calvitie naissante qui se reflétait à côté du sien... Quant aux propos que nous avons échangés, ils ne méritent vraiment pas de passer à la postérité.

Mon plus beau souvenir de « fan » reste mon unique rencontre avec Édith Piaf. En 1958, à quelques semaines de son passage à l'Olympia, elle avait invité chez Maxim's une dizaine de journalistes, dont la responsable de la rubrique « spectacles » d'Europe n° 1, Sylvaine Pécheral. « Je ne suis pas libre ce soir-là », me dit Sylvaine, « tu veux y aller ? » Parbleu ! Dîner chez Maxim's et à la même table que Piaf, c'était un cadeau inespéré pour le petit provincial que j'étais ! Le repas terminé, Édith Piaf nous invita à monter au premier étage, où se trouvait un piano, pour nous faire découvrir l'une des chansons de son nouveau tour. « Elle a été écrite par un jeune garçon plein de talent, Georges Moustaki, sur une musique de mon amie Marguerite Monnot », annonça-t-elle. Marguerite Monnot s'installa au piano et joua les premières notes de *Milord*. Édith se mit à chanter, le regard dirigé vers moi, s'amusant de ma timidité :

« Allez, venez, Milord, vous avez l'air d'un môme,
Laissez-vous faire, Milord, venez dans mon royaume... »

Assis par terre, en demi-cercle autour d'elle, nous l'écoutions bouleversés, conscients d'assister à la naissance d'une chanson immortelle. Aujourd'hui encore, chaque fois que j'entends « Milord », j'en ai des frissons.

Je revoyais de temps à autre Jean-Claude Brialy. Il peinait à décrocher des rôles depuis son arrivée à Paris et commençait à se faire du souci. Je le présentai à Sylvaine Pécheral, qui fréquentait assidûment le petit monde du show-biz, pensant qu'elle pourrait l'aider. Séduite par son charme et sa drôlerie, elle en fit aussitôt son accompagnateur préféré dans toutes les « premières » ou avant-premières et dans les soirées parisiennes. Elle l'hébergea même pendant quelque temps (en tout bien tout honneur, regrettait-elle...). Je lui fis également rencontrer le directeur des programmes d'Europe n° 1, Pierre Delanoé, qui accepta de lui faire passer un essai de meneur de jeu. Mais son heure n'était pas encore venue. Il ne fut pas retenu. C'est Claude Chabrol, finalement, qui lui donna le vrai départ avec *Le Beau Serge* en 1958.

L'affaire Novak

Ces incursions dans le milieu des vedettes m'ont marqué parce qu'elles étaient rares. Les informations que je traitais ordinairement étaient moins frivoles. Elles relevaient en général de la rubrique des faits divers. De toutes celles que j'ai eu à couvrir à cette époque, l'affaire Novak a été la plus retentissante. Elle a d'ailleurs eu des répercussions sur le sort de tous les enfants adoptifs. Je vous rappelle les faits :

Abandonné à sa naissance, en 1954, le petit Didier avait été confié à un couple de commerçants, M. et Mme Novak, qui s'étaient, comme il est normal, profondément attachés à lui. On imagine leur désarroi quand, trois ans plus tard, ils apprennent que les parents naturels de Didier, M. et Mme Genilloud, ont entamé une procédure pour faire annuler le jugement de légitimation adoptive, prononcé en 1955, et récupérer l'enfant. En décembre 1957, alors que le tribunal est à la veille de se prononcer sur la requête des Genilloud, Mme Novak s'affole. Elle annonce, dans une interview à la presse, qu'elle ne rendra jamais Didier et s'enfuit avec lui pour échapper à la justice.

Peu de temps auparavant, j'avais fait la connaissance d'un reporter de *France-Dimanche*, qui débutait lui aussi dans le métier mais qui manifestait déjà des dons romanesques certains. Il s'appelait Gérard de Villiers. Il vint me voir en disant : « Je suis le seul à savoir où s'est réfugiée Mme Novak. J'ai fait une série de photos qui vont faire sensation mais le journal se vendra encore mieux si j'ai une radio, en complément, pour faire mousser l'histoire et sensibiliser l'opinion publique tout au long de la semaine. Ça t'intéresse ? Alors, vois ton rédacteur en chef et demande lui de te donner carte blanche, sans lui révéler l'endroit où je vais t'emmener. »

Le futur père de la série des S.A.S. savait d'autant mieux où étaient cachés Mme Novak et Didier qu'il avait lui-même organisé leur fuite. Il avait déniché dans la montagne qui surplombe Ollioules (Var) une villa isolée, qu'il avait louée aux frais du journal et mise à leur disposition. Mais j'ignorais ce détail à ce moment-là.

Pendant huit jours, j'ai donc distillé sur l'antenne informations et confidences de Mme Novak, tandis que tous mes confrères cherchaient en vain à identifier le lieu d'où je les diffusais. Je tenais le scoop parfait. Le numéro de *France-*

Dimanche qui suivit battit évidemment des records de vente et je rentrai à Paris couvert de gloire.

Mais pour Mme Novak, l'affaire ne faisait que commencer. Le tribunal, dans un premier temps, lui donna raison. Il rejeta la demande des Genilloud, décision qui fut confirmée en 1958 par la cour d'appel d'Aix-en-Provence. Mais en 1960, la Cour de cassation annula l'arrêt de la cour d'appel et en 1961, un nouveau jugement ordonna la remise de l'enfant aux géniteurs. Finalement, après bien des tribulations et beaucoup d'angoisses, Didier resta auprès de sa mère adoptive, qui n'abandonna pas pour autant le combat. Elle entama une campagne pour obtenir une modification de la loi sur l'adoption, de manière à ce qu'une autre affaire Novak ne puisse jamais plus se produire. Elle eut gain de cause en 1966. L'irrévocabilité de la légitimation adoptive est désormais inscrite dans la loi.

À moi l'Amérique !

Pour l'anecdote, c'est grâce à l'affaire Novak que j'ai effectué mon plus beau voyage... En guise de récompense, le rédacteur en chef du Journal Parlé, Jean Gorini, me désigna pour accompagner l'équipage de l'avion de transport « Bréguet Deux-Ponts » qui partait faire une tournée de démonstration de l'appareil dans les deux Amérique. Europe n° 1 et la société Bréguet avaient en effet le même propriétaire, Sylvain Floirat, qui souhaitait qu'un reporter donnât sur l'antenne quelques échos de cette opération promotionnelle. En cinq semaines, je me suis ainsi posé, successivement, à Washington, Miami, La Havane, Mexico, Bogota, Lima, Santiago du Chili, Brasilia, en terminant par Rio de Janeiro, où se déroulait le Carnaval. À vingt-six ans, je pouvais difficilement rêver d'un plus merveilleux périple !

Le seul mauvais moment a été la traversée de la Cordillère des Andes, entre Lima et Santiago du Chili. Le passage que devait emprunter le Bréguet Deux-Ponts se situait à une altitude proche du plafond de l'appareil, alourdi par une charge inhabituelle de kérosène. Par temps clair, l'opération n'aurait pas posé de problème. Le malheur a voulu qu'une crasse épaisse se lève et nous enveloppe à l'instant critique. Incapable de naviguer à vue, le pilote a commencé à tourner sur place, en attendant de meilleures conditions météorologiques. Mais les réserves de kérosène avaient été calculées au plus juste... Combien de temps allions-nous pouvoir tenir ?

J'ai éprouvé, ce jour-là, la plus grande peur de ma vie. Blotti dans les bras de l'hôtesse qui tentait de me réconforter, je la chargeai de messages pour ceux et celles que j'aimais, sans penser que l'issue, si elle se révélait fatale, serait sans doute la même pour nous tous... Une éclaircie est enfin venue nous sauver. Mais je ne me sentais pas très fier de moi. Je n'étais décidément pas fait pour les aventures héroïques.

Je ne savais pas que le destin, compréhensif, allait bientôt me vouer à des destinations beaucoup moins lointaines, sinon moins périlleuses. L'ère de *Bonjour Monsieur le Maire* n'était pas loin.

Chapitre 3

Bonjour monsieur le maire !

Dans une rédaction, où les luttes d'influence sont plus ou moins larvées, on ne sait jamais très bien pourquoi, à un moment donné, tel journaliste a la cote ou se retrouve en disgrâce. J'avais connu quelques périodes de faveur mais fin 1959, je sentais que l'horizon s'assombrissait, pour moi. On ne me confiait plus guère de sujets importants. Les remarques désagréables se multipliaient : j'avais la voix trop gaie, paraît-il, pour présenter des informations qui réclamaient une certaine gravité... Mon débit était trop haché... Je commençai à envisager le pire lorsqu'un matin d'octobre, Jean Gorini me convoqua dans son bureau.

Ce genre d'entretien en tête-à-tête avec le « patron » était assez peu fréquent, pour la troupe de jeunes journalistes que nous formions. Je m'assis donc en face de lui en m'efforçant de masquer mon émotion et mon inquiétude. Bonne ou mauvaise nouvelle ? Qu'allait-il m'annoncer ?

Après avoir nerveusement curé la pipe qu'il ne quittait jamais, il me dit : « Nous allons créer une nouvelle émission, qui sera financée par Butagaz et qui s'appellera *Bonjour Monsieur le Maire.* Elle présentera chaque matin une petite commune de France, sous la forme d'un reportage. Je vous ai choisi pour y travailler. Dès demain vous préparerez les premiers numéros, sous le contrôle de Louis Roland Neil, le responsable des journaux du matin. »

J'étais catastrophé. Quoi ! J'avais laissé *Ouest-France* et les petits patelins de Vendée pour gagner les galons de « grand reporter » à Paris, et on me demandait d'abandonner toute ambition pour aller me perdre sur des chemins de campagne ! J'étais fasciné par le petit monde des stars et on me proposait d'aller interviewer des paysans ! La paille au lieu des paillettes...

M'armant de courage, je lui répondis que je n'étais vraiment pas attiré par ce style de reportages et que je préférais décliner son offre.

« Mais je ne vous demande pas votre avis », me rétorqua-t-il sèchement. « Ou bien vous acceptez, ou bien vous allez voir ailleurs. Je vous laisse vingt-quatre heures pour me donner votre réponse. »

Voilà comment a débuté, bien malgré moi, l'extraordinaire aventure de *Bonjour Monsieur le Maire*, qui allait m'entraîner pendant quinze ans à la découverte de la France rurale et qui devait m'apporter tant de bonheur ! Non seulement je n'ai pas eu l'initiative de l'émission, comme on m'en attribue souvent l'honneur, mais je n'ai accepté la mission que contraint et forcé, je dois l'avouer.

Rétrospectivement, je me dis que j'ai été stupide de réagir de cette manière à la proposition de Jean Gorini. Mais tous mes jeunes confrères, je crois, en auraient fait autant. En cette fin des années 50, en effet, la campagne était totalement discréditée. C'était la pleine période de l'exode rural, qui précipitait vers les villes ou leurs banlieues tous ceux qui aspiraient à une promotion sociale ou à des conditions de vie plus confortables. Les agriculteurs eux-mêmes incitaient souvent leurs enfants à faire des études pour échapper à un métier dévalorisé. Ceux qui restaient à la ferme étaient les moins doués, ceux qui n'étaient pas capables de faire autre chose. Tel était du moins le sentiment général.

Un détail significatif : je me souviens que, dans les premières années de l'émission, je me gardais d'employer le joli mot de « paysan », parlant d'un agriculteur, pour ménager la susceptibilité des jeunes exploitants qui le jugeait méprisant voire insultant. C'était du reste l'invective préférée des chauffeurs de taxi parisiens quand ils avaient une altercation avec un autre automobiliste : « Va donc, eh, paysan ! » Les jeunes le reniaient. Même l'appellation de « village », aujourd'hui chargée de poésie, était ressentie comme humiliante pour une commune. Tout ce qui avait une connotation provinciale ou rurale était considéré comme vieillot, dépassé, ringard. Et moi qui venais de ma région du Nord, qui m'étais débarrassé avec peine de mon accent du terroir, j'avais acquis sans m'en rendre compte cette détestable mentalité parisienne qui tend à mépriser tout ce qui se passe au-delà des frontières de l'Île-de-France.

À Europe n° 1, d'ailleurs, personne ne croyait en l'avenir de l'émission. Pas même la direction. Elle avait imaginé ce concept dans le seul but d'accrocher un budget publicitaire, celui de Butagaz, qui souhaitait mettre en vedette, sur l'antenne, ses dépositaires locaux. La marque aux bouteilles bleues se targuait d'être la mieux distribuée en France. Elle avait un dépositaire quasiment dans chaque commune et elle entendait le faire savoir. Jean Gorini s'était alors souvenu d'une chronique radiophonique de Jean Nohain, pendant les années d'Occupation, qui s'appelait *Bonjour la France.* Chaque soir, Jean Nohain parlait d'un petit village de France et s'adressait à Mme Dupont, l'épicière, M. Fabre, le forgeron, M. Guimard, le facteur... ceux qui avaient le téléphone et qu'il avait pu joindre pour glaner quelques informations sur la commune.

Gorini avait eu l'idée de ressusciter ce rendez-vous quotidien mais cette fois, grâce aux progrès techniques, en donnant la parole aux habitants. « C'est l'épicière, le forgeron, le maire qu'on entendra. Et à la fin, nous donnerons la parole au dépositaire Butagaz de la commune », avait-il suggéré aux responsables de la marque. C'est encore lui qui trouva ce titre, devenu si populaire : *Bonjour Monsieur le Maire* !

Mon premier maire

J'ai une pensée émue pour la première commune où il m'expédia, nagra sur l'épaule, afin de réaliser un « numéro zéro » : Chanzeaux, en Maine et Loire. Un sociologue américain, Laurence Willie, après avoir passé deux ans dans ce petit bourg des Mauges, venait de publier un livre intitulé *Un village en France*, qui avait eu droit à plusieurs articles élogieux dans la presse parisienne. « À vous maintenant d'en tirer le portrait radiophonique », me dit Jean Gorini.

La région des Mauges, au cœur du pays chouan, n'est pas des plus ouvertes aux étrangers. Le souvenir des guerres de Vendée et des cent quatre-vingt mille habitants exterminés par les armées de la République y était encore très présent. Il avait engendré une méfiance héréditaire à l'égard du Parisien, qui rendait les contacts difficiles. Dès le premier jour, je me suis senti mal à l'aise. J'ai consciencieusement interviewé le maire, l'instituteur, le curé – personnage très influent dans une région qui avait alors le plus fort taux de pratique religieuse (95 % de fidèles à la messe le dimanche). Mais le résultat fut médiocre. Il me valut une volée de critiques, certainement fondées, et mes bandes magnétiques finirent au panier.

Ma deuxième tentative fut heureusement plus réussie. Tous les journaux parlaient du pont de Tancarville, le plus long d'Europe (à l'époque), nouvellement ouvert à la circulation sur l'estuaire de la Seine. Ils s'étendaient sur la performance technique et sur les réactions des usagers face à la formule du péage, mise en œuvre pour la première fois en France. Mais personne n'avait songé à s'intéresser à la petite commune normande qui avait donné son nom à l'ouvrage et qui vivait à ses pieds. Qu'en pensaient les habitants ? Quelles conséquences la construction du pont avait-elle eues pour le village ? Les inconvénients ne l'emportaient-ils pas sur les avantages, dans la vie de tous les jours ? Ce sont les questions que je suis allé poser sur place.

Le reportage ayant enfin obtenu l'agrément de mes commanditaires, c'est donc sur un sonore « Bonjour Monsieur le Maire de Tancarville ! » que l'émission fit son apparition sur l'antenne d'Europe n° 1 le 15 novembre 1959 à 6 h 20. Cet horaire extrêmement matinal confirmait le peu de considération et d'avenir que la direction lui accordait, à l'origine. Il était en effet admis, dans la sphère professionnelle, qu'avant 7 h, l'auditoire était très réduit. Qui pouvait bien écouter la radio de si bon matin, en dehors des boulangers ? Ce n'est que trois mois plus tard, quand les échos se firent de plus en plus nombreux et favorables, que la décision fut prise de déplacer l'émission à 6 h 45, puis à 6 h 50. L'effort n'alla pas plus loin...

Europe-vaches

Le choix de Tancarville pour ce premier rendez-vous avec les auditeurs (si peu nombreux furent-ils) révélait clairement, en tout cas, l'esprit que nous souhaitions donner à l'émission : ouvrir une fenêtre sur la vie quotidienne du monde rural, lui offrir la possibilité de s'exprimer, alerter l'opinion sur ses problèmes, bref, pour reprendre la phrase de Jean Gorini lors de la présentation du projet, « tourner les projecteurs vers ce profil qui reste toujours dans l'ombre quand on photographie la France ».

Il n'était pas envisageable, bien sûr, que j'assure tout seul la préparation, la réalisation et le montage des reportages nécessaires à une émission quotidienne. Deux journalistes m'avaient donc été adjoints pour sillonner la France et effectuer les interviews. Ma part de travail consistait à dépouiller la presse régionale pour détecter les communes offrant une particularité intéressante, puis à entrer en contact téléphonique avec les maires, à définir avec eux les sujets à traiter, et à organiser les rendez-vous des reporters. Dans un deuxième temps, je montais les interviews qu'ils m'avaient ramenées, pour en retirer le meilleur, et je les reliais par un texte enregistré.

À l'antenne, je ne manquais pas de citer le nom du reporter, mais le tout était ficelé de telle façon que les auditeurs étaient persuadés, pour la plupart, que je m'étais moi-même rendu dans la commune. Ils vont être déçus, peut-être, en apprenant que je ne quittais pas mon bureau de la rue François-Ier... Qu'ils sachent cependant qu'après avoir conversé par téléphone avec le maire d'une commune, travaillé longuement sur les interviews pour les monter, discuté avec les reporters à leur retour, j'étais complètement imprégné du sujet. J'avais l'impression de connaître la commune « comme si j'y étais allé ». C'est ce qui donnait sans doute à mes commentaires enregistrés l'enthousiasme et la force de conviction qui pouvaient tromper l'auditeur mal réveillé.

Car, on l'a deviné, la mauvaise humeur que j'avais manifestée au départ, lorsque Jean Gorini m'avait imposé sa volonté, s'était vite évanouie. En me plongeant dans l'univers des petites communes, en découvrant jour après jour la merveilleuse diversité de la France, en éprouvant la sincérité de mes rapports avec les gens, je m'étais pris d'une véritable passion pour mon humble émission matinale et pour le monde rural. Sans le moindre regret pour les cocktails et autres « événements » parisiens, j'avais le sentiment très excitant d'être une sorte d'explorateur, foulant avant tout le monde le sol d'une planète inconnue...

Mais j'étais le seul à apprécier ma chance. Pour les sympathiques confrères de la rédaction, mes reporters et moi étions des journalistes de catégorie B. On nous appelait en plaisantant « les bouseux ». Quelqu'un avait baptisé l'émission « Europe-vaches », par un jeu de mots (facile) avec les bulletins d'information dits « Europe-flash ». Un autre : « Pour ceux qui aiment le gaz », en référence à notre sponsor et à la célèbre émission de Daniel Filipacchi... Ce n'était pas méchant mais cela pouvait devenir agaçant.

Cent mille kilomètres par an

C'est le moment, pour moi, d'adresser un immense merci à trois reporters qui ont contribué de manière essentielle au succès de *Bonjour Monsieur le Maire* et qui ont dignement enduré, avec moi, ce léger dédain de la profession...

Le premier en date, Pierre Lang, est resté à mes côtés pendant trois ans, avant de repartir en Suisse, son pays d'origine, pour y produire une émission hebdomadaire conçue sur le même principe, *Esprit de clocher*. Il fut remplacé par Roger Arduin, qui demeura fidèle à l'émission jusqu'à la fin, en 1974, et qui devint ensuite correspondant permanent d'Europe 1 à Marseille. Mais le record de durée est battu par Claude Bobin, qui assura de façon régulière trois reportages par semaine pendant treize ans, dans tous les coins de France, même les plus reculés, hiver comme été, par tous les temps et quelles que soient les difficultés de circulation, avec un courage et un talent remarquables.

On ne prenait pas l'avion, à l'époque, pour voyager en France. Il existait peu d'autoroutes, les chemins étaient à peine praticables, souvent. C'est dire qu'ils ont beaucoup donné à l'émission. Ils ne rechignaient pas à faire des kilomètres pour trouver le personnage savoureux, le témoin le plus loquace.

« Un jour », m'a raconté Claude Bobin, « je me suis tapé une heure à pied dans la montagne, mon magnétoscope de sept kilos sur l'épaule, pour aller interviewer un berger dont on m'avait dit le plus grand bien. Arrivé à destination, fatigué mais heureux de l'avoir trouvé, j'ai engagé la conversation... pour m'apercevoir que le merveilleux berger était bègue. Personne ne m'avait prévenu ! »

Nous avons vécu toute cette période dans le même amour de notre travail et dans un climat de sincère amitié.

« Je vous écoutais en trayant mes vaches. »

Il arrive souvent qu'on me dise : « *Bonjour Monsieur le Maire* a été longtemps un signal, pour moi. Quand j'entendais l'indicatif de début (ou de fin) de l'émission, je savais que c'était l'heure de me lever, ou de partir au lycée, ou de donner le biberon... »

Cet indicatif musical commençait par une sonnerie de cloches villageoises et se poursuivait, dans les premiers temps du moins, par une ritournelle publicitaire qui ne collait pas du tout avec le style jeune et « dans le vent » de la station mais qui avait été exigée par le client, la société Butagaz. Sur la musique du film *L'Auberge du septième Bonheur,* l'un des succès de l'année 59, et sur des paroles de Jean Peigné, jeune collaborateur du service artistique, elle proclamait allègrement :

« Butagaz, Propagaz,
Le bonheur sous chaque toit,
Un, deux, trois, hop là,
La flamme la voilà,
Butagaz et Propagaz ! »

Cette hymne au butane et au propane a disparu de l'antenne en 1968, quand notre sponsor, après neuf ans de fidèle soutien, a abandonné le patronage de l'émission. Les Caisses d'Épargne prirent le relais. L'écureuil succédait au petit ours bleu... Lucien Morisse, le directeur des programmes, demanda alors à André Verchuren de composer une musique d'indicatif originale, sur laquelle j'ai plaqué des paroles tout aussi inspirées, que je n'ai aucune envie de rappeler mais qui me rapportent encore quelques droits d'auteur. Il arrive en effet que le célèbre accordéoniste reprenne ce morceau, dans les bals de villages, pour saluer Monsieur le Maire, quand celui-ci est présent dans la salle...

Je rencontre aussi quelquefois d'anciens agriculteurs qui me disent : « Je vous écoutais tous les matins à l'étable en trayant mes vaches ! » C'était chose possible depuis peu grâce aux postes à transistor, dont les premiers modèles étaient apparus dans le commerce en 1955 et qui ont rapidement remplacé les encombrants appareils à lampes. Cette invention a puissamment contribué à élargir l'audience des émissions matinales, pour la simple raison qu'elle permettait de se déplacer avec la radio de la chambre à coucher à la cuisine, puis à la salle de bains ou dans les bâtiments agricoles.

Parallèlement, le développement de l'automobile et des autoradios a augmenté la durée quotidienne d'écoute. Et *Bonjour Monsieur le Maire* en a bénéficié. Ma voix, me rappelle-t-on, a bien souvent accompagné les banlieusards et les provinciaux qui prenaient la voiture, tôt le matin, pour aller au travail...

« Des usines ! »

La réussite de l'émission, pourtant, ne s'est affirmée que lentement et difficilement. Autour de moi, à Paris, personne n'en parlait parce que personne ne l'écoutait. On se lève rarement à l'aube, dans les milieux journalistiques et artistiques parisiens. L'un des premiers signes d'encouragement me vint par le courrier. Courant 1960, je reçus une lettre d'Edgard Pisani, qui allait être nommé ministre de l'Agriculture l'année suivante mais n'était encore que sénateur de la Haute-Marne. Après quelques compliments bien agréables, il m'expliquait qu'il cherchait à créer des emplois industriels dans son département et que, peut-être, l'émission pourrait lui donner le moyen de toucher des entrepreneurs disposés à se décentraliser.

Cette marque d'intérêt me remplit de bonheur. J'avais enfin l'impression que mon labeur obscur pouvait servir à quelque chose. Tous les matins, ou presque, les maires se désolaient, au micro, de voir fuir une bonne part de leur population vers les villes. En écho, l'économiste Jean-François Gravier avait publié un ouvrage au titre prophétique : *Paris et le désert français*. Mais les élus, accablés, se sentaient impuissants. Ils ne voyaient pas de solution, à leur niveau, pour enrayer cet exode. *Bonjour Monsieur le Maire* était-il en mesure, comme le suggérait Edgard Pisani, d'agir de façon efficace, en favorisant cette décentralisation industrielle prônée par les pouvoirs publics ?

J'ignore quels résultats ont eus mes appels en faveur de la Haute-Marne mais peu de temps après, j'avais la satisfaction d'apprendre qu'à la suite de l'émission consacrée à sa commune, le maire du Neubourg (Eure), chef-lieu de canton placé au centre d'un plateau à vocation agricole, avait obtenu l'installation d'une fabrique d'aérosols de cinquante salariés. Il a été le premier d'une longue liste. Dès qu'un maire avait créé une zone industrielle ou artisanale, il tentait d'obtenir un passage à l'antenne pour exposer tous les avantages qu'il était prêt à offrir aux créateurs d'emplois. Un large dialogue s'est ainsi instauré, sur toute la France, avec le timide concours de la DATAR (Délégation à l'Aménagement du Territoire et à l'Action Régionale) dont nous assurions à titre gracieux une partie du travail.

Parmi les communes qui ont bénéficié d'une décentralisation industrielle grâce à l'émission, je peux citer Villeneuve-de-Berg (Ardèche), Ernée (Mayenne), La Ville-aux-Clercs (Loir-et- Cher), La Chapelle-Montligeon (Orne), Andeville (Oise). Il y en eut d'autres, mais ce sont les seuls noms dont j'ai retrouvé trace, dans mes archives.

Le drame du célibat

Il ne suffisait pas de créer des emplois, toutefois, pour retenir les jeunes. Il fallait d'abord améliorer les conditions de vie à la campagne. Le slogan de Butagaz, qui concluait chaque matin l'émission, traduisait bien, d'ailleurs, les aspirations du moment : « Avec Butagaz, le même confort qu'à la ville ! » Les filles se montraient les plus sensibles à ce décalage entre les deux mondes. Quand elles étaient allées voir leur cousine ou leur amie dans une HLM de banlieue, quand elles avaient visité la salle de bains carrelée, la cuisine toute équipée, aux meubles en formica, elles ne voulaient plus du sol en terre battue qu'on trouvait encore dans la plupart des petites fermes. Elles réclamaient l'eau courante, qui était loin d'être installée partout, des chemins d'accès goudronnés, qu'on pouvait emprunter sans chausser les bottes. Un grand nombre de hameaux et d'habitations écartées n'avaient même pas l'électricité ni le téléphone. Ne parlons pas des équipements de loisirs, à peu près inexistants.

Ce sont les filles, du reste, qui désertaient en plus grand nombre la campagne, malgré les efforts des maires qui, dans les années 60 et 70, ont beaucoup investi dans ces différents domaines.

Résultat : les garçons qui étaient attachés à leur terre ne trouvaient plus de compagne. Dans Le Chasseur Français, à la rubrique matrimoniale, s'étalaient de pleines pages d'annonces de paysans cherchant désespérément une épouse. Mais la méthode présentait des risques.

« Y'a un monsieur à côté qui s'est mis au journal », me confia un jour un agriculteur du Moutherot (Doubs). « Une fois qu'il a été marié, la dame est partie avec le magot. Ça refroidit un p'tit peu... »

La crise était telle qu'en 1966, le maire d'un village des Hautes-Pyrénées, Esparros, prit l'initiative d'organiser une foire aux célibataires, pour favoriser les rencontres entre candidats au mariage. Véritable « kermesse héroïque », elle connut une affluence considérable.

« Les gendarmes canalisaient difficilement le flot des visiteurs, amateurs ou curieux, sur nos petites routes », se souvient le maire, Charles Duthu. « Il en venait de partout, même à pied ! » L'exemple allait être suivi et renouvelé régulièrement dans d'autres coins de France : à La Canourgue

(Lozère), La Genétouze (Charente-Maritime), Saint-Barthélémy-de-Vals (Drôme). Dans ces trois communes, la foire se poursuit, mais elle a pris un caractère folklorique. Elle ne répond plus aux même besoins. Avec ou sans Butagaz, le confort est aujourd'hui le même, pratiquement, à la campagne qu'en ville, et le métier d'agriculteur, enfin revalorisé, ne fait plus fuir les filles.

L'Olympia accueille la cinq centième

Grâce à *Bonjour Monsieur le Maire*, j'ai eu le plaisir d'apporter ma petite contribution à ce combat contre la solitude, et voici comment.

En février 1962, pour fêter la cinq centième émission, le créateur et directeur d'Europe n° 1, Louis Merlin, avait eu l'idée d'inviter à Paris les cinq cent maires à qui nous avions dit bonjour et d'organiser pour eux une soirée spéciale à l'Olympia, où se produisait Henri Tisot. Nous avions aussi convié Miss France – qui, par un heureux hasard, cette année-là, s'appelait Melle Lemaire ! – pour tirer au sort le nom de la commune qui bénéficierait d'un chèque de dix mille francs offert par notre sponsor, Butagaz. C'est Saint-Ferréol-des-Côtes, petite localité du Puy-de-Dôme, qui eut la chance d'être élue, et quand je demandai au maire, M. Courtial, ce qu'il comptait faire de cette somme, il répondit :

– « Vous savez, l'un de mes gros soucis, c'est de voir nos jeunes agriculteurs condamnés à vivre seuls parce que les filles préfèrent épouser des gars de la ville. C'est pourquoi nous avons entrepris la construction d'une salle des fêtes, où l'on pourra faire des bals, du théâtre, organiser des manifestations qui sortiront les célibataires de chez eux et qui les mettront en contact avec d'autres. On a tout fait par nous-mêmes, jusqu'à présent. Les habitants ont donné des matériaux, ou de l'argent, ou leurs bras. Mais le chantier est en panne, faute de finances. Alors ces dix mille francs, c'est une aubaine, ils vont nous permettre de le terminer. »

– « Et vous nous inviterez pour l'inauguration ? »
– « C'est promis. »

Tope-là ! Les Auvergnats sont gens de parole. Trois mois plus tard, le 6 mai, je me retrouvais aux côtés du sous-préfet d'Ambert, M. Chausson, pour couper le ruban symbolique, après le traditionnel dépôt de gerbes au monument aux morts. Un arc de triomphe fait de feuillages et de fleurs avait été dressé à l'entrée de la commune, barré d'une banderole « Soyez les bienvenus ! ». Le maire me remit le diplôme de citoyen d'honneur de Saint-Ferréol-des-Côtes et le soir, dans la toute nouvelle salle des fêtes, au bras de Madame la sous-préfète, j'eus le privilège d'ouvrir le premier bal, animé par l'orchestre Édouard Duleu, qui réunit plus de huit cents personnes. Pour assurer le service de la buvette, il y avait un membre du comité des fêtes par mètre de comptoir ! On n'avait jamais vu une telle foule à Saint-Ferréol-des-Côtes.

Madame Andrée Valentin était institutrice à l'époque. Elle est aujourd'hui le maire de la commune et elle n'a plus d'agriculteurs célibataires, m'a-t-elle appris. Il faut dire que le nombre des exploitations a fondu entre temps. Il en reste quatre, contre vingt-cinq en 1962 ! La population, après avoir chuté de cinq cent douze à trois cent quatre-vingt habitants dans les années 70, est remontée à cinq cent soixante-quinze. Elle est essentiellement composée aujourd'hui de gens qui résident dans la commune mais vont travailler à l'extérieur. Située à sept kilomètres d'Ambert, Saint-Ferréol a profité du développement de cette petite ville auvergnate célèbre par sa fourme et sa mairie ronde. Elle fait désormais partie de ce que les sociologues appellent « la campagne des villes » ou « le rural périurbain à fonction résidentielle dominante » (!). Les bals musette de la salle des fêtes, en tout cas, continuent de faire recette. Chaque premier dimanche du mois, de novembre à mars, ils accueillent plus de cent cinquante danseurs, sur un parquet ciré très apprécié des valseurs, m'assure Madame le Maire.

On a toujours fait comme ça...

Saint-Ferréol-des-Côtes est un exemple, parmi des milliers d'autres, du formidable chambardement qu'a connu la France rurale dans les années 60-70 et dont *Bonjour Monsieur le Maire* a été le témoin attentif.

Jusqu'en 1950, la campagne était essentiellement peuplée d'agriculteurs et de gens vivant de l'agriculture (salariés, marchands de bestiaux, vétérinaires etc.). Leur mode de vie, comme leurs méthodes de travail, étaient pratiquement les mêmes depuis des siècles. De père en fils, le savoir-faire, les terres, les principes moraux se transmettaient de façon immuable. « Chez nous, on a toujours fait comme ça... », c'était la réponse imparable à toute tentative de remise en cause de la tradition.

La mécanisation de l'agriculture a bouleversé cet ordre établi. Dans un premier temps, elle a supprimé de la main d'œuvre, dans les fermes, contribuant ainsi à alimenter le flot de l'exode rural. Elle a entraîné la disparition de nombreuses petites exploitations (trente mille par an, en moyenne) qui n'avaient pas une surface suffisante pour s'équiper en matériel. Les autres se sont lancées dans une course incessante à l'agrandissement et aux rendements, pour mieux rentabiliser des machines de plus en plus chères. Dans les villages, c'était à qui aurait le plus gros tracteur, la plus belle moissonneuse-batteuse. Mais la mécanisation a aussi déstabilisé, moralement, toute une génération. Avec l'arrivée du tracteur ont disparu peu à peu les chevaux de trait et les bœufs de labour, et c'est toute une relation séculaire entre l'homme, l'animal et la nature qui en a été perturbée. Je l'ai compris en écoutant l'un des derniers « brioleux » du Berry, M. Berger.

Brioler, dit le grand dictionnaire Robert, était un mot en usage dans le centre de la France. George Sand l'a employé. Il signifie : chanter pour stimuler l'ardeur des bœufs pendant le labour. C'est ce qu'a fait M. Berger au micro de Claude Bobin, tout en évoquant ce temps d'avant :

« Aut'fois, on labourait avec des bœufs. Vous savez-t-y c'que c'est, d'abord, des bœufs ? Bon. Eh ben ces bœufs, pour les entraîner, on chantait quèqu' chanson. Ça fait qu'les bœufs y fatiguaient moins. Et pis j'vous prie d'croire que quand on était l'matin, par exemple, au mois d'octobre, à la gelée blanche, et qu'on briolait, on entendait ça au diable, mon vieux ! On les appelait par leur nom : allez Charolais, allez Marjolain... Ah, pique don, petit !

Ça répondait, nom d'un chien, dans l'écho, dans les bois... C'était joli !

Ah, c'est ben usé, c'temps-là. On est dans les temps modernes. Mais c'est pas pour ça qu'ça va mieux. L'beau temps vient pas pour ça. J'crois ben qu'c'est ça qui amenait l'beau temps, aut'fois... »

Tisane de tisane !

« Tisane » faisait partie de la même génération. Tisane, c'était le surnom de M. Planchon, vigneron à Sancerre. Non pas qu'il abusât de cette boisson – il préférait le jus de la vigne – mais comme il était très dévot, il avait pris l'habitude de prononcer ce mot-là, pour émailler sa conversation, en lieu et place des jurons qui, précédemment, lui venaient naturellement aux lèvres. « Comme ça, à confesse, j'ai pas à m'accuser d'avoir offensé le nom de Dieu », expliquait-il.

Il avait vécu, lui aussi, le choc de la « modernité », et il ne s'en remettait pas.

« Quand j'ai quitté l'école, à onze ans », m'expliqua-t-il en ouvrant une bouteille de Sancerre, « il m'a donné une grande culotte, mon père, et j'ai fait le paysan. Mais figurez-vous donc qu'à onze ans, j'ai moissonné le blé à la faucille ! On connaissait pas la moissonneuse-lieuse. Mon père y disait tout le temps : moissonne ben, place ben ça sur le lien, laisse du maillon, ça coulera encore ben mieux dans la batteuse, ça n'en perd pas un grain... Ah tout ça, c'étaient des vieux qu'avaient fait la France. Ah tisane ! Après on a eu un dard. J'me rappelle, j'étais pas ben épais, ah j'étais pas ben gras. Après ils ont acheté une javeleuse, en 23. Ah bon sang, c'était un coup d'État. Ils avaient acheté ça à deux, parce qu'ils étaient pas ben riches, malgré qu'on dit qu'ils avaient des lessiveuses... On a eu la javeleuse, après il est venu la moissonneuse-lieuse, et t'à l'heure y a la moissonneuse-batteuse... On veut même plus mettre l'grain dans les sacs. Ils mettent ça en vrac. Dans l'temps, le grain il avait le temps d'sécher, d'mûrir. On mangeait du bon pain. Quoi qu'on mange, t'à l'heure ? Avec du blé, on peut même pus manger du bon pain. Vous croyez-t-y qu'c'est du progrès, ça ? Ah non, ça va pas. »

Quand on le lançait sur ce thème, Jean Planchon était intarissable. Arrivé à un âge où il pouvait se permettre de n'en faire qu'à sa tête, il refusait de changer quoi que ce soit à ses habitudes et s'en trouvait bien.

« Moi qui ai connu la brouette, la seule roue... aujourd'hui on en est à l'ère atomique. Ça m' dépasse, ça va trop vite. Ça vaut plus l'coup d'être vécu. Vous savez, j'admire le Parisien, parce que c'gars-là, mon vieux, on l'prend l'matin à froid, il cavale pour faire son boulot, et hardi j'te visse, j'te dévisse... Ah non, c'est pas du boulot, ça. Dites donc, si j'vous racontais, quand c'est qu'mon vin il est fait, quand il fermente, le soir, on s'réunit avec les copains, on en boit quéqu'canons, on fait l'tarot... Ah tisane de tisane ! D'aut'fois, j'dis à la bourgeoise : tu veux-t-y que j'te monte tes chèvres ?... J'pars dans la nature, j'suis heureux comme un pape ! Là au moins, j'ai l'temps d'penser. Et c'est pour ça que j'suis resté à la terre, parce qu'à mon avis personnel, celui qui n'pense plus, y n'vit plus. »

Les communes touristiques n° 1

Dans cette période de grande turbulence, où la campagne se vidait de son sang et se demandait avec angoisse quel serait son avenir, quelques maires ont pressenti que le tourisme pourrait être une planche de salut. On ne parlait pas encore de « tourisme vert », mais le maire de Monflanquin (Lot-et-Garonne), M. Andrieu, avait calculé que la venue de trois mille touristes, chaque année, rapporterait autant à sa commune – par le biais de la taxe locale, entre autres – qu'une usine de quarante ouvriers. « Trop de petites villes », disait-il, « caressent le rêve de voir s'installer des entreprises pour leur redonner vie, alors qu'hélas, elles sont loin de répondre aux données économiques souhaitées. Le tourisme en revanche reste une solution à leur portée et d'une rentabilité appréciable. Mais pour que des touristes viennent, encore faut-il qu'ils connaissent l'existence et l'intérêt des milliers de petites communes comme la mienne. »

J'ai pensé que, là aussi, *Bonjour Monsieur le Maire* pouvait jouer un rôle. En février 1965, pour aider les plus dynamiques, j'ai lancé le concours des « Communes Touristiques n° 1 » : un label destiné à attirer l'attention sur elles. Toutes les communes de moins de dix mille habitants ont été invitées à établir un dossier aussi séduisant que possible, détaillant et valorisant leurs richesses touristiques et gastronomiques, et à l'envoyer à l'émission. Un jury, présidé par le Haut Commissaire au Tourisme, M. Jean Ravanel, devait ensuite en choisir vingt, qui se verraient remettre des panneaux « Commune touristique n° 1 », à placer à chaque entrée du village.

Plus de cinq cents candidatures parvinrent à mon bureau. J'étais débordé, dépassé par le succès de l'opération. Ginette, ma secrétaire, attendait avec appréhension l'heure du courrier, effondrée chaque jour un peu plus devant le nombre et l'épaisseur des enveloppes ou des paquets. Les plus volumineux dossiers avaient été montés par des équipes d'habitants bénévoles, et j'étais souvent touché par la somme d'efforts qu'ils avaient déployées pour promouvoir leur village, même si celui-ci n'avait pas forcément les atouts requis pour gagner.

Le jury, à qui j'avais demandé de ne pas sélectionner des sites déjà célèbres, a privilégié les communes situées dans des régions peu favorisées, celles qui avaient le plus grand besoin d'un coup de pouce. Les unes étaient riches d'un patrimoine historique ou gastronomique, d'autres n'avaient que l'ambition d'offrir à bon compte des vacances simples et tranquilles.

J'ai retrouvé la liste de ces pionnières :

Andlau (Bas-Rhin), Bergues (Nord), Boën-sur-Lignon (Loire), La Bresse (Vosges), La Chaise-Dieu (Haute-Loire), Le Chambon-sur-Lignon (Haute-Loire), Chauvigny (Vienne), Domfront (Orne), Eguisheim (Haut-Rhin), Langres (Haute-Marne), Montrésor (Indre-et-Loire), Mouthier-Haute-Pierre (Doubs), Saint-Flour (Cantal), Saint-Léon-sur-Vézère (Dordogne), Saint-Rémy-sur-Durolle (Puy-de-Dôme), Saint-Savinien-sur-Charente (Charente Maritime), Saint-Vaast-la-Hougue (Manche), Salins-les-Bains (Jura), Sarlat (Dordogne).

Elles méritent toujours autant de recevoir votre visite...

Le concours eut une deuxième édition en 1966, et ma secrétaire dut faire front à une avalanche de candidatures encore plus impressionnante. Près de mille dossiers furent soumis au même jury, qui attribua le panneau « Commune touristique n° 1 » à vingt-cinq autres communes :

Barr (Bas Rhin), Baugé (Maine-et-Loire), Chalonnes-sur-Loire (Maine-et-Loire), Chalus (Haute-Vienne), Guitres (Gironde), Houdain (Pas-de-Calais), Lacapelle-Marival (Lot), La Louvesc (Ardèche), Loches (Indre-et-Loire), Monflanquin (Lot-et-Garonne), Montréal (Aude), Mortagne-au-Perche (Orne), Naucelle (Aveyron), Ornans (Doubs), Pelvoux (Hautes-Alpes), Pierrefonds (Oise), Ranes (Orne), La Roche-Chalais (Dordogne), Le Reposoir (Haute- Savoie), Saint-Aignan (Loir-et-Cher), Saint-Antonin-Noble-Val (Tarn-et-Garonne), Saint-Porchaire (Charente-Maritime), Trégastel (Côtes-d'Armor), Uzerche (Corrèze), Villefranche-de-Rouergue (Aveyron).

À l'initiative de Léon Beyer, excellent viticulteur et maire de la jolie cité d'Eguisheim, la plupart des lauréates formèrent une association des « Communes Touristiques n° 1 » pour prolonger les effets du concours et favoriser des échanges d'idées, d'informations et de touristes. L'association organisa elle-même un concours qui récompensait les touristes ayant visité, dans l'année, le plus grand nombre de communes touristiques n° 1. Puis elle s'étiola, en raison de la difficulté de réunir les élus de localités aussi dispersées. Mais la publicité que l'émission leur a offerte a permis à certaines d'entre elles de tripler, l'année suivante, le nombre des visiteurs.

Çà et là, quelques panneaux, plus ou moins endommagés, ont résisté aux intempéries et perpétuent le souvenir de cette première opération en faveur du tourisme rural.

Voilà les 75 !

Tous les ruraux, pourtant, ne voyaient pas d'un bon œil l'arrivée des « Parisiens ». J'en veux pour preuve cette truculente interview d'un agriculteur de Cazeneuve (Gers), M. Gimet, que Claude Bobin m'avait ramenée en 1966 et qu'il faut lire, si possible, avec l'accent gascon :

– « Sitôt qu'on voit une voiture 75 arriver, on dit :" tiens ! attention, le Parisien débarque ! Alors vite, rentrons les poules, les chiens, les chats, les veaux et surtout les jeunes filles ! Ne les laissez pas circuler parce qu'autrement, on les voit plus !" »

– « Vous avez une si mauvaise opinion des Parisiens ? »

– « Non, non, mais vous avez tellement de bagout, vous avez les beaux gestes, les belles paroles, vous avez l'élégance. On est beaucoup plus sincère que vous autres, mais nous n'avons pas la même élégance, bien entendu. Vous sortez de la ville, ça impressionne toujours, le 75... enfin, certains. Nous, les vieux Gascons, les vieux paysans, on dit : "Tiens, voilà encore un fada qui arrive dans le coin !" »

Cette tirade vengeresse n'empêcha pas M. Gimet d'inviter Claude Bobin à partager son casse-croûte du matin et, tout en se restaurant, il lui raconta quelle était sa journée :

– « Le matin, on se lève très tôt, comme les poules, avec le jour. Quand le coq chante, nous on saute du lit. Et puis on a beaucoup de travaux à faire. Il faut aller nettoyer les étables, préparer le tracteur, le graisser, cela demande au moins deux heures, deux heures et demi. Et je vous assure, après deux heures et demi de boulot, le matin, à la pointe du jour, avec la fraîcheur, vous entendez le rossignol chanter, ça vous met en appétit. Alors là, vous prenez un petit casse-croûte. »

– « Qu'est-ce que vous appelez un petit casse-croûte ? »

– « Quand on a un invité de marque comme vous, on sort la cuisse d'oie. Autrement, une petite omelette au jambon. Pas le modèle américain, ni anglais, hé ! Les tranches de jambon, il faut qu'elles couvrent l'assiette, et on y met deux, trois, quatre œufs dessus, et pour leur tenir compagnie, un bon petit coup de picpoul du pays, un petit rouge qu'on se réserve pour soi ou les amis. »

– « On n'est pas riche, mais on sait encore vivre, ici ! »

– « C'est la seule chose qui nous reste. On nous a tout enlevé, ou presque. La liberté, ce que nous avions de plus cher, nous les paysans, nous la perdons tous les jours davantage, avec les associations de ceci, les caves qui se montent, toutes les formations dont il faut faire partie, sinon on n'a pas droit à ceci, on n'a pas droit à cela. Bien casser la croûte, c'est tout ce qui nous reste, ça, on ne nous l'enlèvera pas.

Ils ne se rendent pas compte, les Parisiens. Quand ils arrivent à la campagne, ils voient la volaille, la basse-cour, les veaux dans l'étable, les cochons, les tonneaux, les lapins, les légumes. Ils disent : vous avez de la veine, ça ne vous coûte rien, vous, de vivre. Nous en ville, il faut payer même le persil, même la flotte. Tandis que vous, vous n'avez qu'à vous baisser pour ramasser... Il y a quelque chose de vrai. On se baisse souvent, mais surtout pour cultiver.

Bien entendu, quand on reçoit ces messieurs de la ville, on veut faire voir qu'on est à la page. On est un peu orgueilleux. Ce jour-là, on sort les nappes pour faire voir qu'on en a, l'argenterie même si on l'a pas payée. Mais ils ne nous voient pas quand on arrose la terre à la sueur de notre front, avec toutes les intempéries. Nous supportons le soleil, le froid, la grêle, on se ruine avec tous les traitements qu'il faut faire maintenant. Lorsqu'il y a un produit qui va bien pour tel ou tel insecte, il favorise un autre qui est aussi mauvais. On a tué tous les bons insectes qui tuaient ceux-là. Maintenant on est obligé de traiter sans arrêt pour pouvoir récolter un peu. Et quand on a récolté, vous connaissez la suite : on ne peut plus vendre les produits parce qu'il y a surproduction, ou le produit n'est pas comme il faut pour l'exportation. On ne fait pas partie de telle association, il faut se défendre tout seul, ça va encore plus moins.

Le consommateur se figure : "Qu'est-ce qu'ils gagnent, les paysans, qu'est-ce qu'ils sont heureux !" Figurez-vous que tout ce que nous avons, nous le devons au Crédit Agricole. Ce qui fait que la campagne se vide. Déçus, découragés, les paysans vont vivre en ville. Tous voudraient être cantonnier, facteur, travailler à l'usine. Mais demain, qu'est-ce qu'ils mangeront, les Parisiens ? »

On dirait un sketch de Fernand Raynaud, mais non... Cette complainte du « pauvre paysan », dans sa spontanéité – et compte tenu de la pointe d'exagération inhérente au caractère gascon – reflétait bien, elle aussi, l'état d'esprit d'une génération désorientée.

Louis de Funès nous écoute

Petit à petit, l'auditoire de *Bonjour Monsieur le Maire* s'était agrandi. En 1965, une enquête très sérieuse nous donnait deux millions de fidèles tous les matins, dont 50 % de citadins. Destinée à l'origine aux ruraux, aux consommateurs de butane, l'émission avait conquis un public beaucoup plus large. Elle était devenue, dans la grisaille urbaine, une petite lucarne ouverte sur la campagne, pour les gens des villes et des banlieues qui se levaient bien plus tôt qu'on ne le pensait et qui, originaires de cette France rurale pour une bonne part, en avaient gardé la nostalgie.

Ma plus belle récompense fut de lire, un jour, dans le « Boulevard à ragots » de *France-Soir*, que Louis de Funès faisait partie des auditeurs assidus de l'émission :

« Pour moi », déclarait-il, « la meilleure émission, c'est *Bonjour Monsieur le Maire*, de Pierre Bonte, qui passe tous les matins de 6 h 50 à 7 h sur Europe 1. Même lorsque je joue au théâtre le soir, je m'éveille pour l'écouter. Je me rendors ensuite. »

Je lui écrivis aussitôt pour le remercier. J'en profitai pour l'inviter à venir fêter avec toute l'équipe la sortie de mon livre *Bonjour Monsieur le Maire*, qui reprenait les anecdotes les plus pittoresques recueillies depuis six ans par les reporters. Louis de Funès était alors au sommet de sa gloire, en tête du box-office des acteurs français, mais il nous rejoignit très gentiment.

Pour l'accueillir sur la péniche du Touring Club de France, où était organisée la réception, j'avais mobilisé la fanfare des sapeurs-pompiers des Grandes Loges (Marne), un village dont j'aurai l'occasion de reparler car il fait partie de l'histoire de l'émission. Souriant, détendu, il ne se fit pas prier pour poser devant les photographes, coiffé d'un casque de pompier, brandissant un clairon d'une main et son verre de beaujolais de l'autre...

Parisien de naissance (il est né à Courbevoie), Louis de Funès me confia ce jour-là qu'il supportait de moins en moins la capitale. Il était résolu à vivre le plus souvent possible, désormais, dans la petite commune du Cellier (Loire Atlantique), où il venait d'acheter le château de Clermont, ancienne propriété de la famille de son épouse (née de Maupassant). Entre deux tournages, il y est en effet toujours revenu, se consacrant avec passion à la culture des roses et s'éclipsant parfois, au petit matin, par une porte dérobée du château, pour aller pêcher sur les bords de la Loire. Il s'installait à proximité de l'auberge « Chez Marie », où il s'asseyait ensuite, à l'heure du déjeuner, pour déguster la spécialité de la patronne, le brochet au beurre blanc...

Quelques années plus tard, j'eus la surprise de recevoir la lettre suivante, postée au Cellier et signée de sa main, sur un joli papier bleu ciel :

« N'auriez-vous pas dans vos réserves d'émissions et de souvenirs une idée de scénario concernant les gens de soixante-cinq ans, dont je vais bientôt faire partie ?

Il y a un grand sujet à écrire : la retraite, les défauts que l'on acquiert, la méchanceté, la gentillesse, les relations avec l'épouse, avec les enfants, avec les autres aussi.

C'est un sujet que l'on aborde très rarement, que ce soit au théâtre ou au cinéma, et je sais que les choses les plus inattendues et surprenantes sont dans la vie que vous côtoyez inlassablement pour notre bonheur. »

Mais c'est un autre métier que d'être scénariste. Le projet que je lui soumis ne répondit pas à ses espoirs, semble-t-il, et je ratai une belle occasion de m'introduire dans ce monde du cinéma qui me faisait tant rêver, adolescent...

« Des petits coqs sur leur tas de fumier »

Dans ces années 60, une âpre bataille a mobilisé la majorité des élus locaux et a bien failli se terminer par la mort d'un grand nombre de petites communes. Je veux parler de l'affaire des fusions.

Ce qui fait le charme incomparable de la France, tout le monde en convient, c'est son extraordinaire diversité. L'historien Fernand Braudel a écrit, dans *L'identité de la France* : « La France est diversité. C'est le triomphe éclatant du pluriel, de l'hétérogène, du jamais tout à fait semblable, du jamais tout à fait vu ailleurs. » Il compare notre pays à une mosaïque de milliers de petits carreaux de couleur, autant que de communes ayant chacune leurs particularités propres, leur histoire, leurs traditions (et même leur micro-climat, parfois !). C'est ce que *Bonjour Monsieur le Maire* s'attachait à démontrer journellement. Mais ces petites communes si pittoresques avaient souvent peu de ressources financières. Les maires se plaignaient sans cesse, au micro, qu'ils n'arrivaient pas à faire face à tous les besoins et à toutes les attentes de leurs administrés.

Des clubs de réflexion, regroupant des « experts », des hauts fonctionnaires et autres technocrates soucieux de moderniser la société française, en conclurent que le découpage de la France en trente-sept mille sept cents communes n'était pas « viable » économiquement. Épris de « rationalité », ils préconisaient une concentration des moyens financiers et des efforts au sein d'unités administratives plus importantes, et la réduction du nombre des communes à deux mille. Comment ? En les fusionnant, tout simplement.

Le combat qui s'est alors engagé mérite d'être raconté.

La première offensive date de 1961. Un projet de fusion des petites communes est inscrit à l'ordre du jour du quatrième plan. L'Association des Maires de France entre aussitôt dans la résistance. « La commune est inscrite dans le sol et dans le cœur des hommes », proclame solennellement son président. Cela n'empêche pas le ministre de l'Intérieur, Christian Fouchet, de revenir à la charge en 1966. Il élabore un projet de loi qui prévoit des fusions autoritaires. Les protestations indignées des élus locaux redoublent de violence, au nom de la défense des libertés communales.

« La démocratie locale n'a rien à gagner à l'éloignement des centres de décision », avancent-ils. « La population rurale se sentira de plus en plus isolée, défavorisée ». Autre argument : « Il serait dramatique de sacrifier quatre cent mille conseillers municipaux bénévoles sur l'autel de la rationalisation. S'il fallait payer les heures qu'ils consacrent à leur commune, on atteindrait des sommes astronomiques. Croyez-vous qu'on fera des économies en les remplaçant par des fonctionnaires ? »

« Vous êtes des conservateurs rétrogrades », rétorquent les réformateurs. « Les maires ne songent qu'à défendre leur écharpe, par gloriole ! » Les plus véhéments vont jusqu'à les comparer à « des petits coqs qui s'égosillent sur leur tas de fumier ».

Le gouvernement finit par reculer mais il ne s'avoue pas vaincu. En 1971, il reprend son projet, en renonçant cette fois à employer la manière forte. La loi Marcellin met en place un plan de regroupement volontaire, par voie de concertation entre les préfets et les élus locaux. Aucune fusion ne pourra être prononcée sans que soit organisé au préalable un referendum local, admet le ministre.

Les préfets se mettent au travail et font des propositions : ils préconisent trois mille quatre cent quatre-vingt-deux fusions regroupant neuf mille sept cent soixante et une communes. Ils promettent de larges avantages financiers à celles qui accepteront de suivre le mouvement. Mais la « carotte » des subventions n'eut pas l'effet escompté. Moins de mille communes disparurent de la carte administrative. Et dans les années suivantes, une centaine demandèrent à retrouver leur autonomie, pour cause de mésentente dans le ménage.

Les technocrates – qui n'écoutaient sans doute pas *Bonjour Monsieur le Maire* – n'avaient pas mesuré l'importance et la vivacité de « l'esprit de clocher » dans notre pays.

Avec le recul, on s'aperçoit que la résistance des maires ruraux a évité à nos gouvernants de commettre à la campagne les mêmes erreurs que dans les banlieues. À vouloir regrouper, concentrer, rationaliser à tout prix, au nom d'un prétendu progrès, on déshumanise et on appauvrit le tissu social. À l'instar des agriculteurs (dont beaucoup ont été victimes, hélas, de cette tendance générale au regroupement), les trente mille six cent quarante-quatre maires de communes rurales et les quatre cent mille conseillers municipaux contribuent à maintenir la vie et à entretenir le paysage de la campagne française, chacun à leur échelle, avec tout l'amour qu'ils portent à leur clocher. Et l'on découvre naïvement qu'ils sont les meilleurs agents de cette politique de proximité que prônent aujourd'hui nos élites.

L'esprit de clocher

L'esprit de clocher est une composante essentielle du tempérament français. Il se traduit par un attachement indéfectible et irrationnel à la commune où l'on est né ou bien à celle où l'on réside. Il amène à considérer que ce lieu est forcément supérieur à tous les autres, en vertu du vieil adage : « Un petit chez soi vaut mieux qu'un grand chez les autres. » Sa vertu principale est sa capacité à mobiliser toute une population autour du clocher et au profit du village. Pour avoir la plus belle fête du canton, la meilleure fanfare, la meilleure équipe de foot ou de rugby de la région, pour être le village le plus fleuri ou le plus accueillant, les habitants sont prêts à dépenser des trésors de dévouement et d'énergie, permettant ainsi à de toutes petites communes, parfois, de réaliser des performances inattendues. L'esprit de clocher est à la fois le ciment d'une population et le moteur principal du dynamisme local. Guy Lux l'avait bien compris. Il a largement exploité ce sentiment – pour ne pas dire cet instinct – dans sa célèbre émission *Intervilles.*

Petite ou grande, chaque commune éprouve le besoin de s'affirmer en soulignant sa différence ou son caractère original, quel qu'il soit. Elles sont deux ou trois, par exemple, dans le sud de la France, à se prétendre « la plus ensoleillée de France ». Forcalquier, dans les Alpes-de-Haute-Provence, se targue d'avoir le ciel le plus pur, mais Port-Bail, dans la presqu'île du Cotentin, qui ne peut pas rivaliser sur ce point, revendique « les plus beaux nuages de France et les plus beaux couchers de soleil » ! On se dispute l'honneur d'être « capitale » de la carotte, du parapluie ou de l'asperge, et même du papier hygiénique... Tous les titres sont bons, pour sortir du lot. Le maire de Guéret, au fin fond de la Creuse, m'a démontré, cartes en mains, que sa ville était le « carrefour de l'Europe ». Il n'est pas le seul... Je connais autant de « carrefours incontournables » que de « plaques tournantes du tourisme ». Ça, c'est pour les communes qui n'ont pas grand chose à offrir aux touristes mais dont les alentours recèlent quelques sites intéressants...

L'esprit de clocher se manifeste surtout par rapport aux communes les plus proches. C'est face à elles qu'on défend le plus âprement son indépendance, son particularisme, sa différence. Plus la commune est petite, plus elle se montre méfiante et jalouse, par crainte de se faire éclipser ou « manger » par la plus grande. C'est ainsi depuis toujours. Notre système communal n'a fait que reprendre, à peu de choses près, l'ancien découpage de la France en quarante mille paroisses, et ces communautés villageoises étaient déjà dans une situation de rivalité latente, comme me l'ont souvent raconté les historiens locaux.

J'étais récemment dans le beau village de Fayence, bâti à flanc de colline dans l'arrière-pays varois, tout en ruelles escarpées. Il est au centre d'une communauté de huit communes. Mais toutes les initiatives collectives échouent ou sont freinées par la rivalité ancestrale qui oppose Fayence à sa voisine, Tourrettes. D'où vient-elle ? Personne n'en sait rien, mais tout est prétexte à des discussions interminables. Il a fallu quatre ans pour faire aboutir un projet de terrain de sports intercommunal. « Je pensais que ces bisbilles étaient dépassées, qu'avec les apports de populations nouvelles les esprits auraient évolué », m'a dit le maire de Fayence, Édouard Truc. « Pas du tout. "Les estrangers", qui sont aujourd'hui largement majoritaires, adoptent très vite, à leur tour, l'esprit de clocher. Il leur arrive même d'être les plus chauvins. »

La nouvelle guerre des boutons

Car il faut bien reconnaître que l'esprit de clocher ne présente pas que des aspects positifs. Poussé à l'extrême, il peut dégénérer en mesquines querelles, voire en petites guerres sauvages entre villages voisins. Louis Pergaud en a donné un illustre exemple en racontant l'histoire à peine romancée de *La Guerre des Boutons*, qui opposait les gamins de deux villages francs-comtois. Non loin de là, près de Pontarlier, j'ai été le témoin et narrateur d'une autre bagarre épique. Une histoire de cloche. Au sens propre.

Tout est parti d'une particularité locale assez rare : les communes de Dommartin et de Houtaud (Doubs), distantes de quatre kilomètres, ne forment qu'une seule et même paroisse. Elles ont la même église, située sur le territoire de Dommartin, dont l'entretien est assuré par les deux communes au prorata du nombre de leurs habitants. En vertu d'une convention établie en 1911, la répartition était la suivante : 54 % pour Dommartin, 46 % pour Houtaud. Lorsque le curé s'aperçut, en 1963, que la cloche était fêlée, il envoya donc aux deux maires le devis établi par la fonderie en leur demandant de faire voter la dépense qui incombait à chacun. Mais le maire de Dommartin refusa la note.

– « Selon le dernier recensement », fit-il remarquer, « Houtaud a désormais dix-huit habitants de plus que nous. Sa part des frais d'entretien doit donc être révisée et passer de 46 à 52 %. »

– « Pas question ! » répliquèrent les habitants de Houtaud. « Nous sommes plus nombreux, d'accord, mais nous sommes plus éloignés de l'église. Et d'ailleurs, il y a plus de pratiquants à Dommartin que chez nous. »

S'agissant de la cloche, ils ajoutaient qu'étant plus éloignés, ils l'entendaient moins bien... et qu'en plus elle ne leur appartenait que pour un sixième.

C'était vrai. Gravés dans l'airain, on peut lire ces quelques mots qui prouvent que la rivalité entre les deux communes ne date pas d'hier : « Je pèse deux mille cents kilos. Mille sept cent soixante-seize appartiennent à Dommartin et trois cent trente-quatre à Houtaud. » Ces chiffres représentent évidemment la part que chacun des deux villages avait prise à son financement.

Résultat : pendant plus d'un an, la cloche de l'église est

restée muette. De part et d'autre, les habitants déploraient la disparition de l'Angélus mais les deux maires campaient sur leur position. La solution est venue d'une auditrice de *Bonjour Monsieur le Maire.* Pour ramener la paix dans les cœurs, elle a adressé au curé un chèque correspondant à la somme en litige, en demandant qu'en retour, la cloche sonne le glas, chaque année, le jour anniversaire de la mort de son mari.

Trop souvent, les rivalités de communes conduisent à des dépenses superflues, chacune mettant un point d'honneur à avoir son propre foyer rural, sa piscine ou son espace culturel. Je peux citer le cas de La Bellière (Seine-Maritime). Pour ne pas être en reste vis-à-vis de ses voisines, cette commune de cinquante habitants s'est offerte une salle polyvalente qui lui a coûté neuf cent mille francs et qui est utilisée, en moyenne, trois fois dans l'année !

Ne souriez pas. Les grandes villes n'échappent pas à l'esprit de clocher. Metz et Nancy en Lorraine, Tulle et Brive en Corrèze, Nantes et Saint-Nazaire en Bretagne, Saint-Étienne et Lyon se livrent des duels à fleurets plus ou moins mouchetés, en utilisant parfois l'arme de l'humour. Exemples : les Stéphanois, que la bourgeoisie lyonnaise regarde avec un certain dédain, se vengent en affirmant : « Un enterrement à Saint-Étienne, c'est plus gai qu'un mariage à Lyon ! » À propos de Troyes, en Champagne, capitale de la bonneterie, les Rémois s'amusent à dire qu'on y trouve plus facilement un ciel sans nuage qu'une fille avec son pucelage... À Metz, on garde encore rancune aux Nancéens d'avoir brûlé la ville au onzième siècle. Les sportifs connaissent par ailleurs l'hystérie que peuvent déclencher les derbys régionaux.

Pour ou contre l'intercommunalité ?

Pour tempérer ces ardeurs, pour favoriser une coopération qui s'avère nécessaire dans de nombreux domaines et qui autorise (en principe) des « économies d'échelle », les pouvoirs publics ont ouvert une autre voie, qui a le mérite de respecter l'autonomie des communes : l'intercommunalité. Les maires sont invités et encouragés, subventions à la clé, à former des communautés de communes auxquelles ils délèguent une partie de leurs compétences et de leurs ressources. Chaque commune est représentée au sein du conseil de communauté, au prorata de sa population, par un certain nombre de conseillers municipaux qui élisent un président.

Codifiée par la loi Chevènement de juillet 1999, la formule a rencontré un succès incontestable puisqu'au 1er janvier 2004 on en comptait deux mille deux cent quatre-vingt-six, rassemblant vingt-huit mille quatre cent trois communes. Cela veut dire que plus des trois quarts des maires de France ont accepté de céder une petite part de leurs pouvoirs pour adapter le système communal aux exigences économiques. L'effort mérite d'être salué.

Mais les résultats sont variables. Pour le maire de Nozay (Loire-Atlantique), Christian de Grandmaison, qui préside une communauté de sept communes groupant douze mille habitants, le bilan est largement positif. L'intercommunalité, affirme-t-il, a permis de créer une zone d'activité avec dix entreprises et cent emplois, de construire une résidence de jeunes travailleurs, d'ouvrir un office de tourisme intercommunal, de prendre en charge une piscine. Ailleurs, comme on l'a vu, les rivalités politiques et l'indéracinable esprit de clocher freinent la coopération. En Charente-Maritime, le sénateur-maire de Jonzac, Claude Bellot, a réussi à mettre en place la plus grosse communauté de communes de France, qui regroupe cent trente-trois communes, mais son fonctionnement est souvent bloqué par la rivalité séculaire qui oppose Jonzac à Pons.

De toute façon, les maires restent méfiants. Ils savent trop bien que l'émiettement du pouvoir communal est toujours considéré comme un handicap par de nombreux technocrates, et que ceux-ci n'ont pas renoncé à leur projet initial de réduction drastique du nombre des communes. Ils craignent une « normalisation rampante » qui les dépouillerait, petit à petit, de toutes leurs attributions au profit de la structure intercommunale, celle-ci devenant à terme le seul interlocuteur de l'administration. Le rôle des maires actuels en arriverait à se limiter, pratiquement, à celui d'officier d'état civil.

Une première étape a été franchie avec la proposition du gouvernement d'élire le président de la communauté au suffrage universel, ce qui renforcerait son autorité. L'Association des Maires de France fait barrage à ce projet mais le combat n'est pas terminé.

On commence à s'apercevoir, d'autre part, que les structures administratives mises en place pour gérer les communautés de communes coûtent cher... Les impôts locaux s'en trouvent alourdis. Les contribuables aimeraient qu'on leur apporte la preuve qu'on peut réaliser des « économies d'échelle » en ajoutant un échelon supplémentaire à notre complexe organisation territoriale.

Ici Macon-Loché !

L'esprit de clocher résiste même aux fusions de communes. Savez-vous pourquoi la gare TGV de Macon – ouverte en 1981 – s'appelle Macon-Loché ? Parce qu'elle est située sur le territoire de l'ancienne commune de Loché, fusionnée avec Macon depuis 1972, mais dont les habitants ont exigé que le nom reste présent sur les panneaux de la gare. La direction de la SNCF avait rejeté leur demande, dans un premier temps, arguant que Loché n'avait plus d'existence administrative. Mais la population n'a pas fléchi. Un mois avant la date de l'inauguration, pour faire pression sur la SNCF, les vignerons de Loché ont fait appel à mon émission matinale. Ils ont annoncé au micro qu'ils n'hésiteraient pas à perturber la cérémonie s'ils n'obtenaient pas satisfaction. Or c'est le président François Mitterrand, tout fraîchement élu, qui devait procéder en personne à cette inauguration, le 19 septembre à 11 h.

L'Élysée, qui ne souhaitait pas, semble-t-il, qu'une des premières apparitions publiques du nouveau président soit entachée par des manifestations hostiles, s'est ému de cette menace. Quarante-huit heures après la diffusion de l'émission, comme par miracle, le directeur régional de la SNCF faisait savoir qu'il accédait à la demande du syndicat des vignerons et commandait d'urgence une plaque « MACON-LOCHE TGV » pour remplacer celle qui était déjà installée...

J'ai gardé les lettres triomphantes du maire-délégué de Loché et du président de la cave coopérative qui m'informaient de cette heureuse issue et qui me remerciaient de mon intervention. L'un m'avisait de l'envoi de quelques caisses de Pouilly-Loché, l'autre m'invitait à déjeuner chez Georges Blanc, à Vonnas, l'une des meilleures tables de France... Je n'ai toujours pas honoré l'invitation, faute de temps, mais chaque fois que je vois le panneau « Macon-Loché TGV », j'éprouve une petite joie secrète qui suffit à me récompenser.

« L'école, c'est la vie. »

Autrefois, dans beaucoup de communes rurales, la mairie et l'école étaient réunies dans un seul et même bâtiment. Il y avait la mairie au centre, portant au fronton la devise « Liberté, Égalité et Fraternité » et, de part et d'autre, l'école des filles et l'école des garçons. Il subsiste encore un certain nombre de ces mairies-écoles, dont la construction remonte aux premiers temps de la IIIème République, après le vote des lois Jules Ferry sur l'instruction publique (1881-1882) et de la loi sur les libertés communales (1884) qui faisaient obligation, pour chaque commune, de posséder à la fois une mairie et une école publique. À l'étage était le logement de l'institutrice et de l'instituteur, qui remplissait aussi, de surcroît, les fonctions de secrétaire de mairie.

C'était le cœur du village, le principal pôle d'animation, tout au long de la semaine, face à l'église qui assurait la prise de relais le dimanche.

Ce lien étroit entre la mairie et l'école, images symboliques de l'identité communale au même titre que le clocher, fait comprendre le sentiment de catastrophe qui s'abat sur un village quand l'Académie décide, faute d'un nombre suffisant d'élèves, la fermeture de l'école. « L'école, c'est la vie. Quand elle disparaît, c'est le premier signe de la mort du village », professent unanimement les maires.

La petite commune de Montjay (Hautes-Alpes) a vécu ce drame en 1972. Après avoir compté près de mille habitants au début du siècle, et soixante enfants sur les bancs de l'école, elle n'avait plus que cent trois habitants, âgés pour la plupart, et trois élèves, dont l'un devait arrêter sa scolarité aux prochaines grandes vacances. « On vous avait maintenu une institutrice, jusqu'à présent, parce que vous êtes en bout de vallée et que l'école la plus proche est à dix kilomètres », déclara l'inspecteur d'académie, « mais avec trois élèves, ce n'est plus possible. »

C'est alors que le maire de Montjay, Émile Taxil, m'écrivit pour lancer un SOS : « La fermeture de l'école va précipiter l'agonie du village. Quels que soient les avantages offerts, un jeune ménage ne pourra ni ne voudra s'installer dans un village sans école. Et pourtant nous avons un climat exceptionnel, trois cent jours de soleil par an, l'agriculture redémarre grâce à l'élevage du mouton, et nous avons des habitations disponibles... Pour sauver l'école, je suis d'ailleurs prêt à mettre gratuitement trois logements à la disposition de familles ayant au moins trois enfants d'âge scolaire. »

M. le Maire répéta sa proposition à l'antenne. Deux mois plus tard, le 20 avril, il m'annonçait la bonne nouvelle : « Suite à votre émission, nous avons reçu plus de cent cinquante lettres. Parmi cet important courrier, nous avons pu retenir trois cas intéressants. Nous avons donc trois nouvelles familles établies dans le village, dont quinze enfants. De ce fait, l'effectif scolaire va passer de trois élèves à quatorze pour cette année. Mon conseil municipal et moi-même, en temps que maire de la commune et en temps que père de famille, venons vous remercier et vous exprimer toute notre reconnaissance. »

L'école de Montjay, toutefois, n'a connu qu'un sursis de seize ans. En 1989, malgré la résistance acharnée des parents qui sont allés jusqu'au tribunal administratif pour faire annuler la décision, la classe unique a été supprimée. Le boulanger, qui avait trois enfants, a préféré partir. Une autre famille de quatre enfants l'a suivi. La population de la commune est retombée à soixante dix-neuf habitants. Mais cet ultime combat n'a pas été inutile, parce qu'il a eu des prolongements inattendus.

Un jeune agriculteur de Montjay, Lionel Paillardin, qui avait été à la tête du comité de défense de l'école, a décidé de créer une association pour apporter une aide juridique aux autres villages du département menacés, eux aussi, d'une mesure de fermeture. En 1991, il a élargi son action en créant le Comité National de Défense de l'École Rurale et des Services Publics. Il préside aujourd'hui l'association « École et Territoire », qui a réussi, ces quatre dernières années, à faire annuler par les tribunaux administratifs cinq décisions de fermeture. Il s'agit des écoles de Molières (Lot), Brusque (Aveyron), Domprel (Doubs) , Rampoux (Lot) et Revest-Saint-Martin (Alpes-de-Haute-Provence), dont les noms sonnent pour lui comme des victoires napoléoniennes !

J'ai eu la fierté de contribuer au sauvetage d'une autre école, celle de Villaroger (Savoie), qui est toujours en vie, celle-ci. Située à mille mètres d'altitude, dans la vallée de la Tarentaise, la commune de Villaroger allait disparaître de la carte scolaire, elle aussi, en 1979, parce qu'il lui manquait deux élèves pour atteindre le quorum fixé par l'inspection d'académie. « Deux enfants, ça doit quand même se trouver », se dit le maire, M. Béjean. « Il suffirait qu'une famille accepte de prendre deux gamins de la ville en pension. » Sollicitée, Mme Léa Empereur, qui tenait un restaurant au hameau du Planay, à mille trois cents mètres d'altitude, donna son accord. Puis le maire m'écrivit pour passer une annonce sur l'antenne d'Europe 1.

La réponse fut rapide. Deux familles de la région parisienne prirent contact avec la mairie et l'été suivant, deux petits pensionnaires débarquaient à Villaroger : Philippe, dix ans – qui avait des problèmes relationnels avec ses quatre sœurs – et Cyrille, sept ans, dont la mère, célibataire, faisait les marchés et ne pouvait donc s'occuper convenablement.

Le jour de la rentrée, l'effectif requis était réuni devant l'école, sous le regard ému du maire veillant sur sa petite troupe comme une poule sur ses poussins, quand, à la place de l'institutrice attendue, débarqua l'inspecteur d'académie, incrédule, qui tenait à vérifier lui-même que le compte y était... Le lendemain, l'institutrice fit enfin son apparition, au grand soulagement du maire, et la classe put commencer avec un seul jour de retard.

Les deux petits Parisiens ne restèrent à Villaroger qu'un an, mais entre temps, la commune avait obtenu d'être reliée à la station de sports d'hiver des Arcs par deux télésièges, ce qui allait forcément amener de nouveaux résidents. Le danger de fermeture de l'école était écarté.

Philippe et Cyrille, quant à eux, reviennent régulièrement en vacances au village. Ils affirment que l'année passée dans la classe unique de Villaroger a été la plus heureuse de leur enfance.

Être et avoir

Le témoignage de ces deux enfants vient renforcer ma conviction profonde : l'Éducation nationale commet une grave erreur en pratiquant, depuis 1960, une politique systématique de regroupement pédagogique, au détriment des écoles à classe unique. Toujours cette tendance à la concentration, cette maladie technocratique qui élimine impitoyablement les petites unités ! Pourquoi ?

Selon un rapport publié en 1992 et commandé par le ministre de l'époque, Lionel Jospin, les enfants scolarisés en classe unique seraient « pénalisés », au moment de leur entrée en sixième, parce qu'ils ont été « surprotégés » !... « C'est faux », répond Claude Vieille-Blanchard, qui a enseigné dix ans dans l'école de Remonot (Doubs). « Le pourcentage d'échecs scolaires est quasi nul chez nous, alors que dans les classes de banlieue, il atteint des proportions effrayantes. En fait, derrière le prétendu "bien des enfants", se cache uniquement le souci du gouvernement d'économiser des postes d'instituteur. »

Les millions de spectateurs qui ont vu l'émouvant documentaire « Être et Avoir » ont pu le constater eux-mêmes : la classe unique établit une ambiance familiale qui favorise l'épanouissement des enfants. Elle installe une relation permanente entre les grands et les petits, faite à la fois de solidarité et de saine émulation. Les nouvelles technologies de l'information lui permettent par ailleurs d'être ouverte en permanence sur le monde extérieur. Il est vrai qu'autrefois, elle était en revanche synonyme d'isolement pour l'enseignant. Mais les moyens de communication actuels atténuent ce sentiment.

Il y avait dix-neuf mille écoles à classe unique en 1960. Il en reste pour l'instant sept mille trois cents, qui sont situées dans des zones de montagne ou dans des secteurs où la suppression de l'école entraînerait pour les enfants plus de deux heures de transport par jour. Il me paraît indispensable qu'elles soient maintenues, pour l'avenir des villages comme pour celui des enfants.

Mais les dernières initiatives du ministre délégué à l'enseignement scolaire, Xavier Darcos, ne vont pas dans ce sens. « La classe unique, qui a été idéalisée dans un film, est très touchante mais c'est le passé ! », a-t-il déclaré, en novembre 2003, en annonçant un « projet de réseaux d'écoles » qui, selon lui, « favorisera l'égalité des chances entre citadins et ruraux ». Toujours le même argument fallacieux ! On va encore trimbaler des enfants dans des cars, au petit matin, pour former des classes « d'au moins vingt élèves ». Vous parlez d'une chance !

Le ramassage scolaire, me fait remarquer à ce propos un ami enseignant, a donné le coup de grâce à deux expressions qui appartenaient à l'univers poétique de l'enfance : « le chemin des écoliers », que les gamins suivaient à pied, est désormais désert... Avec lui a disparu « l'école buissonnière », celle qui leur faisait connaître la vie des prés, des champs et des forêts. C'est vrai. Mais ce sont là des regrets d'ordre purement sentimental. Le car a tout de même du bon, l'hiver...

Le Nord : une mine de ruraux

Pour ne pas tomber en-dessous du seuil fatidique qui déclenche la fermeture d'une école ou d'une classe, d'autres communes ont suivi, un peu plus tard, l'exemple de Montjay en « important » des familles.

Sachant que la région Nord-Pas de Calais est riche en familles nombreuses, connaissant aussi le courage et la faculté d'adaptation de ses habitants, le maire de La Porcherie (Haute-Vienne) a passé l'annonce suivante, fin 1987, dans le quotidien *La Voix du Nord* :

« Cherche famille nombreuse pour venir dans le village. Logement et emploi fournis. »

Puis il est allé sélectionner sur place celle qui lui semblait la plus motivée. Son choix s'est porté sur une famille de dix enfants (de treize ans à seize mois), d'origine polonaise, les Peyrlik, qui vivait à Roubaix dans une maison sans chauffage ni eau chaude. Il les a installés au premier étage de la mairie, a trouvé un emploi de chauffeur routier pour le père, et neuf têtes blondes sont venues d'un seul coup garnir les bancs de l'école.

Deux ans après, une autre famille de dix enfants (dix garçons !), les Delcluses, est arrivée du Pas-de-Calais sans crier gare, après avoir vu, à la télévision, un reportage sur la commune : « Nous aussi, on veut vivre chez vous. » Le maire, Albert Peyronnet, n'a pas eu le cœur de les renvoyer. Il a fait retaper pour eux une vieille maison et, malgré quelques frictions avec les habitants qui les trouvaient un peu trop turbulents, les petits Delcluses ont fini par s'intégrer, à leur tour, à la population.

Ces opérations de transplantation ont donné un sang neuf à la commune. Elle a sauvé non seulement son école mais sa boucherie, grâce à une troisième famille nordiste venue reprendre le commerce menacé de fermeture. Aujourd'hui trente-cinq élèves, répartis en deux classes, fréquentent l'école de La Porcherie.

Inépuisable mine de la ruralité, le Nord-Pas de Calais a également fourni deux familles au maire des Planches-en-Montagne (Jura) pour repeupler sa classe unique, en 1989.

Être maire

L'émission *Bonjour Monsieur le Maire* a duré quinze ans. Au total, j'ai salué sur l'antenne près de quatre mille maires de la France rurale. Je me suis souvent demandé ce qui pouvait bien les motiver pour briguer ou accepter une telle fonction. La réponse n'est sûrement pas l'argent. Dans une ville, on peut soupçonner le maire de recevoir quelques enveloppes des entreprises qu'il fait travailler (ça arrive !) ou de bénéficier d'avantages divers, mais dans une commune rurale, où tout se sait, ce genre d'arrangements est peu probable. Quant aux indemnités de fonction prévues par la loi, elles sont faibles et couvrent à peine les frais de déplacements et de représentation. En 2003, pour les maires des communes de moins de cinq cents habitants (c'est-à-dire plus de la moitié des maires), elles s'élevaient à six cent-dix euros (quatre mille francs) par mois.

Alors quoi ? L'ambition ? Le métier de maire aujourd'hui,

dans une petite commune, apporte davantage de soucis que d'honneur. Les administrés sont de plus en plus exigeants et tendent à considérer que le maire est à leur service. Ils s'adressent à lui en toutes occasions et à n'importe quel moment de la journée ou de la nuit.

Le goût du pouvoir ? Il entre en ligne de compte, certainement, même si son domaine d'exercice est bien réduit. Mais c'est avant tout l'envie d'agir pour le bien de la commune qui anime l'immense majorité des maires ruraux, je le pense sincèrement.

Le « toubib » et ses Gaulois

L'exemple le plus édifiant m'a été donné par un médecin de campagne, Jean-Claude Simon, qui fut maire de Saugues (Haute-Loire) de 1965 à 1976.

À mille mètres d'altitude, au cœur du Gévaudan, entre les monts de la Margeride et le Val d'Allier, Saugues est le pays des *Noisettes Sauvages,* celui qu'a décrit Robert Sabatier dans son beau roman. Tout y est rude : le paysage, le climat, les maisons de granit, le caractère des habitants. Quand Jean-Claude Simon s'y est établi, en 1957, la commune – la plus étendue du département – comptait deux mille huit cents habitants : mille huit cents dans le bourg, mille autres dispersés dans les cinquante hameaux-satellites disséminés sur son territoire. En parcourant le canton pour aller au contact des malades, il a pris conscience de son état de sous-développement : routes et chemins impraticables en hiver, villages gagnés par le mal des campagnes, où des murs de pierre épais comme des remparts ne parvenaient pas à retenir la vie qui se retirait peu à peu...

« Quelquefois, il me fallait une journée pour une seule visite, quand j'allais faire un accouchement par deux mètres de neige. Une flambée d'alcool pour réchauffer la pièce, la mère cramponnée aux barreaux du lit tirant d'un côté, moi de l'autre, ça c'était du travail ! », se souvenait-il en souriant.

Très vite, il décida de se mettre tout entier au service de ses « Gaulois » comme il appelait affectueusement les Saugains. Élu conseiller général en 1961, à vingt-neuf ans, maire de Saugues en 1965, il se donna pour ambition de moderniser ce chef-lieu de canton déshérité tout en préservant son caractère unique. Un défi qu'il a relevé de façon éclatante.

On lui doit l'une des premières expériences de démocratie directe, au niveau communal. Dès 1966, il invite toutes les familles à se faire représenter à une assemblée annuelle, organisée dans le cinéma transformé en forum, pour se prononcer sur les grands choix de développement et sur les augmentations d'impôt. L'année suivante, il fait élire un conseil municipal de jeunes, à qui il confie l'organisation des fêtes et du Noël des vieux. En 1969, il ouvre la commune au tourisme en créant un terrain de camping quatre étoiles et une piscine. Pour créer des emplois, il finance lui-même, de ses propres deniers, l'installation d'une fabrique de sacs en plastique dont il revendra les actions aux habitants, un peu plus tard, quand l'entreprise se sera développée.

L'une de ses initiatives les plus originales a été, en 1970, la sonorisation du bourg et de tous les hameaux, de manière à pouvoir communiquer en permanence avec tous ses administrés, jusqu'aux plus éloignés. Cinquante hauts-parleurs, reliés à la marie par un système d'émetteur sans fil, s'animaient à heures irrégulières en diffusant l'hymne saugain en guise d'indicatif. Puis chacun faisait silence pour écouter la voix de son maire ou d'Oscar, le garde municipal.

Mais chaque habitant savait qu'il pouvait aussi rencontrer « le toubib » tous les soirs « chez Lulu », la brune et délurée tenancière du café de la place, discuter avec lui en buvant un canon, jusqu'à la dernière tournée qui était toujours la sienne.

La popularité de Jean-Claude Simon était telle qu'en 1967, aux élections cantonales, face à un adversaire communiste, il fut réélu avec 95,6 % des voix. Aux municipales de 1971, il obtint 84,7 % des suffrages.

Cette réussite exceptionnelle fut couronnée en 1975 par le titre de « maire de l'année », attribué par la revue Vie Publique – dont j'étais rédacteur en chef. Invité à venir recevoir son diplôme au ministère de l'Intérieur, des mains de M. Michel Poniatowski, il débarqua avec une quarantaine de ses « Gaulois », sérieusement « chauffés », qui firent leur entrée avec une banderole proclamant : « Le meilleur maire de France, il est de Saugues. » Devant le ministre légèrement surpris, Jean-Claude Simon s'excusa, dans son discours :

« C'est toujours comme ça, chez nous. Nous aimons nous rassembler. C'est d'ailleurs grâce à l'amitié qui nous unit que Saugues, condamné par certains technocrates, est devenu un exemple d'aménagement rural. »

L'année suivante, hélas, le bon docteur mourait accidentellement en faisant du canoë sur le plan d'eau municipal qu'il avait fait aménager et qui venait d'être inauguré. Il ramait avec deux amis quand l'embarcation s'est retournée. En essayant de porter secours à l'un d'eux, qui ne savait pas nager, il a lui-même été entraîné, étranglé, semble-t-il, par celui qu'il voulait sauver. Mais il avait fait en sorte qu'au-delà de la mort, il soit encore utile à ses concitoyens. À l'ouverture de son testament, on découvrit qu'il avait contracté une assurance sur la vie de cent mille francs au bénéfice de la commune « pour les travaux qu'elle désirera ». Il léguait en outre mille francs au conseil municipal de Saugues « pour qu'il puisse boire à ma santé » !

Bonneval-sur-Arc, village ressuscité

J'ai lu qu'il était question de demander au pape la béatification d'un homme politique français, Robert Schumann, qui fut l'un des pères de l'Europe et l'un de nos dirigeants les plus intègres, assurément. Pourquoi ne pas décerner une auréole à un maire, dans la foulée ? Moi, s'il me fallait en proposer un, j'hésiterais entre Jean-Claude Simon et Gilbert

André, qui fut maire de Bonneval-sur-Arc (Savoie) pendant quarante ans. Ils font vraiment figure, à mes yeux, de saints laïcs. L'un et l'autre ont ceint l'écharpe tricolore comme d'autres endossent l'habit de moine, en renonçant à toute vie de famille et en se vouant corps et âme à leur commune.

Vosgien d'origine, Gilbert André a découvert Bonneval en 1953, au cours d'une randonnée à ski dans les Alpes. Il avait vingt-six ans. Le village, lui, ne semblait pas encore sorti du Moyen Âge. Perdu à mille huit cents mètres d'altitude, au pied du col de l'Iseran, isolé du monde pendant les cinq mois d'hiver, il était resté hors du temps. Dans leurs maisons de pierres sombres serrées l'une contre l'autre, les gens vivaient en compagnie de leurs bêtes dans une même pièce, pour mieux résister au froid. Ils filaient encore la laine de leurs moutons pour confectionner leurs vêtements. Comme combustible, ils utilisaient le fumier de ces mêmes moutons, qu'ils mettaient à sécher, l'été, sur les larges balcons de bois sculpté. Mais entre le jeune randonneur et le vieux village oublié, il s'est passé quelque chose qui ressemble à un coup de foudre.

Gilbert André a décidé d'interrompre sa randonnée et de faire halte quelques jours. Il a pris pension chez un agriculteur qui était aussi conseiller municipal, Jean-Claude Blanc. En l'écoutant, il s'est aperçu que ce dernier vestige d'une civilisation alpestre séculaire allait s'éteindre parce que les jeunes ne voulaient plus y vivre. Les filles n'acceptaient plus d'aller casser la glace du torrent, l'hiver, pour laver le linge. Les garçons résistaient de plus en plus difficilement à l'attraction des petites villes industrielles de la vallée, où l'on gagnait mieux sa vie avec moins de peine.

Gilbert André s'est alors juré de tout tenter pour préserver « le bonheur simple et l'austère beauté du village ». Il a fait le même pari que Jean-Claude Simon à Saugues. Avec Jean-Claude Blanc, il a lentement persuadé les habitants qu'on pouvait concilier le progrès et la tradition, ranimer Bonneval tout en protégeant son aspect et son âme. Et il a entrepris de le démontrer à partir de 1955, quand les Bonnevalains lui ont confié la mairie.

Il s'est appuyé, pour cela, sur l'esprit de coopération de ces montagnards qui formaient une communauté soudée, habituée à faire jouer la solidarité pour vaincre l'isolement et les rigueurs du climat. Comme beaucoup de bergers, les Bonnevalains avaient un don inné pour le travail du bois. Il leur a donné l'idée de se grouper pour former un atelier communal, où ils ont été une dizaine à venir travailler, de la Toussaint à la Pentecôte, pour fabriquer des meubles rustiques, des plats, des raviers, des plateaux à fromage, des santons taillés au couteau de poche, qui étaient vendus aux touristes à la belle saison. Il a ensuite créé une coopérative fromagère pour mieux valoriser le lait des producteurs. Mais sa plus belle réussite est d'avoir fait de Bonneval la seule station de sports d'hiver qui appartient en totalité à ses habitants.

Elle a démarré en 1967 avec un télésiège et cinq téléskis, qui ont été entièrement financés par la commune, sans faire appel à des promoteurs extérieurs. La commune a emprunté un million pour les remontées mécaniques et, parallèlement, vingt familles du village ont accepté d'emprunter chacune de cinquante mille à deux cent mille francs pour faire construire des appartements à louer. Le conseil municipal a pu, de cette façon, garder la maîtrise complète de la délicate évolution du village vers le tourisme d'hiver, et faire en sorte qu'elle profite avant tout aux gens du pays.

Quand je suis allé interviewer Gilbert André, en 1971, la station possédait vingt et une remontées mécaniques et elle continuait de se développer dans le respect du site, des habitants et des touristes, selon les principes qui guidaient toute son action :

« Nous voulons qu'il y ait un véritable échange, d'égal à égal, entre la population et les gens de l'extérieur. En venant consommer notre neige et les produits de notre sol ou de nos mains, les touristes nous permettent de continuer nos activités traditionnelles. De notre côté, nous leur offrons ce qu'ils ne trouvent pas dans les autres stations de sport d'hiver : un dépaysement total, une cure de désintoxication physique et morale, au milieu de gens simples restés fidèles à des vertus oubliées. »

Irrité par les écologistes, plus préoccupés par la sauvegarde des paysages que par celle des paysans, il m'expliqua comment il concevait la protection de la nature :

« Protéger la faune et la flore, ce n'est pas suffisant. C'est tout le cadre de l'homme, avec ses maisons, son mode de vie, ses silences, qu'il faut non seulement protéger mais animer. »

Le plus difficile, par la suite, a été de gérer le succès de la station. En 1987, Gilbert André a quitté la mairie et la commune parce qu'il était en désaccord avec son conseil sur un projet d'extension des remontées mécaniques. Il est reparti comme il était arrivé, sans bagages.

Car il avait toujours refusé de « s'installer » à Bonneval. « Dès que le village n'aura plus besoin de moi, je m'en irai », avait-il annoncé lors de sa première élection à la mairie. Il n'y possédait rien, ni terre, ni maison, ni foyer. Célibataire, il logeait dans le grenier de la fromagerie mis à sa disposition par la commune, au milieu de meubles prêtés par les artisans de l'atelier communal, consacrant la totalité de son temps au village et se contentant de son indemnité de maire. Comme son collègue de Saugues, le Dr Simon, il prenait ses repas chez les habitants, qui s'étaient organisés pour le recevoir à tour de rôle.

Aux élections de 1989, ceux-ci ont essayé de le récupérer. Alors qu'il n'était pas candidat et qu'il avait fait savoir, par lettre, qu'il refusait d'avance tout mandat, ils l'ont élu dès le premier tour et les nouveaux conseillers, à l'unanimité, l'ont désigné comme maire. Après avoir longuement hésité, Gilbert André a finalement cédé. Il a repris l'écharpe et le chemin de Bonneval. Il ne pouvait pas les laisser tomber. Mais en 1995, il s'est définitivement éloigné d'un village qui ne correspondait plus tout à fait à l'image idéale qu'il avait conçue.

Retiré au col de La Madeleine, où il a adopté une dizaine de chèvres sauvages qu'il va nourrir, chaque jour, dans la montagne, il fait un constat lucide :

« Les mentalités ont changé. L'argent, la télé, le tourisme ont fait que les gens sont devenus comme partout ailleurs. J'ai procédé au mariage d'une trentaine de garçons avec des filles de la ville. C'est formidable, puisqu'ils ne trouvaient pas de compagne auparavant. Mais elles ont apporté un autre esprit. L'artisanat a complètement disparu. Les hommes préfèrent les métiers de la neige et les femmes font le ménage dans les appartements qu'elles louent aux touristes. »

Bonneval-sur-Arc n'en reste pas moins un village exceptionnel et exemplaire. Tout en s'ouvrant au tourisme, il a gardé ce charme qui lui a valu d'être classé parmi les plus beaux villages de France. La population est passée, en cinquante ans, de cent quarante-trois à deux cent quarante-deux habitants, en restant composée en majorité d'autochtones. En 1953, à l'arrivée de Gilbert André, la principale famille du village était les Blanc. Aujourd'hui, si vous consultez les pages (blanches) de l'annuaire, sur votre ordinateur, et si vous inscrivez le nom de Blanc, à Bonneval-sur-Arc, vous obtenez encore trente-deux réponses : de Blanc Aimé à Blanc Robert ! La station de sports d'hiver, qui continue de prospérer, est toujours la propriété des habitants, à 100 %. Et si vous vous arrêtez au café Angèle, le plus vieux du village, vous vous assoirez à côté des vaches, qui partagent la même pièce, comme autrefois. Mais c'est la dernière maison où subsiste cette forme de cohabitation...

Les tribulations du maire d'Eu

En quinze ans, un seul maire a refusé d'accueillir un reporter de *Bonjour Monsieur le Maire* : le maire d'Eu (Seine-Maritime). Sans doute craignait-il que j'en rajoute aux nombreuses plaisanteries que les maires d'Eu subissent stoïquement depuis des siècles. En 1843, déjà, le secrétaire particulier du roi Louis-Philippe (dont le château d'Eu était la résidence d'été) avait commis quelques couplets d'un goût douteux, qui alignent tous les jeux de mots possibles sur la chose. C'est la chanson du maire d'Eu, qu'on trouve sur carte postale dans toutes les boutiques de la ville et dont je vous livre un court extrait :

« Je me complais dans mon empire
Qui ne me cause aucun souci
J'aime l'air qu'on y respire
On voit, on sent la mer d'ici...
Aussi j'aime beaucoup mieux être
Maire d'ici que maire d'ailleurs. »

Le maire actuel, François Gouet, en a pris son parti. Il est le premier à en plaisanter, dans ses discours, pour prévenir les moqueries. Et il se dit qu'être maire d'Eu n'est pas plus offensant, finalement, qu'être maire de Grasse ou maire d'Houilles. Sur le papier à lettres de la mairie, il signe néanmoins « le maire de la ville d'Eu » et il s'efforce de généraliser cette formulation plus convenable.

Ce nom permet du moins à la commune d'être connue de tous les amateurs de mots croisés. Quand ils rencontrent la définition « chef-lieu de canton normand » pour un mot en deux lettres, ils savent que la réponse est nécessairement Eu.

Seuls deux autres chefs-lieux de canton présentent la particularité d'avoir un nom en deux lettres : Is, en Côte-d'Or, et Ay, en Champagne, qu'on retrouve très souvent, eux aussi, dans les définitions. En 1996, les trois maires ont eu la bonne idée de s'associer pour organiser à tour de rôle, chaque été, un festival de mots croisés. Le clou en est une grille géante installée en plein air. La première année, elle faisait treize mètres de haut, quatorze mètres de large et couvrait la façade de la mairie d'Is-sur-Tille. Avec seize mille huit cents cases, cinq mille deux cents définitions, elle devenait d'emblée la plus grande du monde. Une nacelle montée sur bras télescopique permettait d'inscrire les mots donnés par les joueurs. L'événement continue d'attirer de nombreux cruciverbistes.

Les rouges et les blancs

Illustrées au cinéma et popularisées par la série des *Don Camillo*, les bagarres entre le maire et le curé font partie du folklore villageois, mais elles sont vraiment d'un autre temps. Elles nous ramènent aux grandes heures de la IIIème République, quand s'affrontaient encore, dans de nombreux villages, deux camps irréductibles : les blancs et les rouges, ceux de « la calotte » et ceux de « la laïque ». Ils avaient chacun leur café ou leur cercle pour se réunir, leur patronage pour éduquer les gamins, et de génération en génération, d'une famille à l'autre, on demeurait fermement du même bord. À Correns (Var), tout récemment, j'ai pris un verre (de blanc) au cercle des rouges, fondé en 1853, où trône encore le buste de Marianne, mais le cercle des blancs, de l'autre côté de la rue, est fermé depuis longtemps et tout le monde, sans distinction, se retrouve désormais dans celui des rouges, devenu le seul débit de boissons du village.

À Reuilly (Indre), village de vignerons, M. le Maire se souvient du temps où les blancs et les rouges fêtaient la Saint-Vincent le même jour mais chacun de leur côté. Quand les deux défilés se croisaient, les insultes fusaient de part et d'autre. Aujourd'hui, il y a toujours la Saint-Vincent des blancs (qui commence par une messe à l'église) et la Saint-Vincent des rouges, mais elles se déroulent à quinze jours d'intervalle, et il semble bien qu'on vive les derniers moments de cette dualité. Les jeunes viticulteurs sont tous au banquet de la seconde, qui réunissait environ trois cents personnes en 2003, alors qu'à celui des blancs (quatre-vingt dix couverts) on ne retrouve plus que des anciens du village, attachés à leur tradition familiale.

Seul vestige de l'anticléricalisme d'antan, chez les rouges : lors du repas d'ouverture des trois jours de fête, on mange toujours du boudin noir (la couleur des « corbeaux », comme on appelait autrefois les calotins) et des haricots rouges...

Partout, l'exode rural, qui s'est traduit par un appauvrissement de la vie locale, a entraîné un changement des mentalités. Il a conduit les dernières forces vives du village à s'unir pour tenter d'enrayer ce phénomène de dépopulation. Dès les années 60, le maire, l'instituteur et le curé ont compris qu'ils étaient solidaires. J'ai même vu des maires « rouges » lutter pour garder leur curé ou pour sauver leur église ! Il faut dire que, dans la même période, on a assisté à la fois à une chute vertigineuse de la pratique religieuse et à une dépolitisation des citoyens. D'un côté comme de l'autre, les esprits ne sont sans doute plus suffisamment motivés pour ferrailler.

Quand Monsieur le maire est Monsieur le curé

Je peux citer quelques communes où, de toute façon, toute dissension entre le maire et le curé était impossible puisqu'ils ne faisaient qu'une seule et même personne. Après avoir célébré le mariage civil, M. le Maire quittait l'écharpe tricolore pour aller revêtir l'aube et la chasuble à l'église et procéder à la bénédiction des époux...

C'est ce qu'on pouvait voir à Montaigu (Jura), le village natal du compositeur de la Marseillaise, Rouget de l'Isle. Curé de la paroisse depuis 1935, l'abbé Prost s'était présenté aux élections municipales de 1959 à la demande pressante de ses concitoyens, qui refusaient tous d'assumer cette charge, et il avait été élu, bien sûr, à l'unanimité. Il administra la commune pendant deux mandats, à la satisfaction générale. Même le délégué local de la Libre Pensée rendit hommage à son honnêteté et à son dévouement, au micro de *Bonjour Monsieur le Maire.*

Un autre curé s'est assis dans le fauteuil de maire aux élections de 1965 : celui de Murasson (Aveyron), l'abbé Albert Aliés. Il avait fait parler de lui, déjà, dans la région, pour avoir accompli deux actions d'éclat : en 1947, dans une de ses précédentes paroisses, il avait organisé un camp de vacances commun pour les enfants de l'école libre et de l'école laïque. Désavoué par l'évêché, il fut aussitôt muté dans une paroisse où il n'y avait pas d'école laïque, afin de lui épargner la tentation de recommencer. Mais en arrivant dans sa nouvelle affectation, il constata qu'il n'y avait pas non plus de route carrossable pour y accéder. Avec l'aide d'un ingénieur agricole et d'une petite entreprise locale, il prit alors en mains l'initiative et la direction des travaux.

Le jour de l'inauguration de la route, les agriculteurs lui dirent : « Il ne faut pas vous arrêter là, Monsieur le Curé. Les engins agricoles que nous avons maintenant sont plus larges que nos vieilles charrettes. Il nous faut aussi des chemins d'accès à nos fermes plus larges et goudronnés. Qu'est-ce que vous pouvez faire ? »

L'abbé Aliés releva le défi, en mettant les agriculteurs eux-mêmes à l'ouvrage. Quelques années plus tard, chaque ferme avait sa route. Ce sont les échos de cette réussite exemplaire qui incitèrent le maire de Murasson à venir le trouver, peu avant les élections de 1965.

« Je ne veux pas me représenter », lui dit-il. « Je suis trop vieux. La grande majorité des habitants souhaiterait que vous preniez ma place. Et puis l'église a besoin d'être restaurée, vous ferez ça mieux que personne. »

Après s'être fait un peu prier, pour le principe, l'abbé accepta en posant une condition : que le maire sortant constitue lui-même la liste des conseillers municipaux, de manière à rester en dehors de toute querelle de personnes.

L'élection fut triomphale. Il resta maire (et curé) pendant trente ans. Il fut également élu conseiller général de Belmont-sur-Rance en 1967 et le demeura jusqu'à sa mort en 2001.

Le sabre et le goupillon

Durant toutes ces années, l'abbé Aliés lutta avec ardeur contre l'exode rural qui frappait ce département de l'Aveyron, plus grand que l'Alsace mais dont la population est inférieure à celle de Strasbourg. Il se signala, en particulier, en 1985 en proposant publiquement d'effectuer le service militaire à la place d'un de ses administrés !

Celui-ci, Gilles Pendariés, vingt-trois ans, venait de créer dans la commune un atelier de fabrication de meubles qui employait neuf personnes. Le curé-maire l'avait aidé à monter son projet en lui prêtant sept cent mille francs et en lui décrochant une subvention de trois cent mille francs. Or le sursis de Gilles Pendariés arrivait à expiration. Il lui fallait partir à l'armée, et du même coup fermer l'atelier en mettant au chômage neuf personnes. Sourd à toutes les interventions, le ministère des Armées se refusait à exempter le jeune entrepreneur. C'est alors que l'abbé Aliés convoqua la presse pour annoncer qu'il se présenterait à la caserne, le jour dit, à la place de Gilles Pendariés. « J'ai déjà le grade de caporal. L'armée n'y perdra pas », dit-il, « même si, avec mes cent kilos, je peinerai un peu sur le parcours du combattant. »

L'affaire fit tant de bruit que les autorités militaires, finalement, capitulèrent. L'atelier était sauvé. Le sabre s'était incliné devant le goupillon !

À Saint-Aubin-de-Scellon (Eure), j'ai mis à jour un autre cas de confusion entre le pouvoir civil et le pouvoir religieux. Ici, c'est la gouvernante du curé, Mme Deville, que les habitants ont portée à la mairie en 1959. Ce qui n'était pas du goût de tout le monde.

« Quand on vient sonner chez le maire, on tombe sur le curé, et quand on vient voir le curé on se retrouve devant le maire », m'a expliqué un administré qui supportait mal cette forme de cohabitation.

La situation ne s'est d'ailleurs pas éternisée. Au scrutin suivant, Madame Deville rendit son écharpe et tout rentra dans l'ordre.

La bataille d'Azincourt

Sans aller jusqu'à assumer la fonction de maire, beaucoup de curés, parmi ceux que j'ai croisés, se sont révélés de dévoués acteurs de la vie communale, en même temps que de précieux collaborateurs de mon émission matinale, qu'ils étaient nombreux à écouter juste avant la sonnerie de l'Angélus de sept heures. Quand le téléphone de la mairie ne répondait pas, c'était souvent le numéro du presbytère que je composais pour obtenir des renseignements sur la commune.

À l'époque, il est vrai, il y avait encore un curé dans chaque commune, ou presque. Ils ne passaient pas leurs journées sur les routes à courir d'une église à l'autre, sur des paroisses dont le périmètre s'élargit de plus en plus. Ils avaient du temps. Le temps de s'occuper de leur jardin et d'en parcourir les allées pour lire leur bréviaire, paisiblement... Le temps, pour le curé de Randan (Puy-de-Dôme) ou celui de Montrésor (Indre-et-Loire), de présider le syndicat d'initiative... Si Montrésor a obtenu le titre de « Commune touristique n° 1 », elle le doit à son curé qui avait réalisé la monographie de présentation.

Souvent, M. le curé faisait office d'historien local. M. le maire m'aiguillait vers lui dès qu'il fallait évoquer le passé de la commune au micro. J'ai gardé l'enregistrement du curé d'Azincourt (Pas-de-Calais), me racontant à sa façon la bataille du même nom, la première grande défaite de l'histoire de France. Je vous livre son récit mot pour mot, sans la moindre retouche :

« La France était moitié anglaise, moitié française. Les Anglais voulaient avoir toutes nos provinces. Ils sont venus prendre Harfleur, et puis le roi de France, qui était fou, a envoyé ses gros généraux les arrêter du côté d'Azincourt. La bataille a eu lieu sur un terrain de quatre kilomètres de long sur huit cents mètres de large exactement. Voilà pourquoi les Français ont été ridicules de vouloir mettre un si grand nombre d'hommes serrés les uns contre les autres : quarante mille Français contre quinze mille Anglais. Ils avaient des épées de huit mètres, ils se les enfilaient les uns dans les autres, et puis ils pataugeaient dans la gadoue, dans un terrain labouré la veille. Tandis que les Anglais se trouvaient dans du seigle qui était encore vert, la terre était rassise. Avec ça, pas d'ordre ! tout le monde commandait. Ils se sont faits tuer comme des lapins. Les Anglais se sont jetés dans leur derrière et ils ont fait une bouillabaisse, une boucherie épouvantable ! Il y a eu des corps à corps de 11 h 15 jusqu'à 12 h 30. Dix mille Français sont morts, dont cinq princes royaux et un grand nombre de seigneurs. Ce fut la fin de la féodalité. Il n'y avait plus de seigneurs. Alors le pouvoir royal va grandir, surtout avec Jeanne d'Arc qui a donné des coups de pied à notre dauphin Charles VII, qui ne voulait pas. Mais elle l'a fait marcher. Quand elle a été tuée, c'était le plus grand roi de France. Il a mis dehors les Bourguignons, tous les Anglais, il n'y en avait plus un seul ! »

Je ne peux vous garantir l'exactitude historique de tous les détails mais l'abbé Nestor Delétoile mettait tant de fougue et d'émotion dans son récit que ses auditeurs restaient subjugués. Il vivait constamment dans le souvenir douloureux de ces dix mille chevaliers tombés sur le territoire de la commune, en 1415. Il leur vouait un tel culte qu'à la fin de sa vie, il lança une souscription nationale pour élever à leur mémoire une stèle en granit de cinq mètres cinquante de hauteur, au pied de laquelle il fit enterrer un coffret contenant quelques restes des valeureux combattants.

Je me souviens aussi du curé de Quincy (Cher), qui, à quatre-vingt-neuf ans, continuait d'exercer son ministère.

« Et je fais tous mes mouvements comme un jeune... les génuflexions, tout... », me démontrait-il fièrement. Il faut dire qu'il était d'une rare et méritoire sobriété, dans ce village viticole réputé pour ses vins blancs.

« Je n'ai jamais accepté un verre de vin. Parce que un et un ça fait deux, et un ça fait trois, et le soir ça fait dix. Alors je me suis imposé une règle absolue : jamais de vin chez mes paroissiens. Car il est bon, il est mignon, le Quincy, mais il est traître. » Seule dérogation à son régime : M. le curé utilisait quand même du vin de Quincy pour dire sa messe.

Son collègue d'Azé (Saône-et-Loire), autre village viticole, était peut-être moins tempérant mais il aimait avant tout ses vignerons. Quand le reporter de *Bonjour Monsieur le Maire* est venu dans sa commune, en 1966, il a tenu à intervenir au micro pour se faire leur porte-parole :

« Ce n'est pas juste. Nos vignerons font un excellent vin blanc de Macon mais ils n'arrivent pas à le vendre. Les vendanges approchent et leurs cuves sont encore remplies du vin de l'année dernière. Ils se demandent avec angoisse comment ils vont loger la prochaine récolte. »

Bref, il mit tant de cœur à dépeindre le triste sort de ses ouailles et à vanter les vertus de leur vin que les auditeurs de l'émission réagirent en masse. Les commandes affluèrent, les jours suivants, à la coopérative et en moins de trois semaines, les cuves se retrouvèrent vides. Depuis lors, grâce à leur curé, les vignerons d'Azé croient aux miracles...

Les miracles de la radio

En offrant quelques minutes d'antenne, chaque matin, à ceux et celles qui s'évertuaient à faire vivre les villages, *Bonjour Monsieur le Maire* en a aidé plus d'un. J'en ai eu la preuve en 1968. Pour marquer la deux millième, je m'étais permis de demander aux maires de me faire savoir si l'émission avait eu des suites favorables pour leur commune. Les témoignages que j'ai reçus ont été si nombreux que leur lecture serait lassante mais quelques lettres m'ont particulièrement touché.

J'ai fait une première constatation réjouissante : il suffisait souvent qu'un maire étale au micro ses problèmes avec l'administration ou avec son autorité de tutelle pour que, brusquement, tout s'arrange. Un fonctionnaire ayant par nature horreur des vagues, il s'empressait de régler l'affaire avant qu'elle prenne des proportions trop gênantes et que sa hiérarchie vienne lui demander des explications.

Voici ce que m'écrivait, par exemple, le maire de Bertrimoutier (Vosges) :

« Nous avons à vous remercier d'avoir bien voulu parler des difficultés que nous rencontrions dans la réalisation de notre adduction d'eau. La publicité que vous avez donnée à nos difficultés a permis de faire comprendre aux autorités diverses qui détenaient la décision notre résolution d'aboutir. Elle a puissamment aidé à nous ouvrir les portes réticentes derrière lesquelles une bureaucratie peut-être qualifiée trouvait toujours le moyen de reporter à plus tard une décision qui nous est chère. Vous avez donc été un des artisans qui ont participé à l'amélioration du pays. »

Autre exemple : la municipalité des Grandes-Loges (Marne) réclamait depuis vingt-neuf ans la construction d'une déviation de la route nationale qui traversait le village. Quelques mois après la diffusion de l'émission où il faisait part de la colère des habitants, le maire, M. Vannier, était avisé que les travaux étaient programmés. Coïncidence ou conséquence directe ? Je ne sais pas, mais il est persuadé, quant à lui, que l'émission a été décisive. Il m'a d'ailleurs invité à l'ouverture de la déviation pour me remettre un diplôme de citoyen d'honneur des Grandes-Loges, tandis que le lieutenant de la compagnie de sapeurs-pompiers – qui jusque-là était trop fréquemment amenée à intervenir lors des accidents de la route – me faisait « compagnon d'honneur des sapeurs-pompiers » !

La plus belle preuve de l'efficacité de l'émission, je l'ai eue dans une commune dont le maire tempêtait, lui aussi, pour obtenir son adduction d'eau. Par téléphone, j'avais pris rendez-vous avec lui pour la semaine suivante. Quand Roger Arduin, le reporter de l'émission, est arrivé sur place, le maire s'est excusé :

« Je suis désolé de vous avoir dérangé pour rien, le problème dont je voulais vous parler est résolu. Le sous-préfet a su que *Bonjour Monsieur le Maire* devait venir. Il m'a aussitôt convoqué, hier, pour m'annoncer que notre projet, qui traînait depuis dix ans, était accepté. »

En feuilletant le courrier que j'ai reçu à l'époque, je retrouve aussi cette lettre du maire de Brusque (Aveyron), qui avait déploré l'état d'abandon de nombreuses maisons du village : « À la suite de l'émission, nous avons eu plus de cent vingt lettres. Toutes les maisons disponibles, en bon ou mauvais état, ont trouvé preneur. Des bergeries, d'anciennes fermes désaffectées ont été restaurées et sont habitées à la belle saison. Une famille s'est définitivement fixée à Brusque. Cette émission d'autre part aura été à l'origine d'une évolution dans l'esprit de mes administrés qui n'y croyaient pas et qui ont ainsi pris conscience et confiance dans la valeur touristique de notre belle région. »

J'en profite pour rappeler que les Aveyronnais ont été des précurseurs, en matière de tourisme rural. Ils ont été les premiers à ouvrir à Paris une « Maison du Rouergue » chargée de faire connaître les beautés et les atouts de leur département. Ce sont eux qui ont lancé le camping à la ferme, une idée qui semblait totalement farfelue aux professionnels du tourisme. Dès 1968, des agriculteurs du canton de Naucelle se sont associés pour créer la charte du camping fermier : ils s'engageaient à mettre à la disposition des campeurs et caravaniers « un espace vert et un plan d'eau pour la pêche, la baignade et le canotage ». En contre-partie, le campeur s'engageait à respecter les récoltes.

La Maison du Rouergue a inventé une autre formule de vacances originale : les stages chez les artisans locaux (potiers, ferronniers, vanniers, sculpteurs etc.) avec hébergement dans le village. Elle est allée jusqu'à recruter des petits Parisiens pour remplir les pensionnats aveyronnais touchés par la dépopulation des campagnes... Toutes les solutions susceptibles de compenser les dégâts de l'exode rural ont été expérimentées par les animateurs de cet organisme avec qui j'ai eu plaisir à collaborer et à qui je tiens à rendre hommage.

La Maison de l'Aveyron, qui est aujourd'hui l'ambassade parisienne du département, prolonge son action dynamique.

Un Las Vegas savoyard

La lettre du maire de Novel (Haute-Savoie) me ramène au tout début de l'émission. En 1960, pour célébrer le centenaire du rattachement de la Savoie à la France, toutes les communes de la région avaient été incitées à organiser des fêtes. René Bouvet – qui avait été le plus jeune maire de France lors de son élection en 1953 – eut l'idée, pour sa part, de réunir à cette occasion toutes les familles qui portaient le nom du village. Mais encore fallait-il les retrouver et les informer. Il m'écrivit donc pour claironner la nouvelle et battre le rassemblement.

Le résultat dépassa ses espérances : le jour dit, le 19 juin, cent vingt familles Novel se retrouvaient dans ce village de quatre-vingt habitants, perché à neuf cents mètres d'altitude, au-dessus du lac Léman, au bout d'une étroite et sinueuse route en cul-de-sac.

« Depuis », témoignait-il dans sa lettre, « je continue d'accueillir à des dates échelonnées ces personnes qui ont appris, grâce à votre émission, qu'il existait, perdu dans la montagne de Savoie, un pittoresque petit village homonyme. Ils constituent une clientèle non dédaignable pour les quatre hôtels de Novel. Sachez aussi que votre émission apporte un soutien moral aux maires de mon espèce. En entendant mes collègues de cette France si diverse et pourtant si proche par les ondes exposer leurs problèmes particuliers, je reprends courage pour m'attaquer à résoudre les miens. »

Hôtelier lui-même, René Bouvet était un vrai « maire-poule ». Il faisait tout, dans la commune : secrétaire de mairie, sacristain, sonneur de cloches, sapeur-pompier, écrivain public pour les habitants. Dans son souci permanent de rendre service, il est allé jusqu'à instaurer une formule de mariage accéléré à l'intention des amoureux pressés de passer devant M. le Maire. Les formalités administratives étaient réduites au minimum, les délais de publication des bans escamotés et en moins d'une heure, les candidats au mariage étaient unis pour la vie.

La nouvelle s'étant répandue jusqu'en Suisse, il en était arrivé à célébrer, dans sa petite mairie, une dizaine de mariages tous les mois, ce qui contribuait incidemment à l'animation du village et à l'activité des hôtels. Les journaux parlaient déjà du « Las Vegas » ou du « Gretna Green » français... Mais le préfet vint mettre un terme à l'aventure en lui interdisant formellement de poursuivre cette procédure expéditive... et légèrement illégale.

Je ne me suis pas marié à Novel mais j'ai passé quelques jours, peu après mon mariage, dans l'hôtel de son maire, l'hôtel du Grammont, qui pratiquait des prix de pension dérisoires et qui servait de délicieuses truites de rivière braconnées par les montagnards. René Bouvet raconte volontiers que mon premier fils a été conçu chez lui, ce qui est inexact, mais ça lui fait tellement plaisir de le croire que je n'ai jamais voulu le détromper...

La dernière fois que je suis monté au village, hélas, l'hôtel du Grammont était fermé. Les maigres revenus qu'il rapportait n'ont pas permis à son propriétaire d'entreprendre les travaux de mise aux normes exigés par les services de sécurité. René Bouvet a quitté la commune et n'y revient que l'été. La population est tombée à cinquante-huit habitants. Leur dernier lieu de rendez-vous est le café-hôtel-restaurant du Clozet, qui maintient vaillamment la qualité et la simplicité de l'accueil novelland.

Salut Bibi !

En janvier 1968, pour changer un peu, j'ai demandé à un certain nombre de vedettes du moment de dire : « Bonjour

Monsieur le Maire ! » Bourvil (André Raimbourg, pour l'état civil) s'est adressé au maire de Bourville (Seine-Maritime), le village où il est né et dont il avait pris le nom. Jean Carmet a salué le maire de Bourgueil (Indre-et-Loire) et rappelé qu'il avait passé toute son enfance dans cette commune viticole, auprès de son père bourrelier.

Avec Maurice Biraud, qui animait alors l'antenne d'Europe 1 tous les matins de 9 h à 11 h, je suis allé à Saint-Martin-sur-Ocre (Loiret), où sa mère l'avait placé en nourrice, à l'âge d'un mois, chez un couple d'ouvriers agricoles, M. et Mme Coilbeau.

« Bibi », comme l'appelaient tous les auditeurs, avait vécu auprès d'eux jusqu'à quatorze ans et il leur vouait une grande reconnaissance. Les Coilbeau étaient décédés, après avoir élevé neuf enfants... et quarante et un nourrissons. Mais l'un de ses frères de lait, Raymond, évoqua, au micro, quelques souvenirs de jeunesse, avec ce savoureux accent du centre de la France que Maurice Biraud imitait parfaitement quand il faisait revivre à l'antenne le personnage du « père Coilbeau ». C'est l'accent qu'on qualifie habituellement de « paysan », tel que savait le prendre également Jean Richard, avec quelques variantes, mais qu'on n'entend plus guère aujourd'hui, même dans les campagnes les plus reculées. Il a été tellement moqué que les jeunes générations se sont appliquées à le perdre.

L'ami Maurice m'emmena un peu plus tard dans une autre commune qu'il aimait beaucoup : Collonges-la-Rouge, en Corrèze. Son épouse, Françoise, possédait une grande et magnifique maison dans le centre de ce village, classé parmi les plus beaux de France, dont toutes les constructions, sans aucune exception, sont en grès rouge. Nous y sommes arrivés le soir, au déclin du soleil, et je n'oublierai jamais le flamboyant spectacle de ces pierres rouges caressées par la chaude lumière d'un soir d'été.

Collonges a été admirablement préservé et ranimé par un maire exceptionnel : Charles Ceyrac, qui fut un défenseur inlassable de la ruralité. C'est lui qui a créé, en 1977, l'Association des plus beaux villages de France, destinée à sauvegarder les villages « qui témoignent pour toute une civilisation régionale où se mêlèrent naturellement la pierre de la carrière, le bois du pays, le savoir-faire accumulé presque génétiquement par des lignées de bâtisseurs, l'adaptation parfois inconsciente au site. » L'association regroupe aujourd'hui cent cinquante villages, tous plus beaux les uns que les autres, dont les habitants exploitent intelligemment le patrimoine qu'ils ont hérité.

Pour aider ceux qui n'ont pas la chance de posséder un capital touristique aussi riche, Charles Ceyrac fonda également en 1993 l'association « S.O.S. Villages », en s'appuyant sur cette profession de foi à laquelle j'adhère totalement :

« Chaque village est une richesse que nous devons préserver, chaque village est un lieu de vie à épargner pour les générations futures, chaque village est le gardien de nos patrimoines naturels et historiques, chaque village doit demeurer un espace privilégié d'épanouissement et de développement durable de la collectivité. »

Maurice Biraud s'en est allé en 1982, brutalement. Il était arrêté à un feu rouge, au volant de sa voiture, quand il a été foudroyé par une crise cardiaque. L'automobiliste qui le suivait, irrité de ne pas le voir redémarrer au feu vert, est sorti pour l'houspiller. On imagine sa stupeur en découvrant Maurice inanimé sur son siège.

La montagne est belle

En 1968, Jean Ferrat habitait déjà Antraigues-sur-Volane, dans l'Ardèche, et il avait déjà écrit sa célèbre chanson « La montagne ». Comment avait-il découvert ce vieux village, posé comme un nid d'aigle au-dessus de la vallée de la Volane, à quatre cent soixante-dix mètres d'altitude, avec ses hautes maisons couvertes de lauzes ? C'est ce qu'il m'a raconté :

« C'était en 1963. Je suis venu à l'invitation du maire d'Antraigues, Jean Saussac, un artiste peintre que j'avais rencontré lors d'une exposition à Paris. Et j'ai eu le coup de foudre. J'ai demandé s'il y avait des maisons à vendre. Ce n'était pas ce qui manquait... J'ai acheté la plus grande, et quelques mois plus tard je m'y installais.

J'ai tout de suite aimé ce village parce qu'on a l'impression que la nature y est très proche de nous, presque familière. Depuis des siècles, les gens travaillent sur cette montagne pour la rendre productive et habitable, construisant des murettes de pierre, remontant de la terre. C'est ce qui donne, je crois, cette humanité au paysage. Ensuite, et c'est très important, j'ai connu les gens qui habitent ce pays, les artisans, les commerçants, les paysans. Et je me suis immédiatement senti à l'aise parmi eux. Car les hommes, ici, sont restés simples, ce qui ne veut pas dire naïfs. Ici, une saison est une saison, une heure est encore une heure, et les choses ont le goût de ce qu'elles sont.

Nous nous retrouvons souvent, avec le maire et les habitants, pour faire une pétanque, pour boire un coup au café de Marie-Louise ou bien l'hiver, à la veillée, pour manger des châtaignes au coin de la cheminée. »

Pour cette commune de cinq cent soixante-dix habitants, l'installation de Jean Ferrat a eu l'effet d'un coup de baguette magique. D'autres célébrités sont venus rendre visite au chanteur et, séduites à leur tour, ont acheté une maison : Isabelle Aubret, Pierre Brasseur et Catherine Sauvage, l'écrivain André Schwartz-Bart. Jacques Brel avait également envisagé, un moment, de les rejoindre.

« Croyez-moi », me dit le maire, « je préfèrerais voir s'installer dix paysans dans la vallée plutôt qu'une vedette, mais je n'ai pas le choix. Les vedettes m'amènent des curieux, des touristes qui espèrent les voir, leur faire signer un autographe... et qui laissent un peu d'argent dans la caisse des commerçants.

Cet afflux a du moins permis de maintenir la plupart des habitants. À force de s'entendre dire que leur pays était beau, ils ont pensé : c'est peut-être vrai, et ils ont repris confiance dans leur village. On peut constater déjà que les jeunes sont moins nombreux à s'expatrier pour devenir “flic ou fonctionnaire” et s'enfermer dans une HLM. Une pâtisserie s'est ouverte l'an dernier, ce qui aurait été impensable il y a dix ans. M. Jouanny, le cordonnier, qui s'apprêtait à quitter le village, a changé de tablier. Il a transformé une vieille remise en salle de restaurant. Il y sert les spécialités ardéchoises : la caillette (un mélange de viande de porc hachée et d'herbes aromatiques), le poulet de grain (pas de poulet aux hormones à Antraigues !), les pommes de terre à l'ardéchoise, coupées en fines rondelles et cuites avec du lard, les fromages de chèvre du pays, les charcuteries préparées avec des cochons élevés aux châtaignes et aux pommes de terre. »

Jean Ferrat était le seul à se plaindre, parfois, de cette évolution... Récemment élu conseiller municipal, il se félicitait, bien sûr, de voir la commune revivre, mais il s'irritait de ne plus pouvoir mettre le nez dehors, l'été, sans être assailli par les chasseurs d'autographes.

« Même chez moi, je ne suis plus tranquille. Les gens restent plantés sur le bord de la route qui passe au-dessus de ma maison pour essayer de m'apercevoir. J'ai dû me résigner à faire élever une palissade, pour me protéger des regards indiscrets, et à acheter un chien-loup, car certains n'hésitent pas à entrer chez moi ! »

Ces petites tracasseries ne l'ont pas empêché de rester fidèle à Antraigues. Dans les années 80, il a même financé de ses propres deniers (à hauteur de cent mille francs) la construction d'un court de tennis municipal.

Bonjour Marianne !

Marianne est un personnage important de la vie communale. Symbole de la République, elle a pris place, peu à peu, dans la plupart des mairies de France, à la fin du XIXème siècle, à mesure que se répandait, dans les campagnes, l'idéal républicain. Elle s'est même identifiée à l'image de la commune, à l'égal ou du moins à l'instar du clocher. L'habitude s'est prise, quand on photographie un maire, de lui mettre le buste de Marianne dans les bras ou dans le champ de vision.

Or il advint qu'en 1971, la commission liturgique du Vatican, dans un accès de zèle purificateur, décida de débarrasser le calendrier d'un certain nombre de saints et de saintes dont l'authenticité n'était pas établie. Parmi les exclues se trouvait sainte Marianne, dont la fête tombait le 17 février.

Je ne pouvais laisser passer cette radiation sans réagir. Nous l'avions rencontrée si souvent, Marianne, nous avions interviewé tant de maires sous son regard sévère ou bienveillant qu'elle faisait partie, en quelque sorte, de notre univers familier. Je décidais donc de célébrer une dernière fois sa fête le 17 février 1972 en organisant à Paris une exposition des cinquante plus beaux bustes de Marianne.

J'avais pu constater en effet que, contrairement à une opinion répandue, il existe une grande diversité de bustes de la « patronne » des mairies, car de tous temps, elle a inspiré de nombreux sculpteurs, professionnels ou amateurs. Mais encore fallait-il les recenser. J'ai alors lancé un appel aux maires, par la radio et par la presse régionale, pour qu'ils m'envoient la photo de leur Marianne. Dans un deuxième temps, j'ai demandé aux détenteurs des bustes sélectionnés de me les prêter pour quelques jours. Ce fut beaucoup moins facile que je ne le pensais. La décision exigeait une réunion exceptionnelle et une délibération du conseil municipal, seul habilité à disposer du patrimoine communal. Par chance, tous ceux que j'avais retenus furent finalement autorisés à quitter leur socle et à faire le voyage.

Pour remercier les maires de leur compréhension, je les avais invités – aux frais des Caisses d'Épargne qui finançaient l'opération – à venir rejoindre leur Marianne à Paris le jour de l'inauguration. Le 17 février, chacun se retrouva donc auprès de son buste, dans les salons lambrissés du Cercle

Républicain de l'avenue de l'Opéra, pour accueillir le ministre des Affaires Culturelles, M. Jacques Duhamel, venu rendre hommage à l'emblème de la République.

Première en son genre, l'exposition suscita de nombreux articles dans la presse parisienne et régionale. Relatant son voyage dans le bulletin municipal, le maire de Perros-Guirec, qui m'avait confié deux bustes, écrivit : « Nos Mariannes n'en furent pas pour autant grisées et regagnèrent sagement leur place à la mairie quelques jours après. Elles n'eurent pas le temps de prendre l'accent parisien... »

Pour moi, ce fut le début d'une passion qui ne m'a plus laissé de répit. Quand les Mariannes sont reparties dans leur mairie d'origine, j'ai ressenti un vrai déchirement. Je m'étais attaché à elles. J'étais tombé amoureux de cette figure féminine de la République et de la Liberté. Depuis lors, je collectionne toutes ses représentations. Je suis devenu un habitué des « Puces » de Vanves et de Saint-Ouen et je hante les brocantes de tous les coins de France, à la recherche de Mariannes.

En 2001, le Sénat a accepté d'acquérir et d'exposer de façon permanente la plus grande partie de ma collection. Aucun abri ne convenait mieux à Marianne que ce palais républicain, gardien des libertés communales. J'aimerais que ce soit la première étape vers la constitution d'un Musée de la République que la France se doit d'ouvrir un jour.

La Grande Fête du Tour

L'émission *Bonjour Monsieur le Maire* était un tour de France permanent. Elle ne pouvait rester indifférente à cet événement national qu'est le Tour de France cycliste.

Europe n° 1 s'était déjà intéressée à l'épreuve en 1962, en insérant quelques voitures aux couleurs de la station dans la caravane publicitaire et en invitant les auditeurs massés sur le bord de la route à lever le pouce à leur passage. Ce pouce levé, en forme de 1, c'était une idée de Louis Merlin, le créateur d'Europe n° 1, qui voulait ainsi tester la popularité de la jeune station et instaurer une complicité amicale avec ses fidèles. Le succès fut phénoménal. Des forêts de bras tendus jaillissaient de la foule dès qu'apparaissaient les voitures jaunes équipées d'un klaxon reproduisant les trois premières notes de l'indicatif d'Europe n° 1. Convaincu que le public, immobilisé dans l'attente des coureurs, ne demandait qu'à participer, si on lui en donnait l'occasion, Louis Merlin décida d'aller un peu plus loin dans « l'interactivité », comme on ne disait pas encore.

L'année suivante, il proposa à toutes les communes situées sur la route du Tour de se décorer aux couleurs de la station pour accueillir la caravane. Il imposa un thème : la girafe, parce que, dans l'argot du métier, c'est ainsi qu'on désigne la perche au bout de laquelle est suspendu le micro. Un jury itinérant devait noter les concurrents et attribuer chaque jour un prix à la commune la mieux décorée.

Mais il fallait offrir quelque chose aux communes, en échange de leur effort. Il imagina alors de monter un petit spectacle ambulant, qui se produirait dans chacune des localités participant à la fête. On commençait à parler, à l'époque, d'une attraction nouvelle, qui faisait fureur aux États-Unis : les majorettes. Il n'hésita pas à faire venir l'une d'elles, Betty, pour qu'elle forme une petite troupe avec trois autres ravissantes créatures recrutées dans le monde des mannequins. Pour la première fois en France, on allait voir défiler des majorettes en tunique ultra courte et bas résille, derrière une fanfare !

Les majorettes font un triomphe

Louis Merlin pensa qu'il serait bon, en prime, de mettre en vedette sur l'antenne les communes qui acceptaient de jouer le jeu. Il me convia donc à me joindre à la caravane avec un reporter pour donner chaque matin, dans *Bonjour Monsieur le Maire*, les échos de l'opération.

C'est ainsi qu'en 1963, j'ai suivi mon premier Tour de France cycliste, le cinquantième de son histoire, dans une superbe Panhard décapotable. Je précédais les coureurs, en fait, avec une avance de deux heures environ, m'arrêtant dans cinq ou six communes, en moyenne, par étape (avec le souci permanent et angoissant de ne pas me faire doubler par les coureurs), escorté du charmant bataillon de majorettes et des musiciens de Norman Maine.

On devine l'émotion qu'elles provoquaient en paradant dans des villages où la télévision n'avait pas encore introduit l'habitude de contempler des spectacles aussi affriolants. Leur souriante et séduisante présence, c'est certain, a grandement contribué au triomphe de cette « Grande Fête du Tour », qui prit de l'ampleur d'année en année.

L'accueil que nous ont réservé certaines communes comme Saint-Savinien (Charente- Maritime), Saint-Savin-de-Blaye (Gironde) ou Saint-Pol-sur-Ternoise (Pas-de-Calais) tenait du délire : farandoles échevelées, batailles de fleurs ou de confettis, déploiement de guirlandes et de banderoles, flonflons et flots de musique de tous genres, nous étions emportés dans un tourbillon carnavalesque ! Pour se distinguer et mettre en valeur les richesses communales, les maires sortaient sur la route leur reine de beauté, le doyen ou la doyenne du village dans son fauteuil, les plus beaux spécimens de l'élevage local, les produits du terroir et de l'artisanat exposés sur une table, les vins ou le cidre du pays que les jeunes gens venaient nous faire déguster jusque dans nos voitures. Nous traversions une France euphorique qui manifestait naïvement sa joie d'accueillir le Tour de France et notre caravane.

Quand les troupes de majorettes ont commencé à se multiplier un peu partout, banalisant le phénomène, Europe n° 1 a abandonné cette forme d'animation. Il faut reconnaître qu'au même moment, dans les villages, les maires trouvaient de moins en moins de bonnes volontés pour préparer ce genre de fêtes : la télévision s'était installée dans les foyers et elle confinait les gens chez eux, le soir. Mais pour ma part, jusqu'à la fin de l'émission, en 1974, et même au-delà, j'ai continué de participer avec bonheur à cette fabuleuse kermesse itinérante que constitue le Tour de France cycliste, glanant les interviews le long de la route pour présenter le lendemain matin une carte postale sonore de l'étape.

Au total, j'ai accompagné quinze Tours de France, qui m'ont procuré d'inoubliables contacts, chaleureux et joyeux, avec les maires, avec les animateurs des associations locales, avec les gens de tous âges et de toutes sortes venus camper sans façon sur le bord de la route, dans une ambiance bon enfant, aussi festive que sportive.

Et puis, quelle merveille de pouvoir se remplir les yeux pendant trois semaines, sans discontinuer, de paysages aussi divers et somptueux ! Le commissaire général du Tour, Elie Wermelinger, qui établissait le parcours des étapes, avait l'art de dégoter des itinéraires peu fréquentés – même par les reporters de *Bonjour Monsieur le Maire* – qui nous faisaient découvrir une France rude aux mollets des coureurs, certes, mais superbe.

Au revoir, Monsieur le Maire !

« Quinze ans, ça suffit ! » : c'est ce qu'a dû penser Jean Gorini, le directeur de l'information d'Europe 1, en 1974. Je ne vois pas d'autre explication à sa décision de mettre fin à l'émission qu'il avait lui-même lancée. L'audience ne faiblissait pas. Ma « réserve » de maires était loin d'être épuisée – je n'en avais salué que dix pour cent – et malgré les années, je gardais le même intérêt pour ce travail d'exploration quotidien.

« Il faut savoir arrêter une formule à succès avant qu'elle ne lasse », me dit-il simplement. « Et puis une antenne comme la nôtre doit évoluer. Il y a une préoccupation qui devient de plus en plus forte, actuellement, chez les Français, c'est la qualité de la vie, l'écologie. J'ai décidé de remplacer *Bonjour Monsieur le Maire* par une émission qui se fera l'écho des problèmes d'environnement et des initiatives locales en faveur de la "qualité de vie". Elle s'appellera *Vive la vie.* C'est vous, bien sûr, qui vous en occuperez. »

Il n'était pas question de discuter avec Jean Gorini. Son caractère tyrannique était aussi connu que ses qualités journalistiques. Le lundi 2 septembre à 6 h 50, l'heure où *Bonjour Monsieur le Maire* devait normalement reprendre son cours après l'interruption des vacances, j'annonçais donc avec infiniment de tristesse la fin de cette belle aventure radiophonique. J'en profitais pour rendre un hommage très sincère à ceux dont j'avais été le porte-parole pendant quinze ans :

« Mes confrères de la presse parisienne s'imaginent encore que les choses importantes, en France, se font à Paris. Moi, parce que j'ai eu la chance de vivre quotidiennement, pendant quinze ans, avec les maires, je sais que ce n'est pas vrai. Je sais maintenant que l'avenir de la France se construit beaucoup plus efficacement au sein des trente six mille conseils municipaux qu'au cours des conseils des ministres élyséens. Car ce sont les maires qui s'occupent des problèmes les plus importants, ceux qui conditionnent notre vie de tous les jours. Mais ils ont beau bâtir par centaines des C.E.G ou des C.E.S, multiplier les piscines, investir par milliards dans les équipements collectifs les plus divers, les grands médias les ignorent. À moins qu'un ministre vienne (distraitement) inaugurer l'une de ces réalisations... »

Je remerciais aussi les reporters qui avaient assuré, pour des durées diverses, la continuité de l'émission : Pierre Lang, Roland Hutin, André Lampe, Michel Lejard, Claude Bobin, Roger Arduin, Jacques Ohanessian, Philippe Tallois, Didier Schilte, Bernard Fogel. C'est grâce à eux que j'ai pu faire mieux connaître, mieux comprendre et mieux aimer cette France des petites communes qui se sentait oubliée. J'ai essayé de calculer, un jour, combien de kilomètres ils avaient pu parcourir au total : près d'un million et demi, à peu près quatre fois la distance de la Terre à la Lune ! En quinze ans, nagra sur l'épaule, ils ont ainsi collecté une somme de documents sonores irremplaçables sur une période charnière de l'histoire de la société rurale française.

On comprendra ma stupeur et mon indignation quand j'ai appris, récemment, que l'actuelle direction d'Europe 1 avait fait détruire les enregistrements de mes quatre mille émissions *Bonjour Monsieur le Maire,* « pour faire de la place ». Sans même me prévenir ! Alors que je détenais la solution de son problème d'espace : le directeur de la Phonotèque nationale m'avait écrit, il y a quelques années, pour me dire qu'il souhaitait récupérer ce fonds « extrêmement important pour l'ethnologie rurale », le jour où Europe 1 déciderait de s'en séparer, « afin qu'il puisse être accessible à tous ceux qui travaillent sur la mémoire orale. »

J'en aurais pleuré.

Comment peut-on mépriser à ce point le passé d'une maison et d'un pays ?

L'émission *Vive la vie,* qui succéda à *Bonjour Monsieur le Maire,* n'eut pas le même impact. La qualité de la vie était une préoccupation qui s'affirmait, certes. Trois ans auparavant, en 1971, Georges Pompidou avait créé un ministère de l'Environnement et de la Qualité de la Vie. Mais les sujets que j'étais amené à traiter étaient plus austères, ils intéressaient davantage les citadins que mes amis ruraux, et j'avais du mal à me passionner, je dois l'avouer, pour mon nouveau travail.

Heureusement, à la fin de cette année 1974, j'allais recevoir un appel téléphonique providentiel. Au bout du fil : Jacques Martin, qui était en train de constituer l'équipe du *Petit Rapporteur.*

Chapitre 4

Le petit rapporteur

Pour les téléspectateurs, l'histoire du *Petit Rapporteur* a commencé le dimanche 13 janvier 1975. Ce jour-là, à 13 h 20, un drôle de petit éléphant chaussé de bottes est apparu sur l'écran, sur une musique sautillante d'Érik Satie. Il brandissait au bout de sa trompe une banderole où l'on pouvait lire : LE PETIT RAPPORTEUR.

La France découvrait une émission d'un style nouveau, impertinente et délurée, qui allait pulvériser tous les records d'audience, rassembler certains dimanches jusqu'à dix-huit millions de téléspectateurs et réussir ce tour de force : faire décaler l'heure de la messe à un curé breton pour que ses fidèles ne manquent pas le début du programme.

Pour moi, l'aventure du *Petit Rapporteur* avait commencé un mois plus tôt par un coup de fil de Jacques Martin, que j'avais rencontré pour la première fois en 1963 sur la route du Tour de France. Il faisait partie, cette année-là, des artistes qui composaient la première partie du spectacle en plein air qu'Europe 1 offrait tous les soirs, dans la ville-étape, sur son podium prétendument électronique. « L'électronique, c'est moi », disait en plaisantant le machiniste, Gunther, baraqué comme un Hercule de foire, qui était chargé des éclairages... Quoi qu'il en soit, c'était un beau podium, et Jacques Martin s'y produisait dans un numéro d'imitation de quelques chanteurs à la mode : Luis Mariano, Georges Guétary, Jacques Brel... Le lendemain, pour rallier la ville-étape suivante, il avait à sa disposition une voiture avec chauffeur, mais il préférait le plus souvent monter dans la mienne et s'arrêter avec moi dans les villages où j'enregistrais mon émission *Bonjour Monsieur le Maire*. Il se régalait à goûter les produits du pays, qu'on nous tendait généreusement, et à écouter les personnages que j'interviewais.

Quand il a constitué l'équipe du *Petit Rapporteur*, fin 1974, il s'est souvenu de ces jours heureux. Il m'a appelé pour me dire :

– « Je vais lancer une nouvelle émission, en janvier, sur TF1. Avec une bande de journalistes, nous allons traiter l'actualité de façon humoristique. Mais je ne veux pas faire du parisianisme. J'aimerais y inclure, chaque semaine, une séquence sur la province. On pourrait l'appeler : "Les Français sont comme ça". Toi qui connais plein de personnages savoureux et d'histoires de clocher, est-ce que tu veux t'en charger ? »

– « Je ne sais pas si j'en suis capable, Jacques. Je n'ai jamais fait de télévision et... »

– « Ne te fais pas de souci, ça s'apprend vite. Et puis tu verras, on va bien se marrer ! J'organise une première réunion chez moi lundi matin. Je compte sur toi. »

Il habitait à l'époque une petite villa de la rue Berlioz, dans le seizième arrondissement, où Danièle Evenou, sa compagne, nous avait préparé un solide mâchon lyonnais. C'est là qu'en partageant le pâté de tête, le saucisson, le cervelas et le beaujolais, j'ai fait la connaissance de Stéphane Collaro, Piem, Robert Lassus et Philippe Couderc, qui devaient former la première équipe du *Petit Rapporteur*.

Présentations

Stéphane Collaro, à trente et un ans, venait d'être licencié du service des sports de TF1, où il était chargé de la rubrique automobile. On s'y souvenait surtout des blagues « hénaurmes » qu'il commettait aux dépens de ses petits camarades, comme de faire livrer une tonne de foin chez Léon Zitrone. Une autre fois, il avait donné la consigne à tous les journalistes sportifs de détourner légèrement la tête, chaque fois que le chef du service, Loÿs Van Lée, venait leur parler, comme s'ils étaient gênés par son haleine. Puis au bout de quelques jours, il était allé le voir dans son bureau pour lui confier à voix basse :

– « Tu sais, Loÿs, ça me gêne de t'en parler mais c'est pour te rendre service... Tu as mauvaise haleine, en ce moment. Tu devrais voir un médecin. »

– « Ah, bon ? Tu m'étonnes. Quoique... j'ai remarqué que certains s'éloignent de moi dès que j'ouvre la bouche... »

– « Écoute, Loÿs, prends le téléphone et parle dans le combiné. Tu vas le sentir toi-même », poursuivit Stéphane qui, j'oublie de le préciser, avait auparavant glissé un vieux morceau de camembert à l'intérieur de l'appareil...

Loÿs Van Lée exécuta, eut un mouvement de recul et lui dit en raccrochant :

– « Tu as raison. Merci de m'avoir prévenu, Stéphane ! »

Ce genre de plaisanteries, peu favorables à l'épanouissement d'une carrière professionnelle, faisaient hurler de rire Jacques Martin qui aimait son humour de potache, son immense culot et son goût de la fête (ils s'étaient d'ailleurs connus dans une boîte de nuit !). Il comptait sur lui pour être « l'affreux Jojo » de la bande, le mauvais garnement à qui l'on pardonne finalement ses bêtises parce que, au fond, il n'est pas méchant...

Dessinateur au Figaro, Pierre de Barrigue de Montvallon (dit Piem), cinquante et un ans, était le doyen et « l'intellectuel » de l'équipe. Jacques Martin l'avait choisi pour son esprit caustique, sa sensibilité politique (notoirement opposée à celle du gouvernement en place) et ses réparties « vachardes ». Il se faisait fort – lui qui penchait plutôt à droite – de contrer ou de compenser à l'antenne ce que ses propos ou ses dessins pourraient avoir d'excessif ou de partisan.

Leur rencontre avait eu lieu l'année précédente sur la scène de Bobino, où se produisait alors Jacques Martin. En première partie, Piem commentait l'actualité à sa façon, en dessinant devant le public sur les feuilles d'un paper-board. « Pourquoi n'essaierais-tu pas d'adapter cette formule à la télévision ? », lui avait proposé Martin. C'est ainsi qu'allait naître « La petite semaine de Piem ».

Robert Lassus, chef des informations à RTL, quarante-quatre ans, était un spécialiste du jeu de mots et de l'à-peu-près. Il avait déjà publié deux livres humoristiques, *Les Bonnes bafouilles* et *La Franconnerie*, qui avaient attiré l'attention de Martin. Il avait pour mission première de présenter chaque semaine une pseudo « revue de presse » en collectant les petites nouvelles insolites et, au besoin, en les inventant.

Quant à Philippe Couderc, chroniqueur gastronomique aux jugements redoutés, Jacques Martin lui avait demandé de dénoncer les fausses valeurs, les arnaques, les magouilles et les entourloupes de tous les prétendus maîtres du goût ou du bon goût.

À l'exception de Stéphane, aucun de nous n'avait la moindre expérience de la télévision, et nous étions tous très différents d'origine et de caractère. Mais c'est ce que voulait, précisément, le « maître Jacques ». Son autorité naturelle, son aisance devant les caméras et son extraordinaire talent d'improvisation devaient lui permettre, pensait-il sans doute, de réussir l'amalgame.

Participaient également à cette première réunion le réalisateur Bernard Lion, coproducteur de l'émission, et Jacques Clément, le chef de production.

L'épreuve du direct

En fait, nous ne nous sommes réellement mis au travail que dix jours avant le démarrage de l'émission. Comme elle était basée sur l'actualité, nous n'avions pas la faculté, de toute façon, d'emmagasiner des sujets d'avance. Et puis il fallait nous habituer à fonctionner dans la précipitation.

À revoir ce premier numéro du *Petit Rapporteur*, aujourd'hui, j'éprouve des sensations diverses. De l'attendrissement pour nos sourires figés par le trac... un sentiment cruel du temps qui passe, devant nos visages plus jeunes de vingt-neuf ans... une certaine admiration pour la performance de l'équipe qui avait d'emblée trouvé le ton de l'émission.

Les premières images, derrière le générique, font apparaître un Jacques Martin légèrement contracté, en gros plan. Assis au centre de la table, dans un décor tapissé de vieux journaux satiriques, il annonce tout de suite la couleur :

« Nous avons décidé de traiter l'actualité en la regardant par le petit bout de la lorgnette. Notre but est de montrer que, vu sous un certain angle, on peut sourire de tout, même des informations les plus sérieuses. Si l'humour et la tendresse arrivent à transparaître de notre petit magazine, nous aurons atteint notre but qui est de rester fidèle à la devise inscrite au fronton de notre journal : sans la liberté de flatter, il n'est pas d'éloge blâmeur. »

Suit un sujet filmé sur les nouvelles têtes de la télévision... d'où il ressort que les seules nouveaux venus, à TF1, sont le chef de brigade de la cantine et les journalistes du *Petit Rapporteur*. La caméra nous découvre alors tour à tour : Collaro, qui tire nerveusement sur sa cigarette, se présente comme le « renvoyé spécial de l'émission », après son licenciement du service des sports. À côté de lui, fumant tout aussi ostensiblement, j'écoute d'un air modeste Jacques Martin me qualifier de « journaliste qui connaît le mieux la France, commune par commune, vicinale par vicinale ». Apparaît ensuite le visage de Jean-Charles, l'auteur de *La Foire aux Cancres* et des *Perles du Facteur*, recruté en dernière minute mais dont ce sera l'unique prestation. Son humour est trop proche de celui de Robert Lassus, qui aura finalement la préférence de Martin (mais qui sera éliminé à son tour six mois plus tard).

Le tour de table se termine avec Piem et Philippe Couderc,

puis Jacques Martin désigne une place vide, devant laquelle le couvert est dressé : « C'est pour vous, Valéry ! Vous pouvez venir quand vous voulez ! », lance-t-il à l'adresse du président de la République, qui vient d'annoncer son intention d'aller dîner chez des Français... Le ton était donné.

Chacun de nous est venu avec son reportage. Collaro a choisi d'enquêter sur les prix des footballeurs, qui commencent à s'envoler. Mais il s'intéresse surtout au prix des demis... en mélangeant les réponses d'un dirigeant du football et d'un patron de café, pour qui le mot « demi » n'a évidemment pas le même sens. Il termine par l'interview du demi de l'équipe de Malakoff qui s'appelle Bock ! « Pour devenir un grand demi, est-ce qu'il faut se faire mousser ? », lui demande-t-il. « Avez-vous été l'objet de pressions ? » Bref, le style Collaro s'y révèle dans toute sa splendeur.

L'ironie mordante de Piem s'exprime de façon tout aussi efficace dans le reportage qu'il a ramené de Verdun. Il y a rencontré un confiseur qui fabrique des obus en chocolat, remplis de dragées ! Des obus « explosibles », munis d'une charge de poudre reliée à une mèche qu'on allume joyeusement à la fin des repas de baptême ou de communion. « Même à la fin des banquets d'anciens combattants ? », interroge Piem, qui ne semble pas apprécier la dimension humoristique de cette spécialité locale.

Quant à moi, pour mon premier portrait, j'avais porté mon choix sur une pharmacienne-chef de fanfare, Melle Ehrhart, découverte lors d'un *Bonjour Monsieur le Maire* à Jouy-le-Chatel (Seine-et-Marne). Melle Ehrhart, qui dirigeait *Le Réveil Jovicien*, était habitée d'une véritable passion pour le tambour. Dès qu'elle avait un moment, entre deux clients, elle s'isolait dans son arrière-boutique pour en battre inlassablement. Mais un voisin de la pharmacie avait porté plainte pour tapage intempestif, ce qui l'obligeait désormais à pratiquer ses exercices de batterie sur un « silencieux »... une planche ronde recouverte d'une peau de tambour, qu'elle avait confectionnée elle-même, qui amortissait les sons.

Au voisin acariâtre qui voulait l'envoyer tambouriner « dans la brousse », elle conseillait en conclusion de venir à la pharmacie acheter des boules Quiès !

À dimanche... peut-être !

Cette première émission du *Petit Rapporteur* eut un retentissement considérable. L'historien Claude Manceron, qui tenait une chronique dans *Télérama,* laissa libre cours à son enthousiasme :

« Une première étincelante sur la Une, le dimanche 19 janvier à 13 h 20 : celle de Jacques Martin dans *Le Petit Rapporteur.* Il retrouve et rajeunit la tradition des grandes revues de cabaret, en se montrant à la fois impitoyable et complice pour telle ou telle incarnation de la comédie humaine, épinglée çà et là au coin de l'actualité et frappée sous nos yeux dans une séquence toute chaude.

Il a su s'entourer d'une équipe à son diapason : à cheval entre l'humour et la cruauté. Piem, Stéphane Collaro, Robert Lassus, Pierre Bonte nous aident à nous venger de toute tristesse par le sel et le feu. Émission à ne pas manquer si l'on veut être de bonne humeur le dimanche après-midi. Son maintien sur les ondes sera un test de liberté. »

Le ton de l'émission était en effet d'une liberté et d'une impertinence qui n'entraient pas dans les usages de la télévision et qui pouvaient laisser craindre une brutale intervention du pouvoir politique auprès de la direction de la chaîne. Jacques Martin en était bien conscient. Avant de lancer le générique de fin, il avait d'ailleurs prononcé une petite phrase qui deviendra coutumière : « À dimanche... peut-être ! » Malin comme il est, il savait aussi que cette menace suspendue au-dessus de nos têtes allait attiser l'attente des téléspectateurs et donner à notre rendez-vous un piment supplémentaire.

Mais la fameuse formule du président Georges Pompidou :

« La télévision est la voix de la France » datait déjà de quelques années. Les mentalités avaient évolué. Le nouvel hôte de l'Élysée, Valéry Giscard d'Estaing, élu en 1974, souhaitait donner de sa présidence une image plus libérale. Son Premier ministre, Jacques Chirac, était intervenu maladroitement, quelques mois plus tôt, dans les affaires d'Europe 1 en exigeant le départ de son directeur, Maurice Siégel, accusé de tolérer un ton « persifleur » dans les journaux de la station. Les remous que ce licenciement avait entraînés dans la presse et dans l'opinion lui avaient fait comprendre que les temps, effectivement, avaient changé. Il ne voulait pas répéter la même erreur.

Toujours est-il que « les contestataires du dimanche », comme les appelle *Le Figaro,* portés par un public de plus en plus nombreux, se sont durablement installés sur l'écran noir et blanc de TF1 (la couleur n'arrivera sur la chaîne qu'en décembre 1975), raillant, fustigeant, égratignant ou rossant, comme Guignol, tous ceux qui abusent de leur pouvoir ou de leur autorité.

Personnellement, je me suis toujours tenu à l'écart de ce petit jeu de massacre, parce que je n'étais pas là pour ça. J'étais chargé d'apporter « le sourire tendre » de l'émission, selon l'expression de Jacques Martin, qui avait d'ailleurs choisi de placer mon reportage en dernière partie, pour mettre un peu de baume sur les coups de griffe qu'avaient auparavant distribués mes petits camarades... Mais quand même, en revoyant quelques émissions, aujourd'hui, je me dis que Giscard a eu un certain mérite à ne pas réagir.

Jamais on n'avait osé brocarder un président de la République comme se l'est permis *Le Petit Rapporteur.* Chaque dimanche, il était épinglé. Ses fameux dîners dans une famille française, en particulier, étaient régulièrement tournés en dérision.

« Nous allons faire mieux que Valéry », annonça Jacques. « Nous invitons toutes les Françaises à passer une nuit avec l'un des journalistes du *Petit Rapporteur.* Écrivez-nous pour choisir celui que vous voulez accueillir chez vous ! »

La semaine suivante, à Alger, au cours d'une réception en son honneur à l'ambassade de France, Giscard d'Estaing fait suivre son discours d'une vibrante Marseillaise... qu'il chante outrageusement faux. Georges Penchenier, reporter à RTL, évite de diffuser l'enregistrement mais il le fait écouter à Robert Lassus, qui a l'idée malicieuse d'aller le faire entendre au professeur de chant de Mireille Mathieu, Mme Néré, en lui disant : « Je voudrais que vous me donniez votre avis sur ce jeune chanteur. »

– « Il vaudrait mieux qu'il apprenne à chanter », répond-elle.

– « Quel conseil lui donneriez-vous ? » demande-t-il ensuite à Bernard Gavoty, le critique musical du *Figaro.*

– « De ne pas chanter. »

On peut se dire aujourd'hui : ce n'était pas bien méchant. Mais encore une fois, c'était d'une irrévérence jusqu'alors inconnue à la télévision. Michel Poniatowski, le ministre de l'Intérieur, et Jean-Pierre Fourcade, le ministre des Finances, se faisaient étriller avec la même insolence. Comme il n'y avait pas de précédent, la difficulté, pour Jacques Martin, consistait à savoir jusqu'où il pouvait aller, dans la satire, sans se faire taper sur les doigts.

Dans une récente interview, il a prétendu qu'il avait tout fait, au début, pour provoquer l'interdiction de l'émission, car il avait un autre projet professionnel qui l'intéressait davantage. J'ai du mal à le croire, mais de toute façon, il s'est vite pris au jeu et il a tout fait par la suite pour assurer à la fois le succès et l'avenir du programme.

Interrogé, hors micro, sur ce qu'il pensait de l'émission, le président de la République consentit à dire qu'elle l'amusait, tout en déconseillant à ses ministres de se prêter aux interviews des journalistes du *Petit Rapporteur.*

Qu'est-ce que tu vas faire dans cette galère ?

À mon égard, les critiques sont venues de mes confrères d'Europe 1. Jean Gorini, notre maître et notre référence, nous avait inculqué une certaine conception du journalisme qui excluait toute « compromission » avec le métier d'amuseur ou d'animateur. Il n'aimait pas nous voir fréquenter les meneurs de jeu de la station, qu'il appelait les saltimbanques, et encore moins les gens de la publicité, qui étaient pour lui les « marchands de soupe ». Comme s'il avait peur que nous y perdions notre vertu. Le journaliste, pensait-il, devait se protéger de toute tentation pour préserver son intégrité. Ma participation à une émission de divertissement était donc jugée sévèrement par quelques-uns, qui venaient benoîtement me faire la leçon : « Qu'est-ce que tu vas faire dans cette galère, avec ces pitres ? Tu te déconsidères. Martin s'amuse à jouer les rédacteurs en chef mais c'est de la comédie. Pense à ton image. On ne va plus te prendre au sérieux. »

Ces réactions sont difficiles à comprendre aujourd'hui parce que, à la radio comme à la télévision, les professions de journaliste et d'animateur se sont pratiquement confondues. Tout le monde fait tout. Un présentateur du journal peut se retrouver le soir en train d'animer une émission de jeux ou de variétés, et le lendemain à Disneyland pour animer la convention d'un grand groupe de distribution, sans que cela choque personne. Mais à l'époque, les principes déontologiques dont je viens de parler – qui ont construit, il faut bien le dire, la crédibilité des informations d'Europe 1 et la réputation de son journal – gardaient un certain prestige.

Troublé par les remarques de mes petits camarades, j'ai failli renoncer à poursuivre ma collaboration. Mais j'étais conscient, d'autre part, que nous entrions irrésistiblement dans une nouvelle ère, celle de la télévision, où l'information et le spectacle allaient nécessairement se marier. *Le Petit Rapporteur* n'en était qu'un prélude. C'était à moi, dans cette bande de joyeux drilles, de marquer ma différence et de prouver que je pouvais m'y comporter avec la même rigueur professionnelle.

De toute façon, ma timidité me cantonnait naturellement dans une certaine réserve. Et je manquais de l'esprit de répartie qui aurait pu me compromettre.

Une nuit sur le Mont Chauve

Jacques Martin en a souvent joué, d'ailleurs, de ma timidité. Il prenait un malin plaisir à me mettre, en direct, dans des situations difficiles. Il m'a brusquement demandé, un jour, de jouer les crooners, sur le play-back d'une chanson de Sinatra (*Stranger in the night*). Le dimanche de Pâques, il est arrivé avec un gros ruban multicolore qu'il a noué autour de mon crâne (d'œuf). Là, je n'ai pas été trop surpris : ma calvitie, comme le nez de Collaro et la barbe de Piem, faisait l'objet de plaisanteries récurrentes. Exemple : quand il a proposé aux téléspectateurs de passer la nuit avec un journaliste du « Petit Rapporteur », il a finement ajouté : « Avec Pierre Bonte, ce sera une nuit sur le Mont Chauve ! »

D'autres fois, malgré mes protestations, il nous a contraints d'apparaître à l'antenne en « marcel », ou coiffés d'un bonnet en dentelles. J'appréciais assez peu ce genre de situations, mais je ne pouvais pas tout le temps faire bande à part. Le seul déguisement que j'ai refusé est celui de scout. Je ne sais plus pourquoi, Jacques voulait nous filmer, dans cette tenue, descendant les Champs-Élysées et chantant « Une fleur au chapeau, à la bouche une chanson... ». Ce jour-là, je me suis senti vraiment trop ridicule et j'ai laissé les autres défiler sans moi.

« Comment pouvez-vous accepter de vous faire humilier de cette façon ? », m'écrivaient certains téléspectateurs.

N'exagérons rien. Jacques Martin a toujours eu besoin de faire-valoir pour exercer sa verve et nous assurions ce rôle, chacun à notre tour. J'avais accepté d'entrer dans le jeu. Il fallait aussi en accepter les règles. Car ce n'était qu'un jeu... Deuxièmement, je me suis aperçu qu'en ayant l'air de nous « martyriser », Jacques attirait sur nous la sympathie qu'on accorde généralement aux victimes. Indirectement il nous valorisait.

Nous moquant souvent des autres, il était juste, d'autre part, que nous tolérions nous-mêmes d'être brocardés.

D'autres gens, beaucoup plus nombreux, me disaient, d'un air envieux : « Qu'est-ce que vous devez vous amuser, au *Petit Rapporteur* ! » Ah oui, j'ai beaucoup ri, pendant ces dix-huit mois. C'est le principal souvenir qui m'en est resté. C'est aussi pour cela que j'en ai volontiers supporté les petits désagréments. Nous étions sous tension toute la semaine pour concevoir et réaliser notre sujet filmé, mais le dimanche, quand nous nous retrouvions au studio 101 de la Maison de la Radio pour présenter l'émission en direct, c'était l'heure de la détente. Jacques Martin et Stéphane Collaro, qui ne connaissaient pas le trac, commençaient aussitôt à échanger des plaisanteries, et la répétition se déroulait dans la fantaisie la plus débridée.

En fait, on ne répétait sérieusement que deux ou trois séquences qui nécessitaient une mise en place particulière des caméras. Pour le reste, Martin se laissait aller à son inspiration.

Je le regardais avec admiration parce qu'il travaillait sans fiches. Il assurait toute l'émission (quarante-cinq minutes) en ayant simplement, sur sa table, le « conducteur », c'est-à-dire une feuille de papier où étaient inscrits, dans l'ordre de diffusion, les différents sujets filmés et le nom de leurs auteurs. Toutes les liaisons étaient ou semblaient improvisées. Quels que soient les incidents de plateau et les interventions de l'un ou l'autre, il retombait toujours sur ses pieds, avec une aisance et un sens de la chute incroyables. Jamais je n'ai vu une pareille maîtrise dans la plus parfaite décontraction apparente.

Débuter à la télévision avec un professionnel de cette envergure a été pour moi, bien évidemment, une chance inouïe.

La brosse à reluire

L'un des membres de l'équipe a fini par craquer, au bout de six mois, exaspéré par les plaisanteries à répétition dont il était l'objet : Robert Lassus. Il faisait preuve, dans sa « revue de presse », d'un humour assez proche de celui de l'Almanach Vermot, et Jacques Martin avait pris le parti d'en faire rire au second degré. Il lui cassait ses effets en l'interrompant à tout propos et en levant désespérément les yeux au ciel à chacun de ses jeux de mots.

Quelques exemples des « nouvelles brèves » que livrait Robert Lassus :

« La course cycliste Paris-Camembert s'est déroulée cette semaine. Il y a eu des irrégularités, mais les commissaires se sont montrés coulants... L'un d'eux s'est expliqué en disant : à Camembert un bienfait n'est jamais perdu. »

« Le malaise qui règne dans notre équipe de rugby, a déclaré l'entraîneur, est dû au fait qu'un de nos joueurs a été plaqué par son épouse... »

« Opération réussie pour les bébés siamois de Philadelphie. Malheureusement, leurs parents se séparent à leur tour. »

« Lu dans les petites annonces : À vendre à crédit vache laitière payable par traites. »

À chaque émission, Jacques Martin imaginait un gag pour déstabiliser le pauvre Lassus. Un dimanche, il provoqua une fausse coupure de courant pour l'empêcher de continuer sa lecture. Un autre, il se leva et fit semblant de quitter le plateau, suivi de toute l'équipe, comme s'il ne pouvait pas supporter plus longtemps ce genre d'humour. Le 29 juin, date de la dernière émission avant les vacances, alors que Lassus avait commencé son numéro en sortant symboliquement un revolver pour se défendre, le bruit d'un violent orage retentit soudain sur le plateau, accompagné de coups de vent, et à la fin de la rubrique, pour achever cette scène d'épouvante, un assistant lui déversa un seau d'eau sur la tête.

Ce fut le seau d'eau qui fit déborder le vase... Excédé de servir de tête de Turc, considérant que l'émission « dégénérait en pantalonnades », le chef des informations de RTL donna sa démission.

Le Petit Rapporteur lui devait pourtant quelques brillantes séquences. La plus célèbre s'intitulait « La Brosse à reluire ». C'est Jacques Martin qui en avait eu l'idée. Elle consistait à interviewer un personnage illustre en enrobant les questions de flatteries énormes, pour voir comment il réagirait à ces compliments excessifs. La première victime fut l'académicien Maurice Druon, qui avait fait un bref passage au ministère des Affaires culturelles l'année précédente, dans le gouvernement Messmer, et que l'on savait assez imbu de sa personne.

Robert Lassus lui avait préparé un certain nombre de questions truffées de prétendues citations attribuées à des confrères et, sur l'écran, l'on voyait Maurice Druon accueillir d'un air faussement modeste toutes les flagorneries que le journaliste lui servait avec le plus grand sérieux. Extraits :

– « J'ai lu dans un journal : “en devenant conseiller national de l'UDR, Druon a mis son immense talent au service de la nation”. Qu'en pensez-vous ? »

– « Immense ? Ce n'est pas à moi d'en juger », tempère-t-il en se rengorgeant.

– « On a dit que votre adieu à de Gaulle, c'était du Bossuet... »

– « On a dit cela ? », s'étonne à peine l'ancien ministre. « Mais la grandeur était dans le sujet. »

– « J'ai entendu cette phrase : " Maurice Druon est à la fois l'Alexandre Dumas et le Michelet du XXe siècle.” »

– « On a dit cela aussi ? Je pense que je fais autre chose. »

– « Druon mérite-t-il le prix Nobel ? »

– « C'est une question que je ne me suis jamais posée », répond-il, sans exclure apparemment cette éventualité.

Pour appuyer l'effet comique, à chacune des questions apparaissait en gros plan une paire de bottes sur laquelle une main passait vigoureusement une brosse à cirage...

Mais Robert Lassus fut lui-même victime du retentissant succès de son interview. Quand il se présenta la semaine suivante chez Tino Rossi pour renouveler l'opération « Brosse à reluire », il fut accueilli par son épouse qui lui dit : « Je suis désolée. Tino ne peut pas vous recevoir, il est aphone. Mais j'ai vu votre interview de Maurice Druon dimanche dernier. C'était très drôle ! » Elle avait évidemment flairé le traquenard. Contacté, Francis Lopez, le compositeur de *Violettes Impériales* et de tant d'autres opérettes, se défila de la même façon. Quant à Paul Guth, il comprit très vite le piège qu'on essayait de lui tendre et il retourna le procédé contre le journaliste en l'accablant à son tour d'éloges.

La *Brosse à reluire*, dont Martin souhaitait faire une rubrique régulière, n'eut donc en définitive qu'un seul numéro.

Gonzague Saint Nectaire

Il y avait un risque, à piéger de cette manière les gloires du moment. S'apercevant après coup qu'elles s'étaient faites abuser, elles pouvaient se tourner vers la justice pour faire interdire la diffusion de l'enregistrement. C'est ce qui s'est produit avec Gonzague Saint Bris. Le jeune et brillant écrivain venait de publier dans le magazine *Elle* un article sur le mauvais goût. Il y dissertait sur la conception qu'on pouvait en avoir, selon les époques et les cultures, et il ne cachait pas que certaines plaisanteries dites de mauvais goût le faisaient beaucoup rire.

Il n'en fallait pas plus pour que Stéphane Collaro se dise : « Je tiens mon sujet de la semaine ! » C'est dans la lecture assidue des journaux, en effet, que mes camarades trouvaient chaque semaine l'idée du reportage ou du sketch qu'ils se devaient de réaliser.

Stéphane prit rendez-vous avec Gonzague Saint Bris, commença par lui poser quelques questions anodines sur le mauvais goût en matière d'humour, puis il lui dit :

– « Je vais vous demander de choisir, entre trois plaisanteries de mauvais goût, quelle est celle qui vous fait le plus rire. »

– « Si vous voulez... », répondit Gonzague.

Cachés derrière son dos, Stéphane tenait une bombe de mousse infernale, un pot de fausse encre indélébile et une bombe de « fil fou » dont il se mit illico à asperger sa victime en lui disant : « Alors, laquelle vous préférez ? »

Transformé en sapin de Noël, Gonzague Saint Bris se débattit en hurlant de colère et, dès le lendemain matin, fit saisir le film par huissier.

Les téléspectateurs ne virent donc pas le document mais Jacques Martin s'empressa, le dimanche suivant, de relater l'incident et pendant plusieurs semaines, ils eurent droit à des sketches où apparaissait systématiquement un personnage grotesque qui s'appelait Gonzague Saint Nectaire ou Gonzague Saint Paulin...

Deux nouvelles recrues : Desproges et Prévost

Je n'ai pas encore parlé de Daniel Prévost et de Pierre Desproges, qui ont à leur actif quelques-uns des plus grands moments du *Petit Rapporteur.* C'est que les deux compères n'ont débarqué dans l'émission que bien plus tard. Leur présence a été si forte que, dans la mémoire des téléspectateurs, ils sont désormais indissociables de l'équipe mais en réalité, Daniel Prévost ne nous a rejoint qu'en septembre, après les vacances d'été, et Pierre Desproges le mois suivant. Ils sont venus remplacer deux journalistes qui n'avaient pas souhaité poursuivre l'aventure : Robert Lassus, déjà cité, et Philippe

Couderc, qui, visiblement, ne s'était jamais senti à l'aise en notre compagnie.

Martin et Prévost se connaissaient par le théâtre. Ils avaient joué et ri ensemble. Martin pensait que le « grain de folie » de Prévost pouvait apporter une dimension nouvelle à l'émission. Il ne fut pas déçu. L'extrait du Petit Rapporteur qu'on rediffuse le plus souvent, aujourd'hui encore, à la télévision, est signé Daniel Prévost. Eh oui, c'est le fameux reportage sur Montcuq.

On se souvient des premières images. Prévost, en gros plan, face à la caméra, déclare : « Pour la première fois à la télévision, je vais vous montrer Montcuq. » Il se retourne, tandis que la caméra descend sur son postérieur et que la vue s'élargit sur le panneau et le village de Montcuq, en contrebas.

Pastichant la manière de *Bonjour Monsieur le Maire,* Daniel interviewait ensuite le premier magistrat de cette charmante commune du Lot, tout nouvellement élu, en pimentant ses questions de tous les jeux de mots possibles et imaginables.

Après un court passage dans la salle du conseil municipal, équipée d'un poêle à charbon qui lui permettait de dire : « Je vois que vous êtes bien chauffés puisque voilà le fameux poêle de Montcuq », il entamait une promenade avec le maire dans les rues du village :

– « Quelle est la tendance politique de Montcuq ? »

– « J'ai l'impression que Montcuq est très étroit. Vous n'avez pas de problèmes de circulation dans Montcuq ? »

– « Est-ce que Montcuq est bien éclairé, la nuit ? Parce que je me suis laissé dire qu'on y voyait mal... »

– « Est-ce qu'il y a des spécialités de Montcuq ? Montélimar, par exemple, c'est du nougat. Et Montcuq, c'est du poulet ? »

– « Quels sont les moyens de transport pour accéder à Montcuq ? »

– « Il y a un autobus, de temps en temps », répond le maire.

– « Mais où s'arrête-t-il ? Je n'ai pas vu l'arrêt de Montcuq ! »

Et la balade se terminait au café où Daniel Prévost écrivait sur une carte postale : « Bons baisers de Montcuq. »

Pour avoir le plaisir à leur tour d'envoyer ce message à la famille ou aux amis, des centaines de milliers de touristes sont passés par Montcuq, les semaines et les années suivantes, et ont ainsi découvert ce vieux village reculé. Ils lui ont donné un nouvel essor. Si sa population est passée d'à peine mille habitants à mille deux cent soixante-trois au dernier recensement, il le doit en grande partie au *Petit Rapporteur*, j'en suis convaincu... et à la bonhomie maligne de son maire qui avait accepté de se prêter au jeu de l'interview.

La révélation d'un talent

Mais c'est avec la complicité de Pierre Desproges que Daniel Prévost allait donner le meilleur de lui-même et hisser l'émission à un niveau de popularité inégalé.

Jacques Martin avait remarqué le talent de Desproges en lisant *L'Aurore*, où il tenait une rubrique de « petites nouvelles » rédigées avec un humour inhabituel, rappelant celui d'Alphonse Allais et d'Alexandre Vialatte. Exemple : « Le Belge John Huysmans a réussi à tirer une locomotive sur cent cinquante mètres à la seule force de ses dents. À notre connaissance, c'est la première fois qu'un Belge s'appelle John. » À la recherche de nouvelles têtes pour compléter l'équipe, Martin l'engagea aussitôt, en octobre, pour être le « critique littéraire » de l'émission, autrement dit pour passer à la moulinette le microcosme littéraire.

Desproges s'est rapidement distingué en se créant un personnage à la Buster Keaton, lugubre et impassible. Comme Martin insistait pour qu'il sourie, il apparut un jour avec un élastique qui lui écartait les commissures des lèvres... Son interview de Françoise Sagan, restera dans les annales de la télévision. Il fallait un sacré culot pour oser, comme il l'a fait, mystifier une gloire de l'édition en jouant les abrutis.

« Comment ça va, la petite santé ? », lui demandait-il en guise de préambule. Puis il l'interrogeait sur le tissu de sa robe : « C'est bien, ça peluche pas ?... Et ça se lave comment ? À l'eau tiède ? »

Il sortait ensuite ses photos de vacances devant la romancière décontenancée : « C'était chez mon beau-frère près de Limoges... tenez, c'est lui, là... et là c'est des copains. On s'est bien marrés. » Et il terminait en lui demandant une tasse de tilleul avec des mouillettes !

Il a renouvelé son numéro, en duo avec Daniel Prévost cette fois, face à l'écrivain Jean Edern Hallier qui venait de publier un article sur « la bataille de l'édition ».

Les deux compères avaient bien préparé leur coup. Comme ils en étaient convenus, ils ont commencé l'interview calmement, en posant chacun leur tour une question, puis ils se sont mis à se disputer en faisant mine d'oublier la présence d'Edern Hallier, pour finir par en venir aux mains. Le regard désemparé de Jean-Edern Hallier, tentant vainement de séparer les combattants et les appelant à un peu de dignité, est une image qu'on ne peut pas oublier.

Une autre de leurs batailles est devenue historique. Elle s'est déroulée dans une charcuterie parisienne, à la veille de Noël. Daniel Prévost m'a assuré qu'elle n'était absolument pas préméditée. Ils voulaient faire « quelque chose de drôle » autour du boudin blanc mais ils n'avaient pas d'idée précise. Pour tester les réactions de la charcutière, ils ont d'abord mordu, tous les deux, dans un boudin blanc sous le prétexte de le goûter, puis ils se sont laissés aller dans l'escalade. Déchaînés, pliés de rire, sous les yeux effarés des clientes, ils se sont jetés du boudin blanc à la figure, jusqu'à en tapisser le sol de la boutique...

Ce gaspillage n'a pas manqué de choquer bon nombre de téléspectateurs mais c'était ça, l'esprit du *Petit Rapporteur* : aller le plus loin possible dans la provocation, explorer les limites admissibles de l'insolence, de la dérision... et aussi de la stupidité parfois. En acceptant ce risque. Comme l'admet Jacques Martin, « ce n'était pas tous les dimanches du Shakespeare ou du Molière, il y a des jours où ça loupait, mais il y a des jours où c'était formidable ».

Avec Prévost, Desproges, Collaro, Piem (et moi, bien sûr, qui ne l'ai jamais quitté), Martin a eu son meilleur « team », son équipe championne et fait sa meilleure saison. Les relations, à l'intérieur du groupe, n'étaient pas toujours des plus cordiales, pourtant. Desproges et Prévost paraissaient un peu jaloux de l'amitié complice qui liait Stéphane et Jacques. Ils supportaient mal l'autorité et les boutades de Martin quand elles s'exerçaient à leur encontre. Piem renâclait, lui aussi, de temps en temps, pestant contre tout le monde mais surtout contre Martin qui le raillait sur ses origines aristocratiques, son « château » en Touraine... et ses opinions de gauche. Desproges finira par claquer la porte, en avril 1976, après que Jacques Martin eut refusé, à plusieurs reprises, de programmer l'une des séquences qu'il avait réalisées.

Il faut expliquer en effet que, dans le cours de la semaine, nous avions deux rendez-vous importants : le lundi matin, chez Jacques Martin, pour décider ensemble des sujets que nous allions traiter, et le vendredi soir, à la SFP, pour lui soumettre le résultat. C'était l'heure terrible de l'examen de passage. Comme au lycée. Il nous faisait tailler dans tel reportage, qu'il trouvait trop long. Et quand tel autre ne le faisait pas rire, il l'envoyait tout simplement au panier. Vint donc un jour où Desproges, qui avait acquis en six mois de présence au *Petit Rapporteur* une notoriété considérable et une assurance proportionnée, ne toléra plus ce pouvoir discrétionnaire.

« Je ne m'amusais plus et je n'amusais plus les autres », déclara-t-il sobrement à *Télé 7 jours* pour expliquer son départ. « Jacques Martin est très content de lui. Moi je suis généralement content de moi. Mais on n'est pas forcément contents l'un de l'autre... »

L'émission lui fut néanmoins un prodigieux tremplin pour la grande carrière d'humoriste qu'il entama peu après.

La pêche aux moules

Malgré les petites dissensions, nous avons vécu tous ensemble des heures merveilleuses. C'est dans cette période, en particulier, que prit naissance et se répandit dans notre pays une drôle d'épidémie baptisée la « moulite ». Toute la France chantait et nous réclamait « La pêche aux moules », une chanson enfantine que nous avions bêtement interprétée, un dimanche, en démarrant l'émission.

Pour autant que je m'en souvienne, voici comment tout a commencé. L'émission, je le rappelle, se déroulait en direct – ce qui lui conférait sa spontanéité – et, en attendant que la speakerine nous donne l'antenne, nous regardions défiler sur l'écran de contrôle les quelques spots de promotion habituels. Le dernier spot, invariablement, était celui de la Prévention routière. On y voyait des gamins traverser la rue en chantant « La Pêche aux moules ». Un dimanche, horripilé par cette rengaine répétitive – et comme d'habitude par esprit de dérision – Jacques Martin nous la fit reprendre en chœur en ouverture de l'émission.

Allez savoir pourquoi, cette fantaisie totalement improvisée déchaîna l'enthousiasme. La semaine suivante, le public qui assistait à l'émission nous réclama à nouveau la chanson. Martin, qui avait l'art d'exploiter toutes les situations, ne se priva pas de nous faire recommencer l'exercice. La « moulite » avait fait ses premières victimes. Et nous découvrîmes ainsi, stupéfaits, l'extraordinaire étendue de notre audience.

Dès que l'un de nous sortait dans la rue ou entrait dans un lieu public, il y avait toujours quelqu'un pour entonner « La Pêche aux moules » en nous lançant un clin d'œil complice. Toujours intrépide, Daniel Prévost se rendit à l'Assemblée nationale pour la faire chanter aux députés et revint triomphalement avec l'enregistrement de Marc Becam, député du Finistère, qui déclarait vouloir ainsi rendre hommage aux éleveurs de moules de son département.

Devant un tel engouement, Collaro suggéra à Martin d'enregistrer un 45 tours. « Tu es fou », répondit celui-ci. « Qui achèterait ce genre de bêtise ? » Quinze jours plus tard, Nestor le Pingouin sortait sa version de la chanson et en vendait sept cent mille exemplaires ! Jacques Martin ne l'a pas encore digéré.

Je frappe au numéro un...

Au bout de quelque semaines, nous en eûmes assez de rabâcher la même rengaine. Martin nous dit : « Il faut trouver une autre chanson, dans le même style, pour nous renouveler. Qui a une idée ? » C'est Pierre Desproges qui proposa « Mam'zelle Angèle », une comptine qu'il avait apprise dans son enfance. Docilement, nous nous mîmes donc à en apprendre les paroles, avec les gestes afférents :

« Je frappe au numéro un
Je d'mande Mam'zelle Angèle
La concierge me répond :
Mais quel métier fait-elle ?
Elle fait des pantalons,
Des jupes et des jupons
Et des gilets de flanelle,
Elle fait des pantalons,
Des jupes et des jupons,
Et des bonnets de coton !
Ah ah ah !
Je ne connais pas
Ce genre de métier
Allez voir à côté ! »

On pouvait poursuivre par : « Je frappe au numéro deux, trois » et coetera... jusqu'à épuisement de l'interprète ou de l'auditoire.

D'où venait la chanson ? Personne n'en savait rien. Pour *La pêche aux moules*, des historiens s'étaient sérieusement penchés sur le sujet. Ils avaient découvert qu'elle datait du Moyen Âge et qu'elle venait de la région de Marennes. Mais ils ne trouvèrent pas la moindre trace des origines de cette comptine. En quelques semaines, en tout cas, toute la France l'adopta. Jacques Martin, qui ne voulait plus rater le coche, nous la fit enregistrer et sortit un disque. Sa carrière, hélas, fut moins brillante que celle de *La Pêche aux moules*. Mais aujourd'hui encore, quand je rencontre d'anciens fidèles du *Petit Rapporteur*, je m'aperçois qu'ils n'ont pas oublié *Mam'-zelle Angèle*. Et ils me demandent toujours de la chanter avec eux...

Sur une autre suggestion de Desproges, et pour continuer d'amuser la galerie, Martin nous fit ensuite interpréter un refrain assez stupide. Il fallait sautiller sur place en ânonnant :

« Ra – peti – peta – petipa – petibus
Si – t'es fa – tigué – t'as qu'à prendre l'autobus ! »

Par chance, le public, cette fois-ci, ne trouva pas le résultat très drôle et Martin renonça vite à nous imposer ce « rap » d'avant l'heure.

Flics d'un soir

Ce que le téléspectateur aimait avant tout, dans le *Petit Rapporteur*, c'était l'atmosphère de chambrée qui régnait sur le plateau. Pendant trois quarts d'heure, il s'évadait de ses soucis pour retrouver une bande de copains qui chahutaient, se racontaient des histoires plus ou moins fines, tapaient sur les politiques et les nantis, tout en se charriant les uns les autres. C'est pour entretenir cette ambiance que Martin tenait à nous faire jouer ensemble le plus souvent possible, que ce soit pour pousser la chansonnette ou pour faire la tournée des grands ducs, déguisés en flics, comme en cette veille du Nouvel An 1976.

Il avait dit à l'antenne : « Si vous voulez réveillonner à l'œil, vous faire offrir le champagne dans les meilleurs établissements de la capitale, c'est bien simple, faites comme nous. » Et l'on nous a vus, sur l'écran, portant le képi et l'uniforme, déambuler de bar en boîte de nuit derrière Jacques Martin qui se présentait en disant : « Nous sommes la brigade du quartier. Nous venons vous présenter nos vœux pour la Nouvelle Année. » Le patron, qui connaissait les usages, sortait aussitôt les verres et la bouteille de champagne et trinquait avec nous.

À bord d'une voiture équipée d'un gyrophare et à la stupéfaction des automobilistes qui nous reconnaissaient aux feux rouges, nous avons ainsi rendu visite, successivement, au Lido, au Paradis Latin, à l'Alcazar, chez François Patrice, chez Castel... où certains d'entre nous ont terminé la soirée dans un état inavouable.

Mais je tiens à préciser que ce genre d'excès était exceptionnel. En plateau, c'est vrai, nous avions souvent un verre ou une bouteille à portée de main, ce qui nous a valu une réputation de « boit-sans-soif ». Mais il y avait toujours une justification : porter secours à tel vignoble en difficulté, fêter l'arrivée du beaujolais nouveau... Et puis cela faisait partie de l'image un peu « populo » que Martin voulait donner à l'émission. Je crois bien qu'il en rajoutait, même, dans le genre « franchouillard » pour le simple plaisir de provoquer l'intelligentsia parisienne qui le méprisait et qu'il détestait.

Il y avait aussi une part de gaminerie, dans les gags qu'imaginaient Martin et Collaro. Ils s'amusaient vraiment, tous les deux, dans la vie comme à l'antenne, à des jeux qui relevaient de la cour de récréation ou du réfectoire de lycée. Je pense en particulier à la séance de « tennis-bouffe », qui a fait un tabac chez les moins de douze ans. Il s'agissait de placer un petit-suisse sur le dos de la main gauche et de donner un coup sec, de l'autre main, sur le poignet pour envoyer directement le petit-suisse dans la bouche grande ouverte. Martin et Collaro étaient très forts, dans cette discipline sportive qui leur était familière. Ils ne rataient jamais leur lancer. Mais quand ils ont voulu faire concourir le reste de l'équipe, un dimanche, ce fut un désastre ! Piem avait du petit-suisse plein la barbe, moi plein le pantalon. Quant à Daniel Prévost, quand est venu son tour, pour éviter de se tâcher, il n'a pas hésité à se lever et à se mettre torse nu devant un public déchaîné qui n'était pas encore accoutumé à de telles audaces.

Cet humour de potache plaisait en particulier aux plus jeunes et permettait au *Petit Rapporteur* de rassembler toute la famille, le dimanche, devant le téléviseur, du plus petit au plus grand. Pour le regarder tranquillement, dans beaucoup de foyers, on avait pris l'habitude de déplacer l'heure du déjeuner : soit on se dépêchait de manger avant 13 h 20, soit on attendait la fin de l'émission pour se mettre à table.

Vingt-huit millions de téléspectateurs

Au début de l'année 1976, les chiffres d'audience se sont envolés vers des sommets vertigineux. « Le Petit Rapporteur » a été la première émission de télévision à faire l'objet d'un sondage, réalisé par la SOFRES à la demande de *Télé 7 jours* (27/3/1976). Il révèle qu'un Français sur deux nous regardait régulièrement. 92 % se déclaraient satisfaits. 86 % trouvaient l'émission drôle. 72 % aimaient l'image que le *Petit Rapporteur* donnait des Français, 60 % la jugeaient fidèle.

L'émission était devenue un véritable phénomène de société. C'est à ce titre que le journal *Le Monde* lui consacra un long article, le 15 février 1976. Son rédacteur en chef, Pierre Viansson-Ponté, s'y efforçait de comprendre comment une telle « pitrerie » pouvait retenir autant de fidèles devant leur petit écran :

« L'émission régulière la plus regardée de la télévision française, c'est *Le Petit Rapporteur*. Les sondages, les indices d'écoute le confirment : au moment où tire à sa fin le déjeuner dominical, ce rite de la vie familiale qui résiste mieux que bien d'autres à l'usure du temps, vingt-huit millions de Français en moyenne, selon les réalisateurs, s'en remettent à Jacques Martin et à ses cinq complices du soin de les distraire, pour trois quarts d'heure, de leurs soucis.

Or cette séquence hebdomadaire, si remarquable déjà par la seule étendue de son auditoire, au point qu'elle constitue un fait, un phénomène social, ne paraît pas avoir suscité encore l'attention et la curiosité des psychologues, sociologues et spécialistes des médias... Quel beau thème, pourtant !

On sourit ou l'on hausse les épaules. On rit de bon cœur ou avec un peu de gêne. On s'amuse ou l'on se choque. On déguste ou l'on ne comprend pas. À la limite, peu importe. L'écran, comme un miroir tendu, nous renvoie notre propre image puisque, si nombreux, des millions d'entre nous, tant bien que mal, se reconnaissent. Alors, comment sommes-nous ? »

Suit un portrait des Français tels que les montre *Le Petit Rapporteur* : ils sont les plus malins. Les paysans sont roués, les ouvriers sympathiques... Ce sont de braves gens, d'excellents Français comme disait une chanson de Maurice Chevalier... et pas fiers avec ça. Ils ont de l'humour, à leur manière : « L'Amérique ne veut pas accueillir le Concorde ? On mettra en boîte l'ambassadeur des États-Unis en essayant de lui faire parvenir un camembert et une bouteille de gros rouge pour le séduire. Et on ira interroger les voyageurs du métro à la station Concorde où le coefficient de remplissage est très satisfaisant. Dieu que nous sommes drôles ! Mais aussi cabochards, mauvaises têtes, râleurs. Le vieux fond d'antimilitarisme, spécialité de Piem, est toujours vivace : le mariage du général Bigeard avec Arlette Laguiller, c'est de l'or en barre...

Malins, drôles, râleurs, nous sommes des tendres aussi. Ici

c'est le domaine de Pierre Bonte, avec ses vieilles chanteuses paysannes, ses épiciers émules de Philéas Fogg, ses hercules de foire retirés du combat, ses amoureux de la nature, ses peintres du dimanche mais sur cougourdes, tout un petit monde poétique, humain, charmant. C'est la minute de finesse, de nostalgie douce-amère, d'attendrissement, le meilleur moment de l'émission, celui qui joue à la fois sur tous les registres, du plus sommaire au plus subtil. »

Je m'en sortais bien... mais sur le reste de l'émission, l'ironie condescendante de Pierre Viansson-Ponté reflétait fidèlement le sentiment des milieux dits « intellectuels », qui n'appréciaient guère le comique de style « farces et attrapes » que pratiquait volontiers Jacques Martin :

« On bande les yeux de deux journalistes – de *L'Aurore* et du *Figaro*, s'il vous plaît – pour qu'ils essaient chacun de faire manger à l'autre un bol de crème au chocolat. Irrésistible ! Pour la Chandeleur, on fait sauter des crêpes à la gaze hydrophile. Marrant ! On peut aussi plaisanter à perte de vue sur les talents de Stéphane Collaro, médaille d'or de la meilleure descente mais pas à Innsbruck – seize bouteilles de champagne en deux heures – qui est bien de chez nous, n'est-ce pas ? puisqu'il déteste l'eau et qu'il est tout le temps bourré à mort... »

Je remarque au passage que mon éminent et distingué confrère ne ratait pas beaucoup d'émissions, lui non plus, pour avoir pu relever et noter autant d'exemples de nos « grosses bêtises », comme les qualifiait lucidement Jacques Martin.

Martin ne se gênait pas pour répondre à l'antenne, parfois, aux critiques les plus injustes. Cette semaine-là, *Libération* avait publié un dessin à la manière de Piem, représentant des « chiottes ». Mais à la place de la cuvette des WC, figurait un écran de télévision où s'inscrivait le titre de l'émission. Au-dessus, une main anonyme tirait la chasse d'eau. Le message était clair : *Le Petit Rapporteur*, c'était de la m.... !

Le dimanche suivant, Martin fit projeter un agrandissement du dessin sur un panneau du décor. Il planta un clou à la hauteur qui sied, à côté de l'écran-cuvette, et sortit de sa poche un exemplaire de *Libération* qu'il découpa en morceaux pour l'accrocher au clou, comme cela se faisait autrefois à la campagne... La réponse était très claire, elle aussi. Mais, grand seigneur, il arrêta brusquement son geste et, se tournant vers la caméra : « Non, je ne le ferai pas, messieurs. C'est ce qui nous différencie. Je suis peut-être bête mais je ne suis pas méchant. »

Dans ces moments-là, Jacques Martin s'inscrivait indéniablement dans la lignée des grands pamphlétaires.

L'abbé Bonte

Comme *Le Monde*, la presse catholique (Dieu merci !) me comblait de compliments pour ma séquence de fin d'émission – ce qui me valait, de temps à autre, de me faire appeler « l'abbé Bonte », par Martin – mais elle émettait des hurlements d'indignation dès que celui-ci s'en prenait au pape ou à la religion. Il faut bien dire que cela lui arrivait souvent. En mars 1976, l'éditorialiste du « Bulletin des Aînés du diocèse de Lille », outré, jeta sur lui l'anathème : « On dirait vraiment que Jacques Martin a un compte à régler avec la religion et avec l'Église ! Je ne sais pas ce qui lui est arrivé. Ferait-il partie de ce lot misérable d'anciens enfants de chœur qui, après avoir longtemps présenté à l'autel les burettes du sacrifice, n'ont plus qu'un idéal : les lancer rageusement à la tête des curés ? Regretterait-il d'avoir écouté le vicaire du patro en vivant dans la pureté ses plus tendres années ?

Quoi qu'il en soit, ses manières sont détestables ! Qu'il se serve de la télévision pour accabler les spectateurs de ses ricanements méprisants et pour cracher sur ce qu'ils ont de plus sacré, j'estime que c'est vraiment dépasser les bornes et je dis avec vous, ami lecteur : non ! non ! et non ! »

L'auteur de la diatribe ne se trompait guère dans ses supputations. Tout comme moi, Martin est un pur produit de la bonne éducation religieuse des années 40. Il a fait ses études secondaires au collège des Dominicains d'Oullins, près de Lyon. Mais c'est aussi un enfant de Gnafron, ce personnage du guignol lyonnais. Il ne pouvait pas se retenir de taper, assez grossièrement souvent, sur tout ce qui porte l'uniforme ou la soutane. Ses railleries me mettaient mal à l'aise, je l'avoue. Je pensais à ma pieuse mère, qui devait se sentir outragée... Ça ne l'empêchait pas, pour se faire la voix, de chanter à tue-tête, dans les coulisses, les cantiques en latin qu'il avait appris chez les bons pères et qu'il connaissait par cœur, comme le *Salve Regina* ou le *Tantum ergo* !

L'équipe se sépare

La belle aventure du *Petit Rapporteur* a pris fin le dimanche 27 juin 1976. Ce ne fut pas, comme certains s'acharnaient à le croire, sous l'effet de pressions d'un pouvoir politique irrité par nos quolibets. Il n'y a jamais eu de conflit de cet ordre. Piem lui-même, peu suspect de complaisance envers le gouvernement, reconnaît qu'il n'a jamais fait l'objet de la moindre censure pour ses dessins. La décision d'interrompre l'émission a été prise librement entre nous, d'un commun accord. Nous nous sommes séparés sans tristesse ni amertume, en éprouvant plutôt un certain soulagement. Depuis quelques semaines, pour employer l'argot du métier, nous avions le sentiment de « ramer ». Nous étions à bout de souffle, épuisés par cette cadence hebdomadaire.

En ce qui me concerne, j'aspirais avidement à une pause. Pendant un an et demi, j'avais mené de front *Le Petit Rapporteur* et l'émission *Vive la vie* que je produisais et présentais tous les matins à 6 h 50, sur Europe 1, avec la précieuse collaboration de Laurent Cabrol et Alexandre Lichan. Je m'occupais en plus d'une revue pour les élus locaux. Je n'avais plus aucun loisir. Ma vie de famille en pâtissait. Je souffrais de ne pas pouvoir être plus présent auprès de mes deux enfants, Éric et Emmanuelle, alors âgés de quinze et douze ans. Je n'avais qu'une hâte : partir en vacances avec eux. Très loin, au soleil...

Le directeur de TF1, Jean-Louis Guillaud, n'avait pas l'intention, cependant, de me laisser quitter la chaîne. Au cours de l'été, il me fit téléphoner par la directrice des programmes, Éliane Victor, pour me proposer d'animer les après-midi du samedi, à la rentrée de septembre, en compagnie de Denise Fabre. « Il s'agira », me dit-elle, « d'une émission de divertissement, entrecoupée de jeux qui vous feront dialoguer avec les téléspectateurs. »

Honnêtement, je ne m'attribuais aucun talent d'animateur. Je ne comprenais pas ce qui avait pu conduire Jean-Louis Guillaud à me désigner pour un tel emploi. Mais j'étais stupidement flatté qu'il me fasse ainsi confiance. Reniant toutes les sages résolutions antérieures, j'ai accepté de relever le défi.

J'avais posé une condition, toutefois : pouvoir apporter une note personnelle à l'émission en y présentant chaque semaine l'un de ces personnages anonymes que je chérissais. La séquence s'est appelée « Ma vie est un roman ». Elle m'a permis de recueillir d'émouvants souvenirs comme ceux d'un ancien maître d'école de la Lozère, Maurice Brajon, ou de cette ancienne domestique de maisons bourgeoises, Marie-Rose Longuère, qui avait passé cinquante-huit ans au service des « gens riches », comme elle disait. Femme de chambre chez le préfet du Mans, tout d'abord, elle avait ensuite servi chez le président du tribunal, le directeur du laboratoire municipal... C'était amusant de l'entendre juger la bourgeoisie mancelle... À soixante-quinze ans, son bonheur était de vivre « chez elle ».

« Après avoir été cinquante-huit ans domestique, vous

croyez qu'on n'est pas content d'être chez soi, vous ? Dîtes, c'est pas rien que d'servir les autres comme ça tout le temps. Et la soumission ? Là, j'en ai plus de soumission. Je fais ce que je veux. »

Elle ne montrait aucune amertume, pourtant :

– « Je me demande pourquoi on dit qu'ils sont à plaindre, les vieux. On n'est pas malheureux, monsieur, avec notre petite retraite que mon cousin Giscard y nous donne. »

– « Vous avez combien pour vivre ? »

– « J'ai mille cinq cents francs. »

– « Par mois ? »

– « Ah non, tous les trois mois. Et je vis bien. Je ne bois pas de vin, je ne mange pas de viande tous les jours parce que ça donne de la tension, mais je suis pas maigre, hein ? Je suis très économe, je sais m'arranger. Et puis je touche aussi six cent cinquante francs de la caisse de retraite des gens de maison. »

– « Tous les mois ? »

– « Ah, vous dîtes toujours tous les mois, vous autres, on voit bien que vous gagnez d'l'argent à n'rin faire. Donnez-moi donc votre mois, pis moi je vous donnerai ce que j'ai... Ah, y n'fera pas l'garçon, y n'donnera point une robe à sa femme ! », s'énervait-elle en riant.

Ce qui l'amusait par-dessus tout, pendant l'interview, c'était de penser qu'elle allait passer à la télévision « comme le ministre »... Le ministre, c'était Pierre Méhaignerie, un enfant du pays lui aussi. Que l'ancienne domestique soit subitement promue au même niveau que le notable, en ayant comme lui les honneurs du petit écran, c'était effectivement le plus beau pied de nez qu'elle pouvait faire à toute cette bourgeoisie qui l'avait humiliée. Elle y voyait la plus belle farce que le destin lui ait jamais jouée. Je trouvais, quant à moi, que c'était de la bonne justice.

Ces histoires de gens simples et attachants, découpées en épisodes comme un feuilleton, constituaient le meilleur moment de l'après-midi. Pour le reste, je me suis très vite senti malheureux dans cette émission (intitulée *Restez donc avec nous*) au cours de laquelle les téléspectateurs téléphonaient tour à tour pour identifier je ne sais trop quel objet noyé dans un kaléidoscope. J'ai pris conscience à cette occasion de la difficulté de présenter une émission en couple, chacun des animateurs ayant l'impression que l'autre occupe un peu trop l'écran, tire la couverture à lui... Je n'ai rien à reprocher à Denise Fabre qui, bien plus à l'aise que moi devant la caméra, a toujours eu le souci de me mettre en confiance, mais nos personnalités étaient mal accordées. Nous évoluions sur deux registres différents. Au bout de deux mois, j'étais prêt à donner ma démission quand Jacques Martin – encore lui – m'a appelé. La deuxième chaîne lui demandait de recréer une émission dans le style du *Petit Rapporteur.* « Est-ce que tu es prêt à revenir dans l'équipe ? »

Je n'ai pas hésité très longtemps. La nostalgie commençait à poindre. J'oubliais tout doucement les moments pénibles pour ne me rappeler que les heures de franche camaraderie. Fin décembre, je rendais mon tablier à *TF1*, non sans subir une sévère engueulade (le mot est faible) de Jean-Louis Guillaud, furieux de me voir partir sur la chaîne concurrente. Les téléspectateurs, quant à eux, se sont facilement consolés avec le gentil Garcimore, qui a pris ma succession auprès de Denise Fabre et qui a laissé, sur cet horaire, un souvenir beaucoup plus durable que le mien.

Chapitre 5

Portraits choisis

Quand l'émission *Le Petit Rapporteur* touchait à sa fin, Jacques Martin se tournait immanquablement vers moi, en bout de table, en me parant des titres les plus divers : « Je me tourne maintenant vers l'apôtre des vicinales, ou le Livingstone du Doubs, ou le scaphandrier de la France profonde... » La formule changeait tous les dimanches... C'était l'heure de ma séquence bucolique, qui propulsait sur le petit écran, pendant quelques minutes, l'un de ces personnages savoureux que j'avais déniché dans la campagne.

En dix-huit mois, j'ai réalisé une cinquantaine de portraits. Chacun d'eux a été une aventure. Chaque rencontre a été un moment important de ma vie.

Le tournage se déroulait sur la journée. Je partais de Paris avec ce qu'on appelait une équipe « légère » : un cameraman, un preneur de son, un éclairagiste et un réalisateur. L'expression fera sourire les jeunes journalistes d'aujourd'hui qui, pour le même genre de reportages, doivent se contenter d'un cameraman, mais il faut dire que nous ne disposions pas encore des commodités de la vidéo. Tous les reportages du *Petit Rapporteur* ont été effectués avec des caméras 16 mm, moins sensibles, dont les chargeurs de pellicule devaient être renouvelés toutes les dix minutes. Et ils arrivaient toujours à épuisement au meilleur moment de l'interview, bien sûr, quand mon « patient », ayant oublié la caméra et les projecteurs, se livrait enfin avec naturel. Or c'était ce côté « nature » que je cherchais avant tout à obtenir.

« Mais comment faites-vous pour dénicher de tels personnages ? », me demandait-on souvent. Ce n'était pas le plus difficile. Les téléspectateurs m'en proposaient des dizaines chaque semaine, dans le courrier, et j'utilisais les reporters de mon émission de radio matinale, sur Europe 1, pour effectuer un premier repérage. Mais je ne pouvais pas prévoir comment ils allaient se comporter devant la caméra, qui paralyse bien souvent celui qu'elle regarde. J'arrivais donc sur les lieux du rendez-vous avec l'angoisse au cœur. Saurai-je mettre mon interlocuteur à l'aise, préserver sa spontanéité ?

L'expérience, heureusement, m'a donné quelques leçons. Elle m'a appris que les gens s'expriment beaucoup plus librement quand ils ont dépassé un certain âge, qui se situe autour de soixante ans. Parce qu'ils ne se soucient plus du « qu'en dira-t-on ? ». Leur vie active touche à sa fin, ou est terminée, les enfants sont partis, ils n'ont plus de comptes à rendre à la société, plus besoin de jouer un rôle. C'est l'âge où ils s'acceptent enfin tels qu'ils sont, où s'évanouissent leurs complexes.

J'ai fait une autre constatation : lorsque leur mari était décédé, les femmes éprouvaient souvent un sentiment d'affranchissement qui leur libérait leur parole. Je parle des femmes de cette génération, qui vivaient dans la soumission à l'homme de la maison. Voilà pourquoi la grande majorité des personnages que j'ai choisi de « croquer » appartenaient au troisième âge, de préférence au sexe féminin, et accessoirement au clan des veuves...

Il en est pour qui je garde une tendresse particulière. J'ai l'impression qu'ils font partie de ma famille. Quand il m'arrive de les réécouter, aujourd'hui, je m'aperçois que leurs témoignages n'ont rien perdu de leur fraîcheur ou de leur drôlerie. J'ai même l'impression qu'ils ont bonifié avec les années... Alors je ne résiste pas à l'envie d'en évoquer quelques-uns, de les faire revivre quelques instants.

J'ai pris soin de respecter scrupuleusement les mots et les tournures de phrases de chacun, pour rester au plus près de ce parler populaire savoureusement imagé qu'une consommation abusive de la télévision n'avait pas encore encombré de formules toutes faites et passe-partout. Il manque l'accent du terroir, l'expression du visage, le pittoresque du décor, mais avec un peu d'imagination ou de mémoire, j'espère que vous retrouverez l'émotion que vous avez ressentie en les découvrant sur l'écran.

Louise Pons, à Villey-Saint-Étienne : « Ça sent la vache, c'est à la Louise ! »

« Vous savez, la vieille dame qui avait des animaux plein la maison... »

Cent fois, on m'a parlé d'elle. Les gens ne se souvenaient plus de son nom mais, des années après la diffusion du reportage, l'image de « la Louise » était encore dans leurs mémoires. Ils voulaient avoir de ses nouvelles.

Elle s'appelait Louise Pons. À quatre-vingt-trois ans, elle continuait d'exploiter, toute seule, une petite ferme de cinq hectares à la sortie du village de Villey-Saint-Étienne (Meurthe-et-Moselle), près de Toul, et l'on m'avait dit que les animaux, chez elle, étaient « comme chez eux ». J'étais donc prévenu. J'ai quand même été surpris en pénétrant dans sa cuisine. Elle a chassé d'un coup de torchon la poule qui occupait une chaise pour que je puisse m'asseoir, puis elle a vigoureusement repoussé le chien couché sur la table avant de me proposer aimablement une tasse de café... Tout cela en houspillant les animaux peu pressés de s'écarter et en m'expliquant de sa voix bourrue qu'il ne fallait pas m'étonner :

– « Les animaux ne sont pas chez moi, monsieur, c'est moi qui suis chez eux. C'est moi qui les soigne, qui les nettoie, c'est moi leur domestique. Regardez, ma chambre à coucher donne sur la cuisine, qui donne sur l'écurie où il y a les vaches, tout est attenant, comme ça les bêtes n'ont pas froid, vous comprenez... »

– « Et tout ce petit monde s'entend bien ? »

– « Très bien. Y'a des fois, les pigeons vont se coucher sur le dos des vaches, c'est plus chaud, vous comprenez. Les vaches ne disent rien. C'est tranquille. Les chiens, c'est pareil, avec mon chat ils ne se disputent jamais, ils couchent ensemble. »

– « Mais l'odeur de la maison est assez particulière... »

– « Ah oui, c'est pas l'odeur du coiffeur ! Mais ça ne me dérange pas. Je suis habituée. Une fois, j'ai perdu quelques sous dans une enveloppe, dans un magasin de Liverdun. Quelqu'un a dit : "Ça sent la vache, c'est à la Louise !", et il me les a rapportés... »

La Louise, comme tout le monde l'appelait, s'est à nouveau emparée de son torchon pour le passer rapidement sur le coin de table où elle s'apprêtait à poser ma tasse de café, puis elle s'est assise, après avoir fait décamper une autre poule de sa chaise, et nous avons continué à bavarder.

– « Que pensez-vous du monde d'aujourd'hui, Mme Pons ? »

– « Je pense qu'ils perdent la tête, les gens. Ils veulent suivre la mode... il n'y a rien d'assez bon. C'est la mode des bottes, on porte des bottes, c'est la mode des robes courtes, et puis après c'est les robes longues. Mais ils ne gagnent pas assez pour faire cette existence pareille de mode. Ils ont la folie des grandeurs. Ils veulent ressembler aux riches et ils le sont pas. C'est un grand défaut, l'enviation. Il faut voir les salles de séjour qu'ils ont, monsieur, des divans, des fauteuils. Une fois, on m'a demandé de m'asseoir là-dedans et j'ai dit que je ne pourrais pas en ressortir, qu'il faudrait le tracteur pour me tirer, et je n'ai pas voulu m'asseoir. »

– « Il faut dire qu'ici, il n'y a aucun fauteuil. Vous vivez en bohême. »

– « Oui, tranquille d'esprit, tout à fait. Je n'ai jamais été aussi heureuse de ma vie. Je suis ma maîtresse. J'aime mes bêtes. Je tue pas mes poules. Vous voulez une poule ? Vous vous la tuerez vous-même ! J'ai beaucoup de travail mais, ma foi, tant pis, ça me distrait. Il y en a qui me demandent si je n'ai pas peur, toute seule. Mais j'ai une conscience tout à fait propre. Je n'ai jamais fait de mal à personne, ce qui fait que je dors tranquille. Comme je me couche, je me réveille... Paris-Strasbourg d'une attelée ! Direct ! »

– « Vous avez toujours le moral ? »

– « Quand je me sens pas bien, vous savez ce que je fais ? Je prends ma voiture, je vais à Liverdun prendre un Dubonnet chez la Cathy ou ailleurs, on rigole, et ça y est, c'est fini, le moral est revenu. Ah oui, je me laisse jamais aller au cafard. Et puis ce que j'ai de bon, c'est que je sens bien l'amitié du monde. Je vois des jeunes qui ralentissent et qui me disent bonjour. J'ai des bonjours de tous les côtés. Ça me fait un grand plaisir, plus que si on me donnait de l'argent. »

Le hasard a voulu que j'en ai une preuve, le jour-même. Comme nous sortions de la cuisine, un groupe d'enfants, menés par leur instituteur, est passé sur la petite route qui longe la maison. En apercevant la Louise, ils l'ont saluée joyeusement, et puis, quand ils ont appris que l'équipe de télé était celle du *Petit Rapporteur*, ils se sont mis à chanter *Mam'zelle Angèle*. La Louise, qui tenait un bâton à la main, a tapé sur le capot de sa vieille 4L bleue pour battre la mesure, et cette scène imprévue, que nous avons filmée, reste gravée, elle aussi, dans les mémoires.

Après quoi nous avons repris notre dialogue, tout en marchant :

« Je n'ai pas de famille. J'ai juste une fille, qui est institutrice retraitée, mais elle est un petit peu fière. Les institutrices et les cultivatrices, ça fait une drôle de différence, vous comprenez. Ça descend de l'échelle de beaucoup. Alors ça la fout mal. Elle voudrait pas que je parle, il faudrait que je sois la pimbêche avec des robes courtes et une indéfrisable, il faudrait que je me soulève la poitrine, que je perde des demi-journées pour aller chez le pédicure me faire couper les ongles, il faudrait que je sois une vieille du jour, quoi, pour lui faire plaisir. Mais moi, c'est pas mon genre. Je me plais comme ça et je partirai comme ça. Parce que, à mon âge, hein, je suis plus près du grand trou que du petit d'où je suis sortie. Attention ! Alors pourquoi je vais m'en faire ? »

Cela se passait en mars 1976. Quelques jours après la diffusion de l'émission, la direction de la Régie Renault lui offrait une belle surprise : touchée, comme tous les téléspectateurs, par la sincérité de son témoignage mais aussi par l'état de vétusté de sa 4L, elle lui faisait cadeau du dernier modèle de sa gamme, une superbe R6 vert pomme... La Louise était aux anges.

Six mois plus tard, hélas, début septembre, elle m'adressait un appel désespéré : les Ponts et Chaussées voulaient l'exproprier d'un pré pour faire passer l'autoroute.

« Y m'ont déjà pris six hectares pour la canalisation de la Moselle, quatre pour le remembrement. Qu'est-ce qui va me rester si y m'en prennent encore ? Y m'ont proposé de m'indemniser mais je m'en fous de leur argent. Je veux garder mes terrains. C'est moi la patronne ici et je le resterai jusqu'à la fin de mes jours. »

Elle avait protesté auprès des gendarmes, du maire, du sous-préfet, du procureur de la République, elle avait même fait rédiger, par une amie, une lettre au président de la République. Sans résultat.

« Vous savez, Monsieur Bonte, ces gens-là, ils répondent pas comme nous on fait un demi-tour... », soupirait-elle.

Le Petit Rapporteur était encore en vacances. Comme je collaborais simultanément à Europe 1, je lui ai donné la parole dans le journal de midi, où elle est intervenue avec son francparler habituel. Elle se disait prête à sortir son fusil pour barrer la route aux engins mécaniques. *France-Soir*, *L'Aurore* ont repris l'information. Et là, les services de l'Élysée se sont émus. Quelques jours plus tard, le facteur lui apportait une lettre signée du chef de cabinet du président, Philippe Sauzay, l'avisant que M. Giscard d'Estaing faisait étudier son dossier.

Mais cette missive élyséenne, qu'elle montrait fièrement à tout le monde, fut l'une de ses dernières joies. Elle disparut l'année suivante, à quatre-vingt-quatre ans, laissant le champ libre aux bulldozers et à leurs maîtres. Une dizaine de personnes, m'a-t-on dit, ont suivi son enterrement dans le cimetière de Villey-Saint-Étienne.

Marcelle Pitaval, à Bouze-les-Beaune : « Elles s'appellent toutes Biquette »

C'est à un charcutier de Beaune, Pierre Lenko, que je dois le grand plaisir d'avoir rencontré Marcelle Pitaval. Elle était l'une de ses clientes du samedi matin. Elle venait vendre ses fromages au marché et elle en profitait pour faire ses courses. Connaissant le genre de personnages que j'avais l'habitude de présenter à l'émission, il s'était dit que « la Marcelle » allait sûrement me plaire. « Elle vit dans une petite maison sans eau courante ni électricité, m'écrivit-il, dans un hameau de la commune de Bouze-les-Beaune, en compagnie d'une quinzaine de chèvres qu'elle adore. Elle m'en parle tout le temps ! »

Pierre Lenko avait vu juste. Dès que j'ai aperçu Marcelle Pitaval, j'ai été conquis. Avec son visage coloré, tout plissé, où perçaient deux petits yeux pétillants, avec sa voix haut-perchée qui roulait les « r » à la mode bourguignonne, son tablier à fleurs et son chapeau de paille, elle était à la fois drôle et attendrissante. Plus coquette que la Louise, elle n'a pas voulu me laisser pénétrer avec la caméra dans sa maison, qu'elle jugeait trop mal rangée pour la montrer à la télévision. Elle a préféré m'entraîner avec ses chèvres dans les friches environnantes, où elles passaient ensemble le plus clair de la journée.

– « Je ne suis pas une femme de ménage, monsieur, mais

aller travailler dans la nature, oui... Vous savez, garder mes chèvres, pour moi, ce n'est pas un travail. C'est une satisfaction. Il s'agit simplement de les surveiller, c'est-à-dire qu'il faut faire attention qu'il n'y en ait pas une qui se débine. Parce que s'il y en a une qui se sauve, je ne peux plus courir assez pour passer devant, alors je fais attention. Dès qu'il y en a une qui s'écarte, je m'avance, je la retourne et tout reste tranquille...

Ah oui, je les adore, mes chèvres. Quand j'étais plus jeune, elles avaient des noms. Mais maintenant je m'embrouille, alors elles s'appellent toutes Biquette. Il n'y a que le bouc qui s'appelle Boulouc... »

– « Et le bouc, il les aime aussi ? »

– « Il les aime au point qu'il n'en veut pas d'autres, monsieur ! Faut croire qu'il les aime mieux que les hommes aiment leurs femmes ! Jamais j'aurais cru une chose pareille... »

Les journées ne lui paraissaient jamais longues car elle ne se lassait pas d'admirer la nature.

« Lundi, j'étais avec des amis dans un coin, cela faisait cinquante ans que je n'y étais pas allé. Si vous saviez, monsieur, ce que c'est beau. Vous croyez que je ne suis pas heureuse de voir des choses pareilles ? Quand je pense qu'il y en a qui vont se fourrer sur les routes, le nez dans le derrière de l'autre, pour aller s'entasser les uns contre les autres sur les plages, alors qu'on est si bien ici. Ils sont dans des cages à lapins en ville – leurs trucs, là, qu'ils ont faits, les maisons l'une au-dessus de l'autre, c'est jamais que des cages à lapins ! – et en vacances ils s'empilent tout pareil. Ils vont faire du nudisme, là-bas... mais vous croyez que sur le Chaume on peut pas le faire, le nudisme ? Quand il fait trop chaud, je mets une petite culotte et un soutien-gorge sous ma blouse, et je me mets à l'aise. Si j'entends que ça bouge, je remets ma blouse, et puis je suis convenable.

Vous allez peut-être vous moquer de moi mais dans ma vie je suis allée trois fois à Dijon, une fois à Châlon, c'est tout.

Je ne crois pas qu'on puisse trouver plus beau que mon pays et je suis malade dans les cars, alors ça me coupe tout. »

Elle vivait sans montre, se guidant uniquement au soleil.

« Il n'y a que si j'allais prendre le train que j'aurais besoin d'heure, mais autrement je n'en ai pas besoin. Ma seule obligation, c'est mes chèvres... Quand je ne pourrai plus, je n'en aurai qu'une ou deux ou trois que j'attacherai à la chaîne, comme j'ai attaché le chien. Peut-être que deux ou trois seraient encore plus gentilles, qu'elles m'écouteraient mieux qu'en troupe ?... »

La chère Marcelle a encore vécu de longues années avec ses biquettes. En 1983, elle a consenti à les quitter une journée pour venir à Paris participer avec moi à une émission de TF1 qui s'appelait *Le Bar de l'été.* Mais c'était vraiment pour me faire plaisir. Je pensais qu'elle allait être émerveillée par le TGV, qu'elle prenait pour la première fois, et par les splendeurs de la capitale. Pas du tout ! Rien ne l'impressionnait. Quand je l'ai emmenée au deuxième étage de la Tour Eiffel, pour essayer de l'épater, elle m'a simplement dit dans l'ascenseur : « Mon dentiste, à Beaune, il est au troisième étage, lui. »

Elle eut un grand chagrin, le jour où son bouc, Boulouc, s'échappa. Elle perdit cinq kilos à le chercher partout dans les environs. En dernier ressort, elle m'écrivit une longue lettre pour me demander de lancer un appel à la radio.

« Ce grand bêta, encore plus gentil que bête », se lamentait-elle, « était trop gâté chez moi. Il a voulu aller chercher son malheur plus loin. Les gens, c'est pareil. Ils ne sont jamais bien là où ils sont. Enfin ! Je n'ai pas pleuré quand j'ai perdu mon mari que j'aimais, je ne vais pas pleurer pour un bouc. » Mais les semaines passaient, sans nouvelles de Boulouc, et elle ne se consolait pas. « Il ennuyait les chèvres, il bousculait les rétives, et même sa patronne. Oui, mais c'était lui le maître, c'était le point de ralliement. Les chèvres sont tout désemparées, maintenant. Elles se serrent les unes contre les autres, elles se déplacent sans but. »

Boulouc, hélas, ne revint pas. Des chasseurs le retrouvèrent quelque temps plus tard dans un ravin.

À la suite de ses passages à la télé ou à la radio, Marcelle eut à souffrir aussi de quelques brimades d'habitants du village jaloux de sa célébrité. On lui faisait dire, par exemple, que je cherchais à la joindre et qu'il lui fallait être à telle heure à la cabine téléphonique du bourg pour attendre mon appel. Toute heureuse – car elle m'adorait ! – elle parcourait à pied les deux kilomètres qui la séparaient du village, où les farceurs imbéciles s'amusaient de la voir patienter en vain.

Sur la fin de sa vie, percluse de rhumatismes, elle s'est résignée à vendre ses dernières biquettes. Et puis, trop seule, elle est partie, là-haut, rejoindre Monsieur Seguin – celui des *Lettres de mon moulin* – qui a dû être bien content de la voir arriver. J'imagine les conversations interminables qu'ils doivent avoir : « Ah, ma Blanquette !... Ah, mon Boulouc ! » Je les entends d'ici...

Madame Rezard, à Chavignol : « Elle était si belle, ma Fifine... »

Une autre amie des chèvres se joint sans doute à eux, quelquefois. C'est Madame Rezard. Elle demeurait à Chavignol (Cher), le pays du fameux crottin. Comme les autres femmes du village, elle avait gardé les chèvres toute sa vie mais l'âge et les courbatures venant, à contre-cœur, elle avait dû à son tour se séparer d'elles peu à peu. Quand je l'ai rencontrée, elle venait de vendre les quatre dernières. Alors, assise dans sa cuisine, devant la table recouverte d'une toile cirée, le regard absent, perdu dans ses souvenirs, elle m'a parlé d'elles :

« J'ai gardé les chèvres pendant vingt-six ans, matin et soir. Et je les aimais, mes chèvres. Parce que ça vous connaît. Quand elles rentraient dans la cour, qu'elles voyaient mon mari, eh ben, y s'arrêtaient toutes à côté de lui pour qu'il les flatte et qu'il les gratte, là, entre les deux cornes. Elles connaissaient surtout le chien, parce que, où que le chien passait, les chèvres y suivaient. Si le chien s'arrêtait, les chèvres s'arrêtaient.

– « Et le chien, alors, maintenant... »

– « Ben maintenant, il s'ennuie. Il est comme la patronne. J'les aimais autant qu'du monde. C'est vrai ça, oui, oui. J'en ai eu une, une fois, qu'a crevé empoisonnée par le poison des vignes. Eh ben j'vous jure que j'ai pleuré. Ah oui. Elle était si belle, ma Fifine... Jamais elles ont été battues, vous savez, jamais, jamais. Si y'm'faisaient enrager, c'était pas qu'elles allaient où y fallait pas, c'était qu'y voulaient pas manger. Elles étaient tellement bien soignées à l'écurie que quand elles arrivaient dans les champs, des fois, elles avaient pas faim.

J'ai dû les vendre parce que je pouvais plus les suivre. Dans not'pays, y faut tout le temps monter, alors le souffle y m'manquait. Je les ai vendues avant vendanges, pis j'ai ben pleuré, voilà... J'voudrais pas r'tourner les voir parce que ça me f'rait trop de peine... »

– « Vous savez où elles sont ? »

– « Oui, j'les ai vendues toutes les quatre ensemble, pour pas les séparer, quoi. Pis dans une bonne maison, j'les aurais pas vendues n'importe où, non... Je sais qu'y sont bien traitées, bien soignées. »

Sans cesser de triturer son mouchoir entre les doigts, elle a repris, après un silence :

– « Y'avait longtemps que j'remettais pour les vendre. Parce que tout le temps mon mari y m'disait : “Faut vendre, faut vendre.” Y voulait m'les vendre déjà quand elles ont fait les p'tits chevreaux. J'ai dit : “Non, j'les garde encore un été.” Je m'disais : “À quel moment ça m'ferait moins de peine ?" Alors aujourd'hui que j'suis renfermée ici, ben j'crois qu'j'étouffe. Quand que j'sens l'heure d'aller aux champs, eh ben ça m'fait... j'sais pas, ça m'fourmille là-d'dans, j'suis pas à mon aise... Et pis vous savez, avant d'les envoyer, j'ai été dans les vignes leur chercher un cabasson d' raisin, et j'leur ai partagé. Parce que où y sont vendues, y'a point de vignes par là. Et elles aimaient ça. Quand y pouvaient rentrer dans une vigne, pis manger un raisin, ben j'vous jure qu'elles étaient heureuses... »

– « Comment s'est passée la séparation ? »

– « Ah j'me suis cachée. J'me suis renfermée ici, et pis mon mari les a montées dans la voiture. J'ai rien vu, j'ai rien entendu. C'était à l'entrée d'la nuit... »

Mme Rezard est restée à nouveau silencieuse, puis elle a essuyé une larme : « Les chèvres, c'est pas du monde, hein, c'est pas du monde, mais ça fait rien... »

Je suis revenu à Chavignol quelques années plus tard, lorsqu'il a fallu abattre l'orme énorme qui ombrageait depuis plus de quatre cents ans la place du village. La légende voulait qu'il ait été planté sous Henri IV, par Sully. Mais il était atteint par une terrible maladie qui détruisait tous les ormes de France. Les services de la préfecture avaient donné l'ordre de l'abattre pour éviter qu'en s'effondrant il ne provoque un accident. Accablée par la nouvelle, la population du village avait décidé de se réunir une dernière fois sous l'orme et de s'y faire photographier, pour que l'image de cet arbre tutélaire demeure dans chaque famille.

J'étais venu filmer ce moment émouvant : tous les habitants, du plus jeune au plus vieux, alignés en plusieurs rangées sur des bancs, comme pour les photos de mariage, et face à eux le photographe avec son vieil appareil à plaques, réclamant un regard... Mme Rezard était là. Elle s'était remise du départ de ses chèvres – « Faut bien ! », soupirait-elle – mais elle m'a encore parlé d'elles, évoquant les jours d'été où elle s'arrêtait sous l'orme avec son troupeau, au retour des champs, pour profiter un moment de son ombre... Un autre morceau de sa vie s'en allait.

Yvonne et Nénette, les hôtelières de Vogüe.

En 1975, le Grand Hôtel Moderne, en face de la gare de Vogüe (Ardèche), avait encore de beaux restes. Son activité s'était fortement ralentie après la suppression du trafic voyageurs en 1969, mais les représentants de commerce faisaient volontiers le détour pour bénéficier d'un prix de pension dérisoire (trente-cinq francs), et surtout pour y passer une soirée d'exception en compagnie d'Yvonne et Nénette, les propriétaires de l'établissement.

Yvonne Testud, soixante-quatorze ans, qui vous accueillait en tablier blanc de cuisinière, et sa sœur Nénette, soixante-huit ans, toujours coiffée d'un bonnet de laine, avaient été élevées dans cette maison, et elles y étaient restées par dévotion envers leur père. Dans sa jeunesse, Yvonne avait rêvé de faire une carrière dans le chant, Nénette dans la poésie, mais le devoir filial et l'amour de leurs « petits voyageurs » l'avaient emporté. Alors, après le dîner, qui était servi dans la salle 1920 aux faïences à fleurs, elles invitaient les pensionnaires à les suivre dans le salon décoré de peintures champêtres, où trônait un piano, et là, elles laissaient libre cours à leur passion refoulée. Nénette s'asseyait sur la banquette cannée, devant le piano, donnait la note, et Yvonne, debout face au public, se mettait à chanter à pleine voix.

Elles interprétaient de préférence les airs d'une opérette écrite par Nénette : « Vogüe en chansons », qui célébrait les magnifiques paysages de ce village des gorges de l'Ardèche, le souvenir du chef de gare, les heures de gloire de leur hôtel... et « les jeunes vendangeurs, beaux comme des archanges, tels que Ben Hur montés sur leur tracteur ».

Après quoi elles entraînaient leurs « petits voyageurs » dans la vaste cuisine en perpétuel désordre pour les aider à faire la vaisselle.

Les moments que nous avons passés avec elles, au milieu des casseroles ou au salon, ont donné des images étonnantes qui ont fait affluer vers leur hôtel, les mois et les années suivantes, des milliers de téléspectateurs. Elles ont ainsi pu poursuivre leur activité jusqu'au terme de leur vie. Les derniers temps, quand un client téléphonait pour réserver, elles lui demandaient de passer chez le boucher et de faire les courses avant de venir parce qu'elles n'avaient plus la force de les faire elles-mêmes. Inséparables, elles se sont éclipsées à quelques mois d'intervalle, laissant un hôtel vétuste et des dettes (envers le fisc, surtout, car elles répondaient aux sommations de l'inspecteur des impôts en lui adressant des poèmes) qui dépassaient de beaucoup la valeur de l'établissement. Vendu aux enchères au profit de l'État, en 1989, c'est aujourd'hui une maison d'habitation bien délabrée.

La gare, en revanche, a été réhabilitée. Elle a été aménagée en école intercommunale et la voie ferrée a repris du service grâce au petit train touristique qui circule, aux beaux jours, entre Vogüe et Saint-Jean-le-Centenier.

Camille Raphel, à Castellane : « Les fils de fer barbelés, on ne devrait pas en vendre au-dessous de Lyon... »

Je ne me suis pas attardé sur la beauté des gorges de l'Ardèche, parce qu'elles n'ont pas besoin de publicité. Au contraire. Il faudrait pouvoir limiter le nombre de touristes, venant de toute l'Europe, qui les envahissent chaque été et qui donnent bien du souci aux maires de la région, inquiets des menaces de pollution de la rivière et du paysage. Mais si vous avez la possibilité de les parcourir hors saison, je ne saurais trop vous recommander d'en profiter.

Les gorges du Verdon, dans les Alpes-de-Haute-Provence, sont tout aussi courues mais j'ai eu la chance de les arpenter en automne, quand les « estrangers » sont rentrés chez eux, en compagnie d'un homme exceptionnel, un conteur éblouissant, dont l'image est désormais indissociable, pour moi, de ce site grandiose : Camille Raphel.

Né à Castellane, à l'entrée des gorges du Verdon, il avait choisi le métier de garde-forestier pour pouvoir passer toutes ses journées à se balader dans un décor sans égal à ses yeux. Jusqu'au terme de sa carrière, il a refusé toutes les promotions qui l'en auraient éloigné. Il prenait plaisir à bavarder avec les touristes – qu'il enchantait de son savoureux accent provençal. J'ai précieusement enregistré ses propos, qu'il faut lire en y réinjectant, si possible, un peu de cet accent :

« Le Verdon, comme l'indique son nom, c'est une rivière qui a le don d'être verte. Je vous dirais presque que c'est de l'eau à la chlorophylle, parce que dans les Alpes-de-Haute-Provence, l'herbe pousse tout le temps et l'eau en passant emporte de son vert. Ce vert, c'est tentant, ça vous envoûte. Les gens passent des journées à admirer cette eau, ce torrent.

On l'aime, en plus, parce que les étroits sont très resserrés et que ça impressionne. On n'est pas habitué à voir couramment des verticales de quatre cents mètres. La Tour Eiffel ne fait que trois cents mètres. Là, il y a des verticales beaucoup plus hautes que la Tour Eiffel et des étroits de dix, quinze mètres. Il y a même un étroit, qu'on appelle le Styx, d'un mètre cinquante. Avec les deux mains, les bras écartés, j'arrive à tenir les deux rives.

Il y a des balades qui sont très belles dans le monde. Je suis certain que si j'allais un jour en Annapurna ou si j'allais voir le Grand Canyon du Colorado en Californie, à la limite je m'y plairais. Mais ce Verdon, depuis vingt-cinq ans que j'y suis, je le fais tout le temps et je n'y vois jamais les mêmes images, jamais les mêmes couleurs. Il m'étonne toujours. Parce que les éclairages n'y sont pas les mêmes. Les végétaux qui le bordent varient selon le printemps, l'été ou l'automne. Parfois le sumac devient rouge, le cornouiller sanguin est violacé, les érables sont jaunes. On ne se lasse pas de se balader dans le Verdon. Un arbre qui pousse, un lièvre qui détale, un perdreau qui s'envole, une truite que j'aperçois au fond de l'eau... c'est toute ma vie. »

Cette relation permanente avec la nature lui avait fait acquérir une forme de philosophie. Il regardait les touristes avec sympathie, certes, mais avec une certaine incompréhension, quelquefois.

« Je vous dirai que la clientèle parisienne – sans en vouloir aux Parisiens – elle a un peu l'instinct grégaire, l'instinct du troupeau de mouton. Si je parcours les gorges du Verdon et que je me trouve par exemple au niveau de Saint-Morin – entre Moustiers et Castellane – je vois personne. Je repasse deux heures après, y'a une tente qui s'est installée. Très bien. Je dis : voilà un gars qui a su choisir son coin, il a une vue formidable, une source pas loin... Je repasse deux heures après, il y a dix tentes à côté de lui. Y peuvent pas le laisser tout seul, ce brave gars qui est dans des kilomètres de surface ? Non, y sont venus se cogner sur lui. C'est l'instinct grégaire, et voilà pourquoi on a créé des campings organisés qui ressemblent à des camps de concentration.

En Provence, il y a des murs en pierres sèches dans les parties qui sont dénivelées. Des murs en pierres sèches, ça c'est provençal, tout comme les haies de buis, de romarin ou de cyprès. Mais on voit jamais des fils de fer barbelés au bord de la route. Eh bien, je vais vous dire, y'a des patrons de camping qui ont mis des fils de fer barbelés au bord des routes touristiques ! Alors là, je suis pas d'accord. Le fil de fer barbelé, dans les parties où on a fait des guerres, des tranchées, c'est normal, mais au-dessous de Lyon, y devraient jamais en vendre de ce machin-là. »

Camille avait ses habitudes, matin et soir, au Café des Sports de Castellane, son « siège social ». C'est là que nous avons poursuivi la conversation, devant un pastis. Sachant que j'étais un homme du Nord, il a essayé de me convaincre que seuls les Provençaux connaissaient l'art de vivre heureux.

« Je ne voudrais pas faire de peine à personne, mais si je rencontrais, par exemple, un mineur du Nord, des gens que je respecte, qui vont chercher au fond de la mine une bouteille de vin pour eux, une bouteille de lait pour les gosses et la vie pour leur famille, je leur dirais : non, ce n'est pas ça la vie. La vie, c'est d'être dehors, au grand air et tout. Tant pis si peut-être vous gagnez moins en Provence ou ailleurs, mais vous vivez dehors. L'argent est un mirage, il ne faut pas y courir après. Il faut en avoir un peu parce que, comme dit l'autre, l'argent ne fait pas le bonheur de ceux qui n'en ont pas, mais ceux qui en ont trop ne sont pas plus heureux parce qu'ils cherchent toujours à en avoir plus. Il faut vivre avec le minimum et vivre bien.

Les gens du Nord, je veux dire ceux qui sont au-dessus de Montélimar, parce que pour nous, en principe, notre frontière est Montélimar, je ne reproche rien à personne mais eux, je ne sais pas si c'est parce que du côté de Besançon on fabrique des montres, ils ne marchent qu'à la montre. Ils sont minutés. Ce n'est pas cela, la vie. Si on se trouve bien quelque part, il faut s'y attarder. Il ne faut jamais minuter sa vie. Il ne faut pas courir non plus. Il y a des gens qui courent pour aller chez l'épicier parce que, après, il faut qu'ils aillent ailleurs. Tout ça, c'est de la blague parce que, même s'ils courent, au 31 décembre ils n'arriveront pas avant les Provençaux.

Je me demande parfois si ceux qui vont si vite n'ont pas le virus du travail. Peut-être il faudrait qu'ils se fassent soigner. Vous savez ce que disaient nos grands-pères ? Je vais vous traduire un proverbe provençal : "Mieux vaut souffrir un peu plus de la faim que de souffrir à trop travailler." C'est exact. Ça ne sert à rien d'accélérer les choses. La saison ne passera pas plus vite, le temps mauvais ne passera pas plus vite, ni le bon temps. Il faut le prendre comme ça. »

Louis Pélieu, à Bordères : « Il y a de si douces couchettes sur l'herbette... »

Comme le bonheur, j'ai rencontré Louis Pélieu dans un pré, au pied du col d'Aspin, sur la commune de Bordères, dans les Hautes-Pyrénées... Il était assis dans l'herbe, au milieu de ses vaches, sous un chapeau de feutre noir qui abritait du soleil son front dégarni. Les vaches paissaient à lents coups de tête, agitant en cadence leurs clochettes. M. Pélieu, quant à lui, écrivait avec application sur un carnet. Comme le sous-préfet aux champs d'Alphonse Daudet, M. Pélieu faisait des vers...

« J'ai attrapé un microbe ! » m'expliqua-t-il en riant. « Je versifie, je me plais à versifier. Pour moi, c'est un peu de relaxation, ça me change de mon travail habituel. »

Installé à côté de lui, le nagra posé sur les genoux, je l'ai écouté, tranquillement, me parler de ses émotions poétiques.

« Il y a des inspirations qui me viennent assez drôlement. J'ai eu un furoncle, l'autre jour, et ça m'a inspiré, j'ai fait un poème sur le furoncle. Il y a eu un orage, le chien était dans tous ses états, ça m'a inspiré. Même en hiver ou au printemps, quand je laboure, quand je suis sur mon tracteur, je pense. Parce que j'enfonce la charrue au bout du sillon, et jusqu'à l'autre bout je n'ai plus rien d'autre à faire que de le suivre, de marcher droit. Alors j'ai des idées qui me viennent. J'ai toujours un calepin ou un bout de papier, un stylo dans la poche et quand j'ai une idée qui me paraît intéressante, je la transcris. Après, on met tout ça au propre, le soir, quand on se repose. Je suis tout heureux quand je l'ai écrit. Je pars chez les voisins et je leur dis : "Té, regardez ce que je viens de pondre !" Ça fait rire tout le monde, ça soulage, ça fait du bien. »

Comme je lui demandais de me réciter l'un de ses poèmes, son visage est devenu grave, tout à coup. Il a eu un moment de silence puis il a repris :

« Il y a un poème... C'était une petite amie que j'avais quand j'avais dix-huit ans. Elle est morte et le hasard a voulu, tout dernièrement, que j'aille au cimetière, et ma foi, quand j'ai vu son nom, on ne peut pas dire que j'ai pleuré, mais les larmes dans mes yeux ont perlé. Je n'ai plus le droit de pleurer, moi, parce que je suis trop vieux, ce n'est plus de mon âge, alors j'ai écrit ce poème :

"Oh Didine, ma petite copine,
Sur ta tombe je suis allé
Et les larmes dans mes yeux ont perlé.
D'un revers je les ai effacées,
Car je n'ai plus le droit de pleurer ,
Mais alors j'ai beaucoup pensé
Aux moments heureux qu'ensemble nous avions passés,
Dans l'Aspin ou à Sainte-Agne,
Dans la plaine ou dans la montagne.
Sans être volages,
Comme on l'est à cet âge,
Et sans être insensés,
Nous nous étions embrassés.
Je t'aimais bien, tu le savais,
Et toi aussi tu m'aimais.
Ma dernière lettre, l'as-tu reçue ?
Je ne l'ai jamais su.
Oh Didine, ma petite copine,
Sur ta tombe je suis allé,
Et les larmes dans mes yeux ont perlé." »

Je lui ai dit que je trouvais ce poème très joli.

« Moi, je fais des vers libres », s'est-il excusé. « Ce que je cherche, c'est un peu de musique, c'est tout. Je n'ai pas de prétentions. »

"Je ne suis qu'un vieux cul-terreux
Parfaitement heureux
Quand passé trois fois vingt ans,
J'entends rire un enfant."

Quand je lui ai demandé, pour plaisanter, si l'Académie française le tentait, il est parti d'un grand éclat de rire :

« Je voudrais bien être immortel, mais pas de cette façon-là ! Vous savez, si je devais aller siéger sous la Coupole, il faudrait que je me déplace à tout bout de champ, et moi j'aime bien être à Bordères. J'aime mieux être à Bordères qu'à Paris. Hé ! C'est de la sagesse, ça ! »

Sylvaine Billot, à Chauvé : « Je vous le dis, le sonnet ? »

Dans cette génération de paysans dont la scolarité s'était arrêtée au certificat d'études, dans le meilleur des cas, et qui n'avaient pas eu d'autre choix que de reprendre le métier des parents, j'ai découvert bien d'autres talents cachés, que *Le Petit Rapporteur* m'a permis de mettre en lumière pendant quelques minutes. Mme Sylvaine Billot, par exemple, qui venait de prendre sa retraite d'agricultrice à Chauvé (Loire-Atlantique), possédait un vrai don d'écriture. Mais, à la différence de Louis Pélieu, elle hésitait à montrer ses poésies, de crainte qu'on se moque d'elle.

« Je ne sais pas si je suis poète. Moi, j'aime le rythme des mots, mais j'sais pas si je suis poète. C'est un besoin que j'ai de dire des choses, comme ça. J'ai quand même suivi des cours par correspondance pour avoir les règles de la poésie classique, mais attention, j'avais quarante-cinq ans !

Je rimaillais depuis longtemps, mais je sentais qu'il me manquait beaucoup de choses pour être sûre de moi. Pis comme ça commençait à aller un peu loin mon affaire, je m'suis dit : y faudrait quand même faire un travail à peu près propre parce que les gens vont dire : “A'f'rait mieux de raccommoder ses chaussettes que de se mettre à écrire”, hein ?

Mais ça n'a jamais empiété sur rien. J'ai toujours travaillé. Je fais ça qu'à temps perdu. Je me lève à cinq heures et j'écris de cinq à neuf parce que mon mari, lui, y's'lève à neuf heures. Jamais y m'voit avec un bout de crayon dans la journée. C'est pas qu'il accepte pas, mais il goûte pas, il goûte pas du tout ! »

– « Qu'est-ce qui vous inspire ? L'amour, la campagne ? »

– « Tout, tout : la terre, les fleurs, la maison, les gens, tout, tout ce que je vois. J'aime tout. Tenez ! Celui-là, c'est sur ma maison. Je vous le dis, le sonnet ?

"Elle porte une coiffe en tuile ancienne et grise.
Un lierre abusant de son mur attendri
L'assaille en mille points, la couvre, s'en nourrit,
Retombe, dessinant une légère frise.
Ses longs rideaux tirés en mousseline bise
Posent sur l'arrivant comme un regard pâli
De femme qui se ride et garde en chaque pli
Un humble souvenir de sa vie de payse."

La poésie, c'est ma vie. Mon autre vie. Parce que je mène deux vies : celle qui paraît et celle qui est, celle dont j'ai besoin. Pis j'm'en paye... Puisque c'est moi qui le fais, ça me coûte rien que du papier et mon temps, quatre heures par jour. Quand je m'réveille pas, ça me fâche, parce que je l'ai perdu, ce temps.

Voulez-vous que je vous dise *La Rose* ? Vous allez voir, c'est ce que je voudrais être :

"Une rose m'a dit, en sa langue florale :
Sais-tu que la vie est simple et bonne en ton jardin
Où naturellement, j'éclaire sans dédain
Les murs gris, le dallage à la pierre inégale.

Tu pouvais me cueillir dès le premier pétale
Pour la lente agonie dans quelque vase fin.
Je reste, m'imprégnant des couleurs, du parfum,
Montant de ce terroir et que mon âme exhale...

Je voudrais m'effeuiller par un soir sans orage,
Glisser paisiblement dans ton livre entrouvert
Et, tel un signet, tenir toujours la page
Qui te parle d'été quand gémira l'hiver."

Voilà ce que je voudrais laisser... Pour ceux qui me lisent et pour ceux qui penseront à moi plus tard. Pour vous. »

Albert Chasseray, à Loué : « C'est un originau... »

Georges Brassens l'a chanté : « Les braves gens n'aiment pas que l'on suive une autre route qu'eux. » Dans un village, celui qui ne se comporte pas comme tout le monde est montré du doigt et se sent vite exclu. On lui fait payer son originalité par des vexations et des remarques mesquines. Alors, peu à peu, il s'enferme dans sa solitude, et il advient qu'il sombre dans la misanthropie.

Ancien acteur de tournées théâtrales, retiré à Loué (Sarthe), Albert Chasseray avait choisi de vivre en ermite dans son « Moulin joyeux » pour échapper aux sarcasmes de ses concitoyens qui le prenaient effectivement pour un fou. Ils en voulaient pour preuve l'énorme dragon de fer qu'il avait édifié sur sa propriété, un monstre de quinze mètres de haut qui dominait le village et qui intriguait tous les passants. En réalité, Albert Chasseray était un homme sensible et intelligent, qui aimait à sa façon l'humanité mais qui souffrait d'être souvent incompris. Il m'a expliqué pourquoi il avait construit ce curieux dragon.

« Ma prétention, c'est pas de faire quelque chose d'artistique, c'est de faire quelque chose qui amène du monde. Mon dragon a quinze mètres de hauteur, je l'ai fait tout seul, il est tout en ciment, sur une carcasse de fer. La tête du dragon a quatre mètres de long et pèse mille cinq cents kilos, et il y a quatre mètres de fondation. Il restera comme une curiosité dans ce bled où il n'y avait à voir que ma sale gueule. Parce que j'estime que dans la vie, il faut faire quelque chose qui reste derrière soi. Ce quelque chose peut être contestable, plus ou moins utile, mais enfin, à côté du nombre de gens qui ne font rien... Boire, manger, dormir, c'est pas remplir sa vie. »

– « Qu'est-ce qu'en pensent les gens du pays ? »

– « Ils m'ont traité de cinglé. Comme ils disent dans le patelin : “ C'est un originau, y n'fait ren comme tout le monde." Ça ne me dérange pas. Je rigole de leur bêtise. Leurs vacheries ne sont pas assez grandes pour me toucher. Et puis dans la vie, si vous n'avez pas un grain de folie, un grain d'illusion, alors vous ne faites rien. Zéro !

Maintenant, si Dieu le permet, je vais faire quelque chose pour les occupants de la butte du Monte à regret... ceux du cimetière. Je préfère rendre service aux morts, car eux au moins ne sont pas des ingrats. Ils ne le peuvent plus... Je vais faire une grille en fer forgé monumentale : dix mètres de hauteur, six mètres de large.

C'est un peu égoïste. Je pense à moi... Parce que j'irai aussi là-bas, comprenez-vous. Et je me ferai un monument qui aura la forme d'un cercueil. J'y mettrai un bras de bronze qui sortira de la boîte et qui écrira sur une plaque de cuivre le quatrain suivant :

"Je venais de la nuit et j'y retourne ici.
Mais j'ai quitté l'enfer, les tourments de la vie,
Les anneaux des serpents et la griffe des loups,

Nos sottes prétentions et maintes utopies.
La vérité est là, tout au fond de ce trou.
Néant, ta main glacée est charitable ainsi.
Souffrir, pleurer, mentir, c'était donc ça la vie ?
Non, merci !"

Je suis plus misanthrope qu'Alceste, mais je ne le dis pas. Je préfère en rire. J'ai beaucoup travaillé Molière quand je faisais le guignol. Eh bien Molière n'a rien pris au sérieux. Il s'est moqué de l'humanité, de tous nos petits défauts. Il en rigolait. Et moi je fais pareil. C'est notre prétention qui est dramatique. On se prend pour des sommets et nous ne sommes que des trous du cul ! Ha, ha ! On est comiques. Nous sommes franchement comiques ! »

René Bugnot, le tricoteur d'Arras-sur-Rhône : « Jamais triste, mon vieux ! »

Les originaux, moi, c'étaient mes préférés. Attention, pas les barjots, ni les illuminés, ceux-là me faisaient plutôt de la peine. Non, mais ceux qui avaient le courage d'être différents, qui apportaient une touche de fantaisie dans le morne cours des jours et qui trouvaient leur bonheur dans l'épanouissement de leur passion, si insolite soit-elle.

Je pense, en ce moment, à René Bugnot, qui vivait à Arras-sur-Rhône, dans l'Ardèche. Quel bavard ! Un torrent de paroles ! À la maison, il parlait à son chien, Bibi. Quand il était dans la forêt, en train de cueillir des champignons, il s'adressait aux rouges-gorges. Et quand un interlocuteur se présentait – comme moi – alors il ne s'arrêtait plus. Il faut dire qu'il en avait, des choses à raconter, M. Bugnot ! Sa vie était un véritable roman.

« Je suis d'abord parti à neuf ans garder les vaches. À douze ans, je suis rentré en usine, à la verrerie de La Vieille Loye, dans le Jura. J'y suis resté jusqu'à vingt ans. À vingt ans j'suis parti soldat. Quand j'suis revenu, l'usine était fermée. J'suis parti sur le trimard.

– « Qu'est-ce que ça veut dire ? »

– « Ben j'ai pris la route pour chercher du travail. Direction la Côte-d'Or. Après la Côte-d'Or, la Saône-et-Loire. Deux ans, trois ans chez l'un, trois ans chez l'autre. Je travaillais la terre, je conduisais les voitures à foin, la charrue, je semais le blé, n'importe quoi. Je trayais les vaches aussi. En Haute-Loire, chez Paul Courbon, à La Faille, on avait cent vaches. J'en tirais vingt-trois en deux heures, à la main, aussi vite que la machine. Parce que moi, je sais empoigner deux trayons de chaque main ! Je prends un trayon entre le pouce et l'index, à la suisse, et un autre entre l'avant-dernier et le dernier doigt. »

– « Qu'est-ce que vous faites, maintenant que vous êtes à la retraite ? »

– « Eh bien je cours les champignons, d'abord. Je les connais à peu près tous. Les gens peuvent bien dire que c't'année y'a pas de champignons, moi j'en ai jamais tant trouvés. J'ai changé des morilles contre du lard, j'en ai changé contre des poules. Dimanche dernier, j'ai vendu onze cagettes de trompettes-des-morts à des gens de Lyon, de Saint-Étienne, de Romans. Y'en a une qui m'a dit : "Oh, je les achèterai pas, j'ai trop peur de m'empoisonner." J'lui ai dit : "Madame, les champignons qui empoisonnent, c'est pas tout à fait le même prix. Y'a un monsieur qui m'en a demandés pour empoisonner sa belle-mère, eh bien au lieu de lui vendre cent sous le kilo, j'y ai vendu dix francs." Elle m'a dit : "C'est au moins pas mon gendre ? On s'dispute comme des paquets !" J'y ai dit : "Ben si vot'gendre vous fait manger des champignons, les mangez pas !" »

– « Vous avez toujours le mot pour rire, Monsieur Bugnot... »

– « Jamais triste, mon vieux ! Avec moi, y'a pas de neurasthénie possible parce que ma vie est dans la forêt. Quand je casse la croûte, y'a un rouge-gorge qui vient casser la croûte avec moi. Parce que le rouge-gorge, il est partout, il suit le bûcheron, il suit n'importe qui dans la forêt. »

René Bugnot avait une autre passion, peu commune pour un homme : le tricot. Il tricotait tous les soirs, pour passer le temps. Il emmenait même son ouvrage au bistrot, sans le moindre complexe.

« J'ai appris à tricoter en gardant les vaches. J'avais neuf ans. Les filles, qui avaient quatorze, quinze ans, m'ont dit : " Si tu tricotes pas, on te la passe au cirage." Y'avait la Marie Michaudard, la Marie Billat, la Maria Chaurin, je me souviens encore des noms... J'ai été obligé d'apprendre avec les clous d'une petite machine à musique, je me suis tout crevé les index, mais après, je savais tricoter.

Maintenant, je sais tout faire : des pull-overs, des gilets, des bonnets, tout ce qu'on veut. Je connais les différents points :

la maille de riz, la maille à l'endroit, la maille à l'envers. J'en ai onze, de pull-overs ! Et j'en ai vendu ! Regardez mes chaussettes : vous pouvez les laver toutes les semaines, ou tous les quinze jours si vous voulez, mais au bout de six mois elles ne seront pas percées. »

Tout en tricotant, il écoutait la radio.

« J'ai la télé, deux chaînes, mais je la mets pas. Je préfère mon six-lampes Ribet-Desjardin. À une heure du matin, c'est fini pour la France. Alors, de une heure à trois heures, je peux écouter Moscou, à trois heures et demi, quatre heures, vous avez le culte protestant et à cinq heures et demi, six heures, ça recommence en France. Je n'arrive pas à m'arrêter pour aller me coucher. »

Pas facile non plus de l'arrêter de parler. Il évoque son épouse, avec qui il a vécu trente-trois ans. « Malheureusement, trop grasse, elle est morte d'un infractus... », conclut-il tristement. Mais sa bonne humeur naturelle reprend vite le dessus. Je repartirai tout à l'heure avec une magnifique paire de chaussettes en laine chinée.

Le père Liochon

Je ne peux pas l'oublier, Monsieur Liochon, parce que, de toutes les interviews que j'ai réalisées pour la télévision, c'est celle qu'on rediffuse le plus souvent. On l'a revue plusieurs fois dans *Les Enfants de la Télé* et elle réapparaît systématiquement à chaque évocation du *Petit Rapporteur.*

Monsieur Liochon, Jean de son prénom, est cet épicier de Macon qui s'était découvert sur le tard une véritable passion pour les voyages. Il ne se lassait pas de raconter par le menu ses périples à travers le monde, en particulier sa croisière sur le paquebot France. Mais la conversation, avec lui, prenait parfois un tour imprévu car il était profondément sourd. Il avait beau manipuler nerveusement son sonotone, lorsqu'il voyait qu'on lui adressait la parole, il ne saisissait pas toujours le sens des questions. Ce qui donnait lieu à des quiproquos extravagants et hilarants. Mais peu lui importait. Emporté par son élan, il reprenait son récit avec la même volubilité.

Dès la première question que je lui ai posée, installé sur une chaise, face à lui, dans sa vieille épicerie de la place Saint-Clément, les malentendus ont commencé :

– « Comment marche l'épicerie, Monsieur Liochon ?

– « Comment marche ?... Y'a un mot que je ne comprends pas... »

– « L'épicerie. »

– « Jésus-Christ ?... »

– « Non, l'épicerie ! » criai-je.

– « Oh, ça va, couci couça. J'y suis depuis l'âge de seize ans, je vais pas la quitter maintenant. »

Puis j'abordais le sujet qui lui était cher, celui des voyages :

« Ah ben, question voyages, oui, ça me plaît. Parce que, monsieur, quand on va en voyage, on voit beaucoup de choses. Une personne qui reste dans son pays, elle écoute ce qu'on lui raconte, elle ne se rend pas compte, tandis que moi, j'y vais voir, Monsieur. Eh bien je dis que la France est le plus beau pays du monde. Vous entrez, vous sortez en dix minutes, alors qu'en Israël, dernièrement, le car a mis deux heures et demi pour passer la frontière, Monsieur. Y'a fallu qu'on sorte tous les vêtements des valises. Ils voulaient même regarder dans mon parapluie. Mais ils ont été roulés parce qu'il était cassé à ras les baleines. Y a juste une combine pour l'ouvrir. Ça fait qu'ils ont pas pu l'ouvrir ! »

Son plus beau souvenir restait la croisière autour du monde sur le paquebot France, qui lui avait coûté « un million sept cent mille francs » (anciens). Il avait failli renoncer devant la dépense. « Mais la cuisine », regrettait-il, « je la trouvais pas bonne. Le caviar, je pouvais pas le voir. Et pis le saumon fumé, j'aime pas... »

Il m'a montré quelques photos des dîners à bord, où étaient attablés des messieurs en smoking et leurs compagnes en robe longue. J'imaginais leur réaction en le voyant apparaître dans le salon avec son pantalon de velours, ses bottines et son béret... Mais ça ne le gênait pas. « Oh ben j'étais comme je suis avec vous, hein ! C'est des gens comme moi ! »

L'interview s'est terminée en apothéose

– « Est-ce que vous avez retenu une place sur le Concorde pour son premier voyage ? », lui demandai-je.

– « Sur le Tour de France ? »

– « Non ! Le Concorde ! »

– « Le tour du monde ? »

– « Non », hurlè-je en m'étranglant de rire, « le Concorde ! »

– « Attendez... c'est malheureux, ça... mais j'aime mieux vous voir rire que pleurer. C'est plus agréable, comme on dit. Ah, vous n'allez pas oublier la maison, vous ! Il y a longtemps que vous voyagez, mais... »

Je n'en pouvais plus. Plié en deux, j'arrivais quand même à articuler à nouveau :

– « Le Concorde ! »

– « Y'a un mot que j'comprends pas. Écrivez-le donc, voulez-vous, vous serez bien gentil. Ah c'est terrible, ça. Ça m'enlève de mon cachet, hein ! Mais ça amuse les gens, c'est le principal », poursuivit-il en souriant, sans se formaliser le moins du monde de mon fou rire.

Non, il n'avait pas retenu de place sur le Concorde, finit-il par me répondre.

– « Et la Lune, ça vous tente ? »

– « Le Concorde ? Oh non, c'est trop cher. »

– « Non, la Lune ! »

– « Sur la Lune ? Holà ! Y'a pas encore de voyages organisés, là-bas. Et pis c'est des machins que ça servira à rien, on n'ira jamais travailler sur la Lune, l'atmosphère ne s'y prête pas. Oh non, j'irai pas. »

L'interview a tellement fait rire (de bon cœur) les téléspectateurs que du jour au lendemain, le père Liochon est devenu une vedette nationale. Un éditeur de Macon, Marc Combier, a diffusé une carte postale le montrant tel qu'il était apparu à l'écran, avec son béret, son costume trois pièces, son sonotone et ses guêtres. Il a été l'un des invités du premier vol commercial du Concorde, Paris-New York, grâce à Jacques Martin qui lui a cédé sa place à bord. Et le père Liochon a continué plusieurs années encore à parcourir le monde, avec tous les honneurs et les avantages dus à sa célébrité.

Il accomplit son dernier voyage en 1982. Dans son testament, il léguait tous ses biens – dont l'épicerie à la vétuste façade en bois peint – au bureau de bienfaisance de la ville de Macon. L'ensemble représentait une jolie somme : plus d'un million de francs. Quelques années plus tard, la municipalité fut contrainte de faire démolir l'épicerie pour les besoins d'une opération d'urbanisme, mais elle n'a pas voulu que le souvenir du père Liochon disparaisse pour autant. Si vous allez à Macon, sur l'un des murs de la place Saint-Clément rénovée, vous verrez une immense fresque représentant Monsieur Liochon entouré du paquebot France, du Concorde et des autres moyens de transport qui lui ont permis d'assouvir sa passion des voyages. Elle est l'œuvre d'un peintre local. J'ai été heureux de pouvoir assister à son inauguration, le 25 septembre 1994, aux côtés du maire de Macon, Michel-Antoine Rognard, parmi les habitants du quartier venus se regrouper autour de l'image de leur ancien voisin.

Libre service à l'ancienne

Je n'avais pas de recette pour obtenir un portrait réussi. Je m'efforçais de mettre toutes les chances de mon côté en choisissant avec le plus grand soin mon personnage, car c'est avant tout de lui que dépendait le résultat, mais j'ai eu mon lot d'échecs. Je peux vous raconter, par exemple, pourquoi les téléspectateurs n'ont jamais vu le café-épicerie de Civray (Cher)...

Il avait une particularité originale, pourtant, ce café-épicerie. Les deux commerces étaient situés de part et d'autre d'un couloir central, ce qui entraînait normalement l'obligation, pour le propriétaire, de passer sans arrêt d'une pièce à l'autre pour servir ses clients. Mais Robert Gréguy avait depuis longtemps renoncé à ce fatigant manège. Il se tenait en permanence dans l'épicerie, tandis que les clients du café – de l'autre côté du couloir – se servaient eux-mêmes et déposaient sur le comptoir, en partant, le prix de leur consommation. Le soir, il ramassait les billets et les pièces de monnaie avec une balayette, et les faisait tomber dans une boîte qu'il apportait à la postière en disant : « Vous compterez vous-même et vous le mettrez sur mon compte ! »

Ces relations de confiance n'avaient rien d'extraordinaire autrefois, dans les villages. On laissait naturellement la clé de contact sur la voiture, dans la journée, sans avoir le sentiment d'être imprudent. Le portail des fermes était toujours ouvert. On ne clôturait un espace que par nécessité, pour y parquer des animaux... Mais en 1976, les mœurs avaient déjà évolué, avec l'arrivée de populations nouvelles. Le café-épicerie de Civray faisait déjà figure de vestige d'un autre temps. C'est bien pour quoi il m'avait intéressé. Hélas, quand je suis arrivé avec l'équipe de tournage, Robert Gréguy, le propriétaire, nous a déclaré qu'il refusait, finalement, d'être filmé. Il avait réfléchi. Il craignait que la télévision lui amène quelques « voyous de la ville » qui abuseraient de la situation. J'ai dû admettre que la caméra pouvait être, en l'occurrence, l'instrument du diable, et je suis rentré à Paris bredouille... mais la conscience en paix.

Inutile de préciser que le café-épicerie est fermé depuis pas mal d'années.

Mes lunettes roses

Un portrait était réussi, à mes yeux, lorsque, sur les cinq minutes (en moyenne) que durait la séquence, j'étais parvenu à provoquer, tour à tour, un ou deux moments d'émotion et quelques rires ou sourires. C'est ce mélange des genres qui donnait au reportage sa touche d'humanité. Mais les rires ou les sourires ne devaient pas être moqueurs. Jamais je n'ai ridiculisé l'un de mes personnages. Je m'attachais au contraire à les montrer sous leur meilleur jour, pour susciter à leur égard un élan de sympathie ou de tendresse. À tel point qu'on me reprochait parfois de porter des lunettes roses... c'est-à-dire de brosser un tableau trop idyllique de la campagne et des gens de la campagne. Dans les écoles de journalisme, paraît-il, on appelle ça « bontifier ». Mais j'assume complètement ce parti-pris.

Je suis lucide. Je sais que la bêtise et la méchanceté existent, et je les détecte très vite chez un individu. Bon, et alors ? Quel est l'intérêt de souligner ce qui constitue, hélas, notre part d'identité la plus commune ? Je préfère montrer et magnifier ses qualités, déceler en lui la part de Dieu plutôt que la part du Diable, pour reprendre le vocabulaire de mon enfance... Grâce à quoi les gens me disaient : « Vos reportages me font du bien. Ils me réconcilient avec le genre humain. » J'étais content.

Plus ou moins consciemment, pour qu'un personnage m'intéresse, il fallait aussi qu'au-delà de son caractère insolite, il incarne une forme de bonheur. Il m'émerveillait d'autant plus qu'il atteignait ce bonheur avec peu de moyens, en méprisant les commandements de la société de consommation. Il me semblait qu'il émettait un message d'espoir pour « les gens de peu », comme les appelle Pierre Sansot, ceux que la vie n'a pas favorisés.

Tout cela peut paraître très naïf. Mais il y a des illusions que j'ai envie de garder parce qu'elles m'aident à être heureux, moi aussi.

Marcel Barbier, Henri Campin, Michel Pouzol font partie, justement, de ces êtres rares dont la rencontre ne pouvait qu'apporter aux téléspectateurs un formidable réconfort.

Marcel Barbier, le meunier de Moutiers-en-Beauce : « Y'a pus d'bons vents ! »

Comme les lampes à huile et la marine à voile, les moulins à vent appartiennent à une époque révolue. On peut encore en voir tourner quelques-uns, de-ci de-là, mais ils ne doivent leur survie qu'à quelques passionnés et leurs ailes ne brassent le ciel que pour le plaisir des touristes, certains week-ends.

En 1977, quand je suis allé le rencontrer dans son moulin de Moutiers-en-Beauce (Eure-et- Loir), Marcel Barbier faisait déjà figure de vestige. Il était l'un des derniers en France à s'obstiner à moudre du blé chaque jour avec la seule force du vent, comme il l'avait fait toute sa vie. On était meunier de père en fils, dans la famille, depuis 1740. Lui-même avait commencé à travailler au moulin à l'âge de treize ans, en sortant de l'école, et ne l'avait jamais quitté. Appuyé contre une poutre de la charpente, dans l'odeur de la farine et le bruit régulier des ailes, il m'a expliqué, les yeux brillants, pourquoi il ne pouvait se résigner à abandonner son métier de meunier :

« On ne peut pas se passer d'un moulin, c'est pas possible ! Ça vous tient, quoi ! C'est un être vivant, on vit avec, quoi ! Des fois, quand j'avais beaucoup de travail, je tournais la nuit. Je disais : "oh faudrait bien que je m'en aille, j'en ai fait assez pour aujourd'hui". Et quand le moulin était arrêté : "ah, ça fait ben triste !" J'pouvais pas m'en aller. Ça m'tenait !...

Je suis ancien combattant. De l'aut'guerre. Y'a des banquets d'anciens combattants, des banquets de vieux. J'y vais jamais. Parce que j'peux pas quitter le moulin, c'est pas possible. Même s'il fait pas de vent, j'viens passer mon après-midi ici. »

Tout en me parlant, M. Barbier restait aux aguets. Le souci du moulin, visiblement, ne le lâchait pas.

« Le moindre bruit anormal, je l'entends. La moindre alerte, je sais c'qui y'a. Quand ça va bon train, on entend le tic-tac tic-tac, ça bat la mesure. Ça invite à chanter ! »

Brusquement, il s'est redressé pour aller tourner, d'un coup de manivelle, une grosse poulie grinçante.

« J'ouvre un petit peu les ailes pour qu'elles aillent plus vite, m'expliqua-t-il. C'est comme sur un bateau. Faut mettre de la toile ou en retirer. Faut guetter le temps, quoi ! Le marin, il voit le temps d'avance. Le meunier aussi. Celui qu'y connaît rien, y r'garde par la fenêtre, là, y voit rien. Mais moi j'vois quéqu'chose. Ou plutôt je sens. Un p'tit coup de vent, je l'sens avant qu'il arrive. Mais y'a pus guère de bons vents », se désolait-il. « Y'a pas des vents comme avant. Ah non ! Voyez ben, y'a pus de saisons. On n'a pas eu d'hiver et nous v'là déjà en juin. Eh ben le vent c'est pareil. Avant, y'avait des vents dominants sud-ouest. Ils restaient quinze jours, trois semaines... Un bon vent ! Il changeait de direction un p'tit peu, à droite, à gauche, mais presque rien. On était tranquille. On mettait le moulin au vent, on mettait d'la planche et on n'y touchait pas. Ça marchait tic-tac tic-tac, comme une horloge. Ça existe pus. Le vent dominant existe pus. Pourquoué ? Y'a quéqu'chose de changé ! »

M. Barbier, en tout cas, ne voulait pas changer de vie ni d'habitudes :

« On pourrait me donner d'l'argent, un château, tout c'qui y'a d'beau, je me séparerai pas de mon moulin. Ça m'a jamais rien rapporté, pour ben dire. J'ai arrivé ici, j'avais point d'argent. J'suis pas plus riche qu'en arrivant... Mais j'ai toujours fait un métier qui m'plaît. J'ai toujours été heureux. »

Il avait même dédié un poème à son moulin, et l'avait gravé sur une poutre de la charpente :

« Joli moulin de mon pays
Qui égaye la plaine beauceronne,
Ta meule chante sa chanson claire
Et ton gai tic-tac résonne...
Joli moulin de mon pays
Quand mes os seront sous la terre,
Mes fils te conserveront, j'espère,
Pour la beauté de mon pays. »

Classé monument historique, le moulin survit aujourd'hui grâce à un bénévole, M. Guy Marteau. Tous les week-ends d'été, il vient le faire tourner, comme le lui avait appris M. Barbier, et il l'ouvre aux touristes de passage. Mais des réparations s'imposent. Le pivot est fatigué. La commune, qui n'a que deux cent vingt habitants, ne peut pas prendre en charge les cent cinquante mille euros de travaux nécessaires. Le département d'Eure-et-Loir, en revanche, dont la prospérité repose depuis longtemps sur la culture du blé, se couvrirait de honte s'il laissait à l'abandon un aussi rare et aussi beau témoignage de son passé.

Henri Campin, le dernier bouseux : « Chacun aime ce qu'il a... »

« Je m'appelle Henri Campin, demeurant à Marans, au Pont des Alouettes. Je suis le dernier bouseux de Marans et de tous les environs. Je dis bonjour à tous ceux qui me connaissent et à tous mes camarades, frères et sœurs. »

Tout sourire, fièrement campé au milieu de ses bouses séchées, alignées en petits tas devant la maison, l'homme qui se présente ainsi à la caméra ne souffre pas, de toute évidence, du complexe du bouseux. C'était la coutume, autrefois, dans ce coin du marais poitevin où le bois était rare, de délayer la bouse de vache dans de l'eau, mêlée à un peu de paille, pour en faire des galettes qui, une fois séchées au soleil, servaient de combustible en hiver. Tous les agriculteurs se faisaient ainsi une petite réserve de bouses, ou « bousats », pour alimenter la cheminée. Henri Campin était le dernier. Il avait pris sa retraite depuis peu, mais il avait eu le temps d'en accumuler plus de cinq mille.

– « Parce que ma femme, elle connaît pas le feu de bois. Elle a toujours été habituée à faire la cuisine sur la bouse. C'est bien meilleur. Si vous voulez manger un bon beefsteak, y'a pas mieux », m'affirme-t-il.

– « Ça ne lui donne pas un goût un peu bizarre ? »

– « Y'a aucun goût pour les aliments, ni aucun dégoût. Pas plus un dégoût que ça n'a d'odeur. Vous voyez ben... ».

Nous sommes entrés dans la cuisine, où les bouses se consument lentement dans la cheminée, et je ne remarque en effet aucune odeur particulière. M. et Mme Campin sont assis près du feu. Chacun tient son chien sur les genoux. Mme Campin reste silencieuse, les yeux baissés vers le sol, tandis que M. Campin se laisse aller aux confidences :

– « Je suis à la retraite depuis trois ans. J'ai dû vendre mes neuf vaches et ma jument. Ça a été vraiment pénible pour moi parce que nous aimons beaucoup le bétail. Pis malgré tout j'y pense toujours. L'année dernière encore, j'allais chercher mon lait chez un voisin qu'avait une de mes vaches, Nabotte que je l'appelais. Ben elle me reconnaissait à ma voix. Elle me reconnaissait tout de suite, je vous promets ! »

– « Et votre jument, qu'est-ce qu'elle est devenue ? »

– « Elle est pas loin. Elle est à combien... quatre kilomètres ! Elle est bien mignonne aussi. Ah j'aimais beaucoup ma jument. Je l'aime encore, ma Gazelle. Elle a une petite pouliche qui a maintenant dix-huit mois. Quand je vais la voir, naturellement, la pouliche elle me connaît pas, mais la mère, elle fait tout de suite : Aaah, aah... et elle vient vers moi. Les bêtes, c'est plus intelligent que certains chrétiens, vous savez... Oh oui, sûr, je vous promets. »

– « Vous voulez que je vous emmène chez son nouveau propriétaire ? » lui ai-je demandé.

Je ne pouvais lui faire plus de plaisir. Quand il s'est retrouvé en présence de sa Gazelle, il l'a prise par le cou, en lui prodiguant des mots doux, d'une voix tremblante : « Viens ma Gazelle, viens ma fille, viens ma grande, tu es belle... » Puis il s'est souvenu : « Quand je l'ai achetée, à La Mothe, elle avait qu'la peau et les os, blessée d'partout. Elle a même encore des marques, vous voyez, là. Alors j'me demandais si j'allais la prendre ou non. Et puis j'ai dit : “Chez moi, ça m'étonnerait qu'elle reste longtemps comme ça. Ça m'étonnerait ! – Là, ma belle, là !” – Alors je l'ai soignée tant bien que j'ai pu. Mais quand elle a été remise en état, ben j'vous garantis qu'j'avais une bonne bête. Ah oui, une bonne bête, hein, ma fille ? et pis mignonne. »

Revenu auprès de la cheminée, dans la douce chaleur du feu de bouses, M. Campin semblait heureux :

« J'aime bien r'garder mon feu. Un chauffage central, vous sentez une bonne chaleur, d'accord, mais vous voyez pas le feu. C'est pas agréable du tout.. Nous, le soir, on est tous les deux à la maison, ben on s'met là, d'vant l'feu. Pis ma foi, c'est gai. On écoute la radio, on a nos pauvres chiens prés de nous. Et pis ma foi, ça va. On est content. Chacun aime ce qu'il a. »

Michel Pouzol, de Chantemerle-les-Grignan : « On est toujours pauvre de savoir »

Ce jour-là, j'étais à la recherche d'un trufficulteur, pour un reportage que je préparais sur le sujet. Un couple d'amis, Nicole et Pierre, qui tiennent un restaurant (La Table de Nicole) dans le joli village de Valaurie, dans la Drôme provençale, m'ont dit : « On a ce qu'il te faut ! Tout à côté de chez nous, à Chantemerle-les-Grignan, il y a un jeune paysan, Michel Pouzol, qui nous apporte des truffes de temps en temps. C'est un personnage étonnant. Il vit seul, dans une ferme sans confort, tout au bout d'un chemin en cul-de-sac, et il passe ses soirées à apprendre par cœur les définitions du dictionnaire. »

Cette passion pour les mots m'intéressait beaucoup plus, tout à coup, que ses connaissances sur la truffe. Je suis monté à Chantemerle, en suivant leurs indications, et là, d'entrée, Michel Pouzol s'est montré tel qu'ils me l'avaient décrit.

– « Bienvenue dans ma Thébaïde ! », me lança-t-il avec son pur accent provençal.

– « Pourquoi la Thébaïde ? »

– « Parce que c'est une retraite solitaire, un lieu isolé,

calme et sauvage, où l'on mène une vie paisible comme dans la contrée de Thèbes aux premiers temps du christianisme. Vous êtes satisfait de la définition ? C'est celle du Robert. Je le préfère au Larousse. Le plus fort, c'est le Littré, mais j'ai pas les moyens de l'acheter. J'ai déjà le Robert en neuf volumes, l'encyclopédie Hachette, ça me suffit pour tenir les intellectuels en échec ! »

Il prétendait connaître quinze mille mots, approximativement. La plupart d'entre eux, il les avait appris en écoutant la radio, sur un vieux transistor bricolé qu'il alimentait avec une batterie de 2 CV pour économiser les piles.

« Je suis un autodidacte par audition », m'expliqua-t-il. « Quand les speakers font leur résumé, je suis tout ouïe, c'est là que je capte la majeure partie de mon langage. Quand il y a un mot que je ne connais pas, je le note sur un petit carnet et après, j'essaie de le retrouver dans le dictionnaire. Je vous dirais que c'est pas facile parce que, comme je n'ai pas l'orthographe d'usage, y'a des mots, je les ai cherchés pendant dix ans ! Par exemple le mot "hétéroclite", qui s'écrit avec un "h". Moi, je l'ai toujours cherché dans d'autres orthographes. Et un jour, en cherchant "hétérodyne" – c'est un terme qui a un rapport avec la radio, un autre de mes dadas – je suis tombé, dans la colonne, sur "hétéroclite"... C'est comme le mot "zinzinuler". Je l'ai cherché un moment, parce que c'est pas sur tous les dictionnaires que ça y est. »

– « Qu'est-ce que ça veut dire ? »

– « Zinzinuler : se dit du chant de certains oiseaux comme la mésange et la fauvette. C'est un mot qui me plaît. Mais il y en a que je n'aime pas. "Apanage" par exemple... Les infirmités sont l'apanage de la vieillesse... Ce mot ne me botte pas. Je ne l'emploie jamais. »

Cette conversation de salon littéraire se déroulait dans une pièce sombre au sol en terre battue, aux murs noircis par la fumée de la cheminée dans laquelle Michel faisait cuire ses repas. Dehors il faisait un soleil froid. Se sentant en confiance, Michel me raconta pourquoi il s'était lancé à corps perdu, vingt ans plus tôt, dans la fréquentation des dictionnaires.

– « C'est à la suite d'une épreuve sentimentale que j'ai subie à Nice. J'ai été cruellement déçu par une jeune femme avec qui j'étais entré en relations par les petites annonces. Alors j'ai dit : il faut lutter à armes égales. Il faut que je m'instruise pour me défendre, pour plus me faire avoir. Enfin, éviter de me faire avoir. Parce que dans la vie, on est toujours pauvre de savoir. »

C'était aussi pour lui une façon de prendre sa revanche sur les souffrances et les humiliations qu'il avait endurées dans son enfance.

– « Parce que je suis né à la fin de la dernière guerre mondiale. J'ai été élevé à quatre pattes sous une chèvre, avec du lait bourru. Quand je pense que maintenant les jeunes mamans, elles font stériliser les biberons de peur qu'il y ait un microbe qui se promène... Moi, à trois heures du matin, quand j'étais tenaillé par la faim, que je braillais, on m'apportait dans l'étable, on tirait un verre de lait bourru, et puis je le buvais, et puis je dormais. Et je suis encore là ! Mais ce qui m'a fait le plus souffrir, ce sont les méchancetés des autres gamins, à l'école. Comme je suis un enfant naturel, ils me traitaient de bâtard, né de fausse couche, et moi je partais en pleurant dans un coin. »

– « Tous ces mots que vous avez appris, qu'est-ce qu'ils ont changé dans votre vie ? »

– « Disons que je me sens mieux à l'aise quand j'attaque une conversation, parce qu'autrefois j'avais des difficultés de la parole en public. Ils m'ont aidé à effacer mes complexes et mes tabous, que j'ai eu du mal à faire passer dans les oubliettes du monde moderne... Mais quand je vais garder mon troupeau de mammifères ovidés, là, ça me sert pas à grand chose. Tout à l'heure, je binais la lavande, même que je serais analphabète je la travaillerais aussi bien. Et quand je vais faire mon potager, que j'y parle comme il faut ou mal, aux plantes, ou que j'y dise rien, elles poussent pareilles, hein... Allez, il faut que j'aille m'occuper des agneaux », conclut-il en remettant une bûche dans la cheminée et son bonnet de laine sur la tête.

« Par ici, les petits nourrissons... »

Une leçon de vie

En dépit de sa tendance naturelle à se moquer de toutes choses et de tout le monde, Jacques Martin était sincèrement ému, je crois, par ces personnages que j'allais dénicher au fond des campagnes et que je lui amenais, en guise de dessert, à la fin de l'émission. Il avait une façon de les présenter qui soulignait leur caractère original et qui leur donnait une dimension universelle. Nous partagions le même respect et la même admiration pour ces gens modestes qui nous délivraient, sans le savoir, une leçon de vie.

En 1976, quand j'ai décidé de réunir dans un livre un certain nombre de mes portraits, il m'a spontanément proposé d'en écrire la préface et il m'a fait cadeau de ce très beau texte, où il s'amuse à emprunter le style des auteurs du XVIIIe siècle :

« Il n'est point besoin d'explication aux portraits dont vous avez fait choix pour composer votre ouvrage, et ces personnages par vos soins rassemblés parlent d'eux-mêmes en votre faveur et bien mieux que je ne le saurais faire. Laissez-moi plutôt vous mettre en garde contre les risques que vous avez pris en prenant le parti du bonheur. C'est là un état présentement mal en cour dans le royaume des lettres où vous n'ignorez pas que la mode est tout entière à l'amertume et au désenchantement. Ces pages, où vous ne faites état que de simples et braves gens, manquent singulièrement de ce piment dont il est de bon ton de parfumer un ouvrage et l'on n'y voit point de mères couchant avec les fils, de filles avec les pères, de frères avec les sœurs.

Ah ! je redoute pour vous les rires en trille des petits marquis de la critique. Il n'importe, je connais votre sincérité et l'élan de votre cœur qui vous ont déterminé à nous présenter ces héros de village, souvent montrés du doigt par leurs proches voisins comme étant des êtres singuliers parce qu'ils n'hésitent pas à avouer qu'ils ont découvert le bonheur.

Vous avez pris le parti de passer outre la sotte phrase d'André Gide qui dit qu'on ne fait pas de bonne littérature avec de bons sentiments. Je n'attendais pas autre chose de vous dont les personnages semblent sortir tout droit d'un roman de Marcel Aymé. »

Merci, Jacques !

Chapitre 6

La lorgnette

« Par le petit bout, par le petit bout, par le petit bout de la Lorgnette,
On y voit bien mieux, on y voit bien mieux, on y voit bien mieux que par le gros bout ! »

J'aurais dû me méfier. La musique d'Érik Satie, qui accompagnait le générique du *Petit Rapporteur*, avait quand même une autre allure que la ritournelle adoptée par Jacques Martin pour lancer sa nouvelle émission. N'était-ce pas un signe ? Le signe que *La Lorgnette* prenait la route en ayant réduit ses ambitions ?

Mais c'est là le genre de réflexion qu'on se fait après coup. Quand *La Lorgnette* a démarré, le dimanche 23 janvier 1977, tous les espoirs semblaient permis. L'équipe qui avait mis les clés du *Petit Rapporteur* sous la porte, six mois plus tôt, s'était en grande partie reformée. Seul Daniel Prévost, retenu par le théâtre, manquait à l'appel. Nos conditions de travail étaient plutôt meilleures. Le théâtre de l'Empire, loué par Antenne 2, offrait plus de confort et de moyens que le studio 101 de la Maison de la Radio. J'avais même obtenu une réévaluation de mon cachet (qui atteignait deux mille neuf cents francs par émission) ! Mais avec le recul, nous sommes tous d'accord pour reconnaître que *La Lorgnette* n'a jamais retrouvé l'élan, la spontanéité, l'impertinence de la version originale. Reste à savoir pourquoi.

Pour remplacer Desproges et Prévost, Jacques avait engagé deux nouveaux compères : Gérard Pabiot, sombre barbu venu du journal d'Antenne 2, du genre « pince sans rire », et Alain Scoff, un jeune auteur qui connaissait le succès, au café-théâtre, dans une pièce intitulée « Y = MC2 ». Ils ne manquaient pas de talent ni de bonne volonté, mais la succession était difficile. Ils ne se sont jamais pleinement intégrés à l'équipe.

Nous-mêmes, les anciens, avions sans doute perdu l'enthousiasme des débuts. On reprenait le boulot. On « remettait ça ». Nous étions contents de nous retrouver, mais comme on peut l'être lors d'une rentrée scolaire... Nous manquaient l'innocence et l'ingénuité qui avaient donné son charme au *Petit Rapporteur.*

Il faut ajouter que l'émission faisait désormais partie d'un vaste programme dominical, *Bon dimanche,* d'une durée de sept heures, entièrement confié à Jacques Martin. Elle n'était plus sa préoccupation essentielle. Il disposait de moins de temps pour la préparer.

Les téléspectateurs ne s'en sont pas aperçus tout de suite. L'horaire étant resté identique (13 h 20), ils nous ont réinvités de bon cœur à leur table, heureux de retrouver leurs séquences habituelles : *La Petite Semaine* de Piem, *Les Actualités de la semaine,* revues et corrigées par Jacques Martin, les gaudrioles de Stéphane, ma petite balade à la campagne... Le théâtre de l'Empire s'est même révélé trop petit pour accueillir un public qui venait par cars de toute la France, et aussi de Belgique. Il a fallu attendre deux mois, environ, pour observer que l'audience allait en s'érodant. Elle est tombée peu à peu à 23 % alors que *Le Petit Rapporteur,* dans sa grande époque, dépassait les 50 %.

La concurrence venait de TF1 qui, pour contrer *La Lorgnette,* avait programmé à la même heure une émission humoristique présentée par Jean Bertho et animée par des chansonniers chevronnés : Maurice Horgues, Jean Amadou, Anne-Marie Carrière... Son titre : *C'est pas sérieux.* Un critique avait écrit, en 1975, que *Le Petit Rapporteur* avait « mis à la retraite les chansonniers ». Les retraités se portaient encore bien, apparemment, puisqu'ils parvenaient, certains dimanches, à faire un meilleur score que *La Lorgnette.*

Le vent tournant, les critiques de télé, qui avaient accueilli *Le Petit Rapporteur* avec sympathie, se sont mis à faire la fine bouche. Dans le *Figaro,* Maurice Chapelan ne manquait pas une occasion de dénoncer la « vulgarité » de *La Lorgnette* :

« Comme son animateur, *La Lorgnette* a pris de la bouteille. Sur M. Jacques Martin, cela se voit au ventre et aux joues. Sur le plateau, à l'épaisseur envahissante de la vulgarité... Ce fut dimanche, d'un bout de *La Lorgnette* à l'autre, une avalanche de plaisanteries faciles, de sketches laborieux, d'éclatements de satisfaction de soi qui n'ont amusé personne – du moins dans mon entourage pourtant facile. » (7 novembre 1977)

« M. Jacques Martin, prétentieusement impavide, continue d'y saupoudrer l'honnête travail de ses collaborateurs de propos intempestifs, sur le goût desquels je n'ai ni le goût ni la place de revenir. D'ailleurs, à quoi bon ? » (9 janvier 1978)

Ces jugements étaient évidemment excessifs et injustes. Certains dimanches, il pouvait arriver que Jacques Martin, en petite forme, se laisse aller à la facilité, mais il me surprenait encore par ses trouvailles, et le duo qu'il formait avec Collaro fonctionnait à plein régime. Ce qui avait disparu, c'étaient les gamineries collectives qui avaient fait le succès du *Petit Rapporteur,* ces « bêtises » qui consistaient, par exemple, à chanter en chœur *La Pêche aux Moules* ou *Mam'zelle Angèle...* Ce temps-là était révolu. L'équipe n'était plus suffisamment soudée pour se livrer à ce genre de fantaisies. Les tensions n'étaient pas toujours apparentes mais elles plombaient l'ambiance, parfois, sur le plateau.

Piem s'en va

Fin 1977, l'un des pères fondateurs de l'émission, Piem, abandonna sa chaise avec éclat, sur un ultime accrochage avec Jacques Martin. Depuis plusieurs semaines, à l'antenne, ils pratiquaient l'un envers l'autre un humour de plus en plus acide qui engendrait une certaine gêne au sein de l'équipe. On ne savait plus très bien où s'arrêtait la plaisanterie, jusqu'où il fallait rire... Un dimanche, Piem avait ostensiblement lu son journal pendant toute l'émission pour manifester son indifférence aux sujets évoqués.

« Jacques Martin a un fromage. J'étais son asticot », déclara-t-il rageusement au journaliste de *Paris-Match*, venu l'interviewer après son départ. « J'avais gardé de bons souvenirs du *Petit Rapporteur*, mais depuis *La Lorgnette*, le ton devenait trop bête et trop vulgaire. Martin me reproche d'avoir un nom à particule, d'être châtelain et malgré tout socialiste. Mon château, parlons-en. C'est une maison entourée d'un parc de trois hectares, avec un étang. Et en plus, c'est un héritage du côté de ma femme. Socialiste ? Oui, et fervent de la participation. Mais avec Martin, pas question de participer aux projets, aux idées. Il décide seul. »

Martin fut plus laconique : « Piem s'en va ? Enfin, on respire ! », dit-il simplement.

Pour le remplacer, il fit entrer dans l'équipe les deux reporters qui travaillaient auprès de moi sur Europe 1 : Laurent Cabrol et Alexandre Lichan. Ayant appris, par une enquête d'opinion, que ma séquence finale était désormais la préférée des téléspectateurs, il voulait développer ce regard sur la « France profonde » en demandant à Cabrol et Lichan, formés à mon école, d'apporter d'autres reportages réalisés dans le même esprit. Pendant les six derniers mois de l'émission, ils sont ainsi intervenus à tour de rôle, un dimanche sur deux, l'un et l'autre avec brio. Voilà comment le célèbre Laurent Cabrol a fait ses débuts sur le petit écran...

Dans la presse, les critiques n'en ont pas moins continué :

« Jacques Martin ressemble de plus en plus à Ubu et fait son poids d'ordures ménagères... Pierre Bonte ne va pas tarder à devenir son Premier ministre. Ses grandes oreilles, son gros orteil et son crâne d'œuf ont ravi la vedette au tarin de Collaro qui a longtemps fait rêver dans les chaumières... Infatigable découvreur de débiles mentaux, Pierrot se fait une certaine idée de la France qui vous donne envie de vous expatrier. »

C'est Yvan Audouard qui a signé ces lignes dans *Le Canard Enchaîné* du 1er mars 1978. J'avais beaucoup de considération pour son talent de conteur et d'écrivain. J'ai été d'autant plus surpris qu'il s'en prenne ainsi à mes personnages. Mais bon ! c'est pour y lire ce genre d'éreintages qu'on achète le *Canard*.

Une histoire d'amitié

Je viens de citer, une nouvelle fois, Cabrol et Lichan. J'ai envie de parler d'eux un peu plus longuement car nous avons formé pendant sept ans, principalement à la radio, une équipe professionnelle et un trio d'amis incomparables.

J'ai rencontré Laurent – comme Jacques Martin – sur un Tour de France. Celui de 1975. Il avait vingt-cinq ans. Originaire des environs de Mazamet (Tarn), dans la Montagne Noire, il avait d'abord suivi les cours d'une école d'agriculture, puis était entré comme journaliste au *Figaro agricole*. C'est à ce titre qu'il était venu me rejoindre sur la route du Tour, pour rédiger un article sur la confection quotidienne de *Bonjour Monsieur le Maire*. Il m'avait accompagné sur deux étapes, s'arrêtant avec moi dans les villages les plus pittoresques. Au moment de me quitter, il m'avait dit : « J'aimerais bien travailler avec vous. Le jour où un poste de reporter se libèrera, vous penserez à moi ? » Je lui en fis volontiers la promesse, car nous avions immédiatement sympathisé. Quelques mois plus tard je lui téléphonais pour l'informer qu'il y avait une place à prendre dans ma nouvelle émission *Vive la vie*, sur Europe 1, et il entamait aussitôt le brillant parcours audiovisuel qu'on lui connaît.

Alexandre Lichan m'a rejoint au même moment. Il n'avait pas les profondes racines paysannes de Laurent. Né à Alger, dans le quartier populaire de Bab el Oued, où son père était tailleur, il avait débarqué en France en 1961, à l'âge de douze ans, lors du grand exode des « pieds-noirs ». Mais il avait une sensibilité naturelle et une gentillesse qui lui permettaient de gagner facilement la confiance de n'importe quel bipède. Il s'était en outre familiarisé avec la province en collaborant à la station régionale de FR3, à Rouen. D'emblée, il s'est révélé un merveilleux interviewer.

Chacun d'eux a marqué de sa personnalité les émissions matinales que j'ai présentées durant cette période. Né sous le signe du Taureau, Laurent était le plus solide, le plus sérieux. Il posait toujours les bonnes questions et ne lâchait pas son interlocuteur sans avoir fait le tour du sujet. Mais Alexandre apportait dans ses interviews une touche de fantaisie, une note d'humour bien agréable. De caractères différents, ils se complétaient. Que de souvenirs nous avons amassés ensemble ! Au-delà du travail, nous avons tout partagé, comme des frères. Jamais plus, dans la suite de ma carrière, je n'ai retrouvé une telle complicité.

Le métier nous a éloignés. Laurent est accaparé par ses multiples activités (météo, jardinage, santé, télé-shopping, que sais-je encore ? Tu en fais trop, Laurent...) Je revois plus régulièrement Alexandre au sein du Club international des journalistes amateurs de cigare (CIJAC), qu'il a créé. Mais je garde pour l'un et l'autre des sentiments d'amitié indéfectibles et une profonde reconnaissance.

Revenons à *La Lorgnette*. Pour ma part, je n'ai jamais regretté d'avoir rejoint Jacques Martin sur Antenne 2. Si je me suis un peu moins amusé, au sein de la troupe, qu'au temps du *Petit Rapporteur*, j'ai pris le même plaisir à sillonner la campagne, chaque semaine, pour y débusquer le bonheur sous toutes ses formes, y dénicher ma perle rare, ma petite surprise des dernières minutes. Et grâce à Dieu, j'ai encore croisé, sur mon chemin, des figures étonnantes.

Comme de juste, les personnages les plus forts et les plus attachants qu'il m'a été donné de rencontrer, au cours de ces dix-huit mois d'émission, ont été des femmes. À commencer par la Doxie.

La Doxie, à Mieussy : « La gaieté et la santé, y'a que ça qui compte ! »

Elle est morte à cent deux ans ans. C'était une force de la nature. D'une gaieté et d'une vigueur exceptionnelles, Eudoxie Blanc tenait un café à Mieussy (Haute-Savoie), un village de montagne dont les hommes, autrefois, descendaient à Paris pendant l'hiver pour entretenir le chauffage central dans les grandes administrations, les ministères et même à l'Élysée. Cette tradition a disparu dans les années 60, quand les sports d'hiver leur ont permis de trouver du travail sur place toute l'année.

Lors de notre première rencontre, la Doxie, comme tout le monde l'appelait, n'avait que quatre-vingt-trois ans... « La fleur de l'âge », disait-elle en riant. Elle m'a tout de suite offert sa potion magique, un savant mélange de goutte du pays et de limonade qu'elle avait baptisé « le champagné », le champagne du pauvre : « Je le conseille à tout le monde. Moi j'en prends trois ou quatre fois par jour. Je me suis toujours soignée avec la goutte. J'ai mal dans un doigt, ou dans un pied, je me frotte avec la goutte ! »

En ouvrant la porte du café, on entrait dans une première pièce où se trouvait la cuisinière à bois et une grande table autour de laquelle les clients se réunissaient pour manger la fondue, deux soirs par semaine. Puis on passait à la salle de café, avec ses petites tables en bois pour les joueurs de cartes, le poêle en fonte et surtout le rouet. Eudoxie était la dernière femme de la région à filer encore la laine au rouet.

« C'est ma mère qui m'a appris. J'avais quatorze ans. Dès que j'ai un moment de libre, entre deux parties de belote avec les clients, je m'assieds devant mon rouet. Je suis toute contente. J'ai l'impression qu'il vit avec moi. Il est dégourdi, ce rouet, il est comme moi. »

Elle avait l'habitude de chanter, en même temps :

"Mon père avait cinq cents moutons,
Mon père avait cinq cents moutons,
J'en étais la bergère, lonlère, lonlère, lonla
J'en étais la bergère."

Je n'ai pas connu de veuve plus joyeuse. « C'est depuis que mon mari est mort que j'ai ressuscité », clamait-elle. « Il n'aimait pas que je chante, que je rie avec les gens. Moi, c'est tout mon plaisir. Maintenant je suis libre, je suis heureuse. Je ne vais pas au cimetière. J'ai trop peur qu'il revienne ! »

À l'entendre, en effet, Joseph n'était pas un tendre. « Il ne m'a jamais tapée mais il me faisait trimer comme une bête. Deux ans après mon mariage, il m'a amenée chercher une vache aux Gets. Au retour, j'étais fatiguée, j'ai voulu m'appuyer à son bras. Il m'a repoussé. Ça me fait encore mal au moral. J'étais prête à accoucher de mes jumeaux quand il me faisait encore trimballer des brouettes de fumier. Je suis tombée sur une brouette et j'ai accouché juste après. » Les voisins m'ont rapporté qu'elle a néanmoins soigné son Joseph jusqu'au bout, allant tous les jours le voir à l'hôpital.

Elle parlait très fort, d'une voix un peu éraillée, et elle tutoyait tout le monde, même Haroun Tazieff, qui possédait une maison à proximité et venait souvent partager la fondue. Elle l'appelait « A roule ta bille », parce qu'elle n'arrivait pas à prononcer son nom. Elle aurait dit « tu » au pape s'il s'était aventuré jusque là-haut.

Je suis retourné la voir à plusieurs reprises. La dernière fois, je suis reparti avec un pull-over qu'elle m'avait tricoté, en pure laine de mouton filée au rouet. Elle était fière d'être passée à la télévision et heureuse d'accueillir grâce à moi de plus en plus de clients séduits pas sa bonne humeur. Elle racontait à tout le monde :

« Quand Pierre Bonte et ses techniciens sont venus, je leur avais préparé un beau gâteau d'Épiphanie. J'ai dit en rigolant : "Celui qui trouvera la fève, il dormira avec moi !" J'avais glissé une fève dans chaque part. Eh bien, tu le croiras si tu veux, mais ces gaillards ont tous avalé la fève ! » Je n'ai aucun souvenir de cet épisode, mais elle était capable d'inventer n'importe quelle histoire pour amuser ses visiteurs. « La gaieté et la santé, il n'y a que ça qui compte », répétait-elle.

Elle racontait aussi : « Figure-toi qu'un jour un monsieur de Thonon m'a demandé de filer le poil de son chien, un grand berger des Pyrénées, et d'en faire un pull. Pas facile... J'y suis arrivée. Un très beau pull. Mais le client s'est plaint que les chiens de la rue venaient lui pisser contre ! »

La Doxie a tenu son café jusqu'à l'âge de quatre-vingt-dix-sept ans, puis elle a dû se résigner à entrer dans une maison de retraite à Taninges. À la veille de ses cent ans, la directrice m'a écrit : « Elle nous parle tout le temps de vous. Elle vous porte une admiration sans bornes. Son plus beau cadeau serait une lettre de vous, que je lui apporterais avec son gâteau d'anniversaire. » Je la lui ai envoyée, bien sûr. J'espère lui avoir procuré un dernier moment de bonheur. Elle est partie deux ans plus tard, « compter les étoiles »...

Fine, la passeuse : « La mer, c'est une dame ! »

Joséphine Petton, que tout le monde appelait « Fine », à Lampaul-Plouarzel, était de la même génération et de la même trempe. Elle était la dernière « passeuse » du Finistère. Depuis trente ans, hiver comme été, sur un canot à peine plus large qu'une baignoire, godillant avec énergie, elle faisait passer les clients, un à un, d'une rive à l'autre de l'Aber Ildut, l'un des bras de mer qui découpe la côte bretonne. La distance était d'un kilomètre, à marée haute. Toujours coiffée d'un bonnet de laine, en sarrau noir et en sabots, plus fière sur son embarcation qu'un capitaine de vaisseau, Fine aimait discuter avec son passager, le souffle à peine coupé par l'effort.

– « Jamais je suis fatiguée, c'est le métier qu'est rentré dans l'corps... Tâtez mes boules », me lança-t-elle en montrant ses biceps.

Elle se tenait jour et nuit à la disposition des clients – de plus en plus rares – dans sa petite maison blanche, tout au bout de la route. « Je suis malade si je ne vais pas en mer. Mais la mer, des fois, c'est dangereux, hein ? Parce que la mer, vous savez, elle connaît le bois, elle sent son bois, elle sent son monde, elle est vivante. Mais c'est une dame : elle descend à l'heure, elle monte à l'heure... »

– « Et vous avez toujours le même bateau ? »

– « Oui, depuis le début. C'est le premier et ce sera le dernier. C'est un canot gabare. J'aime mieux ça que d'aller m'amuser avec un moteur. Je vais plus vite avec mes rames. Pouf, pouf, pouf... ah non, merde, ça me fait chier, j'ai pas la patience ! »

Elle savait qu'elle n'aurait pas de successeur, que le métier de « passeuse » disparaîtrait avec elle.

– « Personne veut le faire. Ni homme ni femme. Ça vaut pas lourd, les femmes. Quand elles ont des boniches, quand y'a des parents derrière, ça va bien. Sinon, autrement... toutes les mêmes !... Les jeunes disent : "Qu'est-ce que c'est que cette vieille taupe-là ? Elle connaît rien du tout, elle connaît pas la chanson." Et pourtant, aïe ! aïe ! aïe ! Je la connais, la vie... J'ai compris. »

– « Qu'est-ce que vous avez compris, Fine ? »

– « La vie, c'est la misère, mais quand on a la santé, on a toujours du plaisir. Et quand on a des sous, c'est encore mieux ! »

Eulalie, à Bourbriac : « Ce sera comme une vieille tante... »

Je suis arrivé à Bourbriac (Côtes-d'Armor), au centre de la Bretagne, sous une tempête épouvantable. Un vent à décorner les bœufs, un temps à ne pas mettre une vache dehors. Trouver la ferme d'Eulalie Le Bloas, dans ces conditions, par des chemins déserts et détrempés, paraissait relever du pari impossible. C'est dire mon soulagement lorsque j'ai enfin pénétré – mouillé jusqu'aux os – dans l'étable d'Eulalie, où régnait une douce chaleur animale. À l'abri du vent et de la pluie, ses douze vaches ruminaient paisiblement. Souriante jeune femme d'apparence fragile mais au regard assuré derrière ses petites lunettes, Eulalie me les a présentées :

– « Elle, c'est Coquine, et puis à côté vous avez Bichette, Unique, Brunette... Celle-là, c'est Mistinguett. Elle avait un jeu de jambes terrible, alors j'ai dit : "C'est Mistinguett !" »

– « Vous choisissez leur nom en fonction de leur comportement ? »

– « Voilà. Parce qu'elles n'ont pas le même caractère, aucune. Celle-là, par exemple, est douce, si on l'attaque, elle en fait pas de cas. Tandis qu'une autre cherchera toujours la bagarre. Y'en a d'autres qui sont élégantes, comme celle-ci... Elle me fait l'effet d'une Parisienne, elle est toujours propre. »

Tout en me parlant, Eulalie allait de l'une à l'autre, les caressant et leur adressant, de temps en temps, des mots affectueux : « Oui, tu es belle, ma Bichette... » Elle employait le français ou le breton, selon la vache. « J'ai remarqué qu'il y en a qui comprennent mieux le breton. » Les bêtes répondaient à leur manière, en tendant langoureusement le cou vers elle.

– « Quand je vais aux champs, quand j'en caresse une, y'en a toujours une autre qui vient la taper ou qui se colle contre moi en me donnant des coups de langue, parce qu'elle est jalouse. Elles veulent toutes être caressées... Ah,

Unique, c'est la plus gentille. J'espère qu'elle fera une vieille vache. Ce sera comme une vieille tante. Et je regretterai le jour où elle partira. Je voudrais que ce soit comme pour les vieux chevaux, qu'on puisse les mettre dans un endroit quand elles ont fait leur temps. Des vaches qui vous ont servi pendant douze ans, treize ans, vingt ans même quelquefois, eh bien je vous assure que c'est un crime de les emmener à l'abattoir quand elles ne peuvent plus rien, de les lâcher comme une vieille voiture... »

Ces propos vont sans doute faire sourire beaucoup d'agriculteurs actuels. Il n'y a plus guère que Brigitte Bardot, aujourd'hui, pour s'exprimer de cette manière ! C'est oublier que pour l'éleveur, l'animal a été longtemps un compagnon, avec lequel il entretenait une relation affective, personnelle, au point de lui donner un nom. Les méthodes d'élevage intensif l'ont réduit au statut de steak sur pattes, de machine à faire du lait ou de la viande. « Hommes et bêtes sont humiliés par un même système qui nie l'affectivité et la communication », constate Jocelyne Porcher, zootechnicienne.[1] Mais Eulalie Le Bloas avait gardé ce rapport familier :

« J'aime mes bêtes. Quand elles vêlent, elles ont l'air de me dire : "Tu vois, j't'ai fait un cadeau." Et elles sont heureuses, je le sens. Il y en a une, Brunette, qui a toujours refusé de donner son lait à la trayeuse électrique. Alors je continue de la traire à la main. J'aime aussi ce moment-là, quand je suis assise sur mon tabouret, appuyée contre elle qui rumine. Il y a le chien et le chat qui tournent autour, qui attendent leur ration de lait. Je suis bien. Je me sens en sécurité. »

Sa sensibilité s'étendait à toute la nature.

« Quand je suis sur mon tracteur, en train de labourer, quand je vois la terre, derrière, qui est toute fraîche, j'aime ça ! J'aime le parfum de la terre. Quand il y a une rosée, le matin, là, et que le soleil vient, ah c'est formidable ! Ça fait comme une brume qui se lève, en bas de la côte. On dirait la mer. »

1. « La Mort n'est pas notre métier », édition de l'Aube.

Mais j'aurai l'occasion de vous reparler d'Eulalie, car je suis revenu la voir quelques années plus tard pour évoquer avec elle d'autres aspects, moins idylliques, du métier de paysan.

Germaine la poissonnière

Germaine Combas, du Grau du Roi (Hérault), a été l'un de mes personnages « récurrents », comme on dit aujourd'hui. Lorsque j'avais besoin, pour une émission, d'une femme haute en couleurs, au parler franc et pittoresque, je n'hésitais pas, je m'adressais à elle et elle répondait volontiers présent.

Veuve de marin, restée seule très jeune, Germaine s'était improvisée marchande de poissons pour élever ses trois fils. Tôt le matin, elle venait au port s'approvisionner auprès des pêcheurs puis elle partait gaillardement sur son triporteur vers les marchés de Montblanc, Saint-Thibéry ou Florensac, en chantant à tue-tête le long des petites routes de campagne. Les cheveux d'ébène, les yeux de braise, la poitrine opulente sous sa blouse décolletée, elle avait une façon de découper le poisson, de ses solides bras nus, et d'interpeller le client qui lui valait partout un vif succès.

Le spectacle à lui seul aurait mérité que je vienne la filmer mais Germaine avait une autre particularité, qui m'avait été révélée par l'un de ses voisins. Rentrée chez elle, sur le coup de 13 h, elle se changeait rapidement pour entrer dans une longue robe gitane à volants, elle plaçait un disque de paso-doble sur l'électrophone installé dans sa grande salle de séjour et elle dansait toute seule, devant le miroir, ses longs cheveux dénoués, rythmant ses pas au son des castagnettes.

Dans sa jeunesse, me confia-t-elle, elle avait rêvé de devenir danseuse. La vie ne lui en avait pas donné la possibilité. Alors elle se libérait, le travail terminé. La marchande de poissons, dans son habit multicolore, se livrait tout entière à la musique pour un public imaginaire.

Au retour du marché de Montblanc, où nous l'avions suivie, elle ne s'est pas fait prier pour se produire devant la caméra. Avec des grâces de jeune fille, elle s'est avancée vers nous et sur un claquement de castagnettes, la tête renversée, elle s'est mise à tourner à petits pas, en tapant le sol du talon. C'est une scène que je ne suis pas près d'oublier. Le bonheur illuminait son visage marqué par le soleil et les intempéries, qui devenait d'une insolente beauté.

Quinze ans plus tard, en 1992, je suis allé la retrouver sur le marché pour recueillir son avis sur le traité de Maestricht... À la veille du referendum, *Envoyé Spécial* m'avait chargé d'aller ausculter la France profonde, qu'on avait peu entendue pendant la campagne, et j'avais choisi de mener mon enquête dans sa région, du côté de Pézenas. Alors, lui ai-je demandé, penchez-vous pour le oui ou pour le non ?

Derrière son étal, Germaine a été magnifique, comme je m'y attendais. Le lendemain de la diffusion du reportage, dans *Le Monde,* Daniel Schneidermann, enthousiasmé par son côté « nature », lui consacrait toute sa chronique.

« Pour Germaine, ce serait non. Non, “parce qu'on est bien comme ça”, expliquait-elle sans réplique à Pierre Bonte qui sondait Pézenas pour *Envoyé Spécial.* Pour Germaine ce serait non, sauf si en fin de compte c'était oui. Parce qu'à y bien penser, “peut-être qu'on a tous besoin les uns des autres”, des pêcheurs, des charpentiers et pourquoi pas des étrangers, philosophait-elle en découpant son poisson. “C'est à y réfléchir”, disait Germaine...

Comme Germaine, la France, jusqu'à l'instant de glisser le bulletin dans l'enveloppe restait déchirée entre le plaisir et le devoir, l'emportement et la raison. La bataille ultime se livrait dans les crânes...

À la fin du reportage, Pierre Bonte vint nous livrer des nouvelles fraîches. Il avait appelé Germaine pas plus tard que le matin-même, pour la prévenir qu'elle passait à la télé. À cette heure-là, c'était encore “plutôt non”. Mais cela pouvait encore changer. Si l'on peut s'autoriser une suggestion,

France 2 devrait monter un duplex avec Germaine dans chaque journal jusqu'à dimanche. Cela ferait économiser bien des frais de sondage. »

Les oui devaient finalement l'emporter, de justesse, mais le monde rural, comme on pouvait s'y attendre en écoutant mon enquête, vota majoritairement non. Germaine avait été de bon augure.

Je l'ai une fois de plus mobilisée pour mon émission *Les Recettes de mon Village* (dont je parlerai plus loin) où elle livra généreusement aux téléspectateurs les secrets de la sardine à l'escabèche. C'est dire combien elle a été pour moi, tout au long de mon parcours, une complice précieuse.

À quatre-vingt-deux ans, elle a gardé une vitalité et une verve incroyables, et je ne manque jamais l'occasion d'aller l'embrasser quand je passe du côté du Grau du Roi.

L'orchestre des Clapier

Quelle aventure, une nouvelle fois, que le tournage de ce reportage, par une froide journée de novembre ! François Pradeau, le fidèle et sensible réalisateur avec qui j'ai effectué la plupart de mes portraits, se souvient encore avec terreur de notre trajet Paris-Aurillac dans un vieux coucou à hélices secoué par les turbulences. Mais ce n'était qu'un début !

Notre destination finale était Paulhac, petit bourg du Cantal aux maisons de pierre sombre, où nous avions rendez-vous avec tout un orchestre : l'orchestre musette Edmond Clapier. Sa renommée, à l'époque, ne dépassait guère les limites de l'arrondissement de Saint-Flour, mais un téléspectateur en vacances dans la région l'avait vu jouer, dans un bal du 14 juillet, et il m'avait écrit que le spectacle valait le déplacement.

Sa principale originalité était d'être un orchestre purement familial. Il était composé du père, René, menuisier de son état, qui tenait la batterie ; de la mère, Marie, forte femme à la voix bourrue qui chantait (faux) en frappant du tambourin ; du fils, Edmond, virtuose de l'accordéon et conducteur du car de ramassage scolaire, et de la fille, Mireille, qui les accompagnait au saxo. Marie avait en outre la charge, pendant les bals, de rouler les cigarettes pour son époux, qui n'arrêtait pas de fumer en jouant de la batterie.

En arrivant à Paulhac, à peine remis de nos émotions, nous avons demandé où habitaient les Clapier : « Là-bas, sur cette route. Vous ne pouvez pas vous tromper, c'est la seule maison en bois du village. »

La demeure tenait davantage de la cabane que du chalet de montagne, à vrai dire. Fixée sur le toit de la vieille traction avant garée dans la cour, une pancarte confectionnée par le papa annonçait en grosses lettres : Orchestre Edmond Clapier. C'est lui, le fils de la maison, qui est venu nous ouvrir.

– « Bonjour ! Toute la famille est là ? », lançai-je avec un grand sourire.

– « Ah non. Mon père et ma mère sont partis tuer le cochon chez des amis, à une dizaine de kilomètres d'ici. Et puis moi, il faut que je m'en aille. C'est l'heure de mon ramassage scolaire. »

Nous étions éberlués. L'annonce de notre venue n'avait rien changé à leurs habitudes. La télévision, ils n'en avaient visiblement rien à faire. Priorité au cochon ! Il ne nous restait plus qu'à patienter jusqu'au retour des parents pour commencer notre travail.

Les interviews purent enfin se dérouler, l'après-midi, autour de la table familiale, où René m'expliqua ce qui faisait, selon lui, le succès de la formation.

« C'est parce qu'on a la cadence. Les autres orchestres, ils jouent bien mais ils n'entraînent pas les danseurs comme nous. D'ailleurs, on a été en concurrence, des fois, avec Edouard Duleu ou Yvette Horner, qui faisaient un bal à dix kilomètres, et c'est nous qui avons gagné. On a fait davantage de monde. »

Edmond me raconta comment il avait eu son premier accordéon :

« Ma grand mère m'avait dit : "si tu as ton certificat d'études, je t'en offre un". Finalement, avec un peu de mal, je l'ai eu. C'est moi qui ai appris la musique à ma sœur, ensuite, le soir à la veillée, et puis à mes parents. »

Ils étaient fiers de leur réussite : « Jamais j'aurais pu croire qu' un jour on nous verrait sur les affiches ! », me confia la maman toute émue.

Mais j'étais impatient de les voir à l'œuvre. Pour les filmer « dans l'ambiance », nous avons voulu organiser un bal, le soir à la salle des fêtes. Nous avons fait le tour du village pour inviter les habitants à venir nombreux nous y retrouver. Manque de chance, il y avait un match de football international, France-Bulgarie, ce même soir à la télévision. Une concurrence bien plus redoutable que celle d'Yvette Horner ! Pour tout arranger, la neige s'est mise à tomber, en même temps que la nuit. Résultat : nous avons péniblement réuni une quinzaine de danseurs et danseuses, que le cameraman dut cadrer très serré pour ne pas donner l'impression aux téléspectateurs que l'orchestre Edmond Clapier peinait à attirer les foules... J'ai fait comme si je savais danser la valse et le paso doble, pour étoffer la figuration. L'ami François Pradeau en a fait autant. Mais nos efforts ont été récompensés. Le reportage, en définitive, fit un triomphe, conférant à ses vedettes une gloire nationale.

« On nous a demandés jusque sur la Côte-d'Azur », m'a appris Edmond. « On aurait pu faire carrière là-bas... mais on a préféré rester dans notre petit coin d'Auvergne. »

Pendant plus de vingt ans, ils ont continué de se produire lors des fêtes de village ou nationales, dans les repas d'amicales ou d'associations, toujours précédés de leur réputation d'« orchestre vedette de la télévision ». Tel était en effet le titre qu'ils revendiquaient, sur les affiches, à la suite de leur bref passage dans la Lorgnette en novembre 1977. Edmond n'a définitivement rangé son accordéon qu'en 2000.

Les Martin : la passion des poubelles

Les visages resurgissent dans ma mémoire à mesure que je trie les souvenirs de cette période de ma vie. Je revois la belle chevelure blanche de Laurent Dominici, qui vivait seul, avec son épouse Marie, dans un hameau abandonné de la commune de Pietracorbara, dans le Cap corse. Dans ce paysage magnifique mais déserté, il passait ses journées à monter des murs en pierre sèche, des labyrinthes de murs inutiles, à ciel ouvert, choisissant et assemblant les pierres avec un soin minutieux, comme s'il voulait exprimer son refus de l'abandon du village et défier le destin...

Je revois ce couple de Bretons de Saint-Malo, M. et Mme Martin, qui n'éprouvait aucun complexe à faire les poubelles des environs, chaque matin à l'aube, dénonçant au contraire le gaspillage scandaleux de nos contemporains. « Y'a des hommes qui peuvent travailler parce que les femmes gaspillent énormément », s'indignait M. Martin.

Ils avaient baptisé leur grenier « La Samaritaine » parce qu'on y trouvait de tout. Rangés sur des cintres, par rayons et par tailles, s'y accumulaient des centaines de vêtements masculins et féminins qu'ils avaient récupérés au cours de leurs tournées matinales. « C'est une vraie caserne d'Ali Baba ! », m'a lancé Mme Martin...

M. Martin : « On ne s'habille que de ça. J'ai une trentaine de paires de chaussures à ma pointure, quatre-vingt costumes à ma taille. Parfois je dis à ma femme : “les gens riches sont bien embarrassés. Ils ne savent pas quel costume mettre le matin, quel costume le soir. Moi je suis au même point qu'eux. J'en ai tellement que je ne sais plus lequel mettre quand je dois sortir !” »

« Et encore », enchérit Mme Martin, « on en donne à des ouvriers de ferme, à des malheureux. Et puis on en vend un peu. L'année dernière, on est allés au mariage d'une petite-fille à Lagny. On était mieux habillés que certains de la noce ! »

24 décembre 1932, Pierre Bonte à trois mois : traditionnelle photographie de nourrisson sur peau de bête.

Dernier né et premier garçon (très attendu) de la tribu Bonte, Pierre (en bas à gauche) entouré de ses cinq sœurs : Marie-Antoinette, Françoise, Agnès et les deux jumelles Claire et Thérèse (avec des lunettes).

Premier séjour à la mer, Pierre sur les genoux de son père.

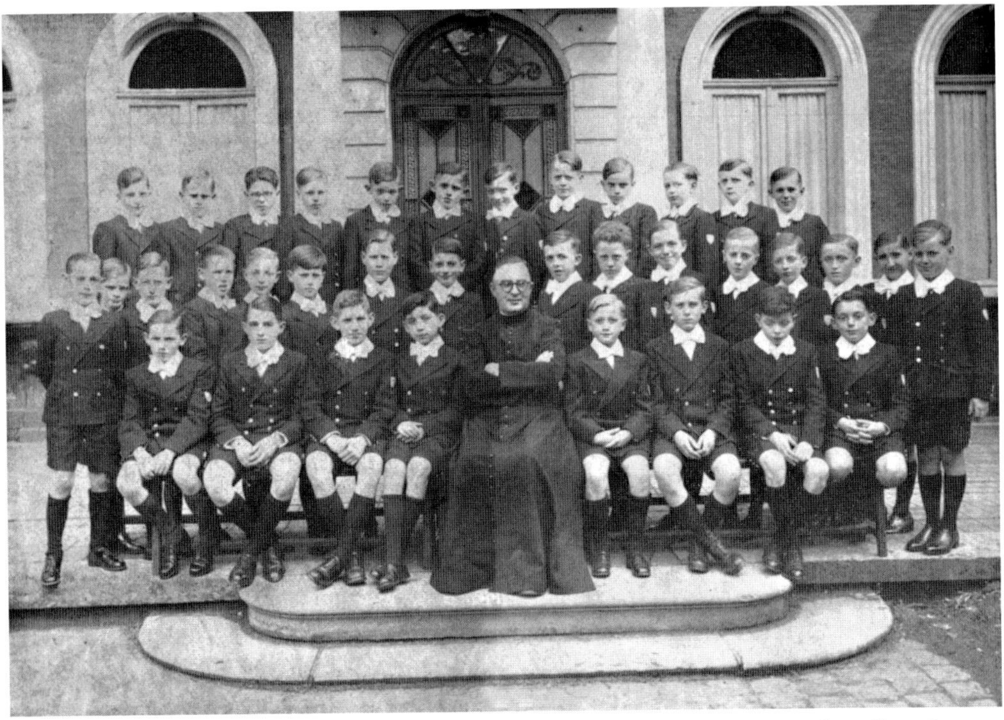

1943, communion solennelle. Pierre est assis à la droite du Père supérieur du collège Jeanne d'Arc, à Lille.

1944, départ en colonie de vacances avec le patronage de la paroisse de Lambersart. (Pierre est le premier à droite.)

PRESSE

Le Lt-Colonel J.du CHELAS, directeur de la Revue des Forces Françaises de l'Est, certifie que Monsieur BONTE Pierre, né le 15 Septembre 1932 à Pérenchies (Nord), est attaché comme reporter-rédacteur à la Revue des F.F.E.

A S.P. 70.008, le 4/7/54

Le Lt-Colonel du CHELAS

REVUE DES FORCES FRANÇAISES DE L'EST
LE DIRECTEUR

Première carte de presse délivrée par l'armée en 1954. Pierre couvre l'actualité pour la Revue des forces françaises de l'est.

Pierre Bonte présente aux maires lauréats du concours des « Communes touristiques N°1 » lancé en février 1965 dans le cadre de l'émission « Bonjour Monsieur le Maire », sur Europe 1, le panneau qui, placé aux entrées principales de l'agglomération, signalera aux touristes le label qui leur a été accordé.

La première équipe de l'émission matinale mythique « Bonjour M. le Maire », en 1959 : de gauche à droite, Claude Bobin, reporter, et son nagra, Pierre Bonte au micro, Michèle Bailly, réalisatrice et Ginette Fraval, secrétaire.

Le bataillon des majorettes Butagaz aux rythmes de l'orchestre de Norman Maine sur le podium « électronique » d'Europe 1 accompagne les étapes du Tour de France.

Pierre Bonte célèbre la sortie de son livre « Bonjour M. le Maire » en compagnie de Louis de Funès, fidèle auditeur de l'émission, et du garde champêtre de Grandes Loges, en 1967.

Sur la route du Tour de France, avec la vedette de la caravane, Maurice Biraud dit Bibi, animateur légendaire des matinées d'Europe 1.

© M. Jeanneau, Sipa.

Dernière réunion de l'équipe du «Petit Rapporteur» avant l'arrêt de l'émission le 13 juin 1976, chez Jacques Martin. De gauche à droite : Jean-marie Manquillet, réalisateur, Pierre Bonte, Daniel Prévost, Jacques Martin, Jacques Clément, chef de production, Stéphane Collaro, Bernard Lion, coproducteur, Piem.

© Jeanneau / Sipa Press.

Six mois plus tôt, la joyeuse équipe fêtait la première année d'antenne de l'émission.

L'inséparable trio de l'émission « Le Bonheur est dans le pré » (1976-1979) : Pierre Bonte entouré d'Alexandre Lichan et de Laurent Cabrol.

Sur le plateau de l'émission de TF1 « Le Bar de l'été », Pierre Bonte reçoit Marcelle Pitaval, gardienne de chèvres à Bouze-les-Beaune.

En 1985, au côté du sculpteur Marielle Polska, Pierre Bonte présente à Catherine Deneuve le nouveau buste de Marianne réalisé à son effigie.

© Y. Lorant, A2.

Dans le pays de Saugues en Auvergne, sur les terres de l'agriculteur Lucien Lonjon, Pierre Bonte et Didier Dahan tournent une séquence du reportage « La Fin des paysans » diffusé en 1991 dans « Envoyé spécial ».

Pierre est intronisé dans la Confrérie des têtes de veaux de Rambervillers (Vosges). Il fait partie de plus d'une centaine de confréries bachiques ou gastronomiques.

© Claude Fister, T.F.1.

Pierre Perret reçoit Pierre Bonte et Florence Klein dans sa maison de Nangis en Seine-et-Marne, pour le tournage de la première émission « Les Jours heureux », en août 1985.

Le Bonheur est dans le pré… dans sa maison de campagne en Normandie.

Comme leur garde-robe, l'équipement de la maison devait tout à la récupération, « à part le frigo et l'armoire ». Et en plus, cette chasse au gaspillage les amusait ! « Une poubelle, pour moi, c'est comme une pochette-surprise », m'a raconté M. Martin, avec un grand sourire. « Je me demande ce que je vais trouver à l'intérieur. C'est même devenu une marotte. Des fois, je vais faire des courses en ville avec mon solex. Si j'en vois une, je ne peux pas m'empêcher de mettre mon nez dedans, même quand je suis habillé propre. »

Ce qui les gênait un peu, c'est que certains puissent les prendre pour des clochards en les voyant faire les poubelles. « Justement », a conclu M. Martin, qui trouvait toujours une raison d'être content, « c'est bien qu'on passe à la télé parce qu'ils verront, comme ça, qu'on a tout ce qu'il faut. »

Le bout de la Lorgnette

La Lorgnette a pris fin en juin 1978. Elle avait vécu dix-huit mois, comme *Le Petit Rapporteur*. Pour la dernière émission, Jacques Martin, qui venait d'interpréter *La Belle Hélène*, au théâtre, a eu l'idée de nous costumer en personnages de l'opérette et de nous écrire des couplets sur l'air célèbre : « Je suis l'époux de la reine, poux de la reine, poux de la reine... »

Avec son habituelle et déconcertante facilité, il a griffonné nos textes en coulisses, sur un coin de piano, une heure avant de passer à l'antenne. Nous avons passé le reste du temps à les apprendre par cœur, tout en nous affublant des défroques antiques fournies par le magasin des accessoires.

J'ai gardé les deux feuillets qu'il m'avait destinés :

« Je suis le chauve de l'équipe
chauve de l'équipe
chauve de l'équipe
Bonte le déplumé
Oui Bonte le déplumé.

Par monts et vaux je navigue
vaux je navigue
vaux je navigue
Pour fair'mon métier
Oui pour fair'mon métier

Amoureux de la campagne
Comme un bovidé,
Je crie de toute mon âme
toute mon âme
toute mon âme
Que pour moi le bonheur
Le bonheur est dans l'pré. »

Le dernier couplet, que nous avons chanté en chœur, était notre message d'adieu :

« C'est nous les gars d'*La Lorgnette*
gars d'*La Lorgnette* (bis)
Une bande de copains
Comme les cinq doigts d'la main.
Hélas l'émission s'arrête
mission s'arrête (bis)
Demain nous rentrons
Chacun dans nos maisons.
Désormais le dimanche,
Couchés nous contemplerons
Celui qui, à notre place,
à notre place (bis)
Le dimanche f'ra le con (bis) »

Cette délicate allusion s'adressait à Guy Lux, qui devait succéder (provisoirement) à Martin pour animer, à la rentrée, les dimanches après-midi.

L'inventeur du « tractomobile »

Ce dernier numéro de *La Lorgnette* a permis aux téléspectateurs de revoir quelques-uns des grands moments de l'émission. Stéphane Collaro avait choisi de rediffuser un reportage réalisé à Condé-sur-Seulles, dans le Calvados, *« très beau département, surtout après le café »*, chez un vieux couple d'agriculteurs, M. et Mme Émilien Gauthier. Après avoir raté quatre fois de suite l'examen du permis de conduire, M. Gauthier avait imaginé un moyen de transport original pour emmener son épouse faire ses courses le samedi à Bayeux, à neuf kilomètres. Il avait acheté une vieille Aronde sans moteur, complètement désossée, qu'il accrochait comme une remorque au tracteur de la ferme. M. Gauthier conduisait l'engin agricole, tandis que Madame était confortablement assise dans l'Aronde, à la place du chauffeur. L'arrivée de l'équipage dans les rues commerçantes de Bayeux lui valait un certain succès de curiosité, comme on s'en doute. Avec leur « tractomobile », les Gauthier n'hésitaient pas à entreprendre des voyages assez longs, à la vitesse moyenne de vingt-cinq kilomètres/heure...

Au programme de ce « best-of », il y avait aussi le portrait, par Alain Scoff, d'un inventeur charentais qui avait mis au point un cercueil aménagé en résidence provisoire, équipé d'un système d'alarme qui permettait à son occupant d'alerter l'extérieur si, par malheur, on l'avait enterré vivant... Alexandre Lichan nous emmenait chez un agriculteur de Seine-Martime qui avait décoré les murs de sa porcherie de fresques affriolantes, où de jeunes femmes dévêtues jouaient avec des cochons roses...

Vers la fin, comme on voit, l'émission avait perdu le caractère satirique qui faisait sa force. Elle était devenue une extension de ma rubrique, une galerie de portraits de personnages plus ou moins farfelus, traités d'une manière qui n'était pas forcément conforme à la mienne.

Les chèvres de Monsieur Delair

J'ai l'impression que tout le monde l'a oublié mais en septembre 1987, à la demande du patron d'Antenne 2, Jacques Martin a déterré *La Lorgnette*, qui est venue se réinsérer, à 15 h 20 cette fois, dans le programme du dimanche après-midi. Il a battu le rappel des anciens combattants, pour reconstituer l'équipe. Mais nous n'avons été que deux à répondre présent : Piem (qui entre temps s'était réconcilié avec lui) et moi. Jacques a complété le plateau en s'adressant pour la première fois à des femmes : Claude Sarraute, sa collègue aux *Grosses Têtes*, et Daniéla Lumbroso, qui venait de débuter à la télévision mais dont la personnalité s'était immédiatement affirmée. Quelques jeunes journalistes inconnus étaient chargés de nous fournir des documents « chocs » pour pimenter l'émission.

Cette « Lorgnette 2 » n'a pas duré bien longtemps : elle s'est arrêtée au bout de huit semaines exactement. Le meilleur souvenir que j'en garde, c'est le reportage que j'ai effectué à Lavaudieu (Haute-Loire) chez M. Delair.

En lisant le journal *L'Auvergnat de Paris*, qui publie toutes les petites nouvelles des villages et des gens d'Auvergne à l'intention de ceux qui sont « exilés » dans la capitale, j'avais eu l'attention attirée par ces quelques lignes :

« Lavaudieu. M. Jean Delair, adjoint au maire, a été blessé au pied par une pointe. Les chèvres du troupeau de ce dernier, qu'il avait récemment vendues, n'ont pas voulu adopter leur nouveau propriétaire et sont revenues à leur domicile d'origine, au bourg. »

La blessure au pied d'un adjoint au maire ne me paraissait pas de nature à justifier le déplacement d'une équipe de télévision. En revanche, l'histoire de ses chèvres était surprenante. J'avais déjà entendu parler de chats ou de chiens qui retrouvaient la maison de leur maître après des jours et des kilomètres d'errance, mais de chèvres, jamais.

Quand je suis arrivé à Lavaudieu, M. Delair était sur le pont, le vieux pont de pierre qui enjambe la Sénouire, en compagnie de ses trois chèvres, serrées à ses pieds comme si elles avaient peur de le perdre à nouveau. Il m'a raconté leur curieuse aventure :

« Je les aimais bien, les petites, mais je les avais vendues à un agriculteur de la commune voisine parce qu'elles me fatiguaient trop. Le lundi matin, je les ai donc mises dans la bétaillère et je les ai conduites chez leur nouveau propriétaire, à cinq kilomètres d'ici. Je suis resté avec elles pendant deux jours, pour qu'elles s'habituent, et puis je suis rentré chez moi. Deux jours plus tard, mon gendre et ma fille viennent dîner, et en sortant ils me crient : "Viens voir, c'est pas tes chèvres qui sont là ?" C'étaient bien elles. Elles avaient retrouvé la route de la maison, toutes seules. Le lendemain, M. Rochette, leur nouveau propriétaire, est revenu les chercher. Deux jours après elles réapparaissaient dans la cour. Alors que voulez-vous... J'ai rendu l'argent de la vente et je les ai gardées. Elles vivront avec moi jusqu'au bout, maintenant... »

Et M. Delair de conclure en riant : « Quand j'étais jeune, j'étais un beau garçon, les filles me couraient après. Aujourd'hui, c'est les chèvres ! »

Jacques est comme ça

La fin de cette « Lorgnette 2 » me laisse un goût amer, toutefois. Je reproche à Jacques Martin d'avoir pris la décision de l'interrompre sans nous consulter, Piem et moi, ni même nous en prévenir. J'ai appris la nouvelle... en lisant *France-Soir*, le mardi 27 octobre. « C'est une émission trop difficile à réussir chaque semaine », y expliquait-il. « Je n'ai plus assez de temps pour m'en occuper et je ne veux tomber ni dans la facilité ni dans l'à-peu-près. » Noble souci, mais avant de nous entraîner dans cette nouvelle aventure, peut-être aurait-il dû en mesurer les risques. Moi, je lui avais fait confiance. Par fidélité pour lui, j'avais abandonné TF1, où j'animais, la saison précédente, les matinées du samedi à l'enseigne de *C'est tout Bonte* (en compagnie de l'adorable Jean-Marie Proslier, entre autres). Et je me retrouvais brusquement sur le carreau alors que toutes les chaînes avaient déjà bouclé leur grille de programmes.

Je lui en ai voulu longtemps. Mais Jacques est ainsi fait. C'est un individu complexe, capable de grandes émotions artistiques ou littéraires mais qui semble parfois indifférent aux sentiments et au sort de ses proches. De Danièle Gilbert à Laurent Gerra, il a révélé un très grand nombre de talents – et je suis de ceux qui lui en sont profondément reconnaissants – mais il n'accorde que rarement son amitié.

Je crois qu'il m'estime, comme il respecte tous les professionnels honnêtes et consciencieux. Il lui arrive même de m'envier... pour mon inaltérable minceur. (Quand il avait pris un peu de poids et qu'il me voyait entrer sur le plateau, le dimanche, il me disait souvent, comme si c'était moi qui avais changé : « Tu as maigri... Tu es malade ? »). J'aurais aimé qu'il me donne un peu plus... Peut-être n'ai-je pas su le lui faire comprendre ou le mériter.

Je ne dirai jamais assez, en tout cas, combien je l'admire pour son immense talent d'animateur, son sens aigu du public, son humour impitoyable, son intelligence, sa culture. De tous les hommes de télévision que j'ai connus, il est de loin le plus complet et le plus brillant. Mais j'ai l'impression qu'il a toujours souffert – à tort – de n'être, justement, qu'un homme de télévision... Le meilleur, mais dans un art qu'il considère comme mineur, alors qu'il possède des talents multiples qui auraient pu lui permettre d'atteindre la célébrité dans des disciplines jugées par lui plus nobles, comme le chant, la comédie, la littérature ou le cinéma. Victime de son succès, il s'est laissé emprisonner dans un rôle qui ne le satisfait pas. Ce sentiment de frustration peut expliquer certains de ses comportements.

Ainsi donc s'est achevée ma collaboration avec Jacques Martin, que je n'ai revu, par la suite, que fortuitement. Onze ans plus tard, en 1998, quand la direction de France 2 l'a avisé qu'elle n'avait pas l'intention de renouveler son contrat pour *Dimanche Martin*, il a repris contact avec moi. Il avait plein de projets, qu'il destinait à d'autres chaînes. Il voulait que nous réalisions ensemble une émission de cuisine où j'apporterais ma connaissance des bons produits et des bons producteurs du terroir. Il m'a invité, pour en discuter, au restaurant « La Marée ». Généreux, comme toujours, il a commandé une vieille bouteille d'un très grand cru de bordeaux, pour accompagner un perdreau... Le terrible accident qui l'a brutalement frappé quelques jours après a mis fin, hélas, à nos espoirs. Comme tous les téléspectateurs qui l'ont aimé, je souhaite de tout cœur qu'il retrouve un jour prochain sa place sur le petit écran.

Chapitre 7

Le bonheur est dans le pré

Trois écrivains de la première moitié du XXe siècle ont beaucoup compté pour moi. J'ai déjà cité André Gide, celui des *Nourritures terrestres*, dont la lecture m'avait bouleversé vers l'âge de quinze ans. Il y eut aussi, à la même époque, Georges Duhamel, le romancier de *La Chronique des Pasquier*, injustement oublié aujourd'hui, qui m'a donné l'envie d'écrire. Le troisième, Paul Fort, est entré dans ma vie beaucoup plus tard. Il s'y est introduit d'une phrase, et de la manière la plus imprévue.

Début 1976, quand les éditions Stock m'ont proposé de réunir en un livre un certain nombre d'interviews que j'avais présentées dans mes émissions de radio, je suis venu en parler à Jacques Martin. Subitement il m'a interrompu pour s'écrier, façon « euréka ! » : « J'ai le titre de ton bouquin ! Il faut l'appeler *Le Bonheur est dans le pré* ! »

Eh oui, c'était évident. Il avait d'emblée trouvé la juste formule. Ces témoignages de gens de la campagne, qui exprimaient en phrases simples leur façon d'être heureux, étaient l'illustration parfaite du fameux poème de Paul Fort, que l'on apprend désormais dans les écoles :

« Le bonheur est dans le pré
Cours-y vite, cours-y vite,
Le bonheur est dans le pré,
Cours-y vite, il va filer. »

Je ne pouvais pas l'utiliser, toutefois, sans demander l'accord des héritiers de celui qui fut sacré en 1912 « prince des poètes ». J'appris à cette occasion que sa veuve, Germaine Fort, vivait toujours. Âgée de quatre vingt-trois ans, elle n'avait pas quitté Argenlieu, la propriété de Montlhéry (Essonne) où Paul Fort avait été enterré, à sa demande, en 1960. Je lui envoyai donc le manuscrit avec une lettre sollicitant son autorisation. Elle me répondit dans des termes qui me remplirent à la fois de joie et de confusion :

« Une fois votre livre lu, j'allais mettre en tête de cette lettre : "Mon cher ami". C'est le terme que seul je trouve convenable pour vous dire la sympathie que j'avais déjà pour vous et qui n'a fait que s'accroître. Pardonnez à la très vieille dame que je suis cette familiarité. J'ai donc dévoré vos pages et avec quelle joie ! À chacune je pensais à Paul. Comme il aurait aimé et votre style et votre façon d'être !... »

Quant au titre, non seulement elle m'accordait le droit de l'employer mais elle me remerciait de l'avoir choisi : « Paul Fort eut été bien heureux de le voir sur un livre dont il aurait avec joie goûté les histoires qu'il raconte... C'est moi qui vous dis merci, et de tout mon cœur. »

Nous avons continué, quelque temps, à échanger une correspondance affectueuse. Deux mots y revenaient souvent : bonté et gaieté. Ce sont les deux qualités qu'elle appréciait le plus chez les êtres. Elle même était toujours souriante. Elle ne cessait de s'inquiéter des autres, alors qu'elle devait lutter contre une paralysie envahissante. Plusieurs fois, elle m'a invité à Monthléry. C'est au cours d'un de ces déjeuners qu'elle m'a raconté comment Paul Fort l'avait « enlevée », en 1913.

Germaine Tourangelle

Elle venait juste d'avoir vingt ans. Ses parents l'avaient envoyée chez sa grand-mère, aux Bordes, dans le Loiret, pour échapper à la cour assidue que lui faisait le poète. Ils voulaient mettre un terme à cette idylle avec un homme marié qui avait plus du double de son âge. Mais Paul Fort, très amoureux, venait la retrouver en cachette. Ils se donnaient rendez-vous dans un sentier longeant la Loire, que les bateliers empruntaient autrefois pour remonter le fleuve, et ils s'allongeaient parfois dans les prés, traversés par de petites sources, qui bordaient le chemin. C'est en souvenir de ces heures enchantées, affirmait-elle, que le poète écrivit *Le Bonheur* (publié en 1917).

Un jour, n'y tenant plus, il « enleva » sa Germaine, « toute jeunette et sage », et la ramena avec lui à Paris. Comme elle était mineure, les parents lancèrent les gendarmes à leurs trousses. Le couple partit alors à Moscou pour attendre sa majorité.

Ce fut le début d'une longue histoire d'amour entre le prince des poètes et « Germaine Tourangelle », comme il la désignait. Elle ne m'a pas caché que son Paul l'avait souvent trompée avec de jeunes admiratrices, qu'il amenait sans gêne à Argenlieu. Elle en avait souffert, mais l'avait accepté en silence, l'excusant d'avoir besoin d'émotions nouvelles pour nourrir son inspiration... Elle ne voulait se souvenir que de ses premières déclarations passionnées :

« J'aime. Venez voir ça ! L'amour m'a reconquis. J'aime d'amour l'Amour...

Ce que tu fis, ce que je fis, Germaine, avant de naître à cet amour vivant, si grand, si pur,

foin qu'il nous en souvienne ! Le passé mort est l'hiver de nos ans...

Belle, voici l'avril, le mai, le juin, l'été,
voici mon cœur qui t'aime et pour l'éternité,
voici monter Phébus des herbes de la Loire,
et d'entre les roseaux le cou vert des canards. »
(Germaine Tourangelle. 1913)

Je pense à elle chaque fois que j'entends ou que je prononce les premiers mots du *Bonheur.*

Le phénomène écolo

Mon livre est sorti au mois de mars 1976 et son succès a surpris tout le monde, à commencer par l'éditeur qui n'en avait imprimé, au départ, que quinze mille exemplaires. Au mois d'août, le chiffre des ventes approchait les cent mille. Le tirage total atteindra finalement deux cent mille. Un score qui avoisine celui d'un prix Goncourt, pour un ouvrage où je m'étais contenté de transcrire, mot pour mot, les témoignages d'hommes et de femmes dont le niveau d'instruction ne dépassait généralement pas le certificat d'études... Qui pouvait lui prévoir une telle carrière en librairie ?

Je bénéficiais, bien sûr, de la popularité du *Petit Rapporteur* et de la complicité de son rédacteur en chef qui ne manquait pas une occasion de citer le livre. Lorsqu'un ouvrage touche un aussi large lectorat, on est obligé, cependant, de rechercher des raisons plus profondes. En l'occurrence, il répondait à une attente insoupçonnée du public.

Je n'ai pas les compétences ni le jargon requis pour analyser en sociologue les grands phénomènes de société, mais sommairement, disons qu'après le puissant mouvement d'exode rural des années 50-60, un contre-courant était en train de s'amorcer. Pas encore dans les faits mais dans les esprits. Une nouvelle génération de citadins, nés à la ville mais de souche paysanne, prenait de plus en plus vivement conscience des contraintes et des nuisances de la vie urbaine. Elle se mettait à rêver d'un improbable retour à la campagne. À défaut de pouvoir le réaliser, elle se précipitait sur tout ce qui faisait référence aux charmes et aux valeurs du monde rural, dans l'espoir d'y trouver le secret d'un bonheur enfui.

C'était aussi le moment où le mouvement écologiste prenait forme. Il avait été présent, pour la première fois, dans une élection présidentielle, en la personne de René Dumont, son candidat, en 1974. Quelques années plus tôt, dans la foulée de mai 68, le phénomène « hippie » avait commencé à gagner la France. Les paysans de l'Ardèche ou de la Lozère, goguenards, avaient vu débarquer des individus aux cheveux longs qui prétendaient s'affranchir de la société de consommation en revenant à des formes de vie pastorale, au sein de communautés sexuellement libérées. On les appelait aussi les beatnicks ou les « babas ». Cette première vague de migrants s'était vite heurtée aux dures réalités de la vie paysanne. Bon nombre d'entre eux avaient repris le chemin de la ville. Mais l'idéal qui les animait continuait de se répandre dans les esprits, et touchait peu à peu d'autres couches de population.

Pour faire écho à cette nouvelle aspiration, au mois de septembre, le président d'Europe 1, Jean-Luc Lagardère, me demanda de créer un nouveau rendez-vous sur l'antenne, le dimanche matin à 8 h à 9 h. Son titre allait de soi, après le succès du livre : *Le Bonheur est dans le Pré.*

C'est ainsi que, tous les dimanches, pendant trois ans, avec mes compères Laurent Cabrol et Alexandre Lichan, nous avons animé, sur Europe 1, un espace de rencontres entre les ruraux et les citadins épris d'évasion vers la campagne. Les maires des petites communes en voie de dépopulation pouvaient nous écrire pour nous signaler que le garagiste, l'épicier, le patron du café ou le boucher allait prendre sa retraite sans avoir trouvé de repreneur, ou que tel bâtiment était disponible pour accueillir un artisan ou un entrepreneur. Nous diffusions ces annonces sur les ondes et le *Journal du Dimanche* les publiait dans son édition du jour.

J'ignore combien de petits commerces ou d'ateliers nous avons ainsi sauvés, car les maires omettaient trop souvent de nous informer des résultats, mais l'abondant courrier que nous recevions donnait la mesure de l'intérêt que suscitait cette rubrique.

Le contenu des lettres était toujours à peu près le même. « La vie en région parisienne nous est devenue insupportable. Mon épouse et moi-même aimerions nous installer en province, loin du bruit et de la foule, et offrir une autre façon de vivre à nos enfants, leur donner des racines. La gérance d'un bistrot de campagne nous satisferait pleinement... » Il n'était plus question de rompre avec la société ou la civilisation, comme les « zippies ». On rêvait simplement d'échapper au stress de la ville. S'éveiller au chant des oiseaux, savourer le temps qui passe, au rythme des saisons et des sonneries de cloches... Retrouver le contact avec la nature et donner aux enfants un cadre de vie apaisant... Pour cela, on essayait d'élaborer un projet, plus ou moins réaliste, qui permettrait de s'insérer dans la vie d'un village.

« Ho ! coussi vas ? »

Je ne sais plus quel maire m'a dit un jour : « Dans ma commune, quand je sors de chez moi, je me sens encore chez moi... » C'est la plus belle définition du village que je connaisse. Cette image d'un lieu où tout le monde se connaît, où les relations humaines sont tellement fortes que l'on s'y sent protégé, comme en famille, attirait irrésistiblement ceux qui souffraient de l'anonymat des villes. Ils étaient encore plus tentés de s'en échapper quand ils entendaient Jean Toudon, le maire de Nézignan-l'Évêque (Hérault) s'exprimer au micro :

« La vie, chez nous, c'est quelque chose de simple. C'est un type qui vous tape sur l'épaule, c'est une poignée de mains, c'est un sourire, c'est un "Ho ! coussi vas ?" [comment tu vas ?]. Je vais descendre dans la rue, tout-à l'heure. Tous les vieux habitants du village qui m'ont vu petit et voyou comme pas deux, hop, ils me menacent encore de leur canne, en riant ! Et ça, c'est extraordinaire parce que ça vous regonfle le moral. »

Dans les villages du Languedoc, poursuivait-il, l'esprit d'équipe se forge dès l'enfance sur le terrain de rugby, et il s'exprime dans les actes les plus quotidiens.

« Il n'y a qu'une chose dont on a peur, ici, c'est la mort. Les gens qui meurent, ici, il y a un mot bien à nous pour les définir. Comme on dit en occitan, “qualqu’un qué mouris, est lou paouré”, quelqu’un qui meurt, c’est toujours le pauvre. Par exemple, vous voyez la photo de mon père, là sur le bureau. Eh bien, quand on parle de lui dans la rue, on dit “le pauvre René”. Il est pauvre parce qu’il a tout perdu, il est mort. Et on dit jamais “le pauvre” d’un gars qui a eu des revers d’argent, chez nous, parce qu’il a tout le loisir de se refaire... »

À en croire Marie-Claude Gracia-Soubiran, de Poudenas (Lot-et-Garonne) – qui faisait les meilleurs foies gras de toute la Gascogne – la mort elle-même semblait plus douce quand on habitait un village comme le sien :

« En ville, un enterrement est triste, anonyme, tandis qu’ici, un enterrement arrive à être gai. D’abord on chemine à pied la plupart du temps. Il n’y a pas très longtemps, on pouvait être amené au cimetière sur un char à bœufs. Mon grand-père a été mené comme ça, par ses bœufs. Et dans le cortège, ce n’est pas sacrilège du tout de parler. On parle des semailles, des enfants. Tout le monde trouve ça normal. Il n’y a pas de coupure. On dirait que le mort est complice, presque, qu’il est heureux qu’on ne soit pas triste... Le cimetière est en pleine campagne, un vrai jardin plein de fleurs, au milieu des cyprès et des mélèzes. On entend les oies et les canards cancaner. Je vous assure que ce n’est pas triste. C’est là que je veux reposer. Si j’étais au bout du monde, je demanderais qu’on me ramène à Poudenas. »

Le rêve de la « convivialité »

Les Matelles, à quinze kilomètres de Montpellier, est un vieux village aux rues si étroites qu’on ne peut y circuler qu’à pied. Contre le mur d’enceinte, près du terrain de boules, il y a deux bancs de bois où les vieux du pays ont l’habitude de se retrouver, dès dix heures du matin, pour bavarder, commenter les nouvelles du jour. L'un d'eux, toujours le même, a acheté le journal et fait la lecture pour les autres. Le jour de mon passage, s'y trouvait aussi un ancien para, qui m'a expliqué pourquoi il état revenu vivre au pays de son enfance après vingt-cinq années de baroud :

« J'ai bourlingué dans le monde entier mais en définitive, je me suis aperçu que rien ne valait un petit village de deux cents habitants. On est bien dans ces vieux murs, je ne sais pas pourquoi mais c'est comme ça. L'important, c'est de se retrouver dans un petit noyau, de connaître tout le monde autour de soi. Moi, le matin, quand je me réveille, je sais s'il a bien dormi ou mal dormi, mon voisin. Parce qu'il ouvre les fenêtres et il me dit : "Tiens, j'ai mal dormi, cette nuit." Rien que ça, c'est le bonheur. Moi je sais quand il a bien dormi et lui il sait quand j'ai bien dormi. Dans la ville, vous avez pas le temps de dire ça, y'a des gens qui se foutraient de votre gueule, hein ? »

À petites touches, l'émission peignait ainsi le tableau édénique – mais incomplet, comme on le verra plus loin – d'une campagne où prenait tout son sens un mot récemment apparu dans le langage médiatique : la convivialité.

Lancé en 1973 par l'essayiste Yvan Illich qui en avait fait le titre d'un livre à succès, le mot a commencé à se répandre dans la presse magazine « branchée » à partir de 1977. Il apparaît dans *Le Nouvel Observateur* du 28 novembre 1977. On sait la vogue démesurée qu'il a acquise par la suite, au point que je ne peux plus l'entendre sans avoir de l'urticaire (je parle au figuré, bien sûr). Mais il est certain que ce mot de « convivialité » est arrivé à point nommé pour désigner un sentiment naissant, une aspiration confuse à une vie sociale plus confiante, plus généreuse. Le village semblait offrir le cadre idéal pour cette vie « conviviale ». Parce que les rapports de classes y sont beaucoup moins accusés qu'en ville, comme le souligne l'écrivain corrézien Denis Tillinac. « Tout le monde pêche la truite au printemps, ramasse les champignons à l'automne, assiste au même match de rugby, aux enterrements. » La vie est ponctuée de rites sociaux qui rapprochent les gens. La cellule familiale est mieux préservée, parce que chacun se sent le maillon d'une chaîne...

« Si le soleil ne revenait plus... »

La plupart des interviews que je diffusais dans mon émission du dimanche matin confirmaient ce sentiment. J'ouvrais largement l'antenne à tous ceux qui étaient amoureux de leur village et de la campagne, et, à les entendre, l'auditeur pouvait croire que le bonheur y était simple, à la portée de tous, qu'il suffisait de le cueillir.

Une image parmi d'autres me revient en mémoire : c'est une petite maison de bois en bordure de la forêt qui couvre les pentes surplombant le bourg de Rigney, en Franche-Comté. L'endroit porte un joli nom : les Alouettes. Dans la cuisine, près du fourneau, une demoiselle d'une soixantaine d'années, petite et mince, m'accueille en souriant :

« Y fait pas chaud, hein ? Je vais allumer le feu. Vous, en ville, vous n'avez plus le bonheur d'allumer le feu avec du bois, de voir pétiller le feu dans le fourneau. C'est agréable, c'est une compagnie, y'a la bouillotte qui chante sur le fourneau, c'est une bonne chaleur, tandis qu'avec votre sacré fuel... »

Elle s'appelle Gisèle Vivot. Elle a été le facteur de la commune pendant vingt-sept ans. Puis elle s'est retrouvée seule après le décès de son père, qui était bûcheron dans la forêt voisine. Mais elle se plaisait dans cet endroit isolé.

« Je m'aime bien ici, pour moi c'est le paradis. C'est le calme, c'est la paix. Au printemps, toute l'année y fait bon. Si, si, c'est bien mieux que le vacarme de vos autos dans les villes, où on ne peut pas faire un pas sans risquer de se faire écra-a-a-aser ! »

J'essaye de transcrire l'accent franc-comtois, qui traîne sur certaines voyelles, parce que ce parler chantant, de sa petite voix pointue, donnait encore plus de charme à ses propos :

« On dit : le silence... Mais je l'écoute, moi, le silence, il me parle. Vous savez, quand j'suis fatiguée le soir, je m'en vais m'asseoir devant la maison, pis j'regarde le ciel, pis j'écoute, pis alors je pense, je pense. Je r'garde l'infini, et pis devant l'infini du ciel, les astres, toute cette beauté-là, je reste confondue, je n'sais plus quoi dire. Regardez voir si le soleil ne rev'nait plus ! S'y avait pus d'jour tout d'un coup !... Le soleil n'a jamais failli, y s'pointe à son heure, y s'couche. »

Tout l'émerveillait. Pour rester utile, elle s'occupait de l'entretien du cimetière communal, qui avait la réputation, grâce à elle, d'être le plus fleuri du département. Elle faisait la tournée des tombes comme autrefois celle des foyers de la commune, retrouvant les mêmes noms gravés dans la pierre. Cette familiarité posthume n'entamait pas sa bonne humeur :

« Quand j'suis avec mes morts, ça m'empêche pas de discuter, pis de rigoler avec les gens qui viennent me voir. Vous savez, les morts, s'y pouvaient r'venir, ben y nous diraient : "Écoutez, ne pleurez pas les morts, vivez heureux, aimez-vous les uns les autres..." Voilà c'qu'y nous diraient. »

« Ah, ah ! mais moi, j'voudrais jamais mourir », s'exclama-t-elle dans un éclat de rire. « Vous savez pas pourquoi ? Parce que, quand je regarde Les Alouettes, c'est tellement beau, mes horizons je les aime, alors je me dis : "quand tu seras plus là, est-ce que les autres y vont les voir comme toi tu les vois ? Dire qu'un jour venu tu vas t'en aller... Tu vas être dans la terre." Oh, ben ça, ça ne me plaî-aî-aît pas ! », conclut-elle dans un nouveau rire. Puis, soudain sereine :

« Mais pour le moment, nous voilà bien au chaud, près du fourneau, on boit une bonne tisane, on est détendus, au milieu de la nature. C'est ça le vrai bonheur. Je voudrais que tout le monde le sache et le goûte comme nous : le vrai bonheur, il est simple. »

« Savoir regarder, ça s'apprend. »

Jeanne Devos était une demoiselle aux cheveux blancs qui avait passé sa vie au service du curé de Wormhoudt (Nord). Elle avait été la gouvernante du presbytère. En guise de loisirs, elle s'adonnait désormais à la photo. À l'église, lors des baptêmes, des communions, des mariages, elle était toujours là pour immortaliser l'événement. Mais son plus grand plaisir était de photographier la nature, qu'elle ne se lassait pas de contempler en remerciant le Ciel...

« La vie est une chose tellement belle », me dit-elle, tandis que j'étais assis à côté d'elle dans son jardin. « Quand je pense qu'il y a des gens qui traînent la leur comme un boulet... Je ne peux pas les comprendre. Le lever, le coucher du soleil, les nuages, les ciels extraordinaires, tout ça on peut le voir pour rien. Les fleurs des champs... Elles sont magnifiques. Je les fais en macrophoto et c'est absolument splendide... Les meilleures choses nous sont données par Dieu pour rien. »

Elle passait beaucoup de temps dans ce jardin qu'elle avait tenu à me faire visiter.

« Le matin, en me levant, je prends mon petit café et je vais dire bonjour à mes arbres. Quel que soit le temps, je fais le tour du jardin. Je mets de vieilles nippes et me voilà partie. Tous ces peupliers que vous voyez là, c'est moi qui les ai plantés, ça fait cinquante-trois ans. Ils étaient tout petits, il fallait les arroser, et maintenant ils me donnent de l'ombre, ils me donnent du bois. Là, j'ai mis un budleya, parce que c'est un arbre à papillons... Vous les voyez ? Savoir regarder, ça s'apprend. Les parents devraient inculquer ça à leurs enfants ou les professeurs à l'école, au lieu d'un tas de choses inutiles. Regardez ce ciel... Ah, les ciels de Flandres sont uniques ! Je ne sais pas si les hirondelles sont déjà parties... Je ne crois pas... Non, non, il y en a encore ! »

Sa voix baissa d'un ton, pour ne pas troubler le silence

traversé par le chant lointain des oiseaux et le vol des papillons.

« Vous ne croyez pas que c'est un petit coin de paradis ? » me dit-elle en tournant vers moi son visage aux yeux bleus. « Je me demande quelquefois s'il y a encore une place au ciel pour moi, parce que j'ai mon paradis sur la terre... Vous croyez qu'il y aura une place pour moi ? »

Je ne me fais pas trop de souci pour elle. Son ancien patron lui avait sûrement réservé une chaise là-haut, où elle peut désormais s'adonner sans limite aux joies de la contemplation. Avant de partir, elle a légué sa vieille maison en briques, rue de l'Église, à la commune de Wormhoudt, ainsi que toutes ses photos et ses collections d'objets anciens. La mairie, selon son vœu, y a ouvert un musée de folklore flamand.

« Si tu voyais venir les aubes sur la Loire... »

M. Raoul Boudin ne croyait pas au ciel. C'était un vieil anarchiste qui vivait dans une pièce de vingt mètres carrés à Suilly-la-Tour, dans la Nièvre, en parfaite familiarité avec les araignées et les oiseaux qui venaient se servir sur place, dormant dans un lit qu'il n'avait pas refait, prétendait-il, depuis la mort de sa femme, neuf ans plus tôt... Mais il savait regarder la nature, lui aussi, et y trouver son bonheur.

« Ma plus grande joie, me dit-il, c'est de me lever le matin, quand il ne fait pas froid, et, dès l'aube, regarder venir les couleurs par l'envers des nuages. Cela commence par un jaune qui ensuite devient rose, et puis lilas, et petit à petit, le jour vient. Ensuite on passe à l'aurore, et là c'est le grand triomphe de la lumière. Quand j'avais encore mes vaches, j'interrompais ma traite pour regarder venir l'aube.

Et si tu voyais venir les aubes ou les crépuscules sur la Loire, si tu pouvais sentir l'odeur amère de l'osier, l'odeur fade de la vase ! Et si tu la voyais, la Loire, du haut de Beauregard, près de Bois-Gibault, par un jour de beau soleil, tu croirais une coulée de vif-argent qui passe, arrondissant ses croupes comme une sultane sur ses coussins de sable chaud. Elle clignote, elle clignote, elle semble faire de l'œil à ses amants qu'elle appelle... J'en suis amoureux fou de la Loire ! »

Il était fou de lecture, aussi. Il n'avait pas les moyens d'acheter des livres mais il lisait tout ce qu'il trouvait, toute la journée. À la fin du reportage, il avait lancé un appel : « Si quelqu'un de généreux voulait me rendre un grand service, ce serait de me donner de ces livres qui permettent de faire un voyage gratuit à travers la France : la Savoie, le Dauphiné, la Provence, le Languedoc, la Bourgogne, tout... » Il fut comblé. Dans les jours suivants, le facteur épuisé lui apporta des quintaux d'ouvrages touristiques qui lui permirent d'accomplir ses voyages en chambre.

« *Les sources aussi chantent...* »

Oui, le bonheur était dans le pré, tout le monde le disait, même Aimée Lesage, qui était aveugle de naissance mais qui vivait néanmoins en communion avec la nature. En se promenant à mon bras dans sa forêt du Perche, elle m'a raconté comment elle avait appris, par exemple, à reconnaître les oiseaux d'après leur chant.

« Le matin, de bonne heure, je descends le micro de mon magnétophone le long du mur, par la fenêtre, et j'enregistre les oiseaux de toutes sortes. Et puis je me les réécoute pour les distinguer, pour voir s'il y en a de nouveaux, d'une année à l'autre. Ce matin, il y avait un de ces concert d'oiseaux dans tout le bois, là-devant ! Ça chantait tout aux alentours, c'était beau ! C'est la grive naine qui a chanté la première, avec les corbeaux. Le jour n'était même pas pointé. Elle siffle d'une façon moins variée que le merle, plus rapide, mais à peu près avec la même force. Les coucous, c'est mignon aussi. C'est pourtant simple, un chant de coucou, mais quand il y en a plusieurs qui se répondent, pas tous sur la même note, c'est rigolo comme tout.

Les sources aussi chantent. Selon la grosseur du débit, elles n'ont pas le même chant. En plus il y a les parfums. Quand vient le mois de mai, il y a plein de fleurs différentes, plein de feuillages d'odeurs différentes. Même les herbes dégagent des parfums que personne ne repère. Il faut prendre le temps de s'arrêter en certains endroits, d'écouter. Il faut aussi savoir goûter les fruits. Je n'ai jamais mangé d'aussi bonnes cerises que l'an dernier. Le temps sec y a été pour quelque chose. Le soleil a gorgé les fruits d'un sucre ! C'est extraordinaire. »

La passion d'Aimée pour les oiseaux ne s'est pas refroidie. Tous les ans elle m'écrit longuement pour me présenter ses vœux et dans sa dernière lettre, elle me demande de l'aider à lancer l'idée d'une « Fête des Duvettes » – c'est le surnom qu'elle donne aux oiseaux de toutes espèces – qui tomberait tous les ans le jour du printemps. « Pour le respect de toutes les duvettes qui se baladent dans le ciel ou qui sont emprisonnées, pour les faire connaître aux enfants, pour les aider à mieux vivre, pour leur rendre hommage à l'entrée du printemps », m'écrit-elle. Elle suggère une action dans les écoles, dans les maisons de retraite, dans les rues...

L'appel est lancé.

« Un arbre et un nichoir pour les oiseaux ! »

Je suis obligé d'avoir une pensée pour un autre amoureux des oiseaux, Pierre Descamps. Après avoir été mineur de fond pendant vingt-deux ans, dans un puits du Borinage, il exerçait bénévolement les fonctions de garde-forestier dans les bois de Gussignies (Nord), à la frontière franco-belge, pour pouvoir veiller sur eux.

« Comprends-moi, mon garçon », me disait-il avec son chaleureux accent du Nord, « quand j'avais travaillé huit heures dans la mine, à huit cent cinquante mètres sous terre, quand j'arrivais à la surface, j'étais heureux de voir un arbre et un oiseau. Déjà je les écoutais, je les observais. Aujourd'hui je suis silicosé, je n'ai plus qu'un poumon, mais ce qui me donne la force et me fait vivre, c'est ça. C'est l'amour de la nature et surtout des oiseaux. Je ne suis bien qu'ici, dans les bois. Je regarde, j'écoute. Tu entends la grive musicienne ? Rien que son nom devrait la protéger à vie, mais on la tue partout. »

Les oiseaux, qui avaient appris à le connaître, venaient manger dans sa main, sans crainte. C'était sa plus belle récompense.

« C'est une fortune, ça ! Chaque année ils viennent me revoir. Peut-être ils sont retournés en Suède, en Norvège, en Allemagne, n'importe où, mais ils reviennent et ils me reconnaissent. »

Il m'a ému quand il m'a confié ses dernières volontés :

« J'ai déjà donné les recommandations à madame. Si je pars avant elle, sur ma tombe je veux qu'on plante un arbre et un nichoir pour les oiseaux. Pas de croix, pas de pierre ni quoi que ce soit : un arbre et un nichoir pour les oiseaux ! »

« C'est tellement joli que c'est pas anglais ! »

L'auditeur du dimanche matin ne pouvait qu'être ému et séduit, à nouveau, en écoutant Fidèle Ducat.

Ce Picard aussi corpulent que truculent, toujours coiffé d'une casquette de marin, conjuguait les talents de peintre et de cuisinier. Sur la vitre extérieure de son restaurant du Tréport (Seine-Maritime), on pouvait lire : « Peinture à l'huile, cuisine au beurre. » On dégustait les filets de sole, sa spécialité, entouré des toiles qu'il peignait à ses moments perdus. Des marines pour la plupart, car la mer était sa passion. Il en parlait avec une conviction touchante, pimentant son discours de considérations personnelles qui ne manquaient pas de pertinence :

« T'as vu comme c'est beau, ce pays ? Même quand y'a du brouillard, c'est joli à voir. C'est un peu anglais, mais enfin, c'est tellement joli que c'est pas anglais. Ça reste Le Tréport, ça reste français, quoi... Rien qu'la mer, par elle-même, c'est une source d'inspiration. Moi, je suis né devant la mer. J'ai quarante-cinq berges et j'ai jamais vu la mer une fois pareille. Quand on sait la regarder, la mer, avec son cœur, on peut des millions de fois l'interpréter, la mer. Maintenant on est au siècle de la vitesse, on n'a plus le temps de regarder. Le gars qui vient, il arrive à dix heures et demi du matin, il retourne à cinq heures le soir... tu te figures qu'il a eu le temps de voir la mer ? Il a rien vu du tout. Il dit : "J'ai pris un bol d'air". Vouais... Il dit : "J'ai vu la mer". Il l'a vue mais il l'a pas regardée. Y'a toujours quelque chose à regarder, à la mer. Même s'il y a qu'une mouette. Le vol d'une mouette, c'est joli. Et le cri d'une mouette, c'est joli aussi. Elle crie pas tout le temps la même chose.

On m'a dit : "Tu verrais la montagne, c'est beau." J'ai jamais dit qu'c'était pas beau, la montagne. J'la connais pas. La forêt, c'est joli aussi, mais la mer, c'est au-dessus de tout. C'qui est emmerdant, c'est que maintenant on est en train de la bouffer, quoi, de la polluer. À cause du pognon. Moi j'aime pas le pognon. Ça me salit les mains, pis tout le monde le touche, ce truc-là, ah non, j'ai horreur du pognon. »

Fidèle Ducat a disparu trop tôt, emporté par un cancer. Mais j'ai retenu le conseil qu'il donnait aux téléspectateurs, à la fin de son interview :

« Les gens qui partent au travail, dans les villes, je voudrais qu'ils ralentissent un peu. S'ils partent à sept heures du matin, par exemple, qu'ils se lèvent un quart d'heure plus tôt, pis qu'ils ouvrent leur fenêtre. S'ils n'ont pas envie de regarder en bas parce qu'ils voient les autres cavaler, qu'ils regardent en haut. Les nuages sont pas pressés. C'est pas parce que l'usine va ouvrir qu'le nuage va passer plus vite. Ouais, ouais, rien que ça... Ça va d'abord l'aérer, pis ça lui aère l'intérieur. Et s'il sait pas peindre, qu'il achète une belle carte postale de la mer, grand format, et qu'il la regarde avant de partir au boulot. Ça va tout de suite lui calmer son truc. »

Les dures réalités du quotidien

Voilà comment j'ai fait rêver les auditeurs citadins, dimanche après dimanche, pendant trois ans, animé par le désir sincère de réhabiliter cette campagne si longtemps méprisée et de redonner une chance à toutes les communes rurales en voie de dépopulation.

Aujourd'hui, je me dis que Gisèle Vivot, Jeanne Devos et les autres possédaient avant tout une « joie d'être », selon l'expression de René de Obaldia, un don pour le bonheur qui s'épanouissait mieux à la campagne qu'en ville, certes, mais qui était incessible, qui leur appartenait en propre. C'était un leurre de croire qu'il suffirait de transporter ses pénates pour connaître cet état de grâce...

Quoi qu'il en soit, le courrier continuait d'affluer. Un extrait de lettre :

« Le projet sur lequel nous réfléchissons en ce moment est le suivant : pourquoi ne pas reprendre un commerce quelque part en France, dans un bourg qui voit sa population partir et ses commerces fermer les uns après les autres ? Pensez-vous que l'on puisse vivre décemment en retournant aux champs ou bien est-ce complètement utopique ? »

C'était une bonne question... Je me la posais, moi aussi. Est-ce qu'en favorisant leur départ nous ne risquions pas d'emmener tous ces candidats au « bonheur dans le pré » dans une aventure illusoire ? Parce que les petits commerces proposés par les maires n'avaient pas été abandonnés sans raison. Ils n'étaient plus rentables, le plus souvent, faute d'une clientèle suffisante. Et puis, accoutumés au confort de la ville, ces citadins mesuraient-ils à quel point leur vie s'en trouverait changée ?

Pour éclairer leur lanterne, Laurent Cabrol et Alexandre Lichan sont donc allés recueillir le témoignage de ceux qui avaient déjà tenté l'expérience. Le récit de ces deux ex-Parisiens a pu leur apporter quelques éléments de réflexion... et tempérer leur enthousiasme :

« Je suis né à Paris, dans le quatorzième, mais j'ai toujours aimé les animaux », nous a raconté Daniel Maret, un ancien ouvrier-carreleur, installé depuis quatorze ans avec sa femme dans une commune des Côtes-d'Armor, Belle-Isle-en-Terre.

« On a commencé par avoir une chèvre, puis deux, puis six. On les mettait au bord des routes. Tout le monde se fichait de nous parce que la chèvre, ici, c'est la vache du pauvre. Mais pour des gens de la ville, comme nous, il est plus facile de manier des chèvres ou des moutons que des grosses bêtes. Les chevreaux naissent au printemps. Au printemps d'après, si on les a bien nourris et qu'on s'en est bien occupé, ils font des petits et donnent du lait. En une année, ça commence à être rentable, tandis que les bovins, il faut attendre trois ans. »

Mais Daniel Maret a dû patienter neuf ans avant de trouver une petite exploitation à louer. « Dès qu'il y avait une annonce "ferme à louer", on allait voir. C'était déjà loué, ou c'était pour la cousine, ou on n'était pas au courant... Pour être accepté des Bretons, il faut vivre comme eux, parler comme eux. »

Il ajoutait, à l'intention de ceux qui seraient tentés de l'imiter : « Pour s'installer à la campagne, il faut en vouloir à bloc. Il faut aussi être polyvalent, savoir tout faire ou avoir la volonté d'apprendre. Une vieille maison comme la mienne, si vous la faites arranger par un entrepreneur, autant en faire une neuve. »

Après avoir fait le chauffeur de taxi à Paris pendant vingt ans, M. Turbatte était allé élever des chèvres, lui aussi, dans une petite commune du Cher, où cet animal était plus familier.

« Mais si j'avais pensé, au départ, à tous les emmerdements que j'ai eus, j'aurais peut-être hésité », avouait-il. « Pour moi, la chèvre était un animal un petit peu "station-service". Vous m'en donnez quatre litres et elle me file les quatre litres. Seulement, quand je suis arrivé ici, je n'avais jamais tiré une chèvre de ma vie. Il a fallu que j'apprenne tout, et je l'ai appris à mes dépens financiers. La première année, on a ramassé un gros bouillon. Maintenant on commence à se débrouiller, mais il faut quand même beaucoup de volonté. Il faut s'accrocher. Il y en a beaucoup qui parlent du retour à la terre, du retour aux sources, mais ils me font rigoler. Quand il faut aller chercher l'eau au fond du jardin et s'en trimballer cinq ou six cents litres par jour, il faut les tirer du puits ! Le gars le fait bien pendant huit jours mais après, il décroche. Dans notre petite ferme, avant nous, il était passé trois gars en quatre ans !... Alors, quand je suis arrivé, les gens du village se marraient doucement en se disant que celui-là allait encore se casser la gueule ! »

– « Vous êtes maintenant considéré comme un vrai paysan par vos voisins ? »

– « Oui, je crois que nous sommes adoptés. Les gens sont sympas. De là à ce qu'ils viennent m'acheter des fromages, c'est autre chose... »

Quand on lui demandait s'il retournerait à Paris, il était péremptoire, pourtant :

« On m'offrirait une situation à un million, je n'y reviendrais pas. J'y suis allé deux jours, récemment. J'ai eu la tête gonflée comme un ballon. Et pourtant j'avais mangé de l'aspirine. »

Il fallait bien l'admettre : pour le citadin assoiffé d'air pur et de « convivialité » qui s'installait dans un village, la réalité n'était pas toujours conforme à ses attentes. L'accueil était généralement sympathique, car il existe une solide tradition d'hospitalité, à la campagne, et plus encore à la montagne.

Mais au bout d'un certain temps, à de petits détails, il s'apercevait qu'il restait un étranger, aux yeux des habitants. Il n'avait pas la carte du club. Il était un résident, principal ou secondaire, pas un villageois. L'amitié, la solidarité qu'il était venu chercher, il n'y avait pas droit. Elles étaient l'apanage des vrais enfants du pays, qui n'en partageaient que des bribes avec les gens de l'extérieur. Au contraire, on lui faisait sentir, à toute occasion, qu'il « n'était pas d'ici ».

Cela tend à changer, mais c'est encore vrai dans de nombreux villages : le seul laissez-passer valable, pour entrer dans le cercle, c'est le bulletin de naissance. Il faut le savoir et l'accepter. Si vous n'êtes pas natif d'un village, si vous n'avez pas un ancêtre au cimetière, vous ne serez jamais regardé comme un habitant à part entière. Même au bout de vingt ans, trente ans de séjour. Même en faisant preuve de la meilleure volonté. Certains ethnologues vont jusqu'à prétendre qu'il faut trois générations pour être « de quelque part » !

« La campagne, ce n'est pas l'Afrique, mais c'est un autre monde », reconnaît Michel Fournier, le secrétaire national de la Fédération des maires ruraux.

« Ils envahissent nos terres ! »

J'en ai pris plus clairement conscience en 1994, quand j'ai réalisé, pour *Envoyé Spécial*, une longue enquête sur les couples qui avaient concrétisé leur rêve de retour aux sources. Vingt ans après *Le Bonheur est dans le pré*, je voulais savoir comment ils vivaient leur nouvelle condition de ruraux.

Édifiant voyage. Je suis allé d'abord à Malbosc, une petite commune de cent soixante-neuf habitants, plantée à six cents mètres d'altitude, dans les Cévennes ardéchoises. On était aux premiers jours de mai. En découvrant le village, au détour d'une route sinueuse, j'éprouvais le même ravissement que Claudine et Henri Brion avaient du ressentir lorsqu'ils étaient arrivés là en 1980. Parisiens d'origine, ils avaient acheté et retapé une maison en ruine – mais avec une vue imprenable sur la vallée – dans le hameau de Malbosquet, qui avait perdu tous ses paysans. Les terres étaient abandonnées, en friches. Trois derniers habitants, très âgés, s'accrochaient encore à leurs murs, dans leur volonté de retarder le départ vers l'hospice.

Avec l'enthousiasme des néophytes, Henri Brion se donna pour mission, après avoir retapé la maison, de faire revivre l'agriculture, dans le village. Jusqu'en 1960, sur ces terrains pauvres, étagés en terrasses, on avait pratiqué l'élevage du ver à soie, sur des mûriers. Il décida, en collaboration avec d'autres néo-ruraux des environs, de relancer cette activité traditionnelle qui était encouragée, depuis peu, par des aides européennes. Il se mit en quête de terrains à défricher, et aussi de châtaigneraies à louer. C'est là, me raconta-t-il, que les difficultés commencèrent.

« On a tout proposé : la location, l'achat, des travaux contre la location... C'était toujours non. Non, sans raison. On n'est pas des Cévenols, et le fait que ce soient d'autres qui viennent s'occuper des châtaigniers, cultiver le terrain, ça les coinçait. Ils préféraient voir crever les châtaigniers, laisser tomber une maison en ruine plutôt que de les céder. »

Le maire est intervenu pour essayer de convaincre les propriétaires, mais ses efforts ont eu peu de résultats :

« Je crois, m'expliqua-t-il, que les enfants du pays, qui sont partis en ville, se sentent un peu coupables d'avoir abandonné la place. Ils n'acceptent pas que d'autres puissent venir leur démontrer qu'ils ont eu tort, que la vie au village reste possible. Et puis ces terrains, ces maisons, c'est leur façon de rester présents, de garder une part de pouvoir. Ils ne se rendent pas compte qu'en agissant ainsi ils précipitent la mort du village. »

Près de la moitié des habitants de Malbosc étant des « implantés », comme on dit là-bas, le maire avait jugé normal, aux élections municipales de 1989, d'en accueillir quelques-uns sur sa liste. Leurs noms furent systématiquement rayés. On les tolérait, parce qu'ils apportaient un peu d'animation et permettaient le maintien de l'école, mais il n'était pas question qu'ils se mêlent des affaires de la commune. Ça ne les regardait pas.

Un autre signe avait choqué Claudine Brion. Lors d'une manifestation de chasseurs, à Privas, un groupe portait une banderole avec ces mots : « Ils envahissent nos terres. Nous résisterons ! Parole d'Ardéchois... »

« Moi je n'ai pas l'impression d'envahir une terre. Nous avons choisi de venir dans une région qui est superbe mais difficile. On mérite mieux que ça. »

Quatorze ans après leur arrivée, toutefois, les Brion s'émerveillaient encore, chaque matin, devant la beauté du paysage qu'ils découvraient de leur maison. Ils ne regrettaient pas leur choix de vie. Financièrement, ils s'en sortaient plutôt bien, grâce à la sériciculture et aux heures de secrétariat de mairie assurées par Claudine. Mais ils se sentaient toujours des étrangers sous surveillance.[1]

« On est arrivés tout heureux... »

On peut me répondre que les Cévenols forment une « peuplade » très particulière. De culture protestante pour la plupart, persécutés lors de la guerre des Camisards, ce sont, par nature, des « résistants » à toute forme d'invasion. Comme les Ariégeois, qui restent marqués par le souvenir de l'extermination des cathares. Ils sont d'autant plus attachés à leur terre qu'ils ont dû lutter, en outre, contre une nature hostile. C'est vrai. Mais à Bussière-Boffy, dans le Limousin, province moins austère, j'ai recueilli des témoignages concordants.

Gilbert et Dominique Rabier étaient venus dans cette commune de trois cent vingt habitants, l'année précédente,

---

1. Depuis lors, le couple s'est séparé. Henri Brion a abandonné l'élevage du ver à soie. Claudine, qui ne supportait plus l'isolement et le manque de contacts, a repris une librairie au chef-lieu de canton, Les Vans.

à la suite d'un appel de la municipalité qui cherchait un repreneur pour le dernier café du bourg. Au chômage tous les deux, lassés de leur vie en banlieue parisienne, ils n'avaient pas hésité à larguer les amarres pour débarquer avec leurs trois enfants. Gilbert avait des notions de mécanique puisqu'il travaillait auparavant dans une entreprise de transport. Il avait donc rouvert le garage voisin, tandis que Dominique, ancienne secrétaire de direction, s'installait derrière le bar.

M. Rabier : « On est arrivés tout heureux. La campagne, les petits oiseaux, c'était merveilleux. Les filles n'avaient jamais vu de moutons. Elles croyaient que c'étaient des petits veaux, au début. Eux, ils sont toujours enchantés, d'ailleurs. Ils pètent la santé, ils sont en forme. »

Mais Gilbert Rabier, lui, déchantait déjà. Son épouse, au café, parvenait à dégager un revenu de quatre mille francs par mois, mais le garage lui laissait juste de quoi payer ses charges. Et puis, après les manifestations de sympathie des premiers jours, il avait senti peu à peu la population se refermer à nouveau sur elle-même, en les maintenant à l'écart. Ils étaient « les Parisiens », condamnés à le rester quoi qu'ils fassent.

M. Rabier : « Quand on commence à connaître les gens, ici, on s'aperçoit qu'ils sont tous apparentés quelque part. C'est le neveu à Untel... c'est le cousin à... Ah bon, je savais pas... Nous, on connaît personne, on n'a pas de famille, rien du tout. Au début, ils nous demandaient : “Vous avez de la famille dans le Limousin ?”... Ah non, non... Ah bon... Déjà ça, ça les choque. Mais bon sang, c'est pas parce qu'on n'a pas de famille dans le Limousin qu'on est des Martiens ! »

Avant eux, un autre jeune couple, Pascal et Sylvie Deriquéhem, venus de la banlieue de Rouen avec leurs trois enfants, avait tenté de relancer le café. Ils avaient rapidement renoncé à poursuivre l'expérience mais ils étaient restés sur la commune, où ils avaient acquis une petite maison sans confort et quelques hectares de terre pour y faire de l'élevage de porcs en plein air. Malgré tout leur courage, ils peinaient à rembourser leurs emprunts. Ils m'ont reçu dehors, dans la cour, parce qu'ils ne voulaient pas que leurs amis, restés en Normandie, découvrent à la télévision la pauvreté de leur hébergement.

Sylvie : « On a failli repartir plusieurs fois. Souvent, le camion a été devant la porte et Pascal me disait : "j'en ai marre, je m'en vais d'ici". C'est moi qui le retenais. Le lendemain c'était le contraire, c'était moi qui n'avais pas le moral et c'était lui qui me disait : "non, c'est pas le moment de partir". Mais c'est dur. Pour se lancer dans l'agriculture aujourd'hui, il faut être un peu fou. Il ne faut pas compter ses heures, il ne faut pas espérer gagner le SMIG, on en est loin. Il faut aimer ça et avoir un esprit de pionnier. »

Nous sommes allés filmer les cochons, précédés par les enfants qui gambadaient dans l'herbe en riant. À un moment, Pascal m'a dit : « Ça va peut-être vous étonner, mais si je suis là, c'est à cause de vous ! C'est en écoutant votre émission *Le Bonheur est dans le pré*, le dimanche matin, que j'ai eu l'envie de tout quitter pour venir m'installer à la campagne. »

Il me rappela que j'avais donné l'adresse d'un organisme, le SICLER[1], qui s'employait à mettre en contact les citadins et les municipalités rurales désireuses d'accueillir de nouveaux habitants. Il avait écrit au SICLER, qui l'avait mis en relation avec la mairie de Bussière-Boffy.

Je me suis senti effrayé par la responsabilité que j'avais prise. Derrière le micro ou devant la caméra, on ne mesure pas assez la portée des mots ou des images qu'on envoie dans l'espace. Timidement, je lui ai demandé :

1. Le SICLER (Secrétariat d'information des collectivités locales et régionales), organisme privé d'inspiration catholique, croyait à la possibilité d'un « reboisement social » pour compenser les dégâts de l'exode rural, en implantant des citadins au chômage dans les villages. Il a perdu beaucoup d'illusions mais il continue de proposer son expérience à ceux qui souhaitent s'installer à la campagne. 114, avenue André Maginot, 37000 Tours.

– « Vous m'en voulez ?

– « Non, je ne regrette rien. On vit avec moins d'argent qu'à Rouen. Pour payer les factures, ma femme est obligée de faire des remplacements d'aide-soignante, la nuit, dans un centre pour handicapés, à Bellac. Mais nous sommes décidés à nous accrocher. Tout plutôt que retourner en ville. »

Ils ont tenu bon. Tout récemment, j'ai téléphoné, inquiet, à la mairie pour avoir de leurs nouvelles, et l'on m'a appris qu'ils étaient toujours agriculteurs. Ils ont même repris une ferme plus grande dans le village voisin. Les Rabier ont abandonné le café et le garage (qui sont aujourd'hui fermés) mais ils n'ont pas quitté Bussière-Boffy. Gilbert a repris son ancien métier de chauffeur routier tout en continuant de râler, de temps à autre, avec son accent parigot, contre la pénible mentalité des Limousins... Les habitants l'écoutent, résignés, en haussant les épaules. Lui non plus ne changera pas...

Histoires de cloches

Les heurts entre ruraux et néo-ruraux, à l'intérieur d'un village, viennent la plupart du temps d'une méconnaissance, voire d'un mépris des habitudes et des règles de vie du village. Trop de citadins idéalisent la campagne. Fuyant l'agitation, le vacarme des villes, ils l'imaginent comme un havre de paix et de silence. Mais la campagne a aussi ses bruits. Le plus emblématique est celui des cloches. Quand elles sonnent le soir, à la tombée du jour, c'est charmant. Qu'on se sent bien à l'ombre du clocher ! Quand elles vous réveillent le matin à 7 h, on les apprécie moins. Tous les ans, les tribunaux administratifs sont appelés à se prononcer sur des plaintes de nouveaux résidents qui réclament la suppression de l'Angélus du matin.

À Sauvat (Cantal), Maître Larcena, avocat, avait acheté le presbytère – près de l'église – après le départ du dernier curé, en 1973. Plus de curé, plus de messe et donc plus de sonneur. L'avocat pouvait dormir tranquille. Mais les habitants s'attristaient du mutisme du clocher. Pour leur être agréable, en 1988, le maire fit donc électrifier les cloches et rétablit l'Angélus trois fois par jour, à 7 h, 12 h et 19 h.

Colère de Me Larcena, dont le sommeil était brutalement interrompu tous les matins à la même heure ! Il avait rageusement compté les coups de cloche : cent trente-neuf à chaque fois ! Le maire, dans un esprit de conciliation, accepta de réduire la durée de la sonnerie à cent coups et de la retarder à 8 h. Mais l'avocat n'en alla pas moins devant le tribunal de Clermont-Ferrand pour demander la suppression pure et simple de l'Angélus, qui constituait selon lui une atteinte à la tranquillité publique...

Les magistrats le déboutèrent de sa plainte, en 1991, en assortissant leur arrêt des considérations suivantes :

« Avec la désertification des campagnes et l'isolement de plus en plus prononcé de leurs habitants, il est bien compréhensible que ces derniers apprécient à leur juste valeur le lien que constitue pour eux le son des cloches... Il est tout à fait regrettable que M. Larcena fasse état de ses propres habitudes de vie pour vouloir imposer un changement à celles de ses hôtes. »

Voilà des attendus qui me semblent marqués au coin du bon sens. Mauvais coucheur, le plaignant est allé, cependant, jusqu'au Conseil d'État, qui a confirmé le jugement du tribunal administratif.

Le tribunal de Dijon a également débouté de sa plainte un Parisien qui avait acheté une maison attenant à l'église de Givry (Saône-et-Loire), « considérant qu'il s'était volontairement exposé aux nuisances dont il se plaint en acquérant une résidence contiguë à l'église ».

En 1989, à Couy (Cher), c'est un ancien commerçant de Bourges, M. Luendas, installé dans la commune depuis un an, qui a déclenché la bagarre, en déposant plainte pour pollution sonore. « J'ai vécu à Paris, en plein quartier des Halles, et je n'ai jamais eu d'insomnies, expliquait son épouse. Mais ici, je ne peux plus dormir. » Le maire a immédiatement lancé une pétition pour faire le compte des partisans des cloches. Il les a invités à se rassembler un samedi matin sur la place de l'église, « afin que les cloches, symboles de vie, continuent de sonner ».

M. Luendas a répliqué en appelant à son tour à une manifestation « anti-cloches », le même jour. « En cette année du bicentenaire de la Révolution, disait le tract, que les écologistes et toutes les personnes sensibles aux droits de l'Homme viennent soutenir notre action ! »

Mais l'affrontement n'eut pas lieu. Au dernier moment, M. Luendas avait préféré annuler sa manifestation, pressentant qu'il ne réunirait pas les foules escomptées. Cent quatre-vingt personnes, en revanche, répondirent à l'appel du maire, qui harangua la foule en ces termes : « La population s'est cotisée en 1985 pour payer l'électrification du clocher. Un donateur anonyme a offert l'horloge. C'est aujourd'hui notre bien commun. Ne tuons pas ce cœur qui bat au cœur de notre village ! »

Dans les communes touristiques, toutefois, des accommodements sont généralement négociés avec le maire qui, selon la loi, est seul habilité à régler l'usage des cloches dans l'intérêt de l'ordre public. À Saint-Laurent-en-Cerdans (Pyrénées-Orientales) où, par tradition, elles retentissaient tous les quarts d'heure, de nuit comme de jour, le maire a accepté de composer avec l'hôtelier voisin de l'église, qui ne parvenait plus à garder un seul client. Il a supprimé toutes les sonneries de 22 h à 8 h. Mais à la suite de cette décision, une pétition en faveur du retour des sonneries nocturnes a quand même réuni trois cents signatures... C'est dire à quel point les ruraux restent attachés à la voix de leur clocher.

Cocorico !

Le chant du coq fait partie, lui aussi, de ces bruits familiers et symboliques de la France rurale, souvent ressentis par les citadins comme des agressions sonores. En 1994, à Villefranche-du-Périgord (Dordogne), il a été le prétexte à une grande manifestation populaire « pour le droit de vivre à la campagne avec ses bruits et ses odeurs ».

Tout a commencé avec la plainte d'un nouvel habitant qui, lassé d'être réveillé à l'aube, s'est adressé au procureur de la République pour réduire au silence le coq de son voisin. Prenant la défense de celui-ci, un retraité de la commune, Maurice Deschamps, a organisé aussitôt un défilé qui rassemblait les habitants attachés aux traditions mais aussi divers animaux de la ferme (veaux, vaches, chèvres, ânes) escortant le coq en péril. Sur les banderoles et les pancartes portées par les manifestants, on pouvait lire : « Touche pas à mon coq ! », « Cocorico ! », « Gardaren lou gal »...

En cortège, tout ce beau monde s'est dirigé vers la mairie pour y déposer une pétition de cinq cents signatures. Chacun y est allé de son petit discours : « Si nous sommes ici, a déclaré Maurice Deschamps, c'est que nous voulons dire avec force notre volonté de vivre à la campagne tout en respectant son environnement et ses traditions. Monsieur le Maire, parlez-en, s'il vous plaît, à Monsieur Pasqua afin que, dans l'élaboration de son plan d'aménagement du territoire, il puisse prévoir quelques espaces de liberté où les coqs pourront chanter et les ânes braire... »

Lyrique, un conseiller municipal a enchaîné : « Il est tout à fait naturel de prendre la défense de ce vieux coq gaulois qui se dresse depuis tant d'années sur les clochers de nos villages. Malheureusement, force est de reconnaître que ces villages se sont dépeuplés. Alors, des familles belges, hollandaises, anglaises, des retraités venant des grandes villes sont arrivés pour remplacer ceux qui sont partis. Nous les avons accueillis avec chaleur, car cette terre occitane et périgourdine est pétrie d'hospitalité. Mais nous n'avons pas à renoncer à notre identité. Non ! Jamais personne n'empêchera le coq de chanter ! À l'aube, il appelle au travail, partout il a chanté et chantera encore la victoire et l'espoir... »

En conclusion, le maire a quasiment donné à l'affaire une dimension nationale en rappelant que « le coq que nous défendons est l'emblème de la France ».

Le tribunal d'instance de Sarlat, malgré ces belles paroles, a condamné le propriétaire du coq à une amende de trois cents francs avec sursis.

Dans une affaire semblable, la cour d'appel de Dijon est allée jusqu'à condamner le propriétaire du coq à verser trois mille francs de dommages et intérêts au voisin qui se plaignait que l'animal « coqueriquait » toutes les dix ou vingt secondes « avec une régularité, une vaillance et une persévérance qui seraient dignes d'admiration en d'autres circonstances ». Les cocoricos matinaux, a-t-elle estimé, « dépassent les inconvénients normaux du voisinage, même dans un bourg rural. Il importe peu que d'autres voisins, placés différemment, ou peut-être dotés d'une ouïe moins fine, ou d'un équilibre nerveux plus robuste, ou d'un caractère plus tolérant, attestent ne pas être gênés par le coq. Il est à craindre d'ailleurs que les propriétaires du coq, tout en se plaignant d'être persécutés par leurs adversaires, ne fassent preuve eux-mêmes dans cette affaire de quelque malice, puisqu'ayant eu à déplorer en cours d'instance le décès de leur premier coq, qui serait mort empoisonné, ils n'ont rien trouvé de plus urgent, après ce décès tragique, que d'installer au même endroit un autre animal, aussi volubile que le précédent. »

L'argument est étrange. Les magistrats n'ont pas songé, semble-t-il, que le coq pouvait aussi avoir une utilité dans une basse-cour, qu'il n'y aurait plus de poussins sans son concours, et que son remplacement était donc nécessaire.

En revanche, le tribunal de Nontron (Dordogne) a sagement accordé au coq de M. Bonnaud, d'Étouars, le droit de saluer librement le lever du soleil. Après avoir dépêché les gendarmes à l'aurore, à la demande des plaignants, pour aller constater le niveau sonore de la nuisance, il s'est finalement rangé à l'avis du maire, qui était venu témoigner en disant : « Nous sommes à la campagne. Si ça continue, les gens vont bientôt nous demander de ne pas sortir nos vaches et nos tracteurs parce que ça les gêne. »

À Étouars, on commémore tous les ans cette victoire juridique lors de la fête locale, au mois d'août, qui s'appelle désormais « la fête du coq ». Dans toutes les familles, m'apprend-on, on mange ce jour-là du coq au vin, ce qui est tout de même une drôle de façon de lui faire sa fête...

Quand j'ai raconté l'histoire à la radio, un auditeur m'a écrit pour me signaler qu'il existe un moyen d'empêcher un coq de chanter trop tôt. « Il suffit de l'enfermer, le soir, dans une cage qui lui permet d'être debout mais pas de se dresser sur ses ergots. Car un coq qui ne peut pas se dresser sur ses ergots est incapable de chanter », prétendait-il. Je n'ai pas fait l'expérience. Mais si ça vous chante...

La dernière décision de justice, en la matière, date du 16 décembre 2003. La cour d'appel de Grenoble s'est prononcée, elle aussi, en faveur de la liberté d'expression des coqs. La plainte venait d'un couple d'habitants d'un hameau de Briançon (Hautes-Alpes) dont la maison est située à cent mètres d'un poulailler. À l'inverse de ceux de Dijon, les juges ont estimé que les cocoricos matinaux n'excédaient pas « les inconvénients inhérents à l'environnement rural » et qu'ils ne constituaient pas un trouble manifestement illicite. C'est cette jurisprudence qui semble s'imposer.

L'odeur des vaches

Il y a les bruits, mais aussi les odeurs liées à certaines activités agricoles qui provoquent régulièrement des heurts entre ruraux et néo-ruraux. En 1993, à Abbaretz (Loire-Atlantique), un agriculteur a été condamné à verser quatre-vingts mille francs de dommages et intérêts à un résident secondaire qui ne supportait pas l'odeur des vaches ! Avec les frais de justice, cela lui faisait une note de cent trente-cinq mille francs !

Le jugement de la cour d'appel de Rennes a soulevé une émotion considérable dans toute la région. Des manifestations de protestation ont été organisées par les syndicats. Un journée « portes ouvertes » à la ferme a fait affluer plus de cinq mille personnes. L'affaire est allée jusqu'au ministre de la Justice, qui, pour calmer l'agitation, a demandé au sous-préfet de Chateaubriand de convoquer les deux parties et de tenter d'établir un compromis. Finalement, l'agriculteur, Jean Guérin, a accepté de verser cinquante mille francs à M. Pinçon, son voisin, la moitié de cette somme étant prise en charge par son comité de soutien.

Il est vrai que la stabulation libre installée par M. Guérin était contiguë au jardin de M. Pinçon et que, sous les vents dominants, l'odeur générée par les quarante-cinq vaches, s'ajoutant à celle de l'ensilage d'herbes, pouvait apporter une certaine gêne. Les magistrats, d'autre part, ont retenu que la stabulation n'existait pas quand le voisin a acheté sa maison. Elle a été créée deux ans plus tard. Mais elle l'a été avec toutes les autorisations nécessaires, fait valoir l'agriculteur, et elle était conforme à la législation en vigueur. Elle provoquait donc des nuisances « normales »... Cette stabulation était en outre nécessaire à la rentabilité de l'exploitation, assure-t-il.

Aujourd'hui, Jean Guérin est à la retraite. Il a quitté la commune. Sa ferme n'a pas été reprise. Les bâtiments sont vides. Une exploitation de plus a disparu.

Un maire de Franche-Comté me disait récemment : « Tant qu'il y aura des bouses de vache sur le macadam, dans ma commune, je serai content. Ça veut dire qu'il y a encore des paysans. » Mais les déjections bovines, accusées de provoquer des accidents de la route, ont également fait partie des sujets de discorde entre ruraux et néo-ruraux...

Pour se moquer de ces citadins qui rêvent d'une campagne silencieuse, aseptisée et inodore, le maire de Boudes (Puy-de-Dôme), M. Retat, a pris, en 1982, un arrêté municipal qui témoigne de son sens de l'humour mais qui constitue aussi un utile appel au bon sens.

Le Maire de la commune de BOUDES

Vu le code des communes,
Considérant les us et coutumes campagnardes,

ARRÊTE

Article 1er : les citadins venant résider dans la commune, soit définitivement, soit temporairement, devront cohabiter sans plainte avec les animaux domestiques (coq, dinde, pintade, porc, vache, mouton, etc.) et supporter les servitudes et contraintes entraînées par leur élevage.

Article 2 : les citadins devront entendre avec respect, s'ils ne peuvent pas les écouter avec plaisir, les bruits de la vie naturelle et sauvage encore existante (chant du rossignol, rappel de la perdrix, hululement de la chouette, etc.)

Article 3 : les citadins devront s'accoutumer aux sons traditionnels du village (sonneries de cloches, résonance de l'enclume, etc.)

Article 4 : le Chef de la brigade de gendarmerie de Saint-Germain-Lembron est chargé de l'exécution du présent arrêté.

Fait à Boudes, le 6 juillet 1982

Accepter les us et coutumes locales, c'est la moindre des politesses quand on élit domicile dans un village, et c'est la première des conditions pour se faire accepter. Mais elle ne suffit pas. Il faut aussi se débarrasser de ce stupide sentiment de supériorité qu'affichent trop souvent les citadins. Il faut aborder le village avec humilité et générosité. C'est ce qu'a bien compris l'écrivain anglais John Berger, qui s'est installé, il y a une vingtaine d'années, sur la commune de Mieussy (Haute-Savoie) – celle d'Eudoxie Blanc. Fort de son expérience, il a donné, dans une interview, quelques conseils à ceux qui voudraient suivre son exemple :

« Va et trouve un village où tu ne te sens pas mal. N'achète pas la terre, n'achète pas de maison. Et puis offre tes services, aussi maladroits qu'ils soient – bénévolement, bien sûr – parce qu'ils ont toujours besoin d'un coup de main. Alors tu auras peut-être une chance de pénétrer un peu à l'intérieur du village. La raison ? C'est qu'en participant aux travaux, tu offres quelque chose à ce lieu que tu as choisi. Tu travailles mal, tu casses les outils, mais tu payes un peu de ta personne. Mais surtout, le rôle que les paysans s'attendent à voir jouer par un étranger citadin est complètement renversé. En proposant ton travail, c'est toi qui te retrouves dans la position de l'ignorant, toi qui devras être protégé, enseigné, toi l'élève... »

Le SICLER devrait remettre ce petit texte à chacun de ses candidats au bonheur dans le pré. Il leur épargnerait bien des déceptions.

Un autre conseil, au passage, que je me permets de donner aux citadins : à la campagne, évitez de gémir à haute voix et en public dès qu'il pleut... Le « beau temps », pour un vacancier, n'est pas forcément un « bon temps » pour l'agriculteur, dont les cultures ont besoin de la pluie, à certaines périodes... Cette différence d'appréciation a le don d'agacer les ruraux de souche et elle peut contribuer à aggraver l'incompréhension.

« Regardez-moi ce grand couillon ! »

Les premiers surpris par le phénomène du « retour aux sources » ont été les paysans eux-mêmes. Les plus vieux, qui s'étaient sentis exclus, peu à peu, d'une société en voie d'urbanisation accélérée, qui avaient souvent poussé leurs enfants à partir en ville pour connaître une vie meilleure, ne comprenaient pas que des jeunes puissent avoir envie de « revenir en arrière ».

Une scène est restée gravée dans ma mémoire. C'était en 1976. Avec Alexandre Lichan, j'étais venu voir un vieux cultivateur de lavande qui habitait dans la plus petite commune du Var : Riboux (vingt-deux habitants). Pour y accéder, nous avions emprunté une route étroite, en cul-de-sac, qui traversait la forêt et la garrigue sur sept kilomètres, sans rencontrer la moindre habitation. Le bout du monde ! Tel était d'ailleurs le nom du hameau où se trouvait la ferme de M. Gobert.

Il aimait son pays, il aimait cette odeur de lavande dans laquelle il avait toujours vécu, mais selon lui, le métier était fichu. « La lavande, aujourd'hui, c'est devenu un parfum de putes ! », se désolait-il. Il m'expliqua que les prix s'étaient effondrés depuis que les chimistes parvenaient à le reconstituer de façon artificielle. « Et comme on ne peut rien cultiver d'autre sur nos terres, le village est condamné lui aussi. »

À ce moment, un tracteur est entré dans la cour, conduit par un homme jeune, au torse bronzé. « Regardez-moi ce grand couillon », s'exclama-t-il avec une voix et un accent qui me rappelaient Raimu apostrophant Marius, dans le film de Pagnol. « C'est mon petit-fils. Il est beau, il est intelligent, il a eu son diplôme d'ingénieur, et il veut reprendre l'exploitation ! Il est fou ! »

Je sentais bien qu'au fond de lui-même, M. Gobert était heureux de voir ainsi revenir son petit-fils, mais il se faisait du souci pour lui. Et surtout il ne comprenait pas. Une vingtaine d'années auparavant, son fils avait quitté le village pour aller vivre à Marseille, où il avait ouvert un garage. Le petit-fils, né à la ville, avait fait de brillantes études qui allaient lui permettre d'avoir une bonne situation, pour la plus grande fierté de toute la famille, et voilà qu'il décidait de tout abandonner pour venir s'échiner sur quelques hectares de lavande, pour un salaire de misère. Non, ce n'était pas raisonnable.

Il a fallu pas mal de temps à M. Gobert pour admettre qu'un jeune, aujourd'hui, pouvait ambitionner autre chose qu'un emploi en ville. Mais à force de voir des « gens bien », bardés de diplômes, débarquer chez eux en expliquant qu'ils venaient chercher une « qualité de vie » supérieure, des millions d'autres ruraux ont repris confiance en eux et en leur village. Ils ont pris conscience qu'ils détenaient des valeurs, un art de vivre qui méritaient d'être préservés, un patrimoine qu'il fallait sauvegarder. On leur avait tellement dit que « tout ça, c'étaient des vieilleries, des trucs démodés ou dépassés » qu'ils avaient fini par y croire. Il fallait le regard d'une nouvelle génération, née et élevée en ville, pour les convaincre qu'ils avaient encore un rôle important à jouer dans la France de demain.

Lavoirs en péril

Je vais à nouveau évoquer un souvenir personnel qui illustre bien cette évolution des esprits. Au cours de mes pérégrinations, j'avais constaté avec tristesse que, dans de nombreux villages, les lavoirs publics se trouvaient dans un état de délabrement inquiétant. Les conseils municipaux refusaient de voter les crédits nécessaires à leur entretien puisque, depuis l'arrivée de la machine à laver, « ils ne servaient plus à rien... ». Certains maires n'hésitaient pas à les faire raser pour créer des places de stationnement. Celui de Septfonds (Tarn-et-Garonne) était allé jusqu'à proposer gratuitement une machine à laver aux cinq ou six femmes qui s'obstinaient à l'utiliser. Il avait fait le calcul : l'achat des machines coûterait moins cher à la commune que la restauration du vétuste lavoir. À Bouix (Côte-d'Or), la municipalité avait mis en vente le bâtiment pour huit mille francs (la valeur de récupération des pierres) et décidé que l'argent serait affecté à l'entretien des chemins.

La plupart du temps, les premières intéressées, les femmes, n'y trouvaient rien à redire car ces lavoirs leur rappelaient des moments pénibles, que le progrès avait opportunément abolis. Les historiens locaux racontent volontiers, aujourd'hui, qu'il y avait aussi de bons moments. En battant le linge, agenouillées dans l'eau, elles pouvaient bavarder à loisir, et l'ambiance était souvent très gaie autour du bassin. On disait que le lavoir était le café des femmes... Mais elles se souvenaient surtout des mains gercées, l'hiver, des draps mouillés et pesants qu'il fallait ramener dans la brouette, de leurs courbatures.

Il me semblait, toutefois, que cette mémoire, même douloureuse, devait être conservée, ne fût-ce que pour permettre aux jeunes générations de mieux apprécier les bienfaits du progrès. La plupart des lavoirs, en outre, avaient un charme émouvant. Leur architecture, différente selon les régions, en faisait un élément caractéristique du petit patrimoine rural. Ils constituaient un point d'eau qui, joliment aménagé, pouvait garder sa fonction de lieu de rencontre, dans le village. Bref, je pensais qu'il était temps de sensibiliser les élus locaux à l'intérêt et à l'urgence de leur préservation.

Je collaborais à l'époque – en 1986 – à une émission de TF1 intitulée *Bonjour la France*, présentée par Jean-Claude Bourret et diffusée le samedi et le dimanche de 8 h à 9 h. C'était une innovation : jusqu'alors, aucune chaîne de télévision n'avait tenté d'ouvrir son antenne aussi tôt. « Les gens n'ont pas le temps ni l'envie de rester devant leur téléviseur à cette heure-là », affirmaient la plupart des spécialistes des médias. L'initiative de TF1 allait leur démontrer le contraire. Mais je dois avouer que j'ai été moi-même surpris de l'impact qu'a eu ce nouveau rendez-vous et, par voie de conséquence, l'opération que j'y ai lancée.

Sachant que Jean-Claude était très attaché à ses origines paysannes et lozériennes, je lui ai proposé de prendre la tête, avec moi, d'une campagne qui inciterait les maires à sauver leurs lavoirs : « On pourrait diffuser une série de reportages sur les lavoirs les mieux restaurés, de façon à donner des exemples et des idées aux autres communes. »

Au même moment, le gouvernement socialiste lançait les TUC (Travaux d'Utilité Collective) pour occuper une partie des jeunes sans emploi. Les maires qui embauchaient des jeunes pour exécuter des tâches d'intérêt général recevaient des subventions incitatives. Je me suis dit qu'il fallait en profiter. Pourquoi ne pas affecter ces jeunes TUC à la remise en état des lavoirs ? Je suis allé voir le ministre des Affaires Sociales, Michel Delebarre, que j'avais connu à la mairie de Lille, lorsqu'il en était le secrétaire général, et je lui ai demandé s'il pouvait dégager un budget de deux cent mille francs pour financer un concours entre les communes qui s'engageraient à restaurer leur lavoir avec la participation de TUC.

Merci, Michel Delebarre, d'avoir immédiatement donné votre accord ! L'opération eut un retentissement considérable. Les projets de restauration affluèrent, dans l'espoir de bénéficier d'un des prix attribués par le ministère. Les initiatives privées vinrent amplifier le mouvement. Des « associations pour la sauvegarde du lavoir communal » surgirent un peu partout. Jamais je n'aurais imaginé que le sujet pouvait susciter autant d'émotion et d'enthousiasme. Les plus nombreux à m'écrire n'étaient pas les anciens mais ceux de la génération suivante, celle qui n'avait pas peiné dans le lavoir mais qui éprouvait le besoin de maintenir les lieux emblématiques d'une civilisation disparue.

Le concours récompensa trois municipalités : celles de Chassy (Cher), Saint-Épain (Indre-et-Loire) et Boussé (Sarthe), auxquelles je suis allé, accompagné d'un représentant du ministre, remettre un chèque de quinze mille francs. Mais le nombre des communes qui, à la suite de cette campagne, ont pris l'initiative de restaurer leur lavoir est infiniment supérieur.

J'aurais souhaité aller plus loin. J'avais rédigé et déposé à la préfecture les statuts d'une association nationale intitulée « Sauvons nos lavoirs » qui aurait pour tâche de poursuivre le travail d'information du public et d'apporter une aide aux villages les plus désargentés. Pour la financer, assisté par mon ami Aris Destombes qui connaissait bien le monde de la publicité, je me suis mis en quête de sponsors privés. Nous avons d'abord contacté les gros fabricants de lessive, en leur suggérant d'affecter un centime par paquet de lessive à la sauvegarde des lavoirs et de le faire savoir. Mais ils n'étaient pas encore prêts, semble-t-il, à investir dans ce type de communication publicitaire.

Les fabricants de machines à laver nous ont opposé le même refus. J'avais pensé à la marque Vedette, qui a bâti sa notoriété sur l'image de la mère Denis. Une campagne en faveur des lavoirs aurait conforté cette image sympathique. Pas de chance ! Les publicitaires de la maison cherchaient au contraire à rajeunir la perception de la marque. Ils étaient en contact, pour prendre le relais de la mère Denis, avec une « vedette » du rock'n roll, Eddy Mitchell ! J'ai fini par me décourager, devant le peu d'intérêt manifesté par les annonceurs potentiels. Faute d'argent, l'association n'est jamais entrée en activité.

Heureusement, sur la lancée, de nombreux conseils généraux ont voté des crédits spéciaux pour subventionner les communes qui acceptaient d'entreprendre à leur tour cette œuvre de réhabilitation. Aujourd'hui, lorsque je me déplace à travers la France, j'éprouve une joie secrète en constatant qu'il n'existe pratiquement plus de lavoirs abandonnés. Ils ont été sauvés, comme la plupart des autres vestiges significatifs de la vie rurale d'autrefois : calvaires, fontaines, fours à pain, moulins, outils et machines agricoles... Sous la pression de l'opinion, des médias, les maires ont pris conscience qu'ils possédaient un capital précieux, devenu inutile, bien sûr, mais d'une valeur sentimentale et touristique très importante, en cette époque encline à la nostalgie.

« Tu t'imagines que les gens vont se déranger pour voir des canards ? »

Tout cela ne s'est pas fait en un jour. Ceux qui sont sur le terrain et qui se battent pour préserver ce patrimoine vous diront que les mentalités sont lentes à évoluer, et ils s'en agacent quelquefois. Mais dans l'ensemble, globalement, je trouve que le monde rural s'est remarquablement adapté aux bouleversements qui lui ont été imposés au cours des cinquante dernières années. Habitués depuis des siècles à vivre sur eux-mêmes, dans un système proche de l'autosuffisance, naturellement portés à se méfier de l'étranger – c'est-à-dire de tout individu qui n'est pas du village – les agriculteurs ont peu à peu surmonté leurs préjugés, contrôlé leurs réflexes. Ils ont compris qu'ils avaient besoin de la ville, tout comme les citadins avaient besoin de la campagne, et que chacun pouvait y trouver son compte. Ils ont su répondre à l'engouement des citadins pour les vacances vertes, s'ouvrir aux nouvelles formes de tourisme en développant l'accueil à la ferme.

Mon ami Jacques Carles en est un bon exemple. Ce solide Aveyronnais de quarante-huit ans et cent dix-sept kilos (au jour où j'écris) a été l'un des pionniers, en la matière. Éleveur et gaveur de canards à Monteils, près du beau village de Najac, il a eu l'idée, en 1979, d'organiser des visites de son exploitation pour écouler directement, auprès des visiteurs, une partie de sa production. Autour de lui, tout le monde a rigolé. « Tu t'imagines que des gens vont se déranger pour voir des canards ? » L'initiative leur paraissait grotesque. Mais Jacques Carles pressentait que la petite agriculture devait évoluer pour survivre. Il avait constaté que les gens des villes s'intéressaient de plus en plus au contenu de leur assiette, qu'ils voulaient savoir d'où venaient leurs nourritures. Il s'était aperçu, aussi, que son discours simple mais chaleureux séduisait les touristes de passage. Pourquoi ne pas leur ouvrir plus largement les portes de la ferme ?

Effectivement, les familles de citadins, les groupes du troisième âge furent de plus en plus nombreux à venir voir les canards, écouter les commentaires de leur éleveur... et à repartir lourdement chargés de boîtes de foie gras et de confits de canard. Par la suite, Jacques Carles a ouvert une table d'hôtes, réservée aux visiteurs, où il ne sert que les produits de la ferme. Son originalité : les convives ont le droit d'emporter les restes pour en faire profiter ceux qui n'ont pas pu venir... Aujourd'hui, il reçoit vingt-cinq mille personnes par an. Il est la quatrième entreprise du département par le nombre de visiteurs. Sa production a triplé. Il fait travailler toute la famille et emploie en outre dix salariés. Tout cela sans avoir rien changé à ses méthodes d'élevage et de préparation culinaire. La cuisson de l'oulado (variante aveyronnaise de la garbure) et des confits se fait toujours dans un grand chaudron de cuivre chauffé au bois. Son foie gras – mi-cuit ou en boîte – est une merveille. Et Jacques Carles assure les commentaires avec la même volubilité et la même conviction qu'au premier jour.

Les économistes ont inventé un nom assez barbare pour cette nouvelle forme de tourisme : l'agrotourisme. Il connaît depuis quelques années un développement continu et il offre des produits très variés : chambres d'hôtes, aménagées dans de vieilles maisons ou dans des bâtiments agricoles abandonnés, gîtes ruraux, dont le confort s'améliore sans cesse, gîtes d'enfants, fermes-auberges, fermes équestres, fermes pédagogiques, qui accueillent des classes d'écoliers pour de courts séjours, goûters à la ferme, camping à la ferme, stages de cuisine régionale... Autant de formules qui permettent aux agriculteurs de trouver un complément de revenus appréciable. Il suffit de se balader sur internet et de consulter, par exemple, le site Agri Massif central pour avoir une idée de la diversité des propositions. Les Comités régionaux du Tourisme (celui de la région Midi-Pyrénées en particulier) sont aussi de bon conseil pour obtenir de bonnes adresses.

Il m'arrive souvent de passer la nuit dans une chambre d'hôtes au cours de mes déplacements. Je suis toujours touché par la gentillesse de l'accueil, la note personnelle que la propriétaire s'efforce d'apporter à la décoration. Et les petits-déjeuners, servis dans la salle à manger familiale, ont une autre allure que ceux des hôtels !

La soupière a des oreilles

Avant de refermer ce chapitre, je veux rappeler que *Le Bonheur est dans le pré* fut aussi le titre d'une rubrique de l'émission *La Soupière a des oreilles*, en 1982, sur FR3. J'avais fondé beaucoup d'espoirs sur ce programme d'une heure réalisé en direct, le dimanche à 13 h 30, sous un chapiteau de quatre cents places qui se déplaçait chaque semaine d'une ville à une autre. Je n'ai pas encore digéré son échec.

J'avais conçu l'émission avec Piem et Alexandre Lichan et nous la présentions ensemble. Dans l'euphorie des débuts de l'ère mitterrandienne, nous rêvions de mettre en œuvre une télévision de proximité, qui donnerait une large place aux particularités, aux personnalités et aux talents régionaux. Nous avions pris le parti d'installer le chapiteau dans des petites villes (sous-préfectures ou chefs-lieux de canton), pour les sortir de l'ombre de la métropole. Hélas, malgré l'appui du nouveau président de France 3, mon ami Guy Thomas, qui m'avait proposé ce challenge, l'émission s'est arrêtée au bout de trois mois, victime de la dure loi de l'audimat. Face à Patrick Sabatier sur TF1 et à Jacques Martin sur Antenne 2 qui officiaient à la même heure – dure concurrence ! – nous n'avions pas atteint les chiffres d'audience espérés.

La rubrique *Le Bonheur est dans le pré*, qui offrait chaque dimanche à deux candidats désireux de s'installer à la campagne la possibilité de venir exprimer leurs souhaits et défendre leur projet, a du moins fait le bonheur de quelques-uns. Si vous passez par le village du Petit Albergement, dans l'Ain, vous verrez un modeste hôtel-restaurant à l'enseigne de *La Soupière a des oreilles.* Il a été sauvé en 1982 par l'un des candidats, Claude Masclet, un ancien cheminot lyonnais, qui a eu la bonne idée de donner à l'établissement le titre de l'émission.

Je n'ai pas du tout apprécié, en revanche, que le réalisateur Étienne Chatiliez s'empare du titre *Le Bonheur est dans le pré* pour en faire celui d'un film, en 1985. Je n'en étais pas le propriétaire puisque je l'avais moi-même emprunté à Paul Fort (avec l'assentiment de sa veuve, je le rappelle), mais je lui avais donné une certaine notoriété et je considérais que j'avais sur lui un droit d'antériorité, comme disent les juristes. À la sortie du film, d'ailleurs, beaucoup ont cru que le réalisateur s'était inspiré de mon livre.

Lorsque j'ai protesté auprès d'Étienne Chatiliez, il m'a fait répondre qu'il ne connaissait ni mon livre ni l'émission du même nom et qu'il avait donc agi en toute innocence... C'était difficile à admettre. Avec un bon avocat, j'aurais sans doute pu obtenir du producteur quelques dédommagements, mais je n'ai pas voulu faire de ce si beau poème l'enjeu d'une sordide querelle devant les tribunaux. J'ai passé l'éponge. Le bonheur est dans le pré... pas sur le pré.

Europe 1 me remercie...

De 1975 à 1985, j'ai partagé mon temps entre Europe 1 et la télévision sans que l'une ou l'autre ait eu à en souffrir, je crois. Mon employeur principal étant Europe 1, je devais simplement lui demander par écrit l'autorisation d'assurer une collaboration extérieure chaque fois que la télévision me faisait une proposition. C'est ce que prévoit la convention collective de la presse.

Ce système a fonctionné sans heurts pendant dix ans, au point que, sur la fin, je ne prenais même plus la peine de solliciter l'autorisation par écrit. J'allais directement voir le directeur de l'information pour lui soumettre le projet et lui demander son accord.

C'est ce que j'ai fait en 1985 quand le producteur Jean-Claude Briffault m'a proposé d'animer sur TF1 une émission quotidienne intitulée *Les Jours heureux*. Le patron du journal parlé, à l'époque, était Philippe Gildas, qui n'a pas émis la moindre objection. Quelques semaines plus tard, pourtant, le directeur du personnel m'a convoqué :

« J'apprends par la presse, me dit-il, que vous allez collaborer à un programme de TF1. Vous ne m'en avez pas informé par lettre, comme l'exige la convention collective. Je me vois dans l'obligation de vous licencier pour faute professionnelle. »

J'étais abasourdi. « Mais j'en ai parlé à Philippe Gildas ! Il m'a déclaré que ça ne posait pas de problème », lui ai-je répondu en toute bonne foi.

Aussitôt interrogé, Philippe Gildas, hélas, ne se souvenait déjà plus de notre conversation... Et voilà comment j'ai quitté Europe 1, après avoir été présent sur l'antenne tous les matins à la même heure (6 h 50) pendant vingt-quatre années consécutives ! C'était trop, sans doute, pour les dirigeants de la station, qui traversaient l'une de ces crises cycliques, communes à toutes les sociétés, où l'on entreprend de « rajeunir les structures ». La « faute professionnelle » invoquée n'était évidemment qu'un prétexte.

J'ai attaqué la direction, comme il se doit, pour licenciement abusif – cette fois, je n'ai pas eu de scrupules – et j'ai finalement obtenu le paiement intégral de mes indemnités. Mais j'ai très mal vécu cette rupture. Europe 1 était ma maison. Je lui étais profondément attaché. J'étais fier de lui appartenir. Je le serais moins, sans doute, aujourd'hui... Cette radio qui a tout inventé, qui a formé les plus grands noms du PAF actuel, qui a caracolé longtemps en tête des audiences, cherche en vain, depuis des années, à retrouver le souffle, la sympathie et l'influence qu'elle a connues.

L'émission *Les Jours heureux*, malencontreuse cause de mon éviction, a duré un an. Diffusée tous les jours de 11 h 30 à 12 h, elle m'a permis d'approcher le monde du show-biz, qui me séduisait tant à mes débuts dans la profession. En compagnie de Florence Klein – dont ce fut la première apparition à la télévision française – j'allais chaque semaine chez une vedette de la chanson ou de l'écran, à qui nous avions demandé d'accueillir chez elle d'autres personnalités amies. Nous avons ainsi emmené les téléspectateurs chez Pierre Perret, Michel Fugain, Roger Hanin, Michèle Torr, Annie Cordy, Marcel Amont, Michel Galabru, Eddy Barclay, Nicole Croisille, Zavatta, Yves Duteil, Popek, Sim, et j'en oublie.

Toutes ces rencontres m'ont laissé un souvenir agréable mais superficiel. Je supporte de plus en plus difficilement cette société du spectacle où les sentiments sont fabriqués, où l'émotion est jouée, la plupart du temps. Tout le monde se dit « je t'aime », tout le monde s'embrasse... et chacun ne pense qu'à soi. Je serai toujours plus à l'aise et plus heureux à la table d'un agriculteur du Gers ou de l'Aveyron qu'à celle d'une célébrité quelconque.

« Allez viens boire un p'tit coup à la maison ! »

L'année suivante, TF1 m'a proposé d'animer les matinées du samedi, sous le titre – légèrement immodeste, excusez-moi – de *C'est tout Bonte...* Ce n'est pas moi qui l'ai trouvé, je tiens à le préciser. Le coupable s'appelle Martin Even, l'un des conseillers d'Hervé Bourges, qui n'a pas résisté à ce jeu de mots inspiré de la fameuse chanson d'Hugues Auffray *C'est tout bon*, dont il emprunta la musique, d'ailleurs, pour illustrer le générique de l'émission.

La matinée était longue : deux heures trente. J'avais la chance d'être entouré d'une équipe sympathique, composée de l'adorable Jean-Marie Proslier, le beau Frédéric Girard, l'érudit Jean-Marc Épinoux et Yves Desautard, un Creusois pure souche. Tous ensemble, chaque samedi, nous mettions en valeur un département français de façon souriante, au moyen de jeux qui associaient les spectateurs présents dans le studio. Il y avait aussi des reportages, des portraits, comme celui de cette guérisseuse de la Sarthe, Henriette Chesnier, qui soignait à peu près tous les maux avec de la neige fondue et quelques formules cabalistiques... Et puis nous recevions chaque semaine un virtuose de l'accordéon, parce que j'ai toujours aimé ce « piano du pauvre », injustement méprisé par la télévision, tout comme les fanfares et les autres musiques dites « populaires ».

C'est dans *C'est tout Bonte* que le groupe Licence IV, autour de l'accordéoniste Gilou, a interprété pour la première fois *Allez viens boire un p'tit coup à la maison*, qui fut l'un des tubes de l'année. Quelques mois plus tard, il a tenu à ce que son disque de platine lui soit remis sur le plateau de l'émission.

Dans le même temps, sur FR3, en compagnie du jeune et déjà brillant Vincent Perrot, je présentais le mercredi après-midi à 15 h 15 *Cherchez la France*, un jeu télévisé dans lequel deux candidats s'affrontaient pour deviner le nom d'une ville, à partir de quatre ou cinq indices filmés. Grâce à ces deux émissions, je renouais avec le plaisir de parcourir et de faire découvrir la France, de façon ludique et sur un ton « bon enfant », sans emphase ni didactisme. Ce sont là deux travers que j'ai toujours fuis.

C'est tout Bonte s'est arrêtée au bout d'un an, au moment de la privatisation de TF1.

Cherchez la France s'est prolongée un peu plus longtemps. Je n'ai pas compris pourquoi Jacques Chancel, nommé directeur général de FR3, a décidé de l'interrompre, en 1990. Je savais qu'il ne m'aimait pas beaucoup – c'est son droit – mais l'émission me semblait répondre à la mission de la chaîne. Après quelques mois de chômage, *Envoyé Spécial* allait heureusement me remettre en piste.

Chapitre 8

La fin des paysans

« La disparition de l'agriculture est, à mes yeux, l'événement le plus important du XXe siècle. » (Michel Serres)

« On n'est pas des exploitants, on est des exploités ! »

Courbée sur son champ de betteraves, Eulalie Le Bloas s'est brusquement redressée. La colère fait trembler sa voix : « S'ils ne veulent plus de nous, qu'ils le disent carrément, au lieu de nous faire mourir à petit feu... »

Nous sommes en 1991. Paul Nahon et Bernard Benyamin, les créateurs et producteurs d'*Envoyé Spécial*, m'ont demandé de collaborer à leur émission. Pour mon premier reportage, j'ai choisi de traiter un sujet qui me touche profondément, un drame national qui se déroule dans l'indifférence générale : la disparition lente mais inexorable des petits paysans. Je suis revenu à Bourbriac (Côtes-d'Armor) voir Eulalie, l'agricultrice bretonne que j'avais interviewée pour *La Lorgnette*, quatorze ans plus tôt, celle qui donnait un nom à ses vaches en fonction de leur allure ou de leur caractère... « Celle-là, par exemple, je l'ai baptisée Mistinguett parce qu'elle a un joli jeu de jambes ! » m'avait-elle expliqué.

Je ne la reconnais plus. Où est la jeune femme rieuse, visiblement heureuse au milieu de ses bêtes, que j'avais rencontrée ce jour-là ?

« C'est vrai, on meurt à petit feu tous les jours, poursuit-elle. On continue de travailler comme on l'a toujours fait mais on sait qu'au bout c'est la fin, la fin de notre petite exploitation et de beaucoup d'autres. » Parfois elle se demande pourquoi elle s'obstine à travailler encore : « Ça ne nous rapporte rien. On bouffe tout à mesure qu'on fait... On bouche les trous. On paie les charges sociales, l'engrais, et c'est tout. On arrive à vivre parce qu'on n'a pas d'emprunt mais si on en avait on ne pourrait pas faire face. »

Que lui est-il donc arrivé pour qu'elle se retrouve dans une telle situation ? Rien. Enfin, rien de spécial. Elle a été victime, comme des milliers d'autres agriculteurs, d'une évolution implacable, qui tend à éliminer les petites exploitations au profit des plus importantes.

Le phénomène a commencé vers 1950. On dénombrait alors quatre millions d'exploitations agricoles, en France. Mais au nom de la modernisation de l'agriculture, toute la politique des pouvoirs publics a favorisé la constitution d'unités de plus en plus grandes et de plus en plus productives pour faire face à la concurrence internationale. Il fallait faire baisser les prix des produits agricoles – en améliorant les rendements – pour pouvoir exporter. L'objectif a été atteint mais les petits exploitants, incapables de suivre le mouvement, ont vu de ce fait, leurs revenus s'amenuiser et leur avenir menacé.

Ils ont reçu le coup de grâce en 1984, quand la France a mis en place les « quotas laitiers » décidés par la Communauté européenne. Pour réduire les excédents de lait (conséquence du productivisme), interdiction était faite, désormais, aux éleveurs de produire plus de lait qu'ils n'en avaient vendu en 1983, dernière année de référence. Tout dépassement était passible d'une amende très dissuasive. Le revenu des petits agriculteurs, qui était essentiellement basé sur la production laitière, s'est ainsi trouvé définitivement bloqué, tandis que les charges et le prix des produits à l'achat continuaient d'augmenter. Résultat imparable : l'asphyxie.

« Allez voir le docteur Le Jeanne, le vétérinaire de Bourbriac, me conseille Eulalie. Ça fait vingt ans qu'il est là. Il connaît tous les fermiers du canton. Il vous dira dans quelle misère nous nous trouvons. »

Le Docteur Le Jeanne confirme :

« Nous sommes dans une situation de détérioration économique qu'on peut comparer à celle du bassin sidérurgique lorrain il y a quelques années, me dit-il. Nous, dans cette région du centre de la Bretagne, notre minerai de fer, c'étaient nos vaches laitières... D'ici à l'an 2000, la plupart des petites fermes du canton auront disparu. Et quand je parle de petites fermes, ce sont des exploitations de vingt, vingt-cinq hectares, qui paraissaient grandes il y a encore vingt ans et qui sont les plus nombreuses dans la région. »

En cette année 1991, le nombre des agriculteurs, en France, est déjà tombé à un million. Trois millions ont été éliminés en quarante ans ! Mais cette hécatombe n'inquiète pas grand monde. Les responsables professionnels et politiques considèrent au contraire qu'il s'agit d'une restructuration nécessaire de l'agriculture. Le président de la FNSEA, Raymond Lacombe, dans une interview publiée par l'*Événement du Jeudi*, a annoncé froidement que le dégraissage n'était pas terminé. Les agriculteurs ne seront plus que quatre cent à cinq cent mille en l'an 2000, selon lui.

« Ça tient pas droit, tout ça... »

J'ai quitté Eulalie et la Bretagne pour la Haute-Loire. Au cours des dix années précédentes, trois mille trois cents exploitations agricoles y ont disparu, soit une sur quatre.

« Il y a trente ans, dans ce village de Bergougnoux, il y avait une quinzaine de familles d'agriculteurs. Il en reste quatre. Et pour combien de temps ? »

Le village de Bergougnoux fait partie de la commune de Saugues, aux confins de la Haute-Loire et de la Lozère. Je suis assis à la table de Lucien Lonjon, quarante-huit ans, deux enfants, quarante-cinq hectares de terres, trente vaches, cent cinquante moutons.

Sur une pierre d'angle du mur de l'étable, le nom des Lonjon est grossièrement gravé, avec cette date : 1815. Cela veut dire que cinq générations au moins se sont succédées ici. Chacune a contribué à agrandir le corps de ferme en lui ajoutant un bâtiment d'exploitation ou d'habitation. Mais Lucien Lonjon se dit inquiet, lui aussi.

« On nous a dit qu'il fallait produire, produire... On a produit, plus que ce qu'on faisait dans le temps. Et maintenant, il y en a de reste. Le lait, il faut le jeter au milieu de la cour. Ça tient pas droit, tout ça. »

Quant aux moutons, qui complètent le revenu de la ferme, leurs cours se sont effondrés. Sans les aides directes de l'État ou de Bruxelles, reconnaît-il, il ne pourrait pas tenir. Mais ce statut d'assisté le fait enrager :

« Aux yeux des citadins, on passe pour des mendiants, des gens qui réclament tout le temps quelque chose. C'est vrai que ce n'est pas normal. On devrait pouvoir vivre de son boulot comme tout le monde. Tout ce qu'on demande, c'est qu'on nous achète nos produits à leur vrai prix. »

Réflexion de bon sens, que j'ai entendue mille fois. Mais le mécanisme des prix, en agriculture, a complètement échappé aux règles élémentaires du commerce, telles qu'on les enseignait autrefois à l'école, dans les leçons d'arithmétique.

Exemple : « Un paysan vend un sac de pommes de terre cent francs. Ses frais de production s'élèvent aux quatre cinquièmes du prix de vente. Quel est son bénéfice ? »

Cette méthode de calcul est dépassée. Tout se décide désormais au-dessus de la tête de l'agriculteur, au niveau de l'Europe ou de l'OMC. Le prix de ses produits n'a plus rien à voir avec celui de son travail.

La nouvelle génération en a pris son parti. Elle s'est accoutumée à travailler en fonction des subventions attribuées à telle ou telle production. Mais à l'époque, cette politique paraissait aberrante et contribuait à aggraver le trouble des petits exploitants.

« Les gros paysans vont rigoler... »

Quand j'arrive chez Maurice Bonhomme, un autre agriculteur de Saugues, c'est l'heure de la traite. Avec Didier Dahan, mon cameraman favori, je l'accompagne à l'étable où sont alignées une dizaine de vaches. Pas question pour lui d'en élever davantage puisque son quota annuel n'est que de vingt-quatre mille litres. Il opère avec une petite trayeuse mécanique à roulettes, à quatre gobelets.

« Les gros paysans vont rigoler quand ils vont voir ça ! » me dit-il avec un sourire amer. « C'est archi dépassé. Maintenant, pour être performant, il faut la salle de traite, le transfert... Et pour amortir tous ces équipements, il faut produire beaucoup, il faut récupérer les terres et les quotas des petits comme nous. C'est ça la politique actuelle. »

Quand une exploitation disparaît, son quota laitier est en effet redistribué par les laiteries ou par l'administration locale. Et cette répartition se fait bien souvent selon des critères très discutables. Au lieu d'accorder aux petits agriculteurs le supplément de quotas qui rendrait leur ferme viable ou qui leur permettrait d'employer un fils, on continue de favoriser les plus gros, ou ceux qui sont bien placés dans les organisations professionnelles ou syndicales. On m'a cité le cas d'un ancien leader du syndicat des jeunes agriculteurs, dans la commune, qui en est arrivé à cumuler trois cent soixante mille litres ! Alors que Maurice Bonhomme n'a jamais obtenu la moindre goutte supplémentaire.

« Tout est fait pour les gros », s'indigne-t-il. « Nous, les petits, on nous dit : "Dégagez, enlevez-vous de là. Et vite ! Vous n'avez plus votre place, dans l'agriculture moderne. D'autres la prendront, qui savent mieux travailler que vous, qui sont plus compétitifs." Compétitivité ! Ils n'ont plus que ce mot-là à la bouche. Et la qualité de la vie ? Et la qualité des produits ? Qu'est-ce qu'ils en font ? »

Son fils, Philippe, a vingt-sept ans. Il aime passionnément ce métier d'agriculteur.

« Pour moi, c'est le plus beau du monde. Même si je n'ai pas mes week-ends, même si je fais soixante-dix heures par semaine », affirme-t-il avec une ferveur touchante. « Il y en a qui sont docteur, cantonnier ou ministre, moi c'est paysan. Et je ne veux pas qu'on m'impose quelque chose d'autre. »

Il milite au sein de la Confédération paysanne pour tenter de contrer l'influence de la FNSEA, le syndicat majoritaire, qui a toujours prôné le productivisme et la concentration, et qui a malheureusement réussi à imposer sa politique aux ministres de l'Agriculture successifs.

« Il faut qu'on partage », conclut-il. « Pas tout aux mêmes et rien aux autres. Parce que pour l'instant, ça va, on arrive à manger. Mais quand on n'arrivera plus à manger, on ira où ? Manger chez le gros ? Ça m'étonnerait qu'il me fasse une place à sa table. »

Ferme en faillite

Changement de décor. À Aigueperse (Puy-de-Dôme), Jacques Croizé a voulu devenir un agriculteur compétitif, moderne. Conseillé par les organisations professionnelles, soutenu par le Crédit Agricole, il a investi dans l'achat de terres, de bêtes, de machines. Il est parvenu, au bout de dix ans, à se constituer une exploitation de quatre-vingts hectares. Mais en ce samedi de janvier 1991, je me retrouve à ses côtés dans le hangar d'un grand garage de Riom pour assister à la vente aux enchères de tout son matériel agricole. La chute des prix de la viande, ajoutée à quelques erreurs de gestion, l'a conduit à la mise en liquidation judiciaire.

« Mon matériel a été saisi, mes vaches ont été vendues, ma maison est hypothéquée. Je n'ai plus rien. Avec ma femme, on a démarré à zéro et on se retrouve à zéro, avec deux enfants, après nous être crevés la peau pendant dix ans. Heureusement, ma femme a trouvé un emploi, mais comme elle est cosignataire de tous mes emprunts, elle va devoir y répondre sur son salaire. »

Il débite la litanie de ses misères d'une voix monocorde, les yeux au sol, comme s'il avait perdu la force de se mettre en colère. Sous le hangar, les agriculteurs de la région commencent à arriver, essayant de flairer la bonne affaire parmi les véhicules et les engins qui vont être adjugés tout à l'heure. Ils parlent à voix basse, l'air grave, un peu gênés, semble-t-il, de venir rôder autour des dépouilles d'un collègue malheureux.

Jacques Croisé poursuit :

« J'ai peut-être vu un peu trop grand. Mais à l'époque, tout le monde nous incitait à aller de l'avant, à nous agrandir. On nous disait que, dans l'Europe verte, seules les exploitations d'une certaine taille pourraient résister et produire à des prix compétitifs. Le Crédit Agricole nous poussait dans cette voie : "allez-y, on vous financera". Alors je veux bien reconnaître que j'ai des torts, mais je voudrais qu'ils en prennent un peu leur part. Parce que, quand les difficultés ont commencé, ils ont refusé de nous aider. Et aujourd'hui qu'on ne peut plus rembourser, ils nous obligent à tout vendre pour récupérer leur argent. »

Le commissaire-priseur a donné quelques coups de marteau sur la remorque jaune pour obtenir le silence. Les enchères vont s'ouvrir. Légèrement en retrait, Jacques Croizé serre la main de sa femme, dont les yeux sont encore rouges d'avoir trop pleuré. Après la remorque, c'est l'épandeur qui est adjugé, puis la herse. Quand arrive le tour du tracteur, un superbe engin rouge de quatre-vingts chevaux, toutes les conversations s'arrêtent spontanément. Chacun de ceux qui sont là sait bien ce que représente un tracteur pour un agriculteur. C'est plus qu'un outil de travail. On s'attache à lui comme on se prenait d'affection, autrefois, pour son cheval de trait. Le voir partir est un déchirement.

« Mise à prix cinquante mille francs ! », crie le commissaire-priseur. Un bras se lève, puis plus rien. « Allons, ça vaut plus que ça, reprend-il. Cinquante mille francs, qui dit mieux ? »

La trentaine d'hommes qui forme le public reste immobile et silencieuse. Surpris, le commissaire-priseur tente une relance. Peine perdue. « Cinquante mille une fois, cinquante mille deux fois, cinquante mille trois fois... Adjugé ! »

Mme Croizé se jette dans les bras de son mari. On les entoure amicalement. La solidarité paysanne a joué. C'est l'un des frères Croizé qui a acquis le tracteur à la moitié de sa valeur, avec la complicité de l'assistance, pour permettre à Jacques de le récupérer un jour. Mais quelles chances a-t-il de pouvoir à nouveau exercer son métier ?

« La nature, c'est comme l'animal... »

Le reportage est diffusé le 31 janvier 1991. Didier Dahan a eu l'idée de le terminer par une succession de plans fixes qui montrent Eulalie et son mari, les Lonjon, les Bonhomme posant devant leur ferme, immobiles, comme autant de photos d'un album de souvenirs, autant d'images désuètes d'un monde en voie de disparition. La musique de Schubert (le scherzo du quintette pour corde en C, opus 163) que j'ai choisie pour les illustrer accentue encore l'émotion suscitée par les images et les interviews.

Le lendemain, quand j'arrive au bureau d'*Envoyé Spécial*, la secrétaire de Paul Nahon, qui s'occupe du courrier électronique, m'annonce : « On n'a jamais reçu autant de messages pour un reportage. Les gens te félicitent d'avoir traité un problème qui n'est jamais évoqué dans la presse nationale. »

C'est une remarque qui revient souvent, en effet : « Quand une entreprise ferme en mettant cinq cents personnes au chômage, tous les journaux en parlent. Mais depuis dix ans, il y a chaque semaine cinq cents agriculteurs, en moyenne, qui disparaissent, qui perdent leur métier, et tout le monde l'ignore. »

Les jours suivants, les lettres m'arrivent par centaines. Elles témoignent toutes à leur manière de l'attachement que les Français éprouvent pour ce monde paysan dont ils sont issus. Elles soulignent les graves conséquences qu'entraîne la diminution du nombre des agriculteurs :

« Je suis boulangère dans une commune du Puy-de-Dôme

qui avait mille sept cents habitants en 1962 et qui n'en a plus que mille. La disparition des paysans entraîne progressivement la fermeture des commerces, des écoles, des services. Il y a trois ans, on nous a supprimé la perception, on parle de nous enlever la gendarmerie. Les foires, qui animaient le bourg deux fois par an, sont menacées... »

Et que deviendront les paysages qu'ils entretenaient ?

« La nature, c'est comme l'animal, me prévient un vieil agriculteur. Si vous lui rendez la liberté, elle ne devient plus sauvage. Elle devient méchante, parce qu'elle a connu l'homme. » Ce qui fait dire à mon confrère Henri Montant : « Le XXIe siècle, sans nos paysans qui quadrillent le territoire, sera le siècle de l'ortie et – tremblez carcasses ! – celui des insectes qui piquent... »

Une agriculture à deux vitesses

J'espérais naïvement qu'une prise de conscience allait s'opérer, dans les milieux professionnels et politiques. Mais deux ans plus tard, en 1993, quand *Envoyé Spécial* m'a demandé de repartir en reportage chez les agriculteurs, pour faire le point, je me suis aperçu que la situation n'avait fait que s'aggraver. Ce n'étaient plus seulement les petites fermes traditionnelles, de trente ou quarante hectares, qui étaient touchées. Celles qui s'étaient agrandies, qui avaient fait un effort de modernisation, mais en gardant un caractère familial, étaient également en crise.

On se trouvait de plus en plus – et on se trouve encore – devant une agriculture à deux vitesses :

– d'un côté, des agriculteurs de pointe, à la tête de véritables entreprises de plusieurs centaines d'hectares. Ils ne représentent que 10 % de la profession mais occupent le tiers du territoire agricole et sont capables de couvrir 90 % des besoins de la France en produits alimentaires. Cette nouvelle race de gentlemen-farmers, d'agri-managers, prospère en particulier dans la Beauce, la Brie, la Champagne. À l'affût des innovations, ils programment leur production en fonction du marché international, suivent quotidiennement les cours de la Bourse des matières premières de Chicago et sont devenus des chasseurs de primes. On cite le cas de deux frères, dans le Centre-Ouest, dont l'exploitation est passée en deux ans de deux cent cinquante à deux mille hectares et qui ont réussi à toucher plus de huit millions de francs de subventions. Pour ceux-là, tout va bien.

– de l'autre côté, les 90 % restants, les laissés pour compte, qui ont toujours un train de retard dans la course à la modernisation. Ils s'essaient à toutes sortes de productions, selon les aides de Bruxelles et les tuyaux que leur soufflent les spécialistes. Ils travaillent beaucoup, gagnent peu, ne prennent pas de vacances. Et de désespoir, certains ont parfois recours à la violence.

Ce sont eux que j'ai rencontrés le 25 novembre 1992 sur le Champ de Mars à Paris. Ils étaient trois mille environ, venus de tous les coins de France pour manifester contre les accords du GATT. Des accords rédigés comme d'habitude par de lointains technocrates, dans un jargon incompréhensible par le commun des mortels, mais qui, leur avait-on dit, allaient encore accroître leurs difficultés. Ils étaient surtout venus crier leur colère et leur désarroi.

« Nous sommes au bout du rouleau », hurlait une agricultrice dans un mégaphone. Des banderoles proclamaient : « Non au diktat américain ! », « Aujourd'hui le Gatt, demain l'ANPE ». Au premier rang des manifestants, symboliquement armé d'une fourche et d'une cloche à vaches, Bernard Leroyer n'hésitait pas à affronter les CRS qui voulaient empêcher le cortège de se diriger vers le ministère de l'Agriculture, rue de Varennes.

– « C'est chez moi qu'il faudrait venir voir », me lance-t-il. Je vous montrerai ce que c'est que la vie d'un agriculteur aujourd'hui.

– « Où habitez-vous ? »

– « À Boissy-les-Perche, dans l'Eure-et-Loir. »

« Je ne sais plus ce qu'il faut faire »

Voilà comment je me suis retrouvé, le lendemain, dans ce village du Perche, où Bernard Leroyer, cinquante et un ans, a repris il y a vingt ans une ferme de quatre-vingt-six hectares, dont dix-sept en propriété. Comme on le lui a conseillé, il a abandonné la production laitière pour se consacrer entièrement à la culture : blé, orge, petit pois, colza. « Spécialisez-vous ! » : c'était le mot d'ordre de l'époque. Mais depuis trois ans, m'affirme-t-il, les comptes de son exploitation sont déficitaires. Son métier ne lui rapporte rien.

J'ai peine à le croire. On a toujours tendance à penser que le paysan exagère quand il se plaint, qu'il nous refait le coup de Fernand Raynaud : « Ça paie pas... Ça a eu payé, mais ça paie plus ! » Il doit deviner mon incrédulité. Alors, sur la table de la salle à manger, il étale devant moi ses bilans, où le signe « moins » apparaît au bas de la plupart des colonnes de chiffres.

« Regardez vous-même », dit-il. « C'est décourageant. On fait tout pour avoir des bons rendements, pourtant. Je ne sais plus ce qu'il faut faire. »

Pour faire rentrer un peu d'argent à la maison, il conduit le car de ramassage scolaire deux fois par jour : cela lui prend deux heures le matin, deux heures le soir. « J'ai choisi cet emploi à cause des vacances scolaires qui me libèrent, l'été, pour la moisson », m'explique-t-il. Quant à son épouse, après avoir élevé ses six enfants et cinq autres de la DDASS, elle a pris le chemin de l'usine.

« J'en ai pleuré », avoue-t-il, « la première fois que je l'ai vue partir. Mais tous les deux, on est décidés à s'accrocher. Je ne peux pas me résigner à vendre la ferme. Je suis un gars de la nature, moi », poursuit-il en se relevant la tête et en retrouvant tout-à-coup le sourire.

« J'aime la terre. Je sens quand elle est bonne à prendre... J'ai l'impression qu'elle est amoureuse. Si, si... ne riez pas. Il y a des moments, vous allez pour labourer, ça ne va pas, ça se fait mal. Et puis il y a des moments, ça va tout seul. Je dis qu'elle est amoureuse... »

Mais la colère le reprend vite :

« Ça me met hors de moi quand je vois que des gens, dans le monde, meurent de faim, même chez nous, en France, alors que nous, on nous empêche de produire, on nous oblige à mettre des terres en jachère. C'est pas normal. Quand vous dites ça à des responsables haut placés, dans les réunions électorales par exemple, ils vous répondent : "ils n'ont pas de sous, ils ne sont pas solvables"... Moi je suis pas d'accord. Pour acheter des armes et s'entretuer, ils en ont de l'argent. Regardez ce qui se passe en Yougoslavie ! Mais pour se nourrir, il n'y en a pas. »

Il est désabusé : « La droite, la gauche, tout le monde nous laisse tomber. Même qu'on change de gouvernement, ça ne changera rien. En tout cas, moi je ne mourrai pas en silence. »

« Les vaches, c'est pour mon plaisir »

Retour (en images) à la manifestation. En tête du cortège, les paysans les plus déchaînés lancent des barrières de protection contre les CRS qui répondent par des grenades lacrymogènes. Un peu plus en retrait, un jeune agriculteur, qui défile sagement en portant une banderole de la Confédération Paysanne, me reconnaît et me remercie pour le reportage que j'ai réalisé deux ans plus tôt. Cela me fait plaisir, bien sûr. Il s'appelle Pascal Langevin. Après quelques minutes de discussion, je décide de me rendre également chez lui avec le cameraman, Philippe Dumail, car le personnage est attachant et son histoire me semble édifiante.

Il s'est installé il y a huit ans à Beaumont-Pied-de-Bœuf, dans la Sarthe, sur une ferme de cinquante-cinq hectares, et s'est aussitôt spécialisé, quant à lui, dans l'élevage. Il a un troupeau de trente-cinq vaches charolaises, qui pâturent en liberté sur trente-cinq hectares et qui lui donnent chacune un veau par an (élevé sous la mère, bien sûr). Les vingt hectares restant fournissent le fourrage qui permet de nourrir le bétail en hiver. Dès que j'arrive à la ferme, il tient à me montrer ses bêtes, qui sont toutes sélectionnées et inscrites au herd-book charolais. Sur la porte du hangar, il a accroché fièrement les médailles qu'elles ont obtenues dans les concours et les comices agricoles. C'est dire que tous ses efforts sont axés sur la qualité. Et pourtant... Comme Bernard Leroyer, le céréalier, Pascal Langevin est au bord de la faillite.

« J'ai la chance de faire un métier qui me plaît », me dit-il, tout en caressant l'une de ses vaches, « mais il ne me rapporte rien. Si je n'avais pas créé en complément, il y a trois ans, un élevage de poulets fermiers, que je vends directement, j'aurais déjà dû me séparer d'elles. Je tiens grâce aux poulets, qui dégagent environ deux mille francs par mois, et au salaire de ma femme, qui travaille à l'extérieur. Les vaches, c'est pour le plaisir. »

C'est le volume de ses emprunts qui grève son bilan d'exploitation. Le Crédit Agricole l'a poussé à s'endetter, lors de son installation, en lui établissant un plan de développement qui pouvait sembler raisonnable, à l'époque. Mais la chute des cours de la viande bovine a alourdi de façon insupportable le poids des remboursements.

« J'ai peut être eu tort de ne pas vendre mes bêtes dès le début de la crise... Je n'en ai pas eu le courage. Je ne peux pas envisager de vendre un troupeau comme celui-là, que j'ai sélectionné avec amour pendant huit ans, s'attendrit-il. Si vous saviez le bonheur que je ressens quand je vais voir mes vaches, le matin, au printemps, dans les prés ! Même l'hiver... Je tarde toujours à les rentrer, à l'automne, et puis quand elles sont sous le hangar, je suis bien content. Elles sont toutes là !... Mais j'ai beau vouloir résister, reprend-il, ça ne dépend pas que de moi. Si le Crédit Agricole, demain, me refuse un prêt de trésorerie, comment je fais ? »

Pas de pays sans paysans

La présence d'agriculteurs tels que Pascal Langevin ou Bernard Leroyer est pourtant nécessaire à un bon équilibre du territoire. D'un strict point de vue économique, on pourrait sans doute se passer de la majorité d'entre eux, c'est vrai. Mais il est temps de comprendre qu'ils ont un autre rôle que celui de producteurs. On ne peut pas assimiler leur cas à celui des mineurs du Nord-Pas-de-Calais ou des sidérurgistes de Lorraine, qui ont été victimes, eux aussi, de lois économiques implacables. Le paysan, lui, a une fonction sociale, écologique. Et Pascal Langevin en est conscient :

« On a de moins en moins besoin de nous, paraît-il, pour nourrir les hommes, mais nous avons toujours un rôle de “jardinier de la nature”. C'est une expression que les agriculteurs n'aiment pas, parce que notre métier, quand même, c'est plus que ça. Mais c'est aussi ça... Le tourisme rural, par exemple, a besoin de nous. Des vaches dans les prés, un champ bien cultivé, c'est beau. Notre travail contribue à la beauté du paysage. Moi, c'est une des raisons pour lesquelles je veux rester paysan. Je crois à une autre agriculture, plus propre, moins intensive, respectueuse de la nature, et j'ai envie d'en faire partie. Ça me donne envie de me battre. »

Comme me le disait un jour un maire-agriculteur du Lubéron : « On a fait de l'écologie bien avant que le mot existe. C'est le paysan, le berger qui entretient depuis toujours la nature. Quand nous serons partis, il en faudra des Canadairs pour lutter contre les incendies ! » Aucun parti ou mouvement écologiste, pourtant, n'a inscrit à son programme la défense des petits agriculteurs. La survie de leur espèce, apparemment, leur semble moins importante que celle de l'ours des Pyrénées ou de la tourterelle.

La baie des cochons

Il existe des paysans pollueurs, certes. Mais ils se trouvent parmi ces 10 % d'agriculteurs « de pointe » qui pratiquent le productivisme forcené : ceux dont les étables sont devenus des forceries, où les veaux sont élevés en batterie, ceux dont les porcheries sont devenues des « ateliers » de mille ou deux mille truies, élevées « hors-sol » (quelle énormité !), ceux dont les poulaillers se sont transformés en bâtiments industriels, éclairés jour et nuit, où s'entassent des milliers de poulets gavés aux antibiotiques, ceux qui considèrent les animaux d'élevage comme des machines à fabriquer de la viande ou du lait. Pour produire toujours davantage au coût le plus bas.

Les « champions », dans ce domaine, ont été les Bretons. L'été 1996, je me souviens d'être passé par la baie de Saint-Brieuc, qu'on appelait « la baie des cochons » en raison de la multitude de porcheries industrielles installées dans la région, dont les déjections venaient se répandre dans la mer. La puanteur était insupportable et le spectacle désolant. Les algues, qui avaient monstrueusement proliféré sous l'action conjuguée des lisiers gorgés de nitrate et de la chaleur, formaient une large frange verdâtre tout au long de la côte. Une catastrophe pour le tourisme et la conchyliculture.

Ailleurs, dans les régions de cultures intensives, c'est la nappe phréatique qui a été peu à peu polluée par les engrais chimiques (nitrates en particulier) et les pesticides utilisés de manière excessive.

Agriculteur dans le pays basque, Michel Berhocoïrigoin écrivait en 1992 dans le journal de la Confédération Paysanne : « Avec les incohérences de la politique actuelle, nous allons vers une France des nitrates d'un côté, et une France des friches de l'autre. Plutôt que de surproduire dans certaines zones, pourquoi ne pas essayer de produire mieux et partout ? »

L'idée a mis beaucoup de temps à mûrir. Ceux qui se permettaient de remettre en cause le système productiviste ont été longtemps considérés par les porte-parole officiels de l'agriculture française (c'est-à-dire la FNSEA) comme des hurluberlus, des gauchos, des écolos, des réactionnaires... tout ce qu'on veut sauf des gens raisonnables et réalistes. « On ne peut plus revenir en arrière » : c'était la réponse prétendument imparable.

Il a fallu le drame de la vache folle, en 1996, pour que les responsables de tout poil s'interrogent sérieusement sur les dérives entraînées par une agriculture contre nature et sur les conséquences de l'inquiétante réduction du nombre des exploitants.

« Nous avons plus besoin de voisins que d'hectares »

1er avril 1997. Le Centre Départemental des Jeunes Agriculteurs de la Nièvre tient son assemblée générale à Château-Chinon. Il faut savoir que les Jeunes Agriculteurs (qui font partie de la FNSEA) ont été, dans les années 70, les plus farouches promoteurs de la « modernisation » de l'agriculture. Le président du CDJA, Stéphane Aurousseau, monte à la tribune pour présenter le rapport moral et il tient, cette fois, des propos d'un ton nouveau :

« Nous avons vite compris que la crise de la vache folle n'était qu'un révélateur d'une agriculture qui ne respecte plus rien, une agriculture qui ne respecte plus l'environnement, une agriculture qui ne respecte plus les consommateurs, une agriculture qui ne se respecte plus elle-même puisqu'elle fonde son développement sur la disparition de ses membres... La crise de la vache folle ne fut que l'aboutissement d'un processus d'industrialisation de l'agriculture... »

Je suis interloqué par ce brusque retournement. On croirait entendre un leader de la Confédération paysanne, le syndicat (minoritaire) dont la FNSEA a toujours essayé d'étouffer la voix. Je sais bien qu'on est le 1er avril, mais le président n'a pas l'air de plaisanter. Il continue en se prononçant contre la course à l'agrandissement des exploitations et pour « une agriculture familiale à dimension humaine ». Le nouveau slogan des Jeunes Agriculteurs, désormais, est le suivant : « Nous avons plus besoin de voisins que d'hectares ! »

Jolie formule, mais le constat intervient un peu tard, alors que le mal est déjà fait.

La même année, le ministre de l'Agriculture, Philippe Vasseur, fait voter une loi d'orientation agricole qui va dans le même sens. « Plus une exploitation viable ne sera démembrée, annonce-t-il, sauf pour installer plusieurs jeunes. »

Les esprits, c'est sûr, ont évolué. Le discours dominant a enfin changé. Dans les faits, comme on va le voir, c'est autre chose.

2003 : six cent mille agriculteurs

Dans les faits, la concentration des exploitations s'est poursuivie de façon plus hypocrite. Entre 1998 et 2000, le nombre des agriculteurs a encore diminué de 3,5 % par an. Ils sont aujourd'hui six cent mille environ. Mais les exploitants dits « professionnels » (qui ont au moins douze hectares équivalent-blé) ne sont plus que quatre cent mille.

Ils ne représentent plus que 2,3 % de la population active, contre 13 % en 1970 et 79 % en 1900. C'est une proportion si faible que dans certains sondages, la catégorie « agriculteurs » disparaît pour être rattachée aux professions indépendantes. Dans bien des villages que je connais, où ils formaient autrefois la majorité du conseil municipal, ils se retrouvent aujourd'hui marginalisés.

« On reste deux ou trois, quand on n'est pas tout seul. On n'a plus personne, auprès de nous, à qui parler "métier". C'est mauvais pour le moral... », me disait récemment un éleveur du Jura, lors du concours annuel de fromages de Morbier qu'on m'avait demandé de présider.

« C'est le séisme le plus important du siècle dernier, souligne le philosophe et académicien Michel Serres. Nous étions des paysans depuis le néolithique. À compter des années 60, le néolithique finit. Et personne ne s'en aperçoit. La société fondée globalement sur un mode vie guerrier-prêtre-paysan depuis des millénaires disparaît. »

De temps en temps, on ressort les anciens agriculteurs à la retraite pour participer à des fêtes de battage ou de la moisson, qui attirent beaucoup de citadins, l'été. On leur fait revêtir leurs anciennes tenues, répéter les gestes d'antan, raconter leurs souvenirs, et ils se prêtent au jeu avec plaisir, d'ailleurs. Ils sont devenus des objets de curiosité, déjà relégués au rayon des antiquités.

La nouvelle génération d'agriculteurs « performants » les regarde avec sympathie mais ne se reconnaît plus en eux. Sa façon de vivre, son comportement, et aussi son langage se rapprochent plutôt du modèle « cadre supérieur ». J'entendais l'autre jour à la radio un dirigeant des Jeunes Agriculteurs parler des « attentes sociétales »... en utilisant une langue de bois qui se situe aux antipodes du franc-parler des paysans d'autrefois.

Les autres, qui sont les plus nombreux, tentent de se maintenir en trouvant des créneaux rentables, des « niches », en s'adaptant aux besoins des urbains et aux tendances du marché.

Que sont-ils devenus ?

Mais, plutôt que d'aligner des généralités et des chiffres, mieux vaut aller voir, je crois, ce que sont devenus, en 2004, les agriculteurs que j'ai interviewés au cours de mes deux reportages, réalisés pour *Envoyé Spécial*, en 1991 et 1993. Leur histoire me paraît plus révélatrice.

Ils avaient tous un point commun, vous vous en souvenez : ils aimaient passionnément leur métier et ils avaient la volonté de se battre pour le conserver. Comment ont-ils franchi l'an 2000 ? C'est avec émotion que j'ai repris contact avec chacun d'eux. Avec un pincement d'inquiétude aussi.

Eulalie Le Bloas, l'agricultrice de Bourbriac, dans le Centre-Bretagne, a baissé les bras en 1994, après la mort de son mari. Elle a cédé ses trente-deux hectares de terres à un neveu qui cherchait à s'agrandir et qui est aujourd'hui à la tête d'une exploitation de deux cents hectares. Elle a vendu ses vaches une par une, en essayant de leur trouver des propriétaires qui sauraient leur parler et les soigner comme elle le faisait elle-même, « et qui ne leur couperaient pas les cornes », comme cela se pratique dans les gros troupeaux... Son fils a préféré s'engager comme salarié dans une entreprise de nettoyage qui travaille pour un abattoir.

« Dans le village, se lamente-t-elle, il n'y a plus une seule vache laitière. Je n'entends plus le bruit de la machine à traire, qui ronronnait deux fois par jour dans la campagne. Il n'y a plus de vie. Je ne vois plus passer que des tracteurs. Vous pouvez faire deux kilomètres, tout autour, avant de trouver une ferme, alors que j'en ai connu une quinzaine dans le même rayon. »

L'évolution de l'agriculture la désole : « Ils n'ont plus le plaisir de produire, d'attendre la venue d'un veau. Ils ont des caméras dans les étables pour les vêlages, maintenant, des ordinateurs, des tracteurs insonorisés et climatisés, des robots pour traire les vaches. C'est un autre monde qui est venu prendre notre place. Je me sens frustrée. » Mais sa gaîté naturelle reprend le dessus quand elle m'annonce qu'à soixante-cinq ans, elle a retrouvé un compagnon, un ancien agriculteur, lui aussi, qu'elle a rencontrée au bal des Anciens d'Algérie...

Les deux agriculteurs de Saugues (Haute-Loire), Lucien Lonjon et Maurice Bonhomme, ont tenu bon. À l'âge de la retraite, ils ont pu transmettre leur exploitation à l'un de leurs enfants. Le fils Lonjon arrive à s'en sortir avec une vingtaine de vaches laitières et trois cents moutons, sur une surface de soixante hectares, tout en herbe. Philippe Bonhomme, qui n'a que trente-huit hectares, s'est converti au bio pour mieux rentabiliser son élevage de trente-cinq bêtes (moitié vaches laitières, moitié vaches allaitantes). Ils résistent parce que, dans ce rude pays de Saugues, les gens ont été habitués à se contenter de peu et qu'une nature hostile a forgé des caractères particulièrement bien trempés, mais ce type d'exploitations reste néanmoins menacé.

Bernard Leroyer, c'était l'agriculteur en colère de la manifestation de novembre 1992, celui qui voulait attaquer le ministère de l'Agriculture avec une fourche... Sa ferme a disparu. Elle est allée agrandir celle d'un voisin, qui exploitait déjà cent trente hectares. En 1994, la mort dans l'âme, Bernard Leroyer a dû se résigner à vendre ses quatre-vingt hectares pour rembourser les emprunts qui l'accablaient. Il a quand même pu se racheter une petite maison dans le village et il a travaillé pendant quelques années comme chauffeur de car. Il vit maintenant avec quatre mille trois cents francs de retraite par mois.

« Mais j'ai eu du mal à m'arrêter, avoue-t-il. J'ai mis deux ans à m'en remettre. J'étais dépressif. Quand je voyais le tracteur travailler sur un de mes champs, je pleurais. »

Il m'apprend que, paradoxalement, le prix des terres et des baux ne cesse d'augmenter dans la région. Pour atteindre le seuil de rentabilité, estimé à cent cinquante hectares dans les zones de grande culture, les agriculteurs se disputent les surfaces disponibles. Le matériel est de plus en plus volumineux. « Les nouveaux engins ne peuvent même plus tourner autour de l'église. Ils sont obligés de faire le tour du village », me dit-il.

Autre conséquence de ce gigantisme : les fermes de plus de deux cents hectares deviennent difficiles à vendre, quand il n'y a pas d'enfant pour prendre la suite. Le voisin qui lui a acheté ses terres, il y a neuf ans, vient de prendre sa retraite, mais à vingt-cinq mille francs l'hectare (sans compter le dessous de table), il n'a pas trouvé d'acquéreur. Il a été obligé de morceler la propriété. L'exploitation va donc disparaître à son tour, non pas pour donner naissance à des unités plus petites mais pour aller grossir plusieurs autres exploitations.

« Je suis toujours paysan ! »

J'ai retrouvé un peu d'optimisme avec Pascal Langevin, le jeune éleveur de charolais de Beaumont-Pied-de-Bœuf, dans la Sarthe. « Vous voyez, dix ans plus tard, je suis toujours paysan... et fier de l'être ! », s'est-il exclamé en souriant quand je l'ai retrouvé. « Et c'est en partie grâce à vous. » Après avoir vu l'émission, le directeur de l'hypermarché Carrefour du Mans l'a contacté, en effet, pour lui faire une proposition : « Groupez-vous avec quelques éleveurs du département qui font comme vous des bovins de qualité et je m'engage à vous les acheter directement pour mon rayon boucherie, à un prix plus intéressant que celui du marché. »

Ce partenariat, entamé en 1993, a duré sept ans. Il a permis à l'exploitation de se développer. Elle s'est agrandie de trente hectares. De trente-cinq bêtes, le troupeau est passé à cinquante-cinq. Mais quand le souvenir de la crise de la vache folle s'est estompé, quand les consommateurs ont retrouvé confiance en la viande de bœuf, l'hypermarché n'a plus éprouvé le besoin de faire un effort particulier sur la qualité ni sur la traçabilité, et il n'a pas renouvelé le contrat.

Pascal Langevin s'en est sorti en se lançant dans la vente directe. Il fait désormais abattre une vache chaque mois, la confie à un atelier de découpe et la commercialise en colis d'une dizaine de kilos auprès d'une clientèle fidèle, qui s'est constituée peu à peu par le système ancestral du bouche à oreille. « Les gens viennent prendre livraison une fois par mois, à jour fixe. On boit l'apéro ensemble. C'est sympa. » Par rapport aux cours du marché, il améliore ainsi la rentabilité de son élevage de 20 % environ.

Pour obtenir ce supplément de revenu indispensable à l'équilibre de leur exploitation, les agriculteurs font souvent preuve d'un esprit d'initiative et d'un courage qui forcent mon admiration. Je pourrais en citer beaucoup. Philippe Roucan, qui élève une cinquantaine de vaches Salers à Lacapelle-Segalar (Tarn), travaille trois nuits par semaine comme garde-malade dans une clinique de Carmaux. À Tremargat (Côtes-d'Armor), François Salliou, en accord avec l'Éducation nationale, accueille des enfants de la ville pour leur faire partager pendant une semaine la vie de la ferme. J'ai vu son épouse refaire le beurre à la baratte, comme autrefois, sous les yeux ébahis des gamins. Ces fermes pédagogiques se multiplient.

Le plus grand nombre transforme et commercialise directement les produits de l'exploitation, pour en retirer le meilleur profit. Ils deviennent charcutiers, conserveurs, cuisiniers, confituriers, boulangers... En plus du travail de la ferme, bien sûr ! Jean-Marie Leroux, par exemple, à Lunay (Indre-et-Loire), transforme une partie de sa récolte de blé biologique en farine et fabrique des miches de pain qu'il va vendre sur les marchés. « Le produit fermier vendu directement est aujourd'hui le seul poste rentable sans primes », dit Jean-Baptiste Tardieu, qui développe l'élevage de volailles prêtes à cuire dans sa ferme de Mézerville (Aude).

Mais on imagine la quantité d'heures supplémentaires qu'exigent ces activités annexes. Les jeunes couples, dans l'avenir, accepteront-ils encore de consacrer autant de temps au maintien d'une exploitation économiquement fragile, pour un revenu qui demeure modeste ? Je n'en suis pas certain.

Ils méritent, en tout cas, que l'État leur accorde son attention et son soutien. Telle est aussi la conviction de l'ancien ministre de l'Agriculture Edgard Pisani, que j'ai toujours considéré comme l'un des hommes politiques français les plus clairvoyants :

« Face à une agriculture marchande qui peut se débrouiller toute seule, affirme-t-il, il faut restaurer et donc aider une agriculture " ménagère" qui sauve la civilisation paysanne. »

Chapitre 9

Le goût du terroir

Des années après, j'en éprouve encore du remords. Chaque fois que je pense à eux, j'ai mauvaise conscience. C'était en 1996. Je tournais pour *Envoyé Spécial* un reportage sur l'engouement des Français pour les produits fermiers, qui croissait à mesure que disparaissaient, hélas, les fermes traditionnelles. Depuis 1993, Paris avait même son « Salon des produits fermiers » , chaque année à l'Espace Champerret... Mais le mot avait un contenu assez flou, qui méritait d'être précisé.

Pour bien montrer la différence entre un poulet fermier et un poulet industriel, j'étais donc venu faire quelques images chez un jeune couple d'agriculteurs de Mohon (Morbihan), M. et Mme Guillemaud, qui élevaient vingt-trois mille poulets à la fois dans un bâtiment de mille mètres carrés. Rien d'exceptionnel : il y avait des milliers de poulaillers industriels comme celui-là dans cette région bretonne, devenue la plus gigantesque basse-cour de France avec cent millions de volailles entassées, à vingt-trois par mètre carré, dans des hangars du même type. La moitié de la production nationale sur une seule région française !

Après quelques prises de vue impressionnantes sur cet univers concentrationnaire, la conversation s'engagea. Les Guillemaud étaient un peu intimidés, l'un et l'autre, mais ils acceptèrent de se prêter à l'interview. Leurs réponses me surprirent. Premier étonnement : quand je les interrogeai sur la rentabilité de leur élevage, ils me parlèrent d'un revenu de vingt à quarante francs le mètre carré... Ils ne calculaient pas par poulet vendu mais par surface de production, comme pour une culture de petits pois ou de tournesol. L'animal était oublié !

Ils m'expliquèrent ensuite, sans émotion apparente, qu'ils passaient tous les matins pour ramasser les poulets morts d'étouffement pendant la nuit. Une vingtaine à chaque fois.

« Au total, on en perd 3 %. Mais c'est normal, me dirent-ils. Quand on nous amène la bande de poussins à élever, on nous en met toujours 3 % de plus pour compenser. »

Ils me montrèrent les farines qui constituaient leur unique nourriture.

« On commence avec du P10, après on donne du P20, puis du P21... On fait ce qui est marqué sur les fiches d'élevage. » Ils ne savaient pas ce qu'ils donnaient à manger à leurs bêtes. Ils se contentaient de suivre un mode d'emploi.

À la fin de l'interview, je ne pus m'empêcher de leur poser la question :

– « Et vous-mêmes, vous en mangez, de ces poulets ? »

– « Ah non ! réagirent-ils en chœur. Les nôtres, on les finit au blé pendant trois semaines ou un mois. »

– « Mais tels quels, vous ne les mangeriez pas ? »

– « Oh non ! »

Cette réponse spontanée a frappé les cinq millions de téléspectateurs d' *Envoyé Spécial*, lors de la diffusion du reportage. C'est la « petite phrase » que tout le monde a retenue. Mais elle leur a valu de se faire houspiller par leurs collègues bretons et par toute la filière du poulet de batterie. Ils ont reçu des lettres d'insultes. Mme Guillemaud en a fait une dépression nerveuse et ce couple sympathique en a eu sa vie bouleversée, pendant quelque temps.

Quand j'ai appris cela, c'est vrai, je me suis senti coupable. Même si la cause est bonne, jusqu'où a-t-on le droit d'aller, quand on est journaliste, pour la défendre, pour dénoncer un abus ? Les Guillemaud n'étaient pas conscients de la monstruosité de leur élevage. Ils s'étaient laissés convaincre par une coopérative de fabrication d'aliments pour le bétail que ce poulailler industriel serait une façon d'améliorer le revenu de leur petite exploitation. Ils avaient emprunté pour le construire, signé un contrat avec la coopérative, et ils étaient désormais condamnés à poursuivre la production pendant douze ans pour rentabiliser le bâtiment. « On est prisonniers », reconnaissaient-ils. S'ils avaient refusé de faire comme les autres, on les aurait traités d'arriérés, d'attardés. On se serait moqué d'eux. Ils étaient des victimes, eux aussi, de ce système productiviste qui déshumanise l'agriculture et dénature ses produits.

Je voulais montrer, dans mon reportage, qu'il y avait encore une possibilité d'échapper à cette fatalité, pour un agriculteur, qu'il pouvait vivre sur une petite exploitation en faisant des produits de qualité, recherchés par une clientèle de plus en plus nombreuse.

Des vrais poulets de grain

Je n'ai pas eu besoin d'aller bien loin pour en donner la preuve. À quelques kilomètres du hangar des Guillemaud, où les malheureux poulets tenaient à peine sur leurs pattes, on peut en voir des milliers d'autres courir dans l'herbe et gratter le sol pour se faire les muscles...

Je suis sur la commune voisine de Guilliers, où Roger Guillaume élève plus de quatre mille poulets à la fois de façon traditionnelle, en liberté. Ils sont nourris uniquement de blé, de maïs et de petits pois récoltés sur les cinquante hectares de l'exploitation et broyés sur place. « Des vrais poulets de grain, comme autrefois », me dit-il fièrement.

Mais ils ne sont prêts à passer à la casserole qu'au bout de trois mois et demi (cent dix jours), alors que, avec les accélérateurs de croissance qu'on leur fait absorber, les poulets de batterie atteignent leur poids définitif de deux kilos en un temps record de quarante et un jours.

« Ils me coûtent plus cher à nourrir », remarque-t-il, « et le prix de vente s'en ressent. Mais ils ont un goût tellement différent ! C'est pour ça que je n'ai aucune peine à trouver des clients. » Il vend une partie de sa production à la ferme et sur le marché de Ploërmel. Pour le reste, il fournit des restaurateurs attachés à la qualité de leurs produits et des volaillers de la région parisienne.

« Attention ! C'est plus de boulot que de donner chaque jour des farines industrielles et puis d'attendre tranquillement que le fabricant d'aliments vienne rechercher la bande, au bout de quarante et un jours ! Nous, on doit abattre les poulets, les préparer, s'occuper des clients. » Mais il n'est pas soumis aux chutes de cours qui affectent de temps à autre le marché mondial du poulet. Il reconnaît que son revenu est satisfaisant. Et il a la fierté de faire un bon produit, apprécié par tous.

« Je n'ai rien », précise-t-il toutefois, « contre les élevages industriels, qui ont permis d'abaisser les prix. Il en faut pour toutes les bourses. L'important, c'est que le consommateur puisse encore avoir le choix et que nous, les producteurs, nous puissions garder du plaisir à travailler. »

D'autres agriculteurs se sont lancés dans la production de poulets « label rouge », de Loué ou d'ailleurs, qui ont officiellement droit à l'appellation « poulet fermier ». Je dirai plutôt qu'ils représentent un honnête compromis entre le produit industriel et le poulet de grains de M. Guillaume. Leur élevage répond à des normes très strictes : les poulets sont nourris et abreuvés automatiquement, dans un hangar, mais ils ne sont que dix au mètre carré (au lieu de vingt-trois dans les poulaillers industriels). Ils doivent disposer en outre d'un espace de liberté pour s'ébattre (un mètre carré pour dix poulets). Leurs farines sont composées à 75 % de céréales et ils ne sont abattus qu'au bout de quatre-vingt jours (au lieu de quarante et un pour les poulets industriels). Ils doivent alors avoir atteint un poids de deux kilos vingt. Mais la chair de ces volailles « label rouge » n'a pas la saveur et la fermeté de celle des poulets de Roger Guillaume ou de Pascal Langevin, élevés « à l'ancienne » en cent dix jours environ. Quoi qu'on fasse, dès qu'on standardise les méthodes de production et l'alimentation, on aboutit inéluctablement à un appauvrissement du goût.

Méfiez-vous des contrefaçons !

L'engouement des Français pour les produits fermiers devait forcément amener certains industriels à se lancer dans la contrefaçon. Je me suis fait un plaisir, dans mon reportage, de dénoncer l'une d'elles.

Vous avez sûrement lu, dans la presse magazine, juste avant la période des fêtes de fin d'année, des publicités pour les blocs de foie gras de Paul et Marie Decayzac. Avec un nom pareil, qui fleure bon le terroir périgourdin, vous avez pensé que ces blocs étaient confectionnés artisanalement par d'authentiques producteurs du Sud-Ouest. Leur adresse, à Eymet-en-Périgord, ne pouvait que vous confirmer dans cette opinion. Vérification faite, ils n'avaient qu'une boîte postale, à Eymet. Pire : Paul et Marie Decayzac n'ont jamais existé. Ils ne sont qu'une marque commerciale. Le fabricant de blocs de foie gras s'appelle en réalité Jean-Claude Dequidt. Son usine – la plus importante de France dans sa spécialité, à l'époque – est installée à Wormhout, dans le Nord, et les quinze mille foies gras qu'il y traitait quotidiennement étaient importés des pays de l'Est.

C'est la première chose que j'ai remarquée en faisant le tour de l'usine : les mentions d'origine « Hongrie » ou « Bulgarie » inscrites sur les énormes colis entreposés dans la chambre froide. Puis j'ai suivi le parcours des foies sur la chaîne de transformation où s'activaient une centaine d'ouvrières. Décongelés, dénervés, ils étaient réduits en miettes dans un broyeur, avant d'être émulsionnés, dans une autre machine, pour former une pâte liquide qui s'écoulait directement dans des petites boîtes en fer blanc étiquetées « Pierre et Marie Decayzac ».

Le procédé n'est pas répréhensible, même si le spectacle n'est pas très appétissant. Les blocs de foie gras (à ne pas confondre avec les foies gras entiers ou en morceaux) sont tous élaborés de la même façon, et cela explique leur moindre prix. Ce qui m'apparaissait scandaleux, c'était la volonté évidente de tromper le client en lui faisant croire, au vu de l'étiquette, qu'il achetait un produit de terroir.

Quand M. Dequidt, au cours de l'interview, s'est aperçu que mes questions portaient sur cette supercherie, il a immédiatement coupé court à la conversation, m'accusant de l'avoir piégé. Il a essayé ensuite d'empêcher la diffusion des images en menaçant l'émission d'un procès en diffamation, puis en faisant valoir que le reportage pouvait mettre en péril l'emploi d'une centaine de salariés. Face à ce genre de chantage, heureusement, Paul Nahon et Bernard Benyamin ont toujours tenu bon. L'entreprise, d'ailleurs, a résisté à l'épreuve, elle aussi. Elle a simplement changé l'adresse de sa boîte postale.

Des villages d'opérette

Rien ne m'irrite plus que ces tentatives des industriels de l'agroalimentaire de récupérer à leur profit l'image sympathique des petits paysans qu'ils ont contribué à éliminer du paysage. Quand je vois, dans les rayons d'une grande surface, les prétendues terrines « paysannes », les « camemberts de campagne » fabriqués en usine, les saucissons (industriels) du père Machin assortis, sur l'étiquette, d'une caricature de paysan portant moustache et béret, les emballages en verre, en toile rustique ou en bois blanc, qui donnent l'impression du « fait à la maison » ou du « fait à la main », j'enrage. Toutes ces techniques de marketing visant à « campagnardiser » des produits de l'industrie me mettent hors de moi parce qu'elles vendent, à bas prix, de l'illusion. Et elles font une concurrence déloyale aux vrais produits fermiers, ceux que recherche, en fait, le consommateur mais dont il risque de se détourner, à la longue, à force d'être déçu par ces ersatz.

Les vrais sont nettement plus chers ? Eh oui, mais il faut savoir ce qu'on peut (payer) et ce qu'on veut (manger)... Selon les jours et le contenu du porte-monnaie, on pourra être amené à varier son choix mais toujours, c'est l'essentiel, en sachant ce qu'on achète.

Quand ils n'inventent pas des noms de producteurs, les magnats de l'agroalimentaire créent de toutes pièces des noms de villages : Saint-Albray, Saint-Moret, Saint-Morgon, Saint-Agur... pour que nous assimilions, inconsciemment, ces fromages industriels aux vraies appellations d'origine contrôlée que sont le Saint-Marcellin, le Saint-Félicien ou le Saint-Nectaire.

Je me révolte aussi quand je vois certains spots de publicité, à la télévision : ceux de ce géant de la charcuterie industrielle, par exemple, qui utilisait les images attendrissantes d'une petite fille ramassant des œufs dans la cour d'une ferme, au milieu des poules, des canards et des dindes... pour tenter de nous faire croire que ses saucisses et ses jambons avaient la même origine. L'assimilation était lourdement soulignée par le slogan final, délivré d'une voix suave : « Ne passons pas à côté des choses simples ». On nous prend vraiment pour des simplets !

Dans le même genre, il y a eu la campagne de Vivagel osant affirmer que ses produits surgelés avaient « le goût du temps où l'on avait le temps » ! Quelle effronterie ! Quel manque de respect envers tous ceux – encore nombreux, heureusement – qui consacrent tellement de temps à faire des produits goûteux et qui n'ont pas d'autre argument que le goût pour affirmer leur différence !

La colère de Mme Gaud

Mais un danger plus immédiat menaçait les producteurs fermiers, en cette année 1996.

Sous la pression des pays de l'Europe du nord, très soucieux des règles d'hygiène alimentaire, les autorités de Bruxelles venaient d'instaurer des normes sanitaires d'une extrême rigueur pour les ateliers de transformation des produits agricoles. La date d'application avait été fixée au 1er janvier 1998 mais les directions départementales des services vétérinaires ne cessaient de harceler les petits producteurs pour qu'ils mettent déjà leurs installations en conformité avec ces nouvelles « normes européennes ».

C'était la panique chez beaucoup d'entre eux, qui se demandaient comment ils allaient faire face aux investissements nécessaires. Dans *Le Messager de la Haute Savoie*, une certaine Mme Gaud, qui gavait annuellement sept cents oies et quatre mille canards à Ballaison, exprimait son désarroi et sa colère. Je décidai de poursuivre mon enquête chez elle.

« Venez voir l'atelier où je prépare mes foies gras et mes confits de canard », me lance-t-elle dès mon arrivée. La voix est ferme et ne laisse pas supposer qu'on puisse refuser. À quatre-vingt-cinq ans, « la mère Gaud », comme tout le monde l'appelle, continue de mener son affaire avec une autorité souriante et un dynamisme irrésistible. Elle est la seule à « faire du gras » en Haute-Savoie mais la saveur de ses foies – j'allais le constater sans tarder – n'a rien à envier à celle des productions du Sud-Ouest. Son « mi-cuit » (sous vide) est un des meilleurs que je connaisse. Mais en ce jour de 1996, dans son atelier de transformation, elle ne cache pas sa révolte :

« Ce bâtiment suffit largement à mes besoins et je n'ai jamais eu le moindre problème sanitaire. Eh bien non, ça ne convient plus à ces messieurs. Il est trop petit, le plafond n'est pas assez haut, il ne faut plus de carrelages au sol, plus de faïence sur les murs, il faut la remplacer par de l'aluminium... On m'oblige à construire un nouvel atelier, deux fois plus grand, où les canards entreront vivants par une porte et ressortiront en bocaux à l'autre bout du circuit. Vous vous rendez compte ? Du coup, il faut que je me remette des dettes sur le dos, à mon âge ! Si mes deux fils ne travaillaient pas avec moi, j'aurais tout laissé tomber. »

Le chiffre d'affaires réalisé par Mme Gaud lui permettait, néanmoins, d'engager et de rentabiliser de tels investissements. Mais pour beaucoup de petits producteurs, l'opération était risquée, sinon impossible.

Pour Mme Monmessin, qui fabriquait ses fromages de chèvre dans l'évier de sa cuisine et qui venait les vendre le mercredi matin sur le marché de Marcigny (Saône-et-Loire), la mise aux normes était exclue. « Ça me coûterait dix millions », me dit-elle, épouvantée (elle parlait toujours en anciens francs). « Mais dites donc, dix millions, ça s'trouve pas sous l'pied d'un cheval ! » Comme d'autres fermières de la région, qui n'avaient que cinq ou six chèvres mais qui donnaient au marché son caractère pittoresque, elle était condamnée à disparaître. Ils étaient bons, pourtant, ses petits fromages, et ses installations sommaires ne l'empêchaient pas de travailler dans la plus grande propreté. Il ne faut pas confondre propreté et asepsie, messieurs les hygiénistes !

Des granulés parfumés pour les chèvres

Au hameau de Pierre Plate, sur les hauteurs de la commune du Perréon (Rhône), Robert Berrillon parvenait à vivre correctement avec ses quarante chèvres, qui pâturaient sur une quinzaine d'hectares de friches, mais il était inquiet, lui aussi.

Quel personnage attachant que ce fils d'ouvrier agricole,

qui avait réussi à se constituer un petit troupeau au prix de beaucoup de sacrifices et qui lui vouait une véritable passion !

« Quand j'étais gamin, j'avais deux rêves », me raconte-t-il : « élever des chèvres et fournir Paul Bocuse en fromages. Je les ai réalisés tous les deux. Alors je suis le plus heureux des hommes... Je m'en sors parce que je travaille à l'ancienne : on a cinquante francs, on les dépense. On les a pas, on les dépense pas. Je ne veux pas dire qu'il faut faire comme ça mais ça fait dix ans que j'ai commencé et je suis toujours là... Maintenant, si je dois investir six cent ou sept cent mille francs dans de nouvelles installations, ça change tout. Avec mes cent quatre-vingt mille francs de chiffre d'affaires annuel, je ne pourrai pas rembourser les emprunts. Il va falloir que j'augmente ma production, que je travaille autrement. Je vais entrer dans un autre système. Ça ne m'intéresse pas. »

Robert Bérillon craignait en outre que la qualité de ses fromages en souffre. Tout en lavant ses bidons à l'eau de la fontaine, dans la cour de sa ferme, il m'a fort bien expliqué pourquoi : « Si on fait tous le fromage selon les mêmes normes, avec le même matériel, dans les mêmes locaux, on va perdre le goût du terroir, la diversité des produits. Selon qu'ils sont affinés dans telle ou telle cave, mes fromages n'ont pas le même goût, parce que chacune a sa flore microbienne, qui s'est lentement constituée au fil des ans. Quand je n'aurai plus le droit de les utiliser, quand on m'obligera à mettre mes fromages dans une pièce aseptisée, toutes ces différences vont disparaître. Vous allez voir, on en arrivera un jour à donner aux chèvres des granulés parfumés pour retrouver une diversité de goûts ! »

En attendant, on a assisté dans les deux années suivantes, de 1996 à 1998, à une véritable hécatombe. Des centaines de petits producteurs, effrayés par la perspective de devoir s'endetter jusqu'à la fin de leurs jours, ont préféré cesser leur activité plutôt que de se mettre aux normes. Un désastre !

Dans la Drôme et l'Ardèche, le nombre de producteurs fermiers de picodon AOC livrant leurs fromages aux affineurs est tombé de cent vingt à une quarantaine. D'autres ont choisi de doubler ou de tripler leur troupeau, mais en abandonnant le pâturage des chèvres, parce qu'ils n'avaient plus le temps ni les espaces nécessaires. Or le lait d'une chèvre élevée à l'étable n'a plus la même saveur. C'est encore une fois le goût du fromage qui s'en trouve dégradé. N'est-ce pas, Monsieur Domec ?

Appel pour la libération de la chèvre

Jean Domec est à la chèvre ce que Brigitte Bardot fut aux phoques, si vous me passez l'expression. C'est un militant éperdu de la cause caprine. Depuis des années, il m'inonde de lettres, d'articles, d'extraits de livres qui vont tous dans le même sens : dénoncer l'exploitation de la chèvre comme une simple machine à faire du lait et revendiquer pour elle le droit à la liberté. Il est criminel, selon lui, de condamner un animal aussi primesautier, aussi fantasque, à vivre enfermé dans un atelier de cent, cent cinquante ou deux cents bêtes. Dans la zone d'appellation sainte-maure, m'a-t-il appris, on est allé jusqu'à envisager de créer des « cours d'exercice », près des étables, pour que les pauvres bêtes puissent se dégourdir les jambes de temps en temps. Comme dans les prisons ! Il a d'ailleurs lancé en 1997 un « appel pour la libération de la chèvre ».

La curiosité m'a conduit, un jour, jusqu'à sa propriété de Saint-Avertin (Indre-et-Loire), où il vit depuis sa retraite avec deux chèvres, qui sont avant tout pour lui des animaux de compagnie. J'ai rencontré un homme plein de sensibilité et d'une grande culture, qui m'a parlé avec beaucoup de tendresse de ses compagnes favorites. Savez-vous que Jupiter eut pour nourrice une chèvre ? Que le lait de la chèvre est le plus proche du lait maternel ? Que depuis l'Antiquité, la chèvre a nourri l'humanité et sauvé de la famine les populations les plus déshéritées ? Je pourrais remplir des pages avec tout ce qu'il m'a appris, Monsieur Domec. Mais il m'a fait dévier de mon sujet, qui était : le goût des fromages de chèvre se dégrade. J'y reviens.

Des fromages sans caractère

En 1997, déjà, les jurés du Concours Général Agricole ont lancé un cri d'alarme. « Fromage sans caractère, goût peu typé, fade, absence de saveurs caractéristiques du terroir », telles sont les observations qui reviennent le plus fréquemment dans les feuilles de notation des membres du jury du concours de fromages de chèvres fermiers. « Si les défauts de présentation sont moins nombreux, ce qui prouve assurément une meilleure maîtrise technologique de la fabrication, on constate une dérive inquiétante vers l'affadissement des produits », note la revue *Réussir la chèvre* dans son compte-rendu. Au point que plusieurs jurys ont refusé d'attribuer des médailles d'or.

La situation n'a fait que se détériorer. La plupart des fromages de chèvre, aujourd'hui, se distinguent davantage par leur forme que par leur goût. « La qualité moyenne s'est améliorée », plaident les syndicats d'éleveurs. Oui, mais il n'y a plus de grands produits exceptionnels, plus de surprises. Pour retrouver un fromage typé, il faut aller... chez Robert Bérillon par exemple.

Eh oui ! J'ai appris avec plaisir que le sympathique éleveur du Perréon avait finalement réussi à échapper au carcan des normes européennes. Les services vétérinaires du Rhône l'ont autorisé à garder ses installations traditionnelles à une condition : que les fromages soient vendus sur place. Il n'a pas le droit de les expédier ou de fournir des restaurants. Alors il s'est adapté : avec l'aide de son épouse, il a développé une formule de dégustation à la ferme. Il fait table ouverte, les dimanche et jours fériés, de mai à novembre, de onze heures du matin à minuit. Il sert ses crottins, bien sûr, mais aussi des omelettes faites avec les œufs de ses poules, des charcuteries préparées à partir de cochons élevés chez lui, en liberté, nourris aux pommes de terre, le tout accompagné d'un beaujolais-village de ses copains d'en bas.

« Au total, je ne suis ouvert que trente-deux jours par an, mais ça ne désemplit pas », m'annonce-t-il, rayonnant. « Les Lyonnais qui ont fait la fête le samedi soir débarquent à n'importe quelle heure. Il m'arrive de faire quatre services dans la journée. »

Il n'a pas augmenté son troupeau. À quarante-cinq ans, il a toujours ses quarante chèvres, y compris les « mamies » qui ne donnent plus beaucoup de lait mais qu'il garde par affection. Il continue de les emmener pâturer chaque matin dans les friches environnantes, sans se lasser d'admirer le paysage vallonné, couvert de vignes, qu'il domine du regard, spécialement cette « vallée du bout du monde » qui mérite bien son nom. Le spectacle est tellement beau qu'après avoir vu mon reportage, dans *Envoyé Spécial*, le metteur en scène Jean Becker est venu lui rendre visite, dans sa ferme, avec l'idée d'y tourner une séquence du film *Un crime au paradis* ! Outre les chèvres, Robert Bérillon « fait » quinze porcs par an, pour garnir le plateau de charcuteries. Il n'a rien modifié à sa façon de vivre, rien sacrifié au « modernisme ».

Le plus extraordinaire, c'est que les Américains, maintenant, veulent importer sa formule de restauration ! Une importante société viticole de Californie lui a demandé de mettre en place aux États-Unis un « concept » d'auberge avec casse-croûte à la française, qui servirait de support à la dégustation et à la vente de ses vins. Mais il résiste, pour l'instant, à cette proposition alléchante, de peur d'y laisser son âme et d'y perdre son bien le plus précieux : la qualité de vie...

Chapitre 10

Sos fromages

Pauvres fromages de France ! Après avoir subi les exigences des normes européennes, après avoir perdu au combat nombre de leurs meilleurs artisans, ils allaient être bientôt l'objet d'une nouvelle et redoutable offensive, menée par ces pays du nord où règne la terreur des microbes.

Non contents d'avoir contraint les petits producteurs à travailler dans des locaux standardisés et aseptisés, ils ont tenté d'obtenir des autorités communautaires l'interdiction de faire du fromage avec du lait cru. Ils réclamaient l'obligation de pasteuriser le lait, autrement dit de le chauffer à quatre-vingts degrés pour détruire toutes les bactéries et tous les micro-organismes qui s'y développent naturellement.

Horrible et redoutable carnage ! Cette flore microbienne, justement, c'est elle qui fait du fromage un produit vivant, qui lui donne son goût de terroir ! Et elle ne constitue en aucune manière une menace pour la santé, m'a expliqué Gaston Chardebas, fromager-affineur à Toulon. Au contraire. Grâce à la fermentation lactique, les germes naturels du lait éliminent les microbes pathogènes qui l'auraient infecté, alors que le lait ne peut plus se défendre s'il a été pasteurisé. Tous les cas de listériose dont la presse a parlé, d'ailleurs, ont été constatés sur des fromages industriels, fabriqués avec du lait pasteurisé, c'est-à-dire « inerte ».

Il faut savoir, en outre, qu'un lait trop « propre » ne caille plus. Pour le transformer en fromage et lui donner un goût, on est obligé de lui rajouter des ferments industriels et des « additifs aromatiques ». Est-ce bien raisonnable ?

La France, pays des fromages, ne pouvait accepter une telle menace sur son patrimoine gastronomique. J'ai donc repris les armes dont je disposais (à savoir le micro et la caméra), et je suis entré en lutte aux côtés des défenseurs du lait cru. Le titre du reportage que j'ai proposé à *Envoyé Spécial* : « SOS fromages ! ».

Ceux qui l'ont regardé se souviennent peut-être des premières images, assez surprenantes. On y voyait le prince Charles, l'héritier de la couronne d'Angleterre, prononcer un vibrant plaidoyer en faveur des fromages au lait cru, lors d'un dîner à l'ambassade de France :

« Dans une société bactériologiquement correcte », déclarait-il, « que deviendraient le brie de Meaux, le crottin de Chavignol ou le bleu d'Auvergne ? Dans un avenir exempt de microbes et génétiquement programmé, quel espoir reste-t-il pour l'ancestrale fourme d'Ambert, le gruyère de comté ou l'odorant pont-l'évêque ? Cette obsession des autorisations, des catégories, de l'homogénéisation et de la pasteurisation va-t-elle voir l'émasculation du robuste et vieux roquefort, du camembert, du reblochon et même de l'omniprésent vacherin ? »

La seule énumération de ces fromages français, énoncés avec l'accent londonien le plus distingué, était un régal. Mais venant d'un Anglo-Saxon, prince héritier de la couronne britannique de surcroît, cet hommage aux « fromages qui puent » prenait tout à coup un poids considérable, dans la bataille qui s'engageait.

J'ai trouvé un autre allié éminent en la personne du professeur Christian Cabrol, le pionnier de la greffe du cœur, grand amateur de fromages fermiers, lui aussi. Devenu député européen, il avait mis toute son autorité médicale au service de la défense du lait cru et il menait campagne en ce sens au Parlement de Strasbourg.

« Il y a un groupe au Parlement européen », m'a-t-il

d'abord confirmé, « des écologistes en particulier, qui veulent le risque zéro partout. Dans leur manie sécuritaire, ils font la chasse aux microbes dans tous les aliments et donc dans le lait. C'est aberrant. En réalité, un fromage qui contient cent listerias au gramme est parfaitement consommable. C'est la prolifération accidentelle (et exceptionnelle) de listérias qui peut être nocive. Si l'on s'habitue à ne plus avaler de microbes, c'est là qu'apparaîtra le vrai danger, parce que notre organisme va perdre ses défenses immunitaires et le jour où il en rencontrera, il sera vulnérable. »

Des fromages qui n'empestent pas le réfrigérateur

Il ne fallait pas attendre de soutien, en revanche, des géants de l'industrie fromagère, qui exerçaient une domination insolente sur le marché puisqu'ils assuraient déjà plus des trois quarts de la production française de fromages. La pasteurisation du lait, ils la pratiquaient depuis longtemps, de manière à maîtriser complètement sa fermentation et obtenir ainsi des produits stables, constants et de longue conservation. Ce type d'aliments correspond, hélas, à la demande de la majorité des consommateurs, dont le choix se porte de plus en plus vers des fromages au goût peu prononcé, qui ne s'écroulent pas au premier coup de chaleur et qui n'empestent pas le réfrigérateur. Des fromages « pour tous les jours » qui ont davantage une fonction nutritive que gastronomique.

Deux grands groupes laitiers dominaient le marché : Besnier (baptisé aujourd'hui Lactalis) et Bongrain. Leurs noms sont peu connus mais grâce à la publicité, leurs produits sont devenus familiers.

– Bongrain, c'est le roi des nouveaux fromages : Caprice des dieux, Belle des champs, le Vieux pané, le Saint-Moret, le Saint-Albray, le Chavroux, le Chaumes, le Tartare, Fol Épi, c'est à lui, mais aussi le camembert Cœur de lion.

– Michel Besnier, surnommé « l'émir de l'or blanc », avait réussi à constituer un groupe de treize mille salariés en rachetant des laiteries en difficulté dans toute la France. Il possédait un plateau de plus de deux cents fromages, dont les camemberts Président, Bridel et Lanquetot. Une vache sur quatre, en France, travaillait pour lui.

Ils n'ont pas voulu que je vienne tourner dans leurs usines, sans doute pour ne pas déflorer l'image rustique qu'ils s'efforcent de donner à leurs produits. Ils préfèrent contrôler leur communication en investissant plus d'un milliard de francs chaque année (à eux deux) dans la publicité. Mais leurs méthodes sont les mêmes : il n'est pas question pour eux de respecter la nature et de valoriser un terroir. Il s'agit de coller au plus près à l'évolution des goûts du grand public, soit en lui proposant des produits nouveaux, mis au point en laboratoire à l'aide de ferments industriels et d'additifs aromatiques, soit en modifiant les techniques de fabrication des fromages traditionnels. C'est le syndrome Disneyland, qui consiste à fabriquer artificiellement une fausse nature, plus convenable, plus docile, et forcément plus « saine » que la vraie.

« J'en suis amoureux, de ces bêtes-là »

Alors, comment faire pour sauver ces fromages fermiers qui résistaient encore à la pression de la toute puissante industrie mais dont la « part de marché » ne cessait de décroître ? Ils étaient abandonnés par la génération Mac Do, au goût américanisé, mais ils faisaient partie, sacrebleu, des derniers vestiges de notre civilisation paysanne. Ils étaient les derniers témoins d'un savoir-faire ancestral. Du broccio de Corse au Vieux-Lille, ils exprimaient, chacun à leur manière, l'extraordinaire diversité de notre terroir. C'est à ce titre qu'on pouvait les considérer comme des éléments de notre patrimoine et qu'ils méritaient d'être défendus.

Pour sensibiliser les téléspectateurs à cet aspect, je suis allé filmer vingt-quatre heures de la vie de Bernard Porcheron, qui depuis dix-huit ans monte chaque été avec ses sept vaches dans un chalet d'alpage situé à mille quatre cent cinquante mètres d'altitude, au-dessus du bourg de Bernex (Haute-Savoie). Il y reste environ quatre mois, seul, et il transforme tous les jours, sur place, le lait de ses vaches en fromage d'Abondance.

Le paysage est magnifique. En fond de décor se dressent les montagnes du Chablais et à perte de vue, s'étagent des prairies verdoyantes où paissent paisiblement, en agitant leurs clochettes, les sept vaches du troupeau. Ce sont des Tarines, une très ancienne race locale, au pelage roux, qui donne un lait moins abondant mais plus riche et plus goûteux.

« J'en suis amoureux de ces bêtes-là », me dit Bernard Porcheron, tout en marchant derrière elles pour les ramener à l'étable. Avec sa longue barbe, son chapeau de feutre délavé, il me fait penser à ces bergers de montagne d'autrefois qu'on voit dans les vieux livres.

« Elles sont bien faites, hein ? On dirait qu'elles sont faites au pinceau. Regardez, autour des yeux, autour des oreilles, elles ont comme un trait de crayon noir. Les sabots sont noirs mais avec un liseré blanc, les cornes blanches et noires. Elles sont belles et pas dépensières. Ah, la Tarine, c'est la Rolls de la vache ! »

Lorsqu'il a fini de traire la première, il me tend le seau rempli de lait : « Sentez l'odeur qu'il a ! Ça n'a rien à voir avec ce qu'on fabrique en bas. C'est à cause de la nourriture, m'explique-t-il. En bas, elles mangent du foin et des céréales. Ça ne donne pas le même fromage qu'avec l'herbe des alpages. »

Le lait est encore tiède quand il le fait réchauffer (à trente-deux, trente-trois degrés) dans un chaudron de cuivre, pour obtenir le caillé. « C'est une opération très délicate », commente-t-il en remuant régulièrement le tranche-caillé.

« Il faut toujours avoir le thermomètre à la main et l'œil sur le réveil, parce que tout se joue au degré et à la minute près. Ça se surveille comme une jeune mariée, ça, monsieur ! »

Après avoir soutiré le caillé dans une toile de lin, il le place dans un cercle en bois de hêtre pour lui donner la forme d'une meule, et n'oublie pas d'y apposer l'estampille verte qui l'authentifie « fromage d'Abondance fermier ». Ainsi pourra-t-on le distinguer des abondances industriels qui portent une estampille rouge.

L'aménagement du chalet est rustique, le matériel est ancien mais à toutes les étapes de la fabrication, Bernard Porcheron fait preuve d'un souci de propreté qui confine à la maniaquerie. Il n'a pas besoin des normes européennes pour savoir que le respect des règles élémentaires d'hygiène est indispensable à la réussite d'un fromage.

Je l'accompagne ensuite dans le bâtiment qui lui sert de cave, où les meules sont affinées pendant trois mois (au minimum), à l'abri de la lumière. Tous les deux jours, comme le veut la tradition, il vient les laver à l'eau salée, une à une, avec un chiffon. J'ai l'impression qu'il les caresse, tellement il y met de soin et de délicatesse.

– « Ce n'est pas trop fastidieux, comme travail ? »

– « Ce n'est pas fastidieux, c'est religieux », me répond-il avec un sourire extasié, sans relâcher le mouvement régulier du chiffon. « Vivre à la montagne, pour la montagne, c'est le bonheur du berger. Il y a des contraintes, mais sans contraintes on ne fait rien de bon. »

Au moment de le quitter, Bernard Porcheron m'avait juré : « Je reviendrai ici chaque été, jusqu'à mon dernier souffle. » Il a tenu parole, jusqu'à présent. Le chalet d'alpage étant propriété de la commune de Bernex, c'est elle qui a accepté de prendre en charge les travaux nécessaires à la mise aux normes européennes. Depuis lors, le processus de fabrication du fromage a perdu de son pittoresque. Europe oblige, les randonneurs de passage ne peuvent plus pénétrer dans la salle de transformation, comme auparavant, pour discuter avec le berger. Le fromage n'a plus tout à fait la même saveur, selon lui.

« Ce qu'on ne pourra pas me changer », conclut-il, philosophe, « c'est mon paysage, la montagne que j'aperçois par la fenêtre, de l'autre côté de mes murs en PVC... »

La bataille du lait cru, finalement, n'a pas eu lieu. Les autorités européennes n'ont pas suivi le délire obsessionnel des hygiénistes les plus enragés. Pour mieux lutter, à l'avenir, contre toute nouvelle offensive, les producteurs de fromages au lait cru de tous les pays d'Europe se sont regroupés en association de défense. Les exigences sanitaires, cependant, restent très strictes. Le nombre de germes tolérés dans le lait est limité, ce qui amène souvent les fabricants de fromages fermiers à thermiser le lait, c'est-à-dire à lui faire subir un léger traitement thermique (à cinquante degrés) qui élimine une partie des micro-organismes vivants. Ce n'est pas de la pasteurisation mais on s'en rapproche. Le goût et la maturation du fromage s'en ressentent.

D'autres filtrent le lait cru au travers d'une membrane, utilisant une technique récente qu'on appelle la micro-filtration. La membrane retient un certain nombre de bactéries mais elle affaiblit les qualités organoleptiques du lait. Est-ce pour cette raison que je retrouve difficilement dans les camemberts « au lait cru » d'aujourd'hui les arômes d'autrefois ? À l'exception d'un agriculteur de la commune de Camembert (Orne), M. Martin, qui continue de faire lui-même son camembert avec le lait de ses propres vaches (mais qui ne prend pas suffisamment le temps de les affiner), il n'existe plus, d'ailleurs, de producteurs de vrais camemberts fermiers. Ils sont tous fabriqués en laiteries plus ou moins industrialisées, et le « moulage à la louche » a été robotisé.

Les racines du goût

Janvier 1998. Paul Nahon m'appelle : « Tu as lu *Le Nouvel Observateur* qui est sorti ce matin ? Regarde à la page cent. Il y a un article sur "Les racines du goût" que j'ai trouvé très intéressant. C'est un sujet pour toi. Dis-moi ce que tu en penses. »

Tous les journalistes travaillent de la même façon. Ils captent leurs idées en lisant ou en écoutant les confrères. Si tel papier, telle information leur semble refléter l'air du temps, les préoccupations du moment, ils s'en saisissent aussitôt pour lui donner un prolongement.

C'est ainsi que certains sujets se retrouvent propulsés en même temps dans les pages de tous les journaux. Avec les excès, parfois, que l'on connaît.

Complices de longue date, animés de la même passion professionnelle, Paul Nahon et Bernard Benyamin possédaient ce flair journalistique qui leur permettait de déceler immédiatement les signes avant-coureurs d'une tendance ou d'un phénomène de société. C'était le secret du succès d' *Envoyé Spécial.* Ils avaient perçu que le goût était une valeur en hausse. Il revenait régulièrement dans l'argumentation des messages publicitaires, tout comme le mot « terroir », si souvent galvaudé. Or l'article du *Nouvel Observateur* relatait que des équipes de chercheurs avaient réussi à expliquer scientifiquement la relation entre le goût d'un produit et son terroir d'origine.

« Il est désormais possible », écrivait l'auteur, Fabien Gruhier, « de débusquer dans le produit fini les traces infimes qui attestent de sa provenance et qui font, à la dégustation, toute la différence. Cela démontre à l'évidence que le terroir n'est pas une notion folklorique, encore moins "de la poudre aux yeux servant une forme de protectionnisme", comme le prétendent certains détracteurs Anglo-Saxons. »

L'information me paraissait intéressante, à moi aussi, mais

un peu austère, difficile à illustrer. Et puis j'avais déjà traité du goût et du terroir à plusieurs reprises dans mes reportages précédents. Qu'est-ce que j'allais pouvoir apporter de plus ?

J'ai quand même pris quelques contacts téléphoniques, quelques rendez-vous. J'ai alors fait une rencontre passionnante qui m'a donné l'envie de poursuivre mon enquête.

« On assassine nos terroirs ! »

Il s'appelle Claude Bourguignon. J'ai appris plus tard qu'il était le frère de la comédienne Anémone, mais il a choisi un métier moins frivole : il est microbiologiste des sols. Il a créé un laboratoire, à Marey-sur-Tille, en Bourgogne, plein de microscopes derrière lesquels il s'est efforcé, pendant des années, de donner à ce mot magique de « terroir » une réalité scientifique. Et à ce point de ses recherches, il m'a convaincu qu'il était urgent de lancer un cri d'alarme (encore un !). Il fallait alerter les viticulteurs et les amateurs de vin sur un grave danger qui menace ce terroir dont tout le monde reconnaît l'importance capitale. « N'ayons pas peur des mots, on est en train d'assassiner nos terroirs ! », s'est-il écrié d'un ton véhément.

Les études qu'il a réalisées sur les différents vignobles français l'ont amené, en effet, à la constatation suivante : « Après quarante ans d'insecticides et de désherbants, on a massacré la faune des sols. Vous avez des terroirs en France où vous ne trouvez plus un ver de terre. La vie microbienne a disparu. Résultat : la terre n'étant plus aérée, les racines des vignes remontent. Dans l'Hérault, par exemple, dans des zones où l'on trouvait des racines qui descendaient à soixante-dix centimètres de profondeur, on en est réduit à des racines de dix centimètres. Elles ne se nourrissent plus, par conséquent, avec le terroir mais dans cette couche superficielle de dix centimètres qui reçoit les engrais répandus par le viticulteur. Et comme les engrais sont tous les mêmes, comme ils sont tous faits par les mêmes sociétés, on va vers une uniformisation du goût des vins. Les seuls caractères qui ressortent sont apportés par le cépage : merlot, pinot noir, cabernet ou chardonnay. On a perdu la dimension “terroir” parce que nous avons tué les sols. »

L’explication me paraissait lumineuse et évidente. Elle avait déjà convaincu, d’ailleurs, une trentaine de propriétaires de grands crus, tel Aubert de Villaine, qui possède le domaine de la Romanée Conti. Ce clos d’un hectare et demi, situé sur la commune de Vosne-Romanée (Côte-d’Or), produit le vin le plus cher du monde : dans le catalogue 2003 des foires aux vins, j’ai vu une bouteille de Romanée-Conti 2000 proposée à trois mille trois cent cinquante euros (vingt et un mille neuf cent quatre-vingt-quinze francs) ! Soucieux de préserver un tel trésor, Aubert de Villaine a fait appel à Claude Bourguignon pour lui confier la gestion de ce sol si précieux qui, avec le même cépage (le pinot noir) que dans toute la Bourgogne, donne un vin d’une élégance unique, incomparable.

Claude Bourguignon m’a amené sur cette parcelle exceptionnelle.

« Voyez », me fait-il remarquer, « le chemin qui la sépare de la parcelle voisine ne fait pas plus d’un mètre de large. Et pourtant, d’un côté à l’autre, ce n’est pas le même vin ni le même prix. Le vin de la voisine vaut dix fois moins. Nos ancêtres, qui ont tracé ce chemin, avaient su déterminer de façon empirique ce que la science, aujourd’hui, nous permet de vérifier et d’expliquer. »

L’herbe pousse librement entre les rangs de vignes, désormais. En même temps que les désherbants, Claude Bourguignon a supprimé les engrais chimiques. Le sol ne reçoit qu’un compost à base de fumier animal et de végétaux. La vie microbienne, infiniment riche, s’y développe à nouveau, permettant au pied de vigne d’assimiler les éléments minéraux présents à l’intérieur du sol.

« Dans une organisation mondiale de l’économie, conclut-il, la seule chance que nous ayons de résister à la concurrence de pays comme la Roumanie, qui produit des vins à bas prix, ou la Chine, qui commence à s'intéresser à la vigne, c'est de revaloriser le goût de terroir. Et pour cela, il faut remettre de la vie dans nos sols. L'agriculture de demain sera bio ou bio-dynamique, sinon il n'y aura plus de terroirs. »

Les ambiguïtés du bio

Personnellement, je n'ai pas la religion du bio. Je me méfie de toutes les églises. Et même des chapelles. On dit d'un agriculteur qu'il se « convertit » au bio, qu'il devient un « adepte » du bio, ce sont des termes qui me gênent parce qu'ils dénotent un certain sectarisme. Les légumes, les fruits ainsi cultivés sont incontestablement plus savoureux, mais je reproche à beaucoup de produits transformés vendus sous le label « issu de l'agriculture biologique », l'austérité de leur goût, au contraire... Je suis content de savoir qu'ils sont sains, nourrissants, sans colorant, mais s'ils me donnaient du plaisir, en plus, ce serait mieux.

Ces réserves ne m'empêchent pas d'applaudir aux efforts des agriculteurs, de plus en plus nombreux, qui limitent l'utilisation des insecticides et des engrais chimiques et qui retrouvent le souci de ménager le sol. Beaucoup refusent de s'engager officiellement dans une filière bio parce que le terme a un relent « écolo » et qu'il existe un sérieux contentieux entre les agriculteurs et les écologistes. Ils n'en prennent pas moins conscience de leurs responsabilités.

Même les céréaliers, les champions du productivisme, à qui l'on reprochait de matraquer les sols pour obtenir des rendements toujours plus élevés, commencent à se poser des questions ! À la demande de quelques-uns (une minorité, certes), Claude Bourguignon a mis au point une technique qui vise à réduire les apports d'engrais et à réanimer le sol. Elle consiste à semer le blé dans un champ qui a été préalablement planté en sorgho. Le sorgho, qui a des racines très profondes, va chercher les éléments du sous-sol, il les pompe, les fait remonter et en se décomposant, il nourrit le blé de la saison suivante...

J'ai assisté à une démonstration, devant des jeunes agriculteurs de l'Ain, qui se sont montrés très intéressés par la démarche de Claude Bourguignon.

« Ça nous amène à repenser nos sols, à prendre le temps de les regarder vivre », m'a dit l'un d'eux. « C'est la base de notre métier, mais on l'avait oublié. On remet les pieds sur terre... »

Partout, la logique purement productiviste est remise en cause, une nouvelle tendance se développe. Après les décennies d'après-guerre, qui ont été celles de la foi aveugle dans le progrès scientifique et technologique, les années 1990-2000 auront été le témoin d'une salutaire prise de conscience des dangers occasionnés par ce comportement suicidaire. On s'oriente maintenant vers une agriculture « raisonnée », un développement durable... des expressions qui auraient fait ricaner, il y a vingt ans, ceux-là mêmes qui l'utilisent aujourd'hui. C'est bon signe.

La leçon du comté

Mon enquête m'a également emmené en Franche-Comté, où des chercheurs de l'Université de Besançon ont scientifiquement étudié la relation entre le goût du comté et le terroir où pâturent les vaches. Comme pour le vin, ils sont parvenus à définir des crus de fromage (il y en a onze), essentiellement liés au type de flore qu'on trouve dans tel ou tel secteur. Et cette flore est extrêmement variée puisque, sur l'ensemble du massif jurassien, ils ont recensé quatre cent trente quatre espèces différentes.

J'ai surtout découvert, en Franche-Comté, des agriculteurs qui, mieux qu'ailleurs, ont su maintenir la saveur d'origine de leur fromage. Cette réussite tient à la discipline que s'est imposée toute la profession, de l'éleveur jusqu'à l'affineur. La production du comté atteint quarante-cinq mille tonnes par an mais sa fabrication est restée artisanale, au sein de deux cent vingt petites fromageries coopératives, dénommées « fruitières », qui sont dispersées à travers toute la zone d'appellation contrôlée, sur les départements du Doubs et du Jura. Chaque fruitière ne traite que le lait ramassé dans les communes environnantes, ce qui permet de préserver le goût de terroir. Dans les années 70, le phénomène de concentration avait commencé ses ravages. De 1971 à 1993, le nombre des fruitières est passé de cinq cent dix à deux cent trente. Mais la profession a su réagir à temps et stopper le mouvement.

Les affineurs, de leur côté, font preuve d'un respect remarquable pour les produits qu'on leur confie. J'ai visité les caves que Marcel Petite a aménagées dans un ancien fort militaire, le fort Saint-Antoine. J'ai été stupéfait par les dimensions de cette cathédrale du comté, où les meules s'alignaient sur des kilomètres de rayonnages, et en même temps par le soin que le chef de cave, Claude Querry, accordait à chacune d'elles.

Tout en allant de l'une à l'autre, armé d'un petit marteau et d'une sonde qui lui permettait de goûter l'état d'affinement du fromage, il m'a fait mieux comprendre pourquoi le comté avait échappé à la banalisation :

« Sur chacune des meules que vous avez ici, il y a une identification. Je peux dire où elle a été fabriquée, de quel clocher elle vient... Ça fait sourire des gens mais je dis souvent qu'on parle avec les fromages, on communique avec eux. En tapant sur la meule, par résonance, j'arrive à lire à l'intérieur. Quand je le déguste, en prélevant une carotte, il me dit s'il a encore un potentiel pour vieillir ou s'il est à son optimum pour être commercialisé... Il y a une émotion qui se crée », m'a-t-il expliqué avec une passion contenue.

Puis nous avons fait une dégustation de fromages d'origine et d'âge différents (de six mois à vingt-quatre mois), accompagnés d'un verre de vin jaune du Jura qui rehaussait encore leur saveur : moment rare et merveilleux qui m'a révélé l'étonnante palette de goûts qu'on peut trouver dans le comté. Et en fermant les yeux pour mieux me concentrer sur mon plaisir, les papilles en fête, je me suis dit que oui, vraiment, il fallait tout faire pour sauver de tels trésors, face à la douceâtre banalité des fromages pasteurisés.

Ce qui me réjouit, c'est de constater que les consommateurs sont de plus en plus nombreux à récompenser le travail des éleveurs et des affineurs francs-comtois. Alors que les ventes du camembert, par exemple, sont en baisse, celles du comté ne cessent de progresser. Elles ont augmenté de 50 % entre 1990 et 2002. Le prix de vente a suivi la même progression régulière. Conséquence : le lait étant mieux payé, la région Franche-Comté a gardé un nombre d'agriculteurs-éleveurs nettement supérieur à la moyenne nationale.

Il faut y penser, quand on achète un fromage : en choisissant un fromage fermier, on contribue à maintenir un paysan sur sa terre. Comme dit le président du syndicat des producteurs de saint-nectaire fermier : « Le touriste qui consomme du saint-nectaire fermier protège son paysage pour ses vacances d'été. » De la même façon, le skieur qui s'offre un bon morceau de beaufort, du côté de Courchevel, s'assure que les pentes de la vallée seront toujours fauchées... Ça vaut la peine de faire un effort, non ?

Chapitre 11

La France, tes cafés f... le camp !

Quand je fais le bilan de mes dix années de collaboration à *Envoyé Spécial*, je m'aperçois que je n'ai pas arrêté de tirer la sonnette d'alarme, de lancer des SOS... Pour les petits paysans, pour les produits fermiers, pour le fromage au lait cru, pour le terroir... Cela ne procédait pas, je vous l'assure, d'une volonté systématique. Je ne me sens pas l'âme d'un don Quichotte. Ce sont les circonstances qui m'ont amené à prendre la défense de valeurs ou de biens qui me semblaient précieux et qui se trouvaient momentanément menacés. Je ne sais pas si ça a servi à grand-chose. Il ne suffit pas de crier : « Attention ! » pour éviter l'accident. Ce n'est pas en gesticulant sur le quai qu'on empêche le train de partir... Mais de toute façon, je n'avais pas d'autre prétention que d'informer.

J'ai également envoyé les feux de détresse, en 1992, pour les bistrots ! Eh oui, je suis très attaché à cette institution bien française, à ces cafés qui sont souvent le dernier lieu d'échanges, dans les villages en voie de dépopulation, et qui offrent à tous, dans l'anonymat des villes, un espace de « convivialité ».

Le métier de garçon de café, en outre, m'a toujours fasciné. Plus jeune, je me disais que si j'étais un jour au chômage, je ne resterais pas longtemps inactif. Je ceindrais le tablier blanc de garçon de café. C'est un travail fatigant, contraignant, mais je ne connais pas beaucoup de professions qui vous procurent autant d'occasions de rencontres.

Dans un café, toutes les classes de la société, toutes les générations se côtoient, s'assoyent pour un moment de détente qui les dispose à parler, à se confier même, parfois. Être celui qui écoute (plus ou moins attentivement), qui réconforte de quelques mots ou qui déride d'une plaisanterie (plus ou moins drôle), voilà qui m'aurait plu, pensai-je...

Ayant toujours réussi, Dieu merci, à vivre convenablement de mes activités journalistiques, je n'ai pas eu à me confronter aux réalités du métier... Peut-être m'auraient-elles fait changer d'avis. Il n'en reste pas moins que je considère le café comme une institution indispensable à l'équilibre social de nos villes comme de nos campagnes et à la bonne santé morale de nos contemporains.

Le zinc bat de l'aile

Là encore – rendons à César... – c'est un article du *Nouvel Observateur* qui m'a fait réagir.

« Le zinc bat de l'aile », titrait mon excellent confrère Yvon Le Vaillant. « Chaque année en France, près de quatre mille bistrots disparaissent. » Les chiffres fournis par les professionnels étaient effectivement alarmants. Grosso modo, en 1910, il y avait cinq cent dix mille cafés en France. En 1960 : deux cent mille. En 1980 : cent sept mille. En 1990 : soixante-dix mille. Et les prévisions pour l'an 2000 en donnaient cinquante à soixante mille.

Quelles étaient les causes de cette hécatombe ? Le président de la Fédération des cafetiers-limonadiers, Jean Biron, m'a fourni une première explication.

Auvergnat d'origine, comme la plupart des patrons de café parisiens, Jean Biron tenait depuis vingt ans un bar-tabac-PMU à Villemomble, dans l'est parisien, face à la gare. Tous les jours de la semaine, à cinq heures et demi du matin, à l'heure des premiers trains de banlieue et des derniers rêves, il relevait bruyamment le rideau de fer de son établissement, puis il mettait en marche la machine à café, avant d'aligner sur le comptoir une vingtaine de tasses sur autant de soucoupes avec le sucre et la cuiller, pour attendre les premiers clients, encore engourdis de sommeil mais déjà pressés.

Quand le flot matinal s'est enfin calmé, Jean Biron est venu s'asseoir avec moi devant l'une des tables en formica. Cette fois, ce n'était plus le jovial patron du Tabac de la Gare mais le président de la profession qui parlait, et son ton devenait grave :

« Au cours des trente dernières années, notre profession a perdu les deux tiers de ses membres. Deux cafés sur trois ont disparu ! Première raison : la désertification des zones rurales. Dans mon village du Cantal, Lieutadés, j'ai connu six ou sept cafés, dans les années 50. Il n'en reste plus qu'un, qui vivote. Dans les zones urbaines, les cafés ont été victimes de la rénovation des quartiers. Là où l'on trouvait, au hasard des rues, autour des ateliers, une trentaine de petits troquets plus ou moins vieillots, on n'a plus que quatre ou cinq établissements modernes. La population ouvrière, qui constituait leur meilleure clientèle, a été chassée vers les banlieues et tous ces cafés d'habitués ne l'ont pas suivie... »

La pression immobilière a également joué contre eux. À Paris et dans toutes les grandes villes, beaucoup de cafés étaient situés à l'angle de deux rues. Ces « cafés d'angle », à cause de leur emplacement privilégié, ont été rachetés à prix d'or par les banques, pour y installer des agences, ou par les grandes enseignes de la restauration rapide : Mac Do, Quick etc., qui sont les pires ennemies de la profession. « L'installation d'un fast-food, c'est 30 % de chiffres d'affaires en moins pour les voisins », affirme Jean Biron.

Mais c'est surtout l'évolution des modes de vie qui a été fatale aux bistrots. Robert Henry, le patron du « Petit Poucet », une grande brasserie de la place Clichy, à Paris, l'a bien compris. Il est né dans la limonade, comme il dit. Ses parents, qui tenaient un café à Villetaneuse (Seine-Saint-Denis), l'ont élevé avec quelques principes simples mais qui sont restés gravés dans sa mémoire : « Fais comme les poules, gratte ! »

ou « Si c'est pas à toi, n'y touche pas. Si c'est à toi, défends-le ! ». Il a vécu la transformation inéluctable du métier :

« Avant, on allait au café parce qu'il n'y avait pas d'autres distractions. C'était une sortie. Maintenant il y a le cinéma, la télévision. Comment lutter, avec notre sourire, contre un bon film ou un grand match qui passe à la télé ? Les gens sortent de l'armoire le whisky qu'ils ont acheté dans une grande surface, un petit glaçon dedans, et voilà, ils passent une bonne soirée, installés sur leur canapé. Notre principal concurrent n'est plus le bistrot voisin, c'est la télé et le confort des appartements... »

Les derniers bougnats

En 1992, il restait encore trois ou quatre bougnats à Paris. On appelait ainsi ces « cafés-bois-charbon », ouverts à la fin du XIXe siècle par les immigrés auvergnats, dont le patron livrait le charbon à domicile, dans les étages, pendant que l'épouse se tenait derrière le comptoir pour prendre les commandes et servir à boire. Le plus typique était situé au 5 de la rue des Dames. Le dépôt de charbon se trouvait dans l'arrière-cour. Dans la salle de café aux murs jaunis, un poêle occupait le milieu de la pièce, prolongé par un tuyau zigzaguant qui venait s'emmancher dans le mur du fond.

La moustache brune, une carrure de déménageur, le patron avait encore une clientèle de personnes âgées qui demeuraient le plus souvent dans les étages les plus élevés de vieux immeubles sans ascenseur. Mais quand le sac de cinquante kilos était bien calé sur l'épaule, les escaliers ne lui faisaient pas peur.

Son épouse, Madame Jeannine, connaissait tous les clients.

« Ce sont les mêmes, tous les jours, à peu près à la même heure », m'a-elle raconté. « Je sais, à dix minutes près, qui va venir. Quand je ne les vois pas, je m'inquiète. Je leur téléphone. Je vais les voir, si ça ne va pas. Je m'occupe d'eux. »

– « C'est vrai », a enchaîné le boucher voisin, en tablier blanc, qui avait aussi ses habitudes dans la maison. « C'est la famille ici. Tout le monde se connaît, raconte ses petites misères. Ça ferait un drôle de trou dans le quartier, si ça disparaissait. »

Appuyé au comptoir, silencieux, un homme à casquette sirotait un petit blanc tandis que son chat se régalait des quelques morceaux d'abats qu'il lui avait achetés au passage à la boucherie.

– « Tiens, Monsieur Jean n'est pas venu ce matin », a dit une cliente coiffée d'un bonnet de laine qui venait prendre son verre de rosé tous les jours à onze heures, assise à côté du poêle. « Vous avez de ses nouvelles, Madame Jeannine ? »

Mais Madame Jeannine était soucieuse. Elle pressentait que cette photo à la Doisneau, qui s'animait sous mes yeux, appartenait déjà au passé.

« Quand je suis arrivée ici, il y a douze ans, ma caisse de sauvignon était vendue à dix heures, dix heures et demi », m'a-t-elle confié gravement. « Maintenant, la caisse de sauvignon me fait la moitié de la semaine. Heureusement qu'il y a encore les vieux de la vieille... Mais quand ils ne seront plus là ? »

Un confessionnal sans pénitence

Le bougnat de la rue des Dames a fermé, bien sûr. Un immeuble d'habitation s'élève à sa place. Le nombre des cafés a continué de décroître. Il est aujourd'hui de quarante cinq mille environ. Et pourtant, comme ne cessait de le répéter Robert Henry, le patron du « Petit Poucet », le café a une fonction sociale :

« On ne peut pas vivre sans des lieux où les gens peuvent discuter, échanger leurs opinions. Et quel est l'endroit le plus propice à un échange d'idées que le comptoir ? On se passe le sucre, on se passe les croissants, on s'offre une cigarette, et la conversation s'engage tout naturellement. C'est le confessionnal sans pénitence, chez nous... Et puis, dites donc, y'a pas d'horodateurs ici. On se met au comptoir, on y reste une heure et personne ne vous dit : on t'a assez vu, va prendre l'air ! Vous connaissez beaucoup de professions où on fait plaisir pour quatre francs quatre-vingt, le prix d'un café ? Nous sommes aussi utiles à la société que le médecin et l'instituteur ! »

Comme je lui objectai, tout de même, que le bistrot était aussi un endroit où l'on s'alcoolise, il s'est fâché tout rouge :

« Ah vous m'énervez avec ça ! C'est tenace, hein, la légende de *L'Assommoir*, de Zola. Mais c'est fini, ça. Le petit calva, le genièvre du matin avec le café, c'était au temps des percolateurs qui débitaient une boisson infâme. Ce n'est plus la chaleur de l'alcool que les gens viennent chercher chez nous. C'est une autre chaleur, beaucoup plus rare. Vous savez ce que représente la vente de l'alcool dans mon chiffre d'affaires ? 1 à 2 %. De toute façon les gens peuvent aussi bien s'alcooliser chez eux. Et pour moins cher. »

Séquence suivante. Je suis maintenant dans l'un des plus vieux cafés de Bordeaux. « Chez Auguste », place des Victoires, en face de la Faculté de Médecine, a vu défiler des générations d'étudiants. Son décor n'a pas changé. Il a gardé son sol carrelé, ses grands miroirs, ses banquettes en moleskine, son balcon en fer forgé, ses tables de bistrot, ses luminaires 1900... Et l'affluence est toujours la même. Entre deux cours, les jeunes viennent y faire leurs révisions ou jouer aux cartes. Derrière sa caisse enregistreuse, la propriétaire, Mme Labataille, dont les yeux verts devaient troubler plus d'un adolescent, garde confiance en l'avenir, quant à elle :

« C'est la génération Coca Cola ou Mac Do, comme on dit, qui vient ici. Mais vous voyez, elle a besoin, comme les autres, de lieux de rencontres. Ce n'est pas le distributeur de boîtes de Coca Cola, dans la rue, qui le lui apportera. Les petits bars de quartier, du genre "Bar de la Marine" dans le film de Pagnol, avec le patron qui a sa façon à lui de servir le Ricard, “sans la goutte !”, ceux-là vont continuer à disparaître. Et c’est bien dommage. Mais “ Chez Auguste” existe depuis plus de cent ans et à mon avis, il est encore là pour longtemps. »

Le style café-brasserie, qui brasse surtout du monde, continue en effet de connaître la faveur du public, toutes générations confondues.

Tous à Poil !

J’ai terminé mon enquête à Poil... Je veux dire dans la commune de Poil (Nièvre), dont le nom prête toujours à sourire ou à quiproquos. « TOUS À POIL DIMANCHE ! », pouvait-on lire il y a quelques années sur les affichettes annonçant la fête du village...

Poil, tranquille bourgade de deux cents habitants (dénommés les Poilus), dont le clocher domine de doux vallonnements de prairies peuplées de bœufs blancs, avait été victime de l’exode rural, comme toutes les autres communes du Morvan. « Y’a un tiers de monde, aujourd’hui, mon pauv’ monsieur », résume un vieux Poilu à moustache, appuyé sur sa canne, auprès de qui je me suis arrêté. « Y’avait cinq cafés, quand j’étais gamin. Il en reste un. Et encore ! Sans le maire, il aurait fermé, lui aussi. »

C’est bien pour ça que je suis venu. Poil a été, en effet, parmi les premières communes en France à considérer qu’un café est nécessaire à la vie d’un village, et à en tirer les conséquences. La municipalité a racheté le fonds et la licence du dernier tenancier, qui ne trouvait pas de successeur, et l’a mis en gérance. Il lui en a coûté huit cent cinquante mille francs pour acquérir et remettre au goût du jour le café-auberge, qui fait face à l’église. Une dépense énorme pour une aussi petite commune, mais le maire, Louis Cougny, ne regrettait rien. Avant d’entamer sa traditionnelle partie de manille coinchée, il m’a expliqué pourquoi :

« Dans un petit pays à côté, il n’y a plus de bistrot. Eh bien c'est mort, c'est terrible. Quand vous avez une cérémonie, un enterrement par exemple, la coutume veut qu'à la sortie tout le monde aille trinquer. Vous n'avez plus de café, qu'est-ce qui se passe ? Vous rentrez chacun chez vous, tristement. On ne se parle plus. Alors qu'ici, on sait qu'à toute heure du jour, il y a un endroit où on peut rencontrer quelqu'un. Moi, je passe avec la voiture devant l'auberge, je vois une autre voiture arrêtée, je reconnais à qui elle est. Tiens, je me dis, je vais aller lui payer un coup. Et si on est quatre, on fait une coinchée ! Vous savez, il y a deux communes dans le canton qui n'ont pas trop perdu de population entre les deux derniers recensements, et on est dedans. Eh bien je me demande si c'est pas un peu grâce au café. »

De nombreux maires ruraux ont suivi l'exemple de Poil et « municipalisé » leur dernier débit de boissons, l'élevant ainsi au rang de service public. C'est dans le même esprit qu'en 1989, la Mission Banlieue, animée par Roland Castro, a recommandé aux architectes de prévoir la présence de bistrots dans les grands ensembles.

Les cafés des centres-villes, avec leurs terrasses et leurs garçons en tablier qui virevoltent entre les tables, sont tout aussi indispensables à l'animation du quartier. Ils sont l'une des images les plus sympathiques de notre pays, pour les étrangers, qui nous les envient.

« Les Français ne savent pas qu'ils ont la plus belle limonade d'Europe », m'a fièrement déclaré le président des cafetiers, Jean Biron. Alors, préservons-la, bon sang, comme tout ce qui fonde notre identité.

Une association de « mordus » s'attache plus spécialement à la sauvegarde des cafés historiques, ceux qui ont gardé leur décor et leur atmosphère d'origine. Elle a son siège dans l'un des plus vieux cafés d'Europe, le café de la Table Ronde à Grenoble, qui date de 1739. Elle publie un guide où ne sont pas oubliés les vieux et pittoresques cafés de village comme le café-hôtel Laissac à Olargues (Hérault), le Grand Café de Camplong (Hérault), construit en 1898 par un architecte qui avait travaillé avec Eiffel, où Mme Joucla, à quatre-vingt-neuf ans, continue d'assurer le service, le Café des Arts à Mens (Isère), aux belles peintures murales, le Café de la Liberté à Paillet (Gironde), qui vient de fêter ses cent ans, l'ancien café républicain d'Yvoire (Haute-Savoie) à l'enseigne du Vieux Logis... Ils sont restés « dans leur jus » mais leur survie tient du miracle permanent.

L'empire auvergnat

La réalisation d'un reportage pour *Envoyé Spécial* me prenait à peu près deux mois : un mois de préparation, dix jours de tournage, huit à dix jours de montage. Tout cela pour aboutir à un document d'à peine trente minutes ? Eh oui, la télévision dévore beaucoup de temps, mais j'aimais travailler pour cette émission de qualité qui me donnait à chaque fois l'occasion de me plonger dans un sujet de société.

La période de préparation était particulièrement enrichissante, de ce point de vue. Il fallait d'abord explorer toutes les sources de documentation sur la question, puis construire un scénario, rencontrer les responsables et les acteurs principaux, sélectionner les interlocuteurs qui allaient illustrer de manière intelligente (et pittoresque, si possible) les différents aspects du problème, organiser les rendez-vous de tournage (ça, c'était moins drôle). On entrait ainsi, pas à pas, dans un monde nouveau, on en découvrait les réalités parfois insoupçonnées, on nouait des relations qui pouvaient devenir amicales.

En enquêtant chez les cafetiers parisiens, par exemple, je me suis retrouvé au sein d'une colonie assez étrange : celle des Auvergnats. Vous connaissez le mot d'Alexandre Vialatte, l'un de mes auteurs préférés : « Ce qui fait l'intérêt de l'Auvergne, c'est qu'elle est remplie d'Auvergnats. S'il faut en croire les dernières statistiques, elle en contient même plus que Paris... » Les Auvergnats sont en effet très nombreux et très actifs, dans la capitale. On dit que le Massif central est le château d'eau de la France mais il fut aussi un « château d'hommes », pour reprendre l'expression d'un historien...

Ils ont commencé à investir Paris au milieu du XIXème siècle. Habitués à des conditions de vie très difficiles, ils ont réussi à s'y faire une place en exerçant des petits métiers ingrats ou dédaignés : porteurs d'eau, frotteurs de parquets, cochers, chiffonniers, ferrailleurs, bougnats... Mais c'est dans la limonade que leur courage, leur sens du commerce et de l'économie, leur sens de la solidarité aussi, se sont exercés avec le plus de succès. En moins d'un siècle, ils ont conquis la profession. Actuellement encore, 75 % des débits de boisson de Paris et de la banlieue appartiennent à des Auvergnats ou, plus largement, à des originaires du Massif central.[1]

Cette épopée provinciale, j'aurais voulu la retracer pour *Envoyé Spécial*, révéler les arcanes de ce milieu très fermé. Je n'ai pas réussi à convaincre mes producteurs mais je n'en reste pas moins fasciné par l'aventure de ces immigrés de l'intérieur qui semblaient ignorer les notions de plaisir ou de loisir. Vouant toute leur vie au travail, ils économisaient sou par sou dans l'unique perspective de revenir un jour au village, fortune faite, pour y construire la maison qui témoignerait de leur réussite...

Ils savaient choisir leurs emplacements. On les trouve en particulier auprès des grandes gares – les nouvelles portes de Paris, comme les appelait Napoléon III – et à proximité des mairies d'arrondissements. Dans le quartier Saint-Lazare, tous les établissements, pratiquement, leur appartiennent, à commencer par la brasserie Ruc, la brasserie Mollard, la brasserie Garnier.

Mais ils possèdent bien d'autres enseignes illustres : la brasserie Lipp, le Flore, les Deux Magots à Saint-Germain-des-

1. Dans les quartiers populaires de Paris et dans la banlieue, ce sont les Kabyles qui prennent peu à peu le relais car le métier attire de moins en moins de jeunes Auvergnats. Les Kabyles parviennent à acquérir les cafés grâce à un système d'entraide comparable à celui qui soude les Auvergnats.

Prés, le Pavillon Dauphine et la Grande Cascade au Bois de Boulogne, le Dôme à Montparnasse, le PLM, le Méridien, l'Intercontinental, le Palais des Congrès...

Les parents ou les grands-parents des propriétaires ont commencé comme marchand de charbon ou garçon de café et se sont peu à peu élevés dans la hiérarchie professionnelle grâce au soutien de leurs compatriotes et, avant tout, à leur ténacité. On m'a raconté qu'à quatre-vingt-six ans, l'ancien propriétaire de la fameuse brasserie La Coupole, M. Lafon, faisait encore l'ouverture de l'établissement, tous les matins, et qu'à la fin du service, il effectuait le tour des tables pour récupérer et rapporter en cuisine les tablettes de beurre et les dominos de sucre entamés par les clients. Puis il vidait l'eau des carafes dans les bacs à fleurs. Il ne fallait rien perdre !

Auvergnat lui-même, Alexandre Vialatte a souvent évoqué avec humour ce trait de caractère. Dans *L'Auvergne absolue,* il écrit : « L'Économie est ici chez elle. Elle y a trouvé sa vraie patrie. Dans ses sous-préfectures, l'Auvergnat lui a dressé des temples. Il les appelle des Caisses d'Épargne. » Ailleurs, il raconte à sa façon la création du monde :

« Quand Dieu eut créé le monde, le huitième jour, il fit l'Auvergnat. Avec les restes, en ramassant les miettes. Puis il lui montra les riches plaines de la terre, la vallée du Missis-sipi, la plaine Saint-Denis, la molle vallée du Gange...

– « Choisis, lui dit-il. »

– « Si vous le permettez, répondit l'Auvergnat, je prendrai le Puy-de-Dôme. »

– « Mais personne n'en veut, s'étonna le Seigneur. »

– « Précisément, dit l'Auvergnat, il ne faut pas le laisser perdre ! »

– « Mais les volcans ne sont pas éteints... »

– « J'attendrai donc qu'ils refroidissent, dit l'Auvergnat. Et il s'assit dans l'antichambre en comprimant son parapluie sur son cœur. »

Un autre écrivain auvergnat, Henri Pourrat, a su résumer

en une phrase cette légendaire propension de ses compatriotes à l'économie : « Ils se privent de jouir, mais ils jouissent de se priver » !

La cuisine de bistrot

La bonne cuisine étant avant tout, dit-on, l'art d'utiliser les restes, sans doute faut-il y voir la raison du succès de la « cuisine de bistrot » que les Auvergnats ont apportée à Paris. Dès le XIXe siècle, dans leurs petits troquets, ils ont pris l'habitude de servir des plats du jour, à midi, pour nourrir le petit peuple parisien qui formait l'essentiel de leur clientèle. C'est l'épouse qui se tenait aux fourneaux et, tout naturellement, elle reproduisait les recettes familiales, peu coûteuses, qu'elle avait apprises au village.

À partir des années 60, suivant l'évolution des modes de vie, cette activité restauration s'est développée. Elle est même devenue plus importante que la vente de boissons, au point de représenter actuellement 80 % du chiffre d'affaires d'une brasserie telle que « Les Monts d'Auvergne » (Paris 13ème), tenue depuis trois générations par la famille Deconquand, dont les héritiers successifs sont aussi fidèles au port de la moustache qu'aux autres traditions régionales.

J'ai toujours été amoureux, quant à moi, de cette cuisine paysanne qui exprime savoureusement les vertus et les richesses d'un terroir. C'est pourquoi j'ai été heureux de pouvoir lui consacrer une série d'émissions, en 1980-1981, sur TF1. Son titre : *Les Recettes de mon village.*

Chapitre 12

Les recettes de mon village

Patrie des patrons de bistrot, l'Auvergne a également donné à la France deux présidents de la République, au cours des dernières décennies : Georges Pompidou (dont le père était marchand de toiles dans le Cantal) et Valéry Giscard d'Estaing. La fille aînée de celui-ci, Valérie-Anne, doit-elle à ses origines auvergnates son goût pour la cuisine paysanne ? Pourquoi pas... Toujours est-il qu'en 1980, Valérie-Anne Giscard d'Estaing est venue me voir, en compagnie de l'éditeur Bernard Fixot, pour me proposer de travailler avec elle sur un projet d'émission hebdomadaire consacrée à la cuisine de terroir.

Jusqu'alors, à la télévision, l'art culinaire avait toujours été le domaine réservé des chefs, des cuisiniers professionnels. Notre idée était au contraire d'opérer un retour aux sources, d'aller puiser notre inspiration auprès de toutes ces femmes anonymes qui, au plus profond des campagnes françaises, maintiennent et réalisent au quotidien les recettes traditionnelles de la cuisine régionale, héritées de leur mère ou de leur belle-mère.

Le terroir n'était pas encore à la mode. Le projet, cependant, fut accepté par TF1. Les relations familiales de ma coproductrice nous ont sans doute aidé à obtenir la bienveillance de la chaîne mais peu importe. L'initiative était réellement nouvelle et intéressante. Ainsi naquit l'émission *Les*

Recettes de mon village, qui était diffusée le mardi après-midi à 15 h 15.

Pour ne pas donner lieu à des commentaires railleurs, Valérie-Anne avait choisi de prendre un pseudonyme : L'Étoile. C'est le nom du château que sa famille possède à Authon, dans le Loir-et-Cher... Mais sa présence à l'antenne resta volontairement discrète. C'est à moi que revint la charge de trouver dans chaque région des « mémés » qui accepteraient de nous confier leurs meilleures recettes, puis d'aller les filmer dans leur cuisine.

Ce ne fut pas toujours facile. Des mémés sympathiques, j'en connaissais beaucoup. Mais le tournage d'une recette impose une certaine rigueur qui s'accommodait mal de l'émotion bien compréhensible de mes « vedettes » d'un jour et des exigences de la cuisson.

Nous avons quand même réussi à présenter, en un an, un joli florilège de la cuisine régionale, avec des recettes dont le seul énoncé me fait encore saliver : le magret d'oie au foie gras, la tourte de Munster, le poulet Vallée d'Auge, la macaronade de moules (tournée à La Pointe Courte, au bord de l'étang de Thau), la coupetade (recette lozérienne confectionnée avec des restes de pain), le farci périgourdin, le gâteau de Pithiviers, l'estofinado (la spécialité du village d'Almon-les-Junies, dans l'Aveyron), le douillon aux poires que nous avait préparé l'abbé Alexandre, truculent curé d'une petite paroisse du pays de Caux...

Le civet de lièvre tourangeau

Un souvenir parmi d'autres : à Druye (Indre-et-Loire), la grand-mère Dubreuil devait nous faire un civet de lièvre tourangeau, sa grande spécialité. Au petit matin, nous avons suivi les hommes à la chasse puis, de retour avec leur prise, nous avons rejoint toute la famille dans la principale pièce de la ferme, qui servait à la fois de cuisine et de salle à manger. Les grandes manœuvres allaient pouvoir commencer. Mais dès que la grand-mère a commencé à faire revenir les morceaux de lièvre dans sa cocotte en fonte, j'ai senti que la partie n'était pas gagnée et que le caméraman allait souffrir. Chaque fois qu'il l'interrompait pour recommencer un geste qu'il avait mal saisi ou pour ralentir une opération, elle s'énervait et perdait peu à peu ses moyens. La cuisinière avait le trac. Elle ne savait plus où elle en était. Jamais un civet ne fut arrosé d'une telle quantité de vin de Bourgueil et les temps de cuisson aussi peu respectés...

Le téléspectateur ne s'est aperçu de rien, grâce aux vertus du montage, mais la famille et les amis, qui attendaient impatiemment, autour de la table, l'arrivée du plat, n'ont pas tout à fait retrouvé la saveur habituelle du civet de la mémé.

Ce tournage m'est resté en mémoire pour une autre raison : j'ai constaté avec surprise que les femmes de la maison ne prenaient pas place à table, pendant le repas. Elles faisaient la cuisine, le service et, entre deux, elles mangeaient debout, prêtes à répondre au moindre appel des convives. Comme tout le monde, j'avais entendu parler de cette vieille coutume campagnarde qui cantonnait les femmes dans un rôle subalterne, mais je la croyais disparue. Elles ne semblaient pas en être contrariées, pourtant. J'ai même eu l'impression qu'elles préféraient rester entre elles que de subir les histoires de chasse qui nourrissaient l'essentiel de la conversation, à table...

Ce dernier bastion de résistance contre le féminisme ne s'est rendu, m'a-t-on dit, qu'avec l'arrivée de la génération suivante.

Le chabrot du pépé

J'ai été le témoin d'une autre scène révélatrice, lors de ces tournages culinaires.

Il y a, en Dordogne, un village qui s'appelle Saint-Germain-des-Prés, beaucoup plus calme mais aussi plus verdoyant que son homonyme parisien. Je l'avais découvert grâce à Sylvain Floirat, le propriétaire d'Europe 1, un Périgourdin d'origine qui avait gardé l'accent et l'amour de sa province natale. Il finançait une fondation destinée à encourager les jeunes agriculteurs innovants du Périgord et il m'emmenait chaque année visiter les lauréats, pour que je leur consacre un reportage. C'est ainsi que j'ai fait la connaissance de la famille Marty, qui exploitait l'une des fermes de la commune.

Trois générations vivaient sous le même toit : la mémé Marty, quatre-vingt-cinq ans, le fils et son épouse, Simone, le petit-fils et son épouse. De toute évidence, la mémé faisait la loi. Elle avait accepté que je vienne filmer sa recette de magrets d'oie au foie gras mais il n'était pas question qu'elle se mette au fourneau. Puisque Simone, la belle-fille, était là, c'était à elle de faire la cuisine. Par chance, Simone avait un caractère facile et gai, mais je l'ai sincèrement admirée de garder le sourire en exécutant la recette familiale sous le regard critique et les remontrances incessantes de la mémé, assise dans son fauteuil.

Comme c'était souvent le cas à la campagne, la grand-mère détenait l'autorité réelle, au sein de la maison. Chacun devait s'y plier, en attendant l'héritage.

Cela dit, le magret d'oie a été parfaitement réussi. Accompagné d'une sauce au foie gras et au madère et de quelques lamelles de truffes – que Simone allait elle-même chercher, l'hiver, en marchant à quatre pattes autour des chênes et en promenant son nez au sol – il a fait le bonheur de l'équipe de tournage.

Auparavant, le papa de Simone, venu en voisin, nous avait montré comment on fait chabrot sans se mouiller les moustaches. Faire chabrot – tous les gens du Sud-Ouest le savent – cela consiste à verser une bonne rasade de vin rouge dans l'assiette à soupe encore tiède, où traîne un reste de bouillon, et d'avaler le tout en portant directement l'assiette à la bouche, les deux coudes bien calés sur la table. Quand on arbore des moustaches à la gauloise, il faut effectivement un certain art pour s'en tirer élégamment. On retire ensuite la serviette qu'on avait prudemment nouée autour du cou – il s'agit de ne pas salir la cravate – et on se tapote délicatement sous le nez.

« C'est un plaisir incomparable », nous assura-t-il au terme de sa démonstration. « Après un bon chabrot, tout va mieux. Si le temps est froid, il devient beaucoup plus doux. Et s'il pleut, il pleut bien moinsse... »

Cette tradition paysanne tend à se perdre mais elle fait encore partie des rites d'accueil, en Gascogne. Quand un Parisien débarque pour la première fois à la ferme, on l'invite volontiers à faire chabrot, comme le pépé, pour démontrer sa volonté d'intégration...

Mon aventure avec Coluche

Les relations très courtoises que j'entretenais avec ma coproductrice ont failli se détériorer à la suite d'une brève aventure, à la même époque, avec l'un de ceux qui briguaient la place de son papa...

Coluche, qui animait les matinées d'Europe 1, venait d'annoncer avec éclat qu'il avait décidé de se présenter aux élections présidentielles de 1981. Comme je le croisai dans un couloir de la station, il m'arrêta pour me dire : « J'ai besoin de toi. Il me faut cinq cents signatures de maires pour être candidat. Toi qui les connais tous, tu devrais pouvoir m'en dégoter quelques-unes. Viens dîner ce soir à la maison pour qu'on en parle. »

Devenu son QG électoral, le pavillon de Coluche, rue Gazan, était une véritable ruche. Dans la grande cuisine, aménagée comme une salle de bistrot, il y avait une vingtaine de personnes autour des tables, dont Paul Lederman, son impresario, qui taillaient allègrement dans les assiettes de foie gras. On échangeait les bouteilles de vin et les plaisanteries dans une ambiance bon enfant. Coluche me fit asseoir à côté de lui et me dit : « Si tu acceptes de nous donner un coup de main, voilà ce que je te propose : tu pourras nous suivre et vivre avec nous toute la campagne électorale, qui ne va pas être triste, prendre toutes les notes que tu veux pour en tirer un livre, et on te donnera l'exclusivité de sa publication. »

L'humour de Coluche me choquait souvent mais le personnage me séduisait. Si farfelue et bouffonne fut-elle, sa candidature me paraissait salubre, dans le contexte politique du moment. Elle était une soupape de sûreté, un exutoire au ras-le-bol ambiant. J'acceptai le marché.

Dès le lendemain, je commençai à prendre des contacts téléphoniques avec des amis maires. Les premières réactions furent plus que timorées. Coluche avait alors une image sulfureuse, dans les milieux bien-pensants. Son langage et ses excentricités scandalisaient une grande partie de l'opinion de cette France dite « profonde ». Les maires me rétorquaient : « Il est sympa, votre Coluche, mais qu'est-ce que vont dire mes administrés si je lui apporte ma signature ? Et comment va réagir le préfet ? »

Je me suis rapidement rendu compte que cette obligation des cinq cents signatures allait constituer un obstacle insurmontable. Au même moment, un quotidien parisien a sorti un article annonçant que j'étais le « sergent recruteur » de Coluche :

« Ce n'était qu'un bruit, une rumeur qui traînait depuis quelque temps déjà dans les salons parisiens : Coluche, candidat à la présidence, a trouvé enfin le truc infaillible pour drainer à lui les cinq cents signatures nécessaires à tout postulant officiel à l'Élysée. Un truc simple comme bonjour, auquel il suffisait de penser. Pour sonder les reins et les cœurs des maires hexagonaux, Coluche a tout bonnement fait appel à celui qui les connaissait le mieux, Pierre Bonte, l'ancien animateur de l'émission *Bonjour Monsieur le Maire*, qui chaque matin dès potron-minet sur les ondes d'Europe 1 continue, avec *Bonjour la France*, à prospecter les profondeurs du terroir. »

À l'intérieur de la rédaction d'Europe 1, l'article fit grand bruit. Étienne Mougeotte, qui était le directeur de l'information, me convoqua illico.

« Tu fais ce que tu veux », me dit-il, « mais moi, je ne peux pas accepter qu'un de mes journalistes soit personnellement impliqué dans la campagne qui va s'ouvrir. Ou bien tu renonces à aider Coluche, ou bien tu me donnes ta démission. »

J'informai Coluche du dilemme devant lequel je me trouvais placé. Il se montra compréhensif, admettant que je ne pouvais pas abandonner une collaboration de plus de vingt années pour une aventure excitante mais incertaine. Ainsi s'est donc achevée ma seule et brève incursion dans le marigot politique.

Ce dont je peux témoigner, c'est qu'au moment où je l'ai quitté, Coluche était fermement décidé à conduire la campagne électorale jusqu'au bout, c'est-à-dire jusqu'au premier tour. Porté par les sondages, qui lui ont donné jusqu'à 16 % d'intentions de vote, il voulait tester sa capacité à chambouler l'échiquier politique. S'il a précipitamment quitté la piste, c'est qu'au fil des jours il a pris conscience que – comme je l'avais prévu – il n'obtiendrait jamais le quorum de signatures indispensable. Le système immunitaire du régime républicain avait bien fonctionné.

Valérie-Anne Giscard d'Estaing ne m'a pas tenu rigueur de cette escapade. Les élections présidentielles de 1981 ont tout de même influé sur le sort de notre émission. Après la défaite du papa et l'arrivée de la gauche au pouvoir, tous les directeurs de chaînes de télé ont vu leur avenir s'assombrir. Ils ont été remplacés par de nouvelles équipes, qui ont réaménagé la grille des programmes, et comme par hasard, *Les Recettes de mon village* en ont été écartées. La dernière émission a été diffusée le 9 juin 1981. La recette présentée était la grillade des mariniers du Rhône. Mais en ouvrant le magazine *Télérama*, dans les pages du mardi, j'ai eu la surprise de voir annoncé, au lieu de la recette prévue : le gratin morvandiau... Avec cette mention : une émission de Danièle Latché et

Pierre Bonte... Aujourd'hui, avec le recul, je trouve ça plutôt drôle, mais j'avoue que, sur le moment, la plaisanterie ne m'a pas fait rire. Elle avait tout du coup de pied de l'âne à l'encontre d'une productrice remerciée pour des raisons évidemment politiques. J'ai adressé une lettre indignée au directeur de la rédaction, Francis Mayor. Il ne m'a pas répondu.

Cuisine électorale

Le démon de la politique est venu me tenter une autre fois. Ancien candidat à la présidence de la République, Jean Lecanuet, a essayé de m'enrôler sous la bannière de son parti, l'UDF, pour aller conquérir le siège de député de Dieppe (Seine-Maritime), aux élections législatives de 1978.

Depuis près de vingt ans, le siège était détenu par le maire communiste de la ville, Irénée Bourgois, mais à chaque scrutin, le candidat de la droite n'était battu que d'une courte tête, avec un écart de moins d'1 %. « Avec votre notoriété et votre capital de sympathie », me dit-il au cours d'un déjeuner, « vous devriez facilement pouvoir inverser le résultat. »

De prime abord, je me suis senti flatté qu'on m'estime digne de devenir un élu de la nation. J'étais assez séduit, d'autre part, par la perspective d'une campagne électorale qui me baladerait de commune en commune, me mettrait en contact avec des gens de tous les milieux, dans cette Normandie où je possédais déjà une maison « de campagne ». Après avoir été le porte-parole des maires ruraux, pourquoi ne pas devenir celui des habitants d'une circonscription, et passer du même coup du rôle d'observateur à celui d'acteur ? Mais je me suis vite repris. J'ai poliment décliné la proposition de Jean Lecanuet.

J'ai bien fait. J'étais beaucoup trop naïf, ou trop lucide, pour avoir le moindre avenir sur la scène politique. Irénée Bourgois a été facilement réélu et j'ai continué à me rendre utile autrement.

Disparue de l'antenne, l'émission *Les Recettes de mon village* a eu un prolongement, toutefois. À l'initiative de Bernard Fixot, les recettes du terroir diffusées sur TF1, augmentées de celles que j'avais recueillies dans l'émission éponyme d'Europe 1, ont été réunies dans un ouvrage publié par Édition° 1. Le livre s'est intitulé, ça va de soi, *Les Recettes de mon village*. Il a connu un bon succès. Le tirage est épuisé depuis longtemps mais je rencontre encore des fidèles qui continuent de s'y référer et qui me font part de leur satisfaction.

Je n'en tire pas de vanité car je n'ai aucune responsabilité dans la rédaction des recettes. Ce travail a été assumé par Valérie-Anne, assistée d'un cuisinier professionnel. Personnellement, à mon grand regret, je ne possède pas le moindre talent culinaire. Mes performances, devant les fourneaux, ne vont guère au-delà de la cuisson des œufs sur le plat.

En revanche, je suis un dégustateur émérite. J'ai goûté et noté vingt-trois saucisses de Morteau d'affilée, en 1992, lors d'un concours régional. À Oloron-Sainte-Marie, dans le Béarn, j'ai présidé, en compagnie de Maïté, un autre jury, celui du championnat du monde de la garbure, et là encore j'ai exercé mes papilles sur une vingtaine d'échantillons. La garbure, il faut le savoir, est une sorte de soupe à base de haricots, de lard, de confit de canard, de chou, qui a longtemps constitué la nourriture de base des Pyrénéens. C'est délicieux, mais à la vingtième assiette, on peut estimer que c'est un peu lourd.

Fatale garbure

Cette sympathique compétition gastronomique s'est piteusement terminée, hélas, pour moi. Non pas par une indigestion – j'en ai vu d'autres – mais par une cabriole qui n'était pas inscrite au programme. Ça s'est passé le soir, sous l'immense chapiteau où six cents convives étaient attablés pour se partager les hectolitres de garbure que les concurrents avaient fait mijoter dans la journée, dans d'énormes marmites en inox. Au moment de la remise des prix, les organisateurs m'ont gentiment invité à rejoindre l'estrade pour recevoir un trophée-souvenir : une magnifique œuvre d'art en cristal. Comme j'avais le poignet droit dans le plâtre à la suite d'une chute survenue deux semaines plus tôt en suivant le Tour de France pour France 3, je me suis emparé de l'encombrant trophée de la main gauche et j'ai regagné ma place sous les applaudissements, souriant et saluant au passage mes admirateurs... Fatale griserie ! Je n'ai pas vu, dans l'allée, l'une des énormes marmites de garbure posée à même le sol. Elle s'est renversée sous mon poids et je me suis étalé de tout mon long dans le potage, en levant instinctivement les bras pour protéger à la fois mon scaphoïde fracturé et mon fragile trophée.

Les applaudissements qui m'accompagnaient se sont aussitôt mués en un grand éclat de rire, tandis que mon sourire se transformait en grimace. Les bras en l'air, j'étais tombé la poitrine en avant sur le bord du récipient en inox et mes côtes n'avaient pas résisté au choc. Je me suis redressé douloureusement, dégoulinant de garbure, offrant un spectacle qui fit redoubler l'hilarité générale. Je réussis quand même à me faire emmener à l'hôpital d'Oloron où l'interne de service diagnostiqua trois côtes cassées...

L'organisateur du championnat était un jeune restaurateur d'Oloron, Alain Darroze, qui avait créé l'association « SOS Racines » en 1991 alors qu'il faisait son service militaire derrière les fourneaux de l'Élysée. Enthousiaste, bon vivant, furieusement attaché à son terroir d'origine, il voulait, selon les statuts, « sauvegarder les produits et les traditions régionales, créer un trait d'union entre la ville et la terre, amener les citadins à une meilleure compréhension de l'art de vivre en province ». On lui doit en particulier la renaissance du haricot-maïs du Béarn, cultivé dans les champs de maïs. Mais ce soir-là, franchement, il ne fallait plus me parler de cuisine de terroir ! J'en avais soupé... L'ami Alain, désolé, m'accueillit heureusement chez lui pour finir la nuit et me prêta des vêtements secs (mais un peu trop étroits) pour regagner Paris le lendemain par avion.

Le Béarn, décidément, me portait malheur. C'est à Orthez, à trente kilomètres d'Oloron, que je m'étais cassé le scaphoïde, deux semaines auparavant. Peu de temps après, pour ne pas faire mentir le proverbe – deux ne va pas sans trois – je me suis retrouvé bloqué toute la nuit à l'aéroport de Pau par une grève des pilotes.

Le sort étant maintenant conjuré, j'y reviens avec plaisir, néanmoins. On y mange admirablement, on y chante à toutes les occasions et l'on n'y est accueilli avec cordialité. J'aime aussi le pays basque, son voisin, mais ça, mieux vaut éviter de le dire devant un Béarnais. Et réciproquement. Ces deux petites provinces, réunies en un même département, les Pyrénées-Atlantiques, sont en état de rivalité permanent. Un Béarnais m'a raconté l'histoire suivante, qui est révélatrice.

Elle se passe dans une maternité de Pau. Trois femmes ont accouché la même nuit : une Béarnaise, une Basque et une Sénégalaise. Mais la sage-femme de service, affolée, a mélangé les bracelets des bébés et au petit matin, plus personne ne parvient à les identifier avec certitude. Elle se rend alors au chevet de sa compatriote béarnaise, lui avoue son erreur et lui dit : « Voilà les trois bébés, je vous laisse choisir celui que vous voulez. » La jeune maman regarde les poupons et dit, en désignant le petit noir : « Je prends celui-là ! » Étonnement de la sage-femme... « Au moins, lui explique la maman, je suis sûre que ce n'est pas un Basque. »

J'ai entendu la même blague à Bitche, en Moselle. Les bébés, cette fois, étaient lorrains et alsaciens... La France est ainsi faite. Sous le grand manteau national, les particularismes restent vivaces, mais ils contribuent à maintenir une diversité réjouissante.

Une coutume qui résiste

Où en suis-je ? On parlait de gastronomie régionale, un sujet qui me tient à cœur. « La cuisine est une dimension du voyage tout comme les autres », a écrit Robert Escarpit. « C'est même celle qui, en notre monde uniformisé, donne le relief le plus vrai au dépaysement, car de toutes les coutumes elle est la plus résistante. » C'est vrai. Même les grandes chaînes hôtelières, comme Mercure, avec leurs chambres et leurs salles de bains toutes pareilles (ou presque) d'un bout à l'autre de l'hexagone, s'efforcent de proposer des menus et des vins régionaux dans leurs restaurants.

La coutume n'a pas toujours résisté, hélas, aux industriels du congelé et du sous-vide, qui approvisionnent de plus en plus de restaurateurs. Ces nouvelles techniques sont tellement commodes quand le client est pressé et la fréquentation irrégulière ! Mais enfin, en interrogeant les gens du pays, en leur expliquant ce qu'on recherche, on arrive à peu près partout à dénicher les bons endroits, à trouver les professionnels honnêtes qui cuisinent avec simplicité des produits frais du pays. C'est tout ce que je leur demande, pour ma part.

Les grands chefs ont donné l'exemple : les frères Troisgros à Roanne (Loire), les frères Haeberlin à Illhaeusern (Haut-Rhin), Paul Bocuse à Collonges-au-Mont-d'Or (Rhône), Georges Blanc à Vonnas (Ain), Bernard Loiseau à Saulieu (Côte-d'Or), Alain Dutournier à Paris ont redoré le blason de cette cuisine « de bonne femme », celle des mères et des grands mères recopiant dans le cahier familial la recette reçue d'une aïeule. En acceptant de payer à leur juste prix des produits fermiers de qualité, qui ont « l'accent du terroir », ils ont en outre encouragé et contribué à maintenir en activité des petits producteurs de leur région.

Originaire des Landes, Alain Dutournier, par exemple, se fournit en viande de bœuf chez un boucher de Dax, Michel Aimé, qui va choisir ses bêtes dans les meilleures fermes de la Chalosse. Il fait également venir ses poulets de la région et ses agneaux des Pyrénées. Quant à Bernard Loiseau, il ne manquait jamais une occasion de mettre en vedette les paysans qui lui permettaient de réaliser ses plus savoureuses spécialités.

Hommage à la cuisine du Nord

De toutes les cuisines régionales, celle du nord de la France est la moins renommée. En dehors des frites, qui peut citer un plat typique de la région ? C'est normal, les gens du Nord font peu parler d'eux. Ils travaillent, durement, ils s'amusent, franchement, ils font des enfants, beaucoup, et la cuisine du Nord est à leur image : familiale, sobre, sans manières, peu dispendieuse parce que l'argent se gagne péniblement et qu'il faut tout acheter, dans les régions industrielles, si l'on n'a pas un bout de jardin.

Ma mère avait son carnet de recettes, rangé dans le tiroir du bureau. Il était assez mince. On y trouvait les carbonnades à la flamande, qui revenaient à peu près chaque semaine au menu. C'est un plat à base de bas morceaux de bœuf, longuement mijotés dans un fait-tout en fonte avec de la bière. Le dimanche, nous avions souvent droit au lapin aux pruneaux. Le Nord consommait énormément de lapins car dans les cités ouvrières, tout le monde avait son petit clapier au fond de la cour ou de la courée. Enfant, je m'en souviens, j'allais leur chercher de l'herbe, à vélo, après l'école, comme tous les autres gamins. Ça ne me plaisait pas beaucoup mais j'obéissais... Dans la semaine passait le marchand de peaux de lapins, avec sa trompette et sa petite charrette à bras décorée de jouets qu'il échangeait contre les peaux. C'était la récompense.

Les Nordistes sont surtout des « mangeux d'chuc ». Je raffolais de la cassonade, un sucre roux de betterave très onctueux, qui était fabriqué dans la région par la raffinerie

Béghin et qu'on appelle aussi la vergeoise. On n'en trouve guère en dehors des frontières du Nord, et je le regrette bien car elle fait partie de mes plus délicieux souvenirs d'enfance. Elle avait tendance, dans le paquet, à former des grumeaux qu'on m'offrait comme des bonbons, quand j'avais été sage. Mélangée avec du beurre, elle servait à tartiner les tranches de pain du goûter. Le dimanche, ma mère en faisait de succulentes tartes à gros bord où le sucre gonflait en prenant des reflets dorés. Mouillée avec du lait, la cassonade servait aussi à fourrer les gaufres du Nouvel An.

Ah les gaufres du Nouvel An ! Ne confondez pas avec les gaufres chaudes à gros trous qu'on vend dans les foires et qu'on appelait, chez nous, les gaufres Coliche (du nom du fabricant du fer). Il s'agit ici de gaufres sèches à petits trous. Elles étaient plus qu'un dessert : un rituel familial. Dans les derniers jours de l'année, mon père préparait une pâte qu'il laissait reposer au coin du fourneau, tandis que ma mère sortait le fer en fonte qui ne servait qu'à cette occasion. Lorsque la pâte était suffisamment levée, les enfants la roulaient en petites boules que ma mère aplatissait entre les deux bras du fer et faisait cuire sur la flamme. Dès que la gaufre sortait du fer, toute chaude, il fallait la fendre par le milieu avec la pointe d'un couteau, sans se brûler, puis l'on badigeonnait l'intérieur d'un mélange de cassonade et de lait et l'on recollait rapidement les deux faces pour laisser refroidir le tout sous le poids d'un fer à repasser.

Ces gaufres sèches, nous attendions impatiemment le premier de l'An pour avoir le droit d'y goûter au petit déjeuner. Mais elles étaient surtout destinées à être offertes, accompagnées d'une tasse de café, aux parents et amis qui venaient présenter leurs vœux. D'une maison à l'autre, nous étions ainsi amenés à comparer, à commenter les différentes recettes. La conclusion était invariable. Comme la choucroute pour les Alsaciens, les gaufres de maman était toujours les meilleures...

Une de mes sœurs, restée dans le Nord, a gardé la recette

maternelle et le fer à gaufres. Chaque fin d'année, elle renouvelle le rituel et m'envoie un petit colis qui ressuscite mes émotions d'enfance. Merci, Nadette !

Goûtez-moi ça !

En 1993, la station régionale France 3 Nord-Pas-de-Calais m'a permis de renouer plus largement avec la cuisine de mon pays natal. Elle m'a demandé de concevoir une émission hebdomadaire qui mettrait à l'honneur, chaque samedi en fin d'après-midi, un produit et une recette régionale. L'idée était excellente. Restait à trouver un titre et un cuisinier pour apporter et réaliser les recettes.

Le titre a resurgi de mon enfance. L'une des sucreries les plus célèbres du Nord est la bêtise de Cambrai. Deux confiseries rivales se disputent son invention, dont la maison Afchain, et le slogan inscrit sur ses boîtes en fer m'est revenu en mémoire : « Goûtez-moi ça ! ». Je l'ai adopté.

Pour le choix du cuisinier, je n'ai pas hésité longtemps. Lors de mes étapes lilloises, je venais souvent déjeuner dans un sympathique bistrot de la place de Béthune, « Chez Pierrot ». Le patron, Pierre Coucke, originaire d'Hazebroucq, dans les Flandres, avait la jovialité, le bagout, l'accent et une « bouille » qui convenaient parfaitement à ce nouveau rôle. Il s'est lancé dans l'aventure avec enthousiasme et l'émission a très vite conquis une bonne audience.

En sa compagnie, pendant deux ans, j'ai donc exploré toutes les richesses gastronomiques d'une région qui souffre encore d'une image défavorable.

Eh oui, pour beaucoup de Français le Nord-Pas-de-Calais est un plat pays couvert de cheminées d'usines et de terrils... Alors qu'il offre des paysages très variés, des plaines fertiles, des petites villes chargées d'histoire, des dunes et des plages blondes comme les filles du pays... Sait-on que le Nord-Pas-de-Calais est la première région de France pour la production d'endives, de pommes de terre (la ratte du Touquet est la meilleure, selon moi), de petits pois, de betteraves sucrières, de chicorée, de cresson ?... Ce n'est pas pour rien que les conserveries Bonduelle sont installées dans le Nord. Savez-vous que les poissons de la mer du Nord et de la Manche font de Boulogne-sur-mer le premier port de pêche de France ? À défaut de vin, nous avons la bière et le genièvre, qui entrent dans de nombreuses recettes.

Tout cela nous a donné un patrimoine gastronomique appréciable, fortement marqué par l'influence de la Flandre. Le waterzoï (traduction : cuit à l'eau) ou le potjevleesch (petit pot de viande) sont des spécialités qui mériteraient d'être mieux connues. Le waterzoï est à l'origine un court bouillon de poissons (d'eau douce ou de mer) mais la recette peut aussi s'appliquer à une volaille. Quant au potjevleesch, c'est une terrine de trois ou quatre viandes blanches (poulet, lapin, veau et lard), servie en gelée, accompagnée généralement de frites bien chaudes et d'une salade. J'adore !

Dernière confidence : mes plats préférés, quant à moi, appartiennent à cette cuisine familiale que perpétuent les bons bistrots : la blanquette de veau (en premier lieu), le pot-au-feu, le navarin d'agneau, le bœuf aux carottes. Je me demande pourquoi ma mère a toujours été persuadée que j'avais une prédilection pour l'escalope de veau... J'y avais droit chaque fois que je m'arrêtais à la maison pour déjeuner ou dîner. Je préfère de beaucoup les viandes rouges, en réalité, mais elle semblait tellement assurée de me faire plaisir, avec son escalope, que jamais je n'ai eu le courage de lui dire la vérité. Au contraire, je la remerciais avec effusion de son attention. Les années passant, je me sentais de moins en moins le droit de lui révéler qu'elle s'était si longtemps trompée. Jusqu'à la fin de sa vie, nous nous sommes donc retrouvés tendrement, dans sa maison de Lambersart, autour de l'inévitable escalope... que j'aimerais tellement, aujourd'hui, pouvoir encore partager avec elle.

Chapitre 13

À la recherche du pain perdu

Le premier métier de mon père, je l'ai dit, était celui de boulanger. On garde comme une relique, dans la famille, une petite plaque en cuivre ovale avec cette mention gravée : BONTE-SIX boulanger à Mouvaux. Elle était fixée sur la charrette à bras avec laquelle il allait porter le pain à domicile. Je n'ai pas connu le bonheur de me réveiller dans la bonne odeur du pain chaud, car il dut abandonner son fournil, pour raison de santé, cinq ans avant ma naissance. Mais il avait gardé la nostalgie et le respect de ce métier. Il n'entamait pas une miche de pain sans avoir tracé une croix sur la croûte du dessous, avec la pointe du couteau. Sur la fin de sa vie, il s'était remis à faire son pain, pour le plaisir, et à le cuire dans le four de la cuisinière à charbon. Il était fier de nous le faire sentir et goûter quand nous revenions à la maison. « Repas sans pain, repas de rien », disait-il souvent. C'est en pensant à lui que je me suis lancé, début 1994, pour *Envoyé Spécial,* à la recherche du pain perdu...

Cette année-là, la plus ordinaire de nos nourritures, l'aliment de base des Français, avait soudainement retrouvé un certaine noblesse, aux yeux des consommateurs de télévision, à la suite de la diffusion, sur France 2, dans les programmes de Noël, d'une très belle « saga » intitulée *Les Maîtres du pain.* Réalisée par Hervé Baslé sur un scénario de Bernard Lantéric, elle racontait l'histoire d'un maître boulanger, Jérôme Corbières, qui voulait avoir un héritier pour lui transmettre l'amour et les secrets de la fabrication du pain, qu'il tenait lui-même d'un vieil artisan du pays. Les images étaient belles, les acteurs émouvants, on avait envie de mordre dans ces pains dorés sortant du four en briques, d'en faire craquer la croûte sous les doigts... mais ce n'était que de la fiction. Qu'en était-il aujourd'hui de la tradition du bon pain français ? C'est ce que je me proposais d'aller voir, en compagnie de mon ami Didier Dahan.

Eh bien, justement, la situation n'était pas brillante. Les petits boulangers de village, qui travaillaient encore à l'ancienne, dans des fours de plus d'un siècle parfois, et qui maintenaient la saveur du « pain de campagne », disparaissaient tour à tour. Comme les petits bistrots, comme les petits paysans... Le même phénomène sociologique les emportait. En trente ans, le nombre des boulangeries, en France, était tombé de quarante-huit mille à trente-cinq mille.

À Laurabuc, dans l'Aude, où j'ai commencé mon reportage, elle venait d'être sauvée in extremis grâce à un jeune garçon de dix-neuf ans, Lionel Lacaze. Il avait repris le fonds après le départ en retraite de son prédécesseur. Il s'était formé auprès de lui, au contact de la pâte. Il avait appris à la comprendre. Il avait aussi appris à sentir le vent :

« Quand j'arrive au fournil, à quatre heures du matin », me dit-il, « j'observe d'où il souffle, s'il vient du nord ou de la mer. Si c'est le vent marin, je sais qu'il faudra cuire le pain un peu plus longtemps parce qu'il aura tendance à être plus mou. »

Il ne ménageait pas sa peine, Lionel. Il travaillait sept jours sur sept, s'accordant seulement deux heures de sommeil de plus le dimanche matin. Avec sa sœur, il assurait en outre une tournée quotidienne dans trois communes voisines. Mais il s'interrogeait sur son avenir. Combien de temps pourrait-il tenir ?

« Il y a encore une population suffisante pour me faire vivre, mais le danger vient des grandes surfaces de Castelnaudary, à dix kilomètres d'ici. Elles vendent du pain industriel à un prix imbattable. Il est moins bon que le mien, mais les femmes passent faire leurs courses au supermarché en sortant du bureau et elles y prennent en même temps le pain pour ne pas s'arrêter deux fois. »

L'offensive des points chauds

L'ennemi n° 1 des artisans boulangers était en effet le pain industriel, qui grignotait régulièrement chaque année 1 % des parts de marché. Il en détenait déjà 17 % en 1994. Le consommateur semblait s'habituer à ce pain sans goût, à la mie blanche et spongieuse et à la croûte mince. On pouvait craindre, à terme, que les boulangeries de village soient remplacées par des « points chauds », équipés d'un terminal de cuisson, où un employé se contenterait de cuire des pâtons surgelés fabriqués en usine.

Le système se répandait déjà dans les villes. Sous différentes enseignes, on voyait se multiplier ces « points chauds », qui vendaient aussi des viennoiseries. Ils fonctionnaient selon le principe des trois armoires : la première (à moins vingt degrés) pour stocker les pâtes crues surgelées, rangées dans un chariot ; la deuxième (à plus vingt degrés) pour les décongeler et « réveiller » la fermentation ; la troisième (un four électrique à deux cent vingt degrés) destinée à la cuisson. Cette armoire-là se trouve toujours à la vue et sous le nez du public, de manière à ce qu'il respire l'odeur appétissante du pain chaud et qu'il s'imagine que le pain est fabriqué sur place.

Chaque meuble étant muni d'un minuteur, le travail du « boulanger » se réduit à déplacer le chariot garni de pâtons d'une armoire à l'autre, en n'écoutant que la sonnerie.

J'ai voulu voir comment fonctionnait une usine à pain. Je suis allé tourner dans la principale entreprise de la région, « Le Pain Chaurien », dans la zone industrielle de Castelnaudary. Les images que j'en ai diffusées sont plus proches, on s'en doute, des *Temps modernes* de Charlie Chaplin que de *La Femme du Boulanger* de Pagnol. L'usine sortait quinze mille baguettes par jour – cinquante fois plus que le boulanger de Laurabuc – avec deux employés seulement. La fabrication était entièrement automatisée. Les différentes phases étaient programmées sur ordinateur. D'un bout à l'autre de la chaîne, la main de l'homme n'entrait jamais en contact avec la pâte. En fin de parcours, les pâtons allongés venaient directement s'aligner sur un chariot qu'un ouvrier poussait jusqu'à la chambre de surgélation. À une température de moins quarante degrés, la fermentation naturelle y était bloquée, la pâte entrait en hibernation, en attendant d'être « réveillée » juste avant la cuisson.

Le boulanger industriel, René Ferriol, était fier de me montrer ses installations toute neuves. Il projetait d'aller construire une autre usine à Cuba, pour exporter la baguette française... « De toute façon, c'est l'avenir », m'assura-t-il. « On est obligé de suivre l'évolution. Sinon, on reste en route et on meurt. »

Pour tenter de sauver la boulangerie artisanale, les responsables de la profession avaient obtenu du gouvernement, en septembre 1993, l'adoption d'un décret considéré aujourd'hui comme « historique », et qui a pris le nom du premier ministre de l'époque : le décret Balladur. Son but : empêcher la confusion, recherchée par les industriels, entre le pain de fabrication traditionnelle et celui qui sort des terminaux de cuisson.

Il précisait que « seuls les pains entièrement pétris, façonnés et cuits sur leur lieu de vente au consommateur final peuvent être commercialisés sous le nom de "pain maison" ou sous une dénomination équivalente ». Il donnait également la définition du « pain traditionnel » ou « de tradition française », qui ne devait pas avoir subi un traitement de surgélation.

Certains industriels ont réagi en essayant de brouiller les repères du consommateur. Ils ont modifié la décoration de leurs points de vente, leur donnant l'allure de boulangeries traditionnelles qui semblaient plus « authentiques » que les vraies... avec des vendeuses déguisées en petits mitrons. En 1995, Jean-Pierre Raffarin, ministre des PME, du Commerce et de l'Artisanat, est alors allé un peu plus loin. Il a interdit aux « points chauds » de se prévaloir de l'appellation « boulangerie ». Aux termes de son arrêté, « peut seul prétendre à l'appellation et avoir l'enseigne de boulangerie l'établissement tenu par un professionnel assurant lui-même les différentes phases de fabrication des pains. » C'est cette heureuse initiative en faveur des boulangers qui a valu par la suite à Jean-Pierre Raffarin de s'entendre surnommé par certains humoristes « Raffarine »...

La mode du pain blanc

La boulangerie artisanale avait d'autres ennemis : les boulangers eux-mêmes. Si les industriels avaient pu aussi facilement faire accepter leurs produits insipides et mollassons par les Français, c'est que la majorité des baguettes de boulangers n'étaient guère meilleures que les leurs. La qualité de notre pain quotidien n'avait cessé de se détériorer depuis quelques décennies. Particulièrement dans les villes. Emblème du Français, avec le béret basque, aux yeux des étrangers, la fameuse baguette n'était plus à la hauteur de sa réputation. « Regardez-moi ça ! Elles sont devenues élastiques ! On pourrait les nouer comme des cravates ! », s'emportait M. André Baril, le président du syndicat des boulangers de la Gironde.

Comment en était-on arrivé là ? Un premier élément de réponse m'a été donné par un ancien boulanger de la région parisienne, M. Brulfert, un homme qui vouait une telle passion à son métier qu'il avait reconstitué dans la cave de son pavillon de banlieue le fournil de la boulangerie de Montmirail (Marne) où il avait fait son apprentissage. Toute sa maison, d'ailleurs, est décorée sur le thème du pain. Il l'a baptisée « la cathédrale du pain » et la fait volontiers visiter, aujourd'hui encore, aux curieux qui s'aventurent jusqu'à son village de Ronquerolles (Val-d'Oise).

« Tout a commencé dans les années 50, aussitôt après la guerre, m'a-il expliqué avec sa fougue naturelle. Les Français avaient mangé du pain gris pendant les années d'occupation et, par réaction, ils se sont jetés sur le pain blanc. Plus il était blanc, meilleur il était, à leurs yeux. Pour obtenir cette blancheur, il fallait pétrir énormément. Au lieu d'un pétrin qui tournait à quarante tours/minute, on a eu des pétrins à quatre-vingts tours/minute, qui fouettaient la pâte comme des œufs. Et au lieu de pétrir sept à huit minutes, on pétrissait quinze à vingt minutes. C'est-à-dire qu'on oxygénait la pâte mais on détruisait le pigment de la farine, qui donne le goût. On obtenait un pain gonflé, à la mie très blanche mais fade. »

Cette mode du pain blanc, selon M. Brulfert, est venue de Bretagne. « Elle a envahi la France comme la myxomatose, région par région. Le boulanger qui s'entêtait à ne pas faire comme les autres perdait sa clientèle. »

À la même époque, les boulangers ont commencé à se mécaniser. Pour s'adapter aux nouvelles machines, ils ont réduit les temps de fermentation. Or ce qui donne le goût du pain, c'est avant tout la fermentation. La pâte est un produit vivant, qui a ses exigences. Pour dégager ses arômes, elle doit reposer au moins trois heures après le pétrissage, et puis encore une heure quand elle a été mise en forme, avant de passer au four. « Faut prendre son temps ! », comme me disait M. Romanet, le vieux boulanger tout enfariné de Bourg-Saint-Maurice (Savoie). En supprimant la première fermentation, on obtenait une pâte plus facile à découper et à façonner avec les machines, mais encore une fois au détriment de la saveur.

Pour couronner le tout, les meuniers se sont mis à « enrichir » la farine de blé avec différents additifs comme la farine de fève, qui a l'avantage d'augmenter le volume du pain et de blanchir la mie mais qui en dénature le goût.

Le pain de campagne fait son retour

Heureusement, des voix se sont toujours élevées pour protester contre cette dégradation. Des professionnels de talent ont continué de défendre les méthodes de panification traditionnelles. L'un des premiers à avoir donné l'exemple du retour aux sources est un boulanger parisien, Lionel Poilâne, tragiquement disparu en 2002 dans un accident d'hélicoptère. Il a remis au goût du jour le bon vieux pain de campagne, pétri au levain, entièrement façonné à la main et cuit au feu de bois. Sa miche paysanne de deux kilos a connu un tel succès que, pour répondre à la demande, il a dû construire, près de Paris, une « manufacture » (il tenait à ce mot) de deux mille cinq cents mètres carrés, où elle est fabriquée en quantité industrielle (sept mille par jour) mais de façon purement artisanale.

C'est là que réside la performance.

Cette manufacture, dont il avait lui-même conçu les plans et qu'il m'a fait visiter, est un grand bâtiment parfaitement rond, avec un couloir circulaire qui dessert vingt-quatre ateliers de panification. Chaque atelier est équipé de deux fours en briques, chauffés au bois, qui fonctionnent de manière autonome. Devant chaque four, un boulanger assure toutes les étapes de la fabrication du pain, du pétrissage à la cuisson, et sort en moyenne cent miches toutes les deux heures. La multiplication des pains s'opère par le nombre de fours et de bras : trente-trois compagnons-boulangers, formés sur place, se relaient jour et nuit pour assurer la production.

Serré, selon son habitude, dans une grande blouse grise, strictement boutonnée, qui lui donnait des airs de maître d'école, le col ouvert sur son inséparable nœud papillon, Lionel Poilâne m'a exposé sa philosophie du métier :

« Dans ce monde dominé par la technologie, je veux rappeler que la main, associée au cerveau, reste l'outil le plus extraordinairement sophistiqué qu'on ait jamais connu. Il n'y a rien de tel qu'une main pour apprécier en temps réel la température, la souplesse d'une pâte, pour être informé de son stade de fermentation, de ce qu'elle va donner au four. Elle sent les choses, elle a sa propre intuition. Aucune machine ne remplacera ce contact manuel. »

Près de nous, en tricot de corps et tablier de toile blancs, un compagnon-boulanger enfourne les pains avec sa longue pelle en bois. D'un mouvement du poignet, sec et précis, il les dépose un à un sur la sole brûlante, puis ramène à lui la pelle dans un raclement régulier. Des gestes simples et éternels, mais qui demandent une attention constante.

« Regardez ce four », me dit Lionel, « il n'a pas de thermomètre. C'est inutile. La température d'un four se voit à la couleur de la brique. Quand elle passe du gris clair au grège, puis au gris foncé, on sait quel est le degré de chaleur. À chaque étape de la fabrication, nous utilisons des méthodes archaïques, empiriques, mais qui fonctionnent très bien. Et curieusement, l'homme s'épanouit mieux dans son travail parce qu'il réintègre ses sens. »

Il avait inventé une formule savante, pour définir sa démarche : la « rétro-invention », qui consiste à « allier les avantages des techniques modernes au savoir-faire des techniques anciennes ».

Jusqu'au bout, il est resté fidèle à ses principes. Son honnêteté et sa sincérité – alliées, il est vrai, à un sens du commerce et de la communication exceptionnels – ne l'ont pas empêché de devenir le boulanger le plus riche de France et le plus connu dans le monde. Sa fille, qui a repris la direction de l'affaire, compte toujours parmi ses clients Robert de Niro, Steven Spielberg, Lauren Bacall, Tom Hanks, qu'elle livre directement par Federal Express.

« Le four, c'est un copain »

D'autres boulangers parisiens, comme Jean-Luc Poujaurand (mon préféré), Bernard Ganachaud, Michel Moisan, ont contribué à redonner aux Français le goût du bon pain. De grands chefs de cuisine aussi, qui par amour du produit se sont mis à fabriquer eux-mêmes le pain destiné à leur restaurant. L'exemple est venu de Charles Barrier, le cuisinier de Tours qui a formé Joël Rebuchon et bien d'autres grandes toques. Il avait près de quatre-vingts ans quand je suis allé le voir mais il continuait de surveiller lui-même la cuisson de son pain, le matin, dans une petite pièce qu'il avait aménagée en fournil, à côté de la cuisine. Je n'ai jamais rencontré un homme qui parlait de son four avec autant de tendresse, au point d'en avoir, parfois, les larmes aux yeux.

« Le four », me confia-t-il d'une voix tendue par l'émotion, « c'est un copain, un personnage. Ça vit, un four. Moi, je suis toujours attentif, comme un médecin qui ausculte son patient. Est-ce que la température tient bien ? Est-ce qu'il n'a pas de problèmes ? De temps en temps il en a, comme des personnes qui tombent malades. Des fois, il perd un peu de température. Il faut s'en inquiéter, comme d'une personne qu'on aime beaucoup. »

Mais son plus grand bonheur était d'assister à la sortie du pain, quand la porte du four se relevait bruyamment et qu'il apparaissait enfin, tout doré, au bout de la pelle.

« À la sortie du four », m'expliquait-il, « le pain réjouit les cinq sens. D'abord, je le prends avec amour, je le touche, mais surtout je l'écoute qui craque, qui émet des petits crépitements. Je le regarde, parce qu'il est beau. Je le porte à mes narines pour le respirer. Et puis je ne résiste pas, j'en mange un petit bout pour le goûter... »

En bon élève, Joël Rebuchon avait installé un four, lui aussi, dans son restaurant de l'avenue Raymond Poincaré à Paris. Il y faisait un pain délicieux, croustillant, à la mie de couleur crème largement alvéolée par la fermentation. Les clients étaient nombreux à lui demander : « Où l'achetez-vous, votre pain ? Où peut-on le trouver ? » Alors il avait pris l'habitude d'en cuire un peu plus, de manière à pouvoir leur en offrir un en partant. Un cadeau peu coûteux mais chargé de symboles, qui touchait les clients fortunés du restaurant parce que l'offrande ou le partage du pain a toujours été un geste fraternel, dans notre civilisation.

La baguette de l'Élysée

Grand amateur de pain, Jacques Chirac a apporté sa contribution à la défense de la baguette parisienne, quand il était maire de la capitale. Pour encourager les boulangers à revenir à la tradition, il avait créé le concours annuel de la meilleure baguette, dont le lauréat pouvait se parer du titre de « fournisseur du maire de Paris ». Élu à la présidence de la République, Jacques Chirac continua de parrainer le concours et le boulanger gagnant devint du même coup « fournisseur de l'Élysée » pour un an.

« Il les aime très cuites, presque brunes, avec une croûte épaisse et une mie bien alvéolée », m'a confié l'inénarrable René Saint-Ouen, le boulanger du 111 boulevard Haussmann qui remporta la couronne lors du premier concours, en 1994, et qui l'obtint à nouveau en 1997. Il continue, d'ailleurs, de faire porter au président, chaque jour, quelques baguettes « comme il aime » pour sa table personnelle.

À la suite de mon reportage pour *Envoyé Spécial*, la mairie m'a invité à faire partie du jury du concours, aux côtés des meilleurs professionnels. Aux premières heures de la matinée, dans un salon de l'hôtel de ville, nous avons goûté une trentaine de baguettes apportées par les artisans. Cette année-là, c'est une baguette Rétrodor qui décrocha le premier prix. Depuis lors je suis resté fidèle, pour ma consommation quotidienne, à cette savoureuse appellation de pain conçue par un meunier de Chartres, Philippe Viron.

Une nourriture pour les gourmands

J'en profite pour saluer la mémoire de ce chevalier Bayard de la baguette parisienne qui, toute sa vie, s'est démené comme un beau diable pour inciter les boulangers à revenir à la baguette d'avant-guerre, celle des années 30. Descendant de six générations de meuniers, Philippe Viron se désolait, en effet, de voir que les Français mangeaient de moins en moins de pain. En un demi-siècle, la consommation avait baissé de moitié, alors que dans le même temps, la production de blé à l'hectare s'était multipliée par deux. Elle était tombée à cent soixante grammes par jour et par habitant (contre trois cent vingt-cinq en 1950).

Si les Français achètent moins de pain, a-t-il pensé, c'est que sa qualité s'est dégradée. Il faut donc en faire à nouveau un plaisir gourmand, comme le boulanger de Pagnol, incarné par Raimu, qui promettait aux villageois : « Je vous ferai un pain si bon que ce ne sera plus un accompagnement pour autre chose, ce sera une nourriture pour les gourmands »...

C'est ainsi qu'il a défini, en 1985, une méthode de panification qui permet aux boulangers d'obtenir une baguette « à l'ancienne » avec du matériel moderne. Rien de sorcier, dans sa formule. Elle respecte avant tout les principes ancestraux – déjà ressuscités par Poilane pour la miche – à savoir :

– de l'eau, une farine pur froment, du sel, de la levure, et rien d'autre.

– un pétrissage court

– une première fermentation longue (trois heures)

– une deuxième fermentation d'une heure, après le façonnage mécanique

– une cuisson dans un four à sole en pierre.

Il a baptisé cette baguette 1930 : Rétrodor.

Pour former ses disciples, Philippe Viron a ouvert, dans son moulin, un laboratoire-école qui accueille des professionnels en stage. Mais dans les premiers temps, il a eu toutes les peines du monde à persuader les boulangers de faire machine arrière. En 1994, soixante-dix boulangers seulement avaient adopté sa méthode. Il y en a aujourd'hui quatre cents, qui se félicitent tous d'avoir accompli cet effort qualitatif. Ils gardent une fabrication de baguettes « ordinaires » pour les clients qui s'en contentent mais la Rétrodor (vendue trente centimes plus cher) occupe une place grandissante dans leurs rayons et améliore sensiblement leur revenu.

Les pains Banette ou Baguépi ont également été lancés par des meuniers qui voulaient redonner à la baguette ses lettres de noblesse et relancer sa consommation. Le processus de fabrication, toutefois, est moins contraignant pour le boulanger, ce qui explique qu'ils sont trois mille deux cents, en France, à afficher le panneau Banette, contre quatre cents pour Rétrodor. Chez Banette, la première fermentation (le pointage) est plus courte : un quart d'heure au lieu de trois heures. Pour donner à la pâte la force qui lui manque, le meunier ajoute donc de l'acide ascorbique (vitamine C) à sa farine. Le résultat n'est pas tout à fait le même...

« Pas trop cuite, s'il vous plaît ! »

Dans l'ensemble, pourtant, la qualité de la baguette s'est améliorée, en France, et les efforts des boulangers ont été récompensés. Depuis 1990, la baisse des ventes est stoppée. On a même constaté une légère hausse en 2002. Mais il ne faut pas rêver. On ne retrouvera jamais les chiffres d'antan. Pour une raison bien simple : ce sont les ruraux (et en particulier les agriculteurs) qui ont toujours été les plus gros consommateurs de pain. Un habitant du Gers, par exemple, mange deux fois plus de pain qu'un habitant des Hauts-de-Seine. L'urbanisation entraîne automatiquement une modification des habitudes alimentaires et se traduit donc, globalement, par une diminution de la consommation.

La boulangerie industrielle, par ailleurs, continue de marquer des points. En dix ans, sa part de marché est passée de 17 à 21 %, tandis que le nombre des boulangers artisanaux tombait de trente-cinq mille à trente-deux mille.

Ceux qui ont tenu bon ont vu leur revenu s'améliorer, en revanche, grâce au succès des pains de tradition et des pains spéciaux, beaucoup plus rentables. Selon les dernières statistiques, un boulanger-pâtissier gagne deux fois plus qu'un coiffeur ou qu'un chauffeur de taxi. De toutes les professions artisanales c'est celle qui dégage le revenu annuel le plus élevé, derrière les prothésistes dentaires. Voilà au moins une bonne nouvelle, qui devrait inciter les jeunes à s'engager dans ce métier pénible, exigeant, mais aussi l'un des plus noble qui soit.

Il reste un effort d'éducation à faire, toutefois, pour que tous les Français retrouvent le goût du bon pain et le chemin des bonnes boulangeries. Je suis toujours étonné quand j'entends un client demander une baguette « pas trop cuite, s'il vous plaît ! » ou « bien blanche ! », alors qu'il est tellement bon de mordre dans une croûte croustillante et dorée. Comment leur faire découvrir ce plaisir ? Les restaurateurs ont un rôle important à jouer. Au lieu (ou à côté) de la baguette industrielle molle et insipide que la majorité d'entre eux mettent sur la table, pourquoi ne proposent-ils pas de la baguette de tradition ou du pain de campagne ? Cela leur coûterait quelques centimes de plus par couvert, mais je suis sûr qu'au bout du compte ils y gagneraient. Et le bon pain gagnerait de nouveaux adeptes.

Ma crainte, aujourd'hui, c'est que les boulangers, rassurés par l'engouement croissant du public pour leurs produits, cèdent à nouveau à la facilité. Déjà les meuniers leur proposent des farines « prêtes à l'emploi » pour fabriquer les pains spéciaux. Comme la poudre des sachets de flan instantané ! Il n'y a plus qu'à mélanger la farine avec un peu d'eau, à façonner la pâte et à la mettre au four. C'est pratique mais attention : les industriels peuvent faire la même chose, avec un résultat identique, et ils ne manqueront pas de leur enlever bientôt le marché. Que les artisans ne se plaignent pas, alors, d'être victimes d'une concurrence qu'ils auront eux-mêmes favorisée.

Chapitre 14

Le plus beau métier de la terre

Comme le pain, comme le fromage, le vin est un produit vivant, et par conséquent attachant. Ils s'accordent à merveille, d'ailleurs, tous les trois. Quand ils sont bons, ils peuvent faire du plus simple des casse-croûte un grand moment gastronomique.

Ils ont un autre point commun : nulle part ils ne sont meilleurs qu'en France. Ce n'est pas du chauvinisme. Tous les étrangers reconnaissent que nous avons le meilleur pain, les meilleurs fromages et les meilleurs vins. Un Français installé à New York m'a dit un jour : « J'adore cette ville, mais ce qui me manque, ici, c'est le camembert et le XVIIIe siècle. » L'association n'est pas incongrue. Le fromage, le pain, le vin sont des expressions de notre civilisation. Ils font partie des fleurons de notre patrimoine national.

Je n'ai pas eu la chance de naître au milieu des vignes – c'est un de mes regrets – mais mon père avait une très bonne cave où il mettait lui-même en bouteilles le vin qu'il faisait venir en tonneau du Bordelais : un Château Gagnard de chez Bouyge, viticulteur à Fronsac. Il en remontait une bouteille le dimanche matin, avant d'aller à la messe, pour la laisser chambrer, il la couchait dans un panier verseur en osier, qu'il installait religieusement sur le buffet de la salle à manger, et la débouchait une heure avant de passer à table, avec des gestes empreints de respect.

Le moment de la dégustation s'accompagnait également

de tout un rituel : il fallait d'abord lever le verre avec lui, dans la lumière, pour regarder le vin, en silence, puis le respirer en émettant des « hummm... » satisfaits, bientôt suivis d'un « aaah !... » qui traduisait notre plaisir après la première gorgée. Mes commentaires s'arrêtaient là, car je ne possédais pas encore le vocabulaire adéquat, mais l'important, pour que mon père soit heureux, était de lui montrer que nous partagions avec la même intensité cet instant d'émotion.

Lorsqu'il avait sorti un vieux millésime, à l'occasion d'une fête ou d'un anniversaire, il concluait invariablement, en reposant son verre : « C'est le petit Jésus qui descend du ciel en culotte de velours. »

Voilà comment j'ai appris à aimer le vin, sous la tutelle paternelle et sous la forme première d'un modeste mais excellent Fronsac (il est toujours très bien noté, ai-je constaté, par le *Guide Hachette des vins*). Par la suite, ce sont les vignerons eux-mêmes qui ont complété mon éducation, au fil de mes reportages à travers toute la France, et Dieu sait qu'ils ont trouvé en moi un élève attentif et coopérant.

Je ne me lasse pas d'écouter un vigneron parler de son vin. Aucune autre culture n'inspire des discours aussi lyriques car aucune autre ne suscite une telle relation affective entre l'homme et le produit. Le vin est un enfant de l'amour. Le goûter ensuite avec le vigneron, dans sa cave, c'est le privilège suprême. De tous les souvenirs que j'ai engrangés, en quarante ans de reportages, ces instants de communion restent parmi les plus précieux.

La cave d'Yvon Chevalier

Creusée dans le tuffeau, cette roche tendre qui a servi à la construction de tous les châteaux de la Loire, la cave d'Yvon Chevalier, à Turquant, était la plus accueillante de tout le Saumurois. Toujours souriant, la plaisanterie facile, son propriétaire saisissait la moindre occasion pour aligner les tréteaux et dresser la table devant la cheminée, où il ne laissait à personne le soin de faire griller les entrecôtes sur le feu de sarments. Pendant le repas, les bouteilles de Saumur-Champigny défilaient à un rythme soutenu, sans étiquettes mais avec les commentaires savoureux du vigneron. À la fin, il y avait toujours quelqu'un pour lui réclamer une chanson, toujours la même : des couplets égrillards qui relataient les mésaventures d'un paysan monté à Paris, au Salon des Arts ménagers, pour acheter une machine à laver...

C'était un homme généreux. À la veille de prendre sa retraite, il m'a fait goûter un merveilleux Saumur blanc moelleux de 1990 en me disant :

« C'est le meilleur vin que j'ai fait de ma vie ! J'ai eu la chance de connaître trois années exceptionnelles : 1947, 1976 et 1990. Mais celui-là est inégalable. Il n'a pas de prix. Je refuse de le vendre, d'ailleurs, parce que les clients pourraient croire que je le vends trop cher et me le reprocher. Je préfère l'offrir aux amis et laisser le reste à mes petits-enfants, pour qu'ils pensent à moi plus tard, en le buvant. Car c'est un vin qui peut faire un centenaire en bouteille. »

Il m'a raconté les soirées qu'il passait, après les vendanges, avec les autres vignerons du village, allant de cave en cave pour goûter le produit de chacun.

« Quand l'année n'a pas été bonne, on se console en voyant que chez le voisin c'est pas meilleur que chez soi. Et les bonnes années, on se réjouit tous ensemble d'avoir réussi notre vin... »

Au troisième verre de Saumur 90, il m'a dit avec conviction : « Vigneron, c'est le plus beau métier du monde ! » Sans doute l'euphorie du moment le portait-elle à l'exagération. Il en est d'autres tout aussi exaltants. Mais c'est à coup sûr le plus beau métier de la terre... Je veux dire que, de tous ceux qui travaillent la terre, le vigneron est certainement celui qui en retire le plus de plaisir. Le producteur de blé, de pommes ou de maïs est content quand il a fait une bonne récolte, mais ça ne va pas au-delà. Il n'a pas le privilège de pouvoir accompagner son produit jusqu'à la transformation finale et de le signer, comme un créateur. Le bon vin réjouit le cœur de l'homme, mais avant tout de celui qui le fait. C'est pourquoi les pays de vigne m'ont toujours paru plus gais, leurs habitants plus ouverts, plus « causants ».

Les viticulteurs ont eu la chance, en outre, de sortir à peu près indemnes des grands bouleversements que vient de subir l'agriculture. La plupart des exploitations sont restées familiales, à taille humaine, parce qu'il est encore possible de vivre de la vigne sur des superficies modestes, dans les zones d'appellation contrôlée. Oui, en dépit de toutes les difficultés du métier, le vigneron est le plus heureux des paysans.

Tonton Ravaut m'apprend à « grumer »

À Ladoix-Serrigny, à la limite de la Côte de Nuits et de la Côte de Beaune, j'ai appris à « grumer » le vin. Ne cherchez pas le mot dans le dictionnaire, il n'y est pas. C'est un terme bourguignon que Gaston Ravaut se faisait un plaisir de traduire et d'expliquer à tous ceux qu'il accueillait dans sa cave.

Chez les Ravaut, de père en fils, tous les garçons se prénomment alternativement Gaston ou Pierre, mais je parle ici du grand-père Ravaut, qui avait déjà quatre-vingts ans bien sonnés quand je l'ai rencontré et que tout le monde appelait « Tonton », dans le village. Il avait laissé l'exploitation de la vigne à ses enfants mais il avait gardé les clés de la cave. Il y passait le plus clair de son temps, répétant sans se lasser son numéro de « grumage » devant les visiteurs réjouis par son bagout.

« La gr-r-r-ume », expliquait-il en y mettant au moins trois « r », « c'est le grain de raisin, pour un Bourguignon. Grumer, c'est déguster le vin, en s'efforçant d'y retrouver les arômes subtils que le raisin est allé puiser dans les profondeurs du sol. C'est comme une séance d'amour. Ce sont les préliminaires qui sont les plus heureux », poursuivait-il. « Quand le coup est parti, la pièce est jouée ! Tu peux tirer le rideau ! Mon grand-père disait : un morceau avalé, ça n'a plus de goût. »

Séducteur impénitent, il avait besoin de la présence de jolies femmes, dans son auditoire, pour être au meilleur de sa forme. C'est à elles qu'il s'adressait en priorité, guettant leurs réactions d'un œil coquin. Après avoir démontré que le vin s'apprécie d'abord avec les yeux, en reluquant sa robe, puis avec le nez, pour s'imprégner de son parfum, il en arrivait au moment suprême :

« Tu mets quelques gouttes de vin dans la bouche, tu les roules, tu les mâches, tu leur fais un peu de misère, de façon à les répandre dans ton palais, et puis tu passes un peu d'air à travers, en aspirant, parce que l'oxygène et la chaleur vont dégager les éthers du vin. Pour ça, regarde-moi : c'est le principe d'une bise bien faite. Tu penses à la p'tiote que t'aimes et tu arrondis tes lèvres en cul de poule », montrait-il, « comme quand tu fais un bisou dans un endroit difficile, là où il y a du poil... »

En général, quelques murmures s'élevaient à cet instant-là, dans l'assistance. « Pas où ce que tu crois... Derrière l'oreille, salope ! », reprenait-il en se tournant vers l'une des dames qui avait paru choquée.

Les rires étaient garantis. Et les cartons de vins s'enlevaient allègrement.

Son fils, Pierre Ravaut, soixante-huit ans, perpétue son souvenir. À force de l'avoir entendu, il connaît par cœur le discours de « Tonton » et il le restitue lors des visites de cave – avec quelques aménagements de son cru – non sans évoquer, pour les plus anciens, le mémorable passage de son père dans *Le Petit Rapporteur.*

« Vous avez envie de vous coller à la terre... »

Philippe Courrian, lui, m'a appris à lire dans un grain de raisin. Mais avant de vous livrer son savoir, il faut d'abord que je vous le présente.

Philippe Courrian est vigneron à Blaignan, dans le Médoc. Les vignes de son Château Tour Haut-Caussan – cru bourgeois – s'étendent sur seize hectares, autour d'un moulin à vent qu'il a restauré et reproduit sur l'étiquette de ses bouteilles. Il aime passionnément son terroir, au point, m'a-t-il raconté, de se coucher à même le sol, certains soirs, les bras en croix, pour mieux le sentir.

Cette envie le prend plus précisément dans les premiers jours de mars, à l'approche du printemps.

« C'est une impression très étrange. Vous vous promenez, le soir, entre les rangées de ceps, sous la lune, et brusquement vous sentez que la saison bascule. La terre se met à sentir, à dégager une odeur particulière. Il y a comme une fermentation qui s'opère, et là, vous avez une espèce de force qui vous attire. Vous avez envie de vous coller à la terre pour ressentir cette force qui vous régénère... Ça bascule en une ou deux nuits. Un soir, vous ne sentez rien, c'est encore l'hiver, et le lendemain, tout d'un coup, ah ! tout bouge. Vous sentez que la vie va renaître. »

Son émotion m'a rappelé celle d'un vieux vigneron de Cousance (Jura), M. Carroz, qui s'allongait sur le sol, quant à lui, pour écouter pousser la vigne !

« C'est un vieil oncle », se souvenait-il, « qui m'a appris cela. Au mois de mai, on voyait monter les pousses, et quand le temps était bien tranquille, il me disait : "Couche-toi, nous allons écouter pousser la vigne." Et on entendait, effectivement, la sève monter, on l'entendait bien. Vous ne me croyez pas ? Eh bien c'est authentique. Ça fait chhhh... »

– « Qu'est-ce qui est le plus important pour vous, lui avais-je demandé, la vigne ou le vin que vous en tirez ? »

– « J'ai plus de plaisir à la vigne parce que j'y passe plus de temps qu'à boire, ah oui ! Mais au moment de mourir, je veux qu'on m'apporte une bouteille, pour boire un petit canon avant l'extrême-onction. Hop ! juste un petit coup, pour ne pas faire la grimace à saint Pierre et à la Sainte Vierge quand j'arriverai là-haut... », m'avait-il répondu dans un grand éclat de rire.

Un dernier témoignage, pour essayer de comprendre le mystérieux dialogue qui s'établit entre le vigneron et sa vigne : celui de Jean Toudon, vigneron à Nézignan-l'Évêque (Hérault). Pour lui, se promener dans les vignes est plus qu'un plaisir. C'est un tranquillisant. Chaque fois qu'il a un tracas, il se dirige vers l'une de ses parcelles, il choisit une rangée, et il marche au milieu de ces ceps qu'il connaît tous puisqu'il les a taillés lui-même, un à un, pendant l'hiver, en s'efforçant de corriger les faiblesses de l'un ou l'autre. « Je marche en leur parlant, dit-il, je m'arrête de temps en temps sur tel ou tel pied qui me semble en difficulté, et au bout d'un moment, va savoir pourquoi, il se passe quelque chose... Je vais peut-être passer pour un doux rêveur, mais les vignerons patentés me comprendront : il se produit quelque chose, que je n'explique pas. Je retrouve ma sérénité. Ce problème qui me paraissait si grave s'atténue, se dilue... La vigne m'a apaisé. »

Tout est dans la peau

Revenons chez Philippe Courrian. La nature était au repos, le jour où il m'a reçu. Les vendanges venaient de se terminer. Commençait pour le vignoble, selon son expression, une période de quiétude.

« C'est un mot qui me plaît bien », me dit-il. « Jusqu'à la fin des vendanges, on vit dans l'inquiétude, et puis là, toutes les tensions sont retombées. La vigne a rempli son contrat. Nous, on espère l'avoir fait aussi, mais on a envie de lui dire :

l'an prochain il faudra faire aussi bien, peut-être encore mieux, et on va essayer de t'aider... »

Tout en marchant, Philippe Courrian a cueilli un grain de raisin qui restait accroché à une souche, il l'a ouvert d'un coup d'ongle et il a entrepris de me le décortiquer, pour percer son secret :

« La vigne ne fait pas de vin, contrairement à ce qu'on dit », m'expliqua-t-il de sa voix chantante. « Elle fait un raisin pour se reproduire, comme toutes les autres plantes de la création. Vous voyez les deux pépins, au milieu du fruit, eh bien le pied de vigne a travaillé pour ces deux pépins. Mais nous, les vignerons, ils ne nous intéressent pas. Ils n'ont aucune utilité pour le vin. Ensuite vous avez le jus qui entoure les pépins, et qui est toujours blanc quelle que soit la couleur du raisin. Aucun intérêt non plus. C'est de l'eau sucrée. Ce jus blanc est le même sur tous les cépages et sous toutes les latitudes. La seule chose qui nous intéresse, c'est la peau. C'est elle qui donne au vin sa typicité. »

Je l'écoutais bouche bée. Comme beaucoup de lecteurs, sans doute, je découvrais ces notions élémentaires...

« Dans cette peau », reprit-il en la détachant délicatement de la pulpe, « l'Université nous dit qu'il y a à peu près six cents molécules différentes. Vous y retrouvez les caractéristiques du sol, du climat de l'année, toutes les spécificités du millésime. S'il y a eu beaucoup de soleil, la peau va prendre de la couleur, pour se protéger, comme les verres de vos lunettes de soleil qui se noircissent au soleil. Une année ensoleillée, elle se met de l'ambre solaire, c'est-à-dire du gras, ce gras qui va former des larmes autour du verre et qu'on appelle le glycérol. »

L'œnologie devenait une science facile, avec lui. Il avait le don de rendre limpides les processus les plus complexes, sans avoir l'air de nous prendre, pour autant, pour des demeurés.

Un peu plus tard, dans le chai, c'est encore lui qui m'a fait comprendre un autre phénomène, plus intime : le mariage du vin et du bois.

On l'aime comme un enfant

Quand j'entre dans un chai, j'éprouve un peu l'impression de pénétrer dans une église. Il y a toujours une lourde porte en bois qui s'ouvre avec peine, découvrant des murs de pierre qui se prolongent en voûtes, ou de hauts plafonds sous lesquels votre voix se met à résonner... des piliers majestueux et des tonneaux à perte de vue, sagement alignés, éclairés par de petites lampes semblables à celles des sanctuaires... On cherche le bénitier mais non, on est ici dans la demeure du vin.

Appuyé sur une barrique, ceint du tablier noir qu'il avait instinctivement noué en entrant – comme l'instituteur enfilait autrefois sa blouse (ou le curé la chasuble) – Philippe Courrian a poursuivi mon initiation :

« On peut comparer notre produit à notre enfant. La période de grossesse, c'est celle de la vigne. La naissance se fait dans la cuve, juste après les vendanges, et l'enfant reste avec nous, sous notre surveillance, pendant toute la période de fermentation, alcoolique d'abord, puis malo-lactique. Ça dure jusqu'en décembre. Après, notre vin est mis à l'école... c'est-à-dire dans les barriques. Il est mis en pension. Ça me laisse toujours un sentiment de frustration, cette entrée en classe. L'enfant nous échappe, à partir de ce moment. On ne sait pas trop ce qu'il va devenir. On le confie à quelqu'un d'autre. Le tonneau, le bois neuf, avec ses arômes complexes, va lui apporter presque autant que nous. Mais c'est un passage indispensable pour nos vins de Bordeaux. »

– « Combien de temps les gardez-vous en barriques ? »

– « Environ seize mois, mais certains millésimes gagnent à rester plus longtemps. Ça dépend de la richesse du vin. C'est comme les enfants en pension... Il y en a qui la supportent plus ou moins bien. Il y en a qui peuvent aller jusqu'à “bac plus quatre” et d'autres qu'il vaut mieux retirer un peu plus tôt... »

Des vins à la jupe fendue

Le rôle du vigneron demeure important, néanmoins, pendant cet élevage en fûts de chêne. Il est même capital. Si Henri Duboscq, à Saint-Estèphe, a fait de son Château Haut-Marbuzet l'un des crus les plus renommés de l'appellation, c'est grâce à la science qu'il s'est acquise dans l'art de marier les deux éléments, de manière à corriger ou à sublimer, selon les années, les défauts ou les qualités du vin. Son habileté lui a valu de réussir un parcours exceptionnel, qui a suscité pas mal de jalousies, soit dit en passant, dans le monde très fermé des grands châteaux médocains.

Son père était sous-chef de gare à Langon, et entre deux trains, il se laissait aller à rêver. Il rêvait de devenir un jour propriétaire d'une vigne. L'occasion lui en fut offerte au début des années 50, alors que les vins de Bordeaux connaissaient une crise sans précédent et que le prix des terres était au plus bas. Il apprit qu'un petit vignoble de sept hectares, nommé Haut-Marbuzet, était à vendre en viager à Saint-Estèphe. En dépit de la situation économique, il n'hésita pas à emprunter pour s'en porter acquéreur. Bien lui en prit. Peu de temps après, le propriétaire décédait et le papa Duboscq devenait le maître des lieux.

À force de travail, avec le concours de son fils, Henri, venu le rejoindre en 1962, il n'a cessé d'agrandir peu à peu la propriété, rachetant les enclaves, annexant les vignes voisines, tant et si bien qu'en 1996, le domaine Haut-Marbuzet atteignait une superficie de cinquante-huit hectares ! Dans le même temps, les Duboscq se sont offerts trois autres châteaux : Chambert-Marbuzet, Tour de Marbuzet et Mac Carthy, trois crus bourgeois de Saint-Estèphe qui couvrent au total quatorze hectares.

Mais la parcelle qui reste la plus chère au cœur d'Henri Duboscq, c'est la première de toutes, celle que son père avait acquise en 1952 et dans laquelle, avant de mourir, il lui a demandé de répandre ses cendres.

La réussite ne lui a rien fait perdre de sa passion originelle. En parcourant avec lui les allées du chai où le Haut-Marbuzet vieillit en barriques de chêne neuf, en l'écoutant parler de son vin, j'ai compris pourquoi celui-ci avait atteint un tel niveau de qualité et une telle renommée. C'est une histoire d'amour.

« Tous les matins, quand je me lève, je vais dans mon chai et je goûte mon vin. C'est ma façon de lui dire bonjour et de l'embrasser. Au passage, je caresse chaque barrique, je passe la main sur leur bois soyeux, velouté... Et tous les soirs, avant de me coucher, je reviens faire un tour. Je suis avec mon vin, seul, et j'ai l'impression que je suis le roi du monde. »

L'utilisation adroite du chêne lui a permis de donner à ses vins une onctuosité qui masque la virilité traditionnelle des saint-estèphe. Aussi les puristes lui ont-ils reproché de faire des vins racoleurs.

« On a dit que j'étais la fille de joie des vins du Médoc. Les plus raffinés prétendent que je fais des vins à la jupe fendue... Ces jugements m'ont longtemps peiné, voire vexé. Mais je les prends aujourd'hui pour des compliments, parce que le but du vin est la volupté. Et en matière de volupté, j'ai toujours eu de meilleurs résultats avec les jupes fendues qu'avec les douairières trop hautement corsetées », répond-il en faisant gaiement tourner le vin dans son verre...

En 2003 – fait rarissime – le Château Haut-Marbuzet a obtenu une modification de son classement. De « cru bourgeois », il a été promu « cru bourgeois exceptionnel ». Henri Duboscq ne pouvait espérer une plus belle revanche.

La tisane de planches

L'élevage en fûts de chêne est une tradition, dans le Bordelais. Ce séjour dans le bois (surtout si la barrique est neuve) amène des arômes plus complexes que ceux du fruit. Grâce à lui le vin peut prendre des parfums de vanille, d'amande, de pruneau, de café, de chocolat... Mais la plupart des vignerons du Bordelais – même s'ils ne possèdent pas tous le talent d'un Henri Duboscq – ont un savoir-faire ancestral qui leur permet de maîtriser cette délicate alchimie, de manière à ce que les tannins du bois n'altèrent pas le goût du terroir.

Je déplore que depuis quelques années, dans des régions où cet usage n'existait pas, trop de viticulteurs l'aient adopté et pratiqué sans mesure, de façon abusive, en imaginant que le chêne allait suffire à compenser la faiblesse de leur vin. Erreur ! Il faut au contraire que le vin soit très structuré pour « mériter » la barrique neuve. Mon confrère Michel Piot me disait un jour très justement : « Sur les étiquettes de certaines bouteilles, on devrait inscrire le nom du tonnelier à côté de celui du vigneron, puisque le goût du bois domine celui du vin ! »

Le consommateur non averti s'y laisse prendre. À la dégustation, il donne à coup sûr sa préférence au vin boisé, plus rond. Les arômes, flatteurs à la première gorgée, lui rappellent inconsciemment ceux des grands bordeaux. Mais la généralisation du procédé conduit à l'uniformisation du goût des vins. Les spécificités du terroir sont gommées. On ne retrouve même plus les nuances qui dépendaient autrefois de la provenance des chênes et du savoir-faire du tonnelier car la profession a subi le phénomène de la concentration, elle aussi, et il ne reste plus que quelques grandes tonnelleries qui fournissent tout le vignoble...

Il y a pire : comme les barriques neuves coûtent cher, certains viticulteurs les remplacent avantageusement par des copeaux de bois qu'ils font tremper dans le vin. Officiellement, la méthode est interdite en France, mais sous le prétexte qu'elle est couramment utilisée à l'étranger, sur des vins de bas de gamme, la Direction de la répression des fraudes accorde des dérogations à certaines grosses coopératives viticoles, dans le Languedoc en particulier, afin de leur permettre de lutter à armes égales avec les vins du nouveau monde sur les marchés extérieurs. En 2002, selon l'Onivins, sept cent mille hectolitres de vins ont « bénéficié » de cette dérogation.

J'ai été témoin de l'utilisation du procédé à la coopérative des vignerons du pays d'Ensérune, dans l'Aude, qui regroupe mille cinq cents adhérents. Les copeaux y arrivent en sacs des États-Unis, sous la dénomination de « french oak » (chêne français). C'est en fait de la barrique réduite en morceaux, qu'on fait infuser dans le vin au moment de la vinification ou au cours de l'élevage. Le dosage est assez délicat. Si les copeaux sont trop abondants ou s'ils ont trempé trop longtemps, on dit que le vin est « chipsé » (les copeaux, en anglais, sont des « chips ») ou « trop compôté ». Ça devient vraiment de la tisane de planche ! « Les spécialistes s'en aperçoivent vite mais le consommateur ne fait pas la différence », m'a affirmé le président de la coopérative.

Comme on n'arrête pas le progrès, on trouve maintenant sur le marché international de la « liqueur de tannin », obtenue par extraction. C'est encore moins cher que les copeaux et ça donne le même résultat.

C'est grave. Je ne supporte plus, pour ma part, ce goût boisé. Vive le fruit ! Vive le terroir !

« Le cépage, c'est le prénom... »

À la mode inconsidérée du vin « vieilli en fûts de chêne » est venue s'ajouter, ces dernières années, celle des vins de cépage. C'est encore un « cadeau » des États-Unis et des autres pays dits du nouveau monde. Ne possédant pas de terroirs caractérisés, ils ont mis sur le marché des vins qui s'identifient uniquement par le plant dont ils proviennent : sauvignon, cabernet, merlot, syrah... Ces bouteilles bon marché, décorées d'étiquettes avenantes et faciles à lire, ont rencontré un grand succès auprès des consommateurs étrangers, qui avaient bien de la peine – on les comprend un peu – à s'y retrouver dans toutes nos appellations locales. Conséquence : les grandes régions viticoles françaises, inquiètes de voir baisser le volume de leurs exportations, se sont mises à vinifier de la même manière une partie de leur production de vins de pays. En France, ces vins de cépage prennent de plus en plus de place dans les rayons des grandes surfaces.

Mais cette tendance est dangereuse : comme le soulignait Claude Bourguignon, en détachant le cépage de son terroir, on banalise le vin. On lui fait perdre son identité, et on risque de le noyer dans l'océan des autres productions mondiales.

Léonard Humbrecht, l'un des meilleurs vignerons de Turckheim (Haut-Rhin), a une jolie formule, à ce propos.

« Le cépage, » m'a-t-il dit un jour, « c'est le prénom. Le terroir, c'est le nom de famille. Les prénoms, ça vient, ça part, ça change. Mais les noms de famille connus sont toujours là. Les terroirs, c'est pareil. Ils sont millénaires et on en parlera encore pendant des siècles. C'est notre richesse. »

Nous en avions sous les yeux le plus bel exemple. Le Clos Saint-Urbain, sur le Rangen de Thann – que j'étais venu filmer au moment des vendanges – est le vignoble le plus pentu d'Alsace. Accroché à un coteau qui descend vers la rivière, la Thur, avec une pente de 60 à 70 %, il exige des vendangeurs de véritables qualités d'alpiniste. Ils sont obligés de se retenir aux pieds de vigne pour ne pas glisser, tandis que les cailloux roulent et dévalent sous leurs pieds. Le raisin est ensuite remonté jusqu'à la corniche supérieure au moyen de treuils montés sur rails.

Il peut sembler déraisonnable de s'obstiner à cultiver un coteau aussi difficile, mais il se trouve que ce terroir est réellement exceptionnel.

« C'est un des plus vieux vignobles d'Alsace », m'a expliqué son propriétaire. On en faisait déjà mention au VIIIe siècle. Il est unique à cause de son exposition plein sud, de sa roche volcanique, de l'hygrométrie particulière due à la rivière, d'un sol très aride qui oblige la vigne à descendre très profondément chercher sa nourriture. Le cépage tokay pinot gris que l'on y plante acquiert une noblesse, une saveur incomparables. »

La différence s'impose quand on regarde les prix. On peut trouver un tokay pinot gris, dans le commerce, à partir de cinq euros la bouteille. Mais lors des dernières foires aux vins d'Auchan, un tokay pinot gris grand cru 1998 venant du Clos Saint-Urbain Rangen de Thann, de Léonard Humbrecht, était proposé à cent cinquante euros ! Le prénom est le même : tokay pinot gris... C'est le nom de famille qui change tout.

Les caves alsaciennes sont souvent très belles, avec leurs vieux foudres en bois de chêne sculpté, vernis et briqués comme des meubles de salon. Comme dans tous les autres vignobles, c'est là, bien sûr, que s'est terminée notre journée. Léonard Humbrecht a ouvert une « sélection de grains nobles » issue du Clos Saint-Urbain. Nous l'avons dégustée en silence, en revoyant le coteau pentu sous le soleil d'automne, l'or des vignes dominant la rivière argentée, l'acrobatique ballet des vendangeurs... Nous recevions tous les mêmes images tandis que nous respirions, puis buvions à petites gorgées ce produit d'exception. « C'est un vin de méditation », dit-il lentement, en fermant les yeux. « On vit un moment d'extase, n'est-ce pas ? C'est pourquoi je prétends que nous sommes des marchands de bonheur. »

Sur les routes du vin

Le Rangen de Thann se trouve à l'extrémité sud de la route du vin d'Alsace, qui commence du côté de Marlenheim, dans le Bas-Rhin, et qui traverse le vignoble sur une centaine de kilomètres. Je ne saurais trop vous recommander de lui consacrer un week-end, si vous ne la connaissez pas encore. Toutes les routes du vin sont bonnes à prendre. La vigne aimant les coteaux ensoleillés, les croupes arrondies et les terrasses accidentées, elle dessine des paysages sublimes, d'une douceur apaisante ou d'une sauvage beauté, selon les régions. Mais la route du vin d'Alsace est sans doute celle qui offre le plus d'attraits, avec ses villages fleuris, aux maisons à colombages, ses caveaux accueillants, ses auberges traditionnelles où l'on est à peu près certain de bien manger (c'est moins fréquent, hélas, dans les autres régions).

C'est à l'automne que le spectacle est le plus somptueux. Profitez, par exemple, de la Fête des Vendanges d'Obernai, l'une des plus jolies petites villes du parcours. Elle se déroule à la mi-octobre et elle a gardé sa ferveur truculente. Vous y dégusterez le vin bourru, fraîchement pressé, qui coule du tonneau installé sur la place, aux accents entraînants de l'orchestre folklorique.

J'aime aussi la route des vins du Beaujolais mais pour des raisons différentes. J'ai tellement d'amis vignerons dans ces villages aux noms qui chantent et enchantent ma mémoire : Chiroubles, Fleurie, Juliénas, Saint-Amour, Brouilly, Morgon... Les gens du Beaujolais ne sont pas exubérants. Ils font preuve d'une certaine réserve – on n'est pas loin de Lyon – mais ils me séduisent par leur simplicité, leur bonhomie tranquille. Leurs vins ne sont pas plus prétentieux. J'ai pour eux une tendresse particulière. Vins de comptoir, vins de copains, vins de soif, ils sont injustement décriés en ce moment, après avoir connu un engouement excessif. Ils méritent d'être redécouverts. Voilà une bonne raison pour faire la route des vins du Beaujolais, sur la piste des vignerons qui ont su préserver le goût du fruit et le caractère gouleyant.

Un nouveau Clochemerle

Un arrêt s'impose à Vaux-en-Beaujolais, le village qui prétend avoir inspiré Gabriel Chevallier pour son roman *Clochemerle*. Personne ne le lit plus aujourd'hui mais à sa parution, en 1934, le livre avait connu un succès phénoménal, au point que le mot clochemerle est passé dans le langage courant. Pour qualifier une querelle de clocher, on dit souvent : « C'est du clochemerle ! » L'expression convient, justement, à l'histoire que j'ai vécue dans une commune voisine : Saint-Amour (Saône-et-Loire).

C'était en 1988. Les vignerons de Saint-Amour m'avaient invité à présider le concours annuel des vins de la Saint-Vincent et, en bavardant avec le maire, Paul Spay, j'avais appris que les deux restaurateurs de la commune se livraient une petite guerre aussi farouche que pittoresque. Comme je travaillais à l'époque pour le journal de treize heures d'*Antenne 2*, je me suis dit qu'il y avait peut-être là matière à un reportage amusant. Je suis donc revenu la semaine suivante pour jouer les médiateurs et tenter benoîtement de réconcilier les deux adversaires devant la caméra.

Mais je n'avais pas imaginé que la situation était à ce point explosive. Installés face à face, de part et d'autre de la place du village, le patron de l'« Auberge du Paradis » et celui de « Chez Jean-Pierre » ne se parlaient plus depuis cinq ans. Toute la commune avait été contrainte d'épouser leur querelle, car quand on allait boire ou manger chez l'un, il n'était pas question d'aller se montrer ensuite chez l'autre. On risquait de se faire jeter ou insulter.

« C'est embêtant », me confiait un habitant. « Quand on rencontre un copain sur la place, au bout d'un moment on se dit : “Si on allait boire un coup ?” – “D'accord mais où ?” Il y en a un qui ne va pas d'un côté, l'autre qui ne va pas de l'autre... En fin de compte on se sépare sans boire un coup. »

Les deux confrères ennemis se jalousaient tellement qu'ils fermaient leur restaurant le même jour (le jeudi) et prenaient leurs congés en même temps, pour que l'un ne risque pas de récupérer la clientèle de l'autre.

Escorté de mon caméraman, Didier Dahan, je me suis quand même aventuré successivement dans les deux camps pour les convaincre de mettre fin aux hostilités et, symboliquement, je leur ai proposé de venir se serrer la main au milieu de la place, chacun faisant ainsi la moitié du chemin vers l'autre.

– « Lui serrer la main, d'accord », consentit finalement Serge Picard, le patron de l' Auberge du Paradis, « mais à condition qu'il vienne jusqu'à mon trottoir. »

– « Pas question ! » me répondit Jean-Pierre Ducotté. « Je veux bien faire la moitié du chemin mais pas plus. »

J'ai insisté : « Je vous attends dans une heure au milieu de la place. » Mais à l'heure du rendez-vous, je suis resté désespérément seul. La télévision n'avait pas accompli le miracle escompté.

L'affaire s'est résolue quelque temps plus tard par l'abandon de l'un des combattants, parti vers des cieux plus paisibles. Mais je sais que le souvenir de ce reportage épique est toujours dans la mémoire des habitants de Saint-Amour, qui ne sont pas mécontents d'avoir eu, eux aussi, leur Clochemerle !

Avec ce goût du canular propre à la région, certains sont allés jusqu'à envisager de donner mon nom à la place du village, tout comme il y a une rue Gabriel Chevallier à Vaux. Ils ont fait faire une plaque... qui est encore dans une armoire de la mairie, paraît-il.

Chers confrères

Si je voulais tenir mes promesses, je devrais citer maintenant une bonne cinquantaine d'appellations, de toutes les régions de France, en en disant le plus grand bien. Plus de cinquante fois, en effet, j'ai solennellement fait le serment, par Bacchus, Saint-Vincent ou Noé, de vanter à toute occasion et en tous lieux les mérites de tel ou tel cru, avant d'être adoubé chevalier ou ambassadeur de l'une des innombrables confréries qui assurent la promotion du vignoble. En quarante ans, j'ai accumulé les diplômes, les cordons, les rubans, les médailles les plus diverses, qu'un grand maître en robe et chapeau de velours, entouré de dignitaires affublés d'un déguisement similaire, m'a remis en échange de ma promesse.

Ce sont les Bourguignons qui ont lancé cette mode des confréries vineuses, peu avant la guerre de 1940, en créant les Chevaliers du Tastevin. Le vin se vendait mal. Ils se sont dits qu'en créant un ordre bachique et en invitant des personnalités influentes à venir se faire introniser, ils auraient ainsi la possibilité de leur faire goûter leurs meilleurs crus et de les garder éventuellement comme clients. La démarche s'est avérée payante. Les plus grandes célébrités mondiales sont venues au château du Clos de Vougeot et aujourd'hui encore, on se dispute l'honneur d'être fait chevalier du Tastevin lors de l'un des dix-sept chapitres organisés chaque année.

Les autres vignobles ont vite compris l'intérêt d'une telle opération de relations publiques. Chacun a voulu mettre sur pied sa confrérie, en s'inspirant du style moyenâgeux adopté par les Bourguignons, et chacune d'elles s'est mis en chasse de « personnalités » connues, aimant le vin, qui accepteraient de venir passer une soirée au pays et recevoir, au cours d'un banquet, les insignes honorifiques.

J'avoue que je suis un peu lassé de ce genre de festivités. Franchement, sans vouloir faire de peine à mes hôtes, on mange rarement bien dans ces banquets interminables qui réunissent plusieurs centaines de convives dans la salle des fêtes ou la salle polyvalente. En revanche les vignerons de l'appellation ont à cœur, en général, d'y servir leurs meilleurs vins. Les confréries ont ainsi largement contribué à parfaire mon éducation dans une discipline qui m'est chère, et je leur en sais gré.

Mon souvenir le plus marquant : c'était en Anjou, sur un Tour de France. Le départ de l'étape avait été donné tôt, ce matin-là. Il était à peine neuf heures quand notre cortège a traversé la commune de Brissac-Quincé, où nous attendait M. le Maire entouré des principaux dignitaires de la confrérie locale en grande tenue. À peine étions-nous descendus de voiture, le reporter Roger Arduin et moi, qu'ils nous revêtaient d'une lourde cape brodée et tout de go, sur le bord de la route, procédaient à notre intronisation. En dépit de l'heure, ils ne voulaient pas laisser passer l'occasion de nous embrigader, fut-ce à la sauvette.

Mais je n'étais pas au bout de ma surprise : le règlement de la confrérie prévoyait que l'impétrant, avant de recevoir sa médaille, devait boire « cul sec » un énorme verre de rosé d'Anjou d'une contenance de soixante-quinze centilitres. À neuf heures du matin ! À jeun ! Et au début d'une étape de trois cents kilomètres ! Non, ce n'était pas possible. « C'est du bon, il ne vous fera pas de mal », assurait le grand maître devant le peu d'empressement que nous mettions à nous saisir du verre.

Tous les visages, rigolards, étaient braqués sur nous. Il n'était pas question de faillir au règlement, sous peine d'incorrection et d'indignité définitive, à leurs yeux. Nous avons donc bu le calice jusqu'à la lie, sous les applaudissements du public... avant de confier le volant, pour les kilomètres suivants, à l'un de nos accompagnateurs qui n'avait pas eu l'honneur d'être reçu dans la confrérie.

C'est de l'histoire ancienne, heureusement. Ces épreuves éthyliques, qui tenaient du bizutage, ont aujourd'hui disparu des cérémonies d'intronisation.

Pénible aveu

Faut-il le répéter ? Le bon vin doit se boire avec modération. « Il n'est pas fait pour calmer la soif. Pour se désaltérer, il n'y a rien de meilleur et de moins cher que l'eau », disait sagement Tonton Ravaud.

Je me suis toujours efforcé d'appliquer ce précepte en dépit des tentations multiples que j'ai rencontrées sur ma route et malgré les tentatives perfides de certains vignerons qui m'accueillirent dans leur cave avec le secret espoir de m'en voir remonter l'escalier à quatre pattes et de pouvoir raconter ensuite aux copains : « Dis donc, le Pierre Bonte, il en a pris une sévère, chez moi ! »

Je n'ai été piégé qu'une fois. C'était il y a bien longtemps, à Romanèche-Thorins, fief du moulin à vent. Depuis plus d'un siècle, on y célèbre chaque année la mémoire de Benoît Raclet, un vigneron de la commune qui sauva le vignoble beaujolais, en 1865, en découvrant le moyen de lutter contre la pyrale, un parasite qui faisait des ravages. Le matin, un cortège formé des pompiers, de la fanfare locale, des majorettes et des officiels se rend devant la statue qui lui a été élevée. Les enfants des écoles chantent « la cantate à Raclet », à la gloire de leur illustre compatriote. Et la journée se termine par un grand banquet qui réunit la population et les invités sous un immense chapiteau. C'est là que je suis tombé dans l'embuscade.

Les libations avaient commencé dès le vin d'honneur du matin, bien sûr. Elles s'étaient dangereusement prolongées par quelques visites de caves, et elles s'achevèrent – ou plutôt : elles m'achevèrent – lors de ce banquet interminable tout au long duquel mes voisins avaient veillé à ne jamais laisser mon verre vide. Lorsque j'ai voulu me lever pour regagner mon hôtel, le sens de l'équilibre m'a soudainement quitté. Mes amis beaujolais ont dû me porter jusqu'à mon lit. Je n'ai jamais retrouvé la bande magnétique sur laquelle j'avais enregistré le reportage de la cérémonie matinale.

Cet épisode lamentable m'a laissé un tel sentiment de honte que depuis lors, un signal d'alarme se déclenche en moi dès que j'approche du seuil critique. Je sais que le moment est venu de dire non à toutes les sollicitations et je me mets immédiatement à l'eau minérale.

Je reviens quasiment chaque année à Romanèche-Thorins, chez Georges Dubœuf, pour fêter la sortie du beaujolais nouveau – sympathique tradition – mais je vous jure que j'en repars la tête haute et les idées claires.

Un dernier mot : je regrette que les campagnes d'information contre l'alcoolisme en arrivent à diaboliser le vin, « l'un des éléments les plus subtils qui contribuent à l'art d'accommoder la vie », selon la jolie formule d'Antoine Blondin. Mieux vaudrait apprendre aux jeunes à le déguster et à le respecter, comme mon père avait pris soin de le faire pour moi.

Je m'inquiète, pour mes amis vignerons, quand j'entends des députés, assimilant le vin au tabac, préconiser une augmentation dissuasive des taxes sur les boissons alcoolisées.

Ne laissons pas l'Europe du Nord, là encore, nous imposer sournoisement ses normes et nous priver peu à peu de tous les agréments de notre douce civilisation latine.

Chapitre 15

Quelle France rurale pour 2020 ?

On prête cette phrase au général de Gaulle : « Les agriculteurs, c'est comme les anciens combattants de la guerre 14-18. Il y en aura de moins en moins chaque année. Bientôt, il n'y en aura plus et le problème sera réglé. » Le romancier Claude Michelet, dans l'un de ses livres, se range tristement à cette perspective. « Alors, écrit-il, les responsables de ce désastre pourront sabler le champagne. Ils auront enfin réglé le problème agricole, comme d'autres, jadis, réglèrent le problème indien, pour ne citer que celui-là. Planera alors un grand silence sur la campagne française... »

En dépit de tous les signaux de détresse que j'ai envoyés, je ne peux me résoudre, cependant, à partager ce fatalisme désespéré. En fait, j'oscille constamment entre un optimisme mesuré et le pessimisme le plus sombre, selon les jours et les informations que je reçois.

J'essaie de me rassurer en constatant que les prévisions alarmistes établies par certains experts il y a une dizaine d'années ne se sont pas entièrement vérifiées. Lorsque j'ai réalisé mon premier reportage sur les paysans, en 1991, pour *Envoyé Spécial*, ils prédisaient qu'à l'aube du XXIe siècle, le nombre des exploitants se situerait entre trois cent mille et quatre cent mille, tandis que la surface des friches atteindrait cinq à sept millions d'hectares. J'avais fait écho à ces propos, en 1992, dans un ouvrage auquel Paul Nahon et Bernard Benyamin m'avaient demandé de collaborer (*Envoyé Spécial, le livre.* Édition° 1).

Dans la réalité, les chiffres sont moins dramatiques.

Pour le nombre des agriculteurs, on n'en est pas loin. On y vient puisque, selon les données officielles, il est passé d'un million à six cent mille, en dix ans, et que leur élimination se poursuit à un taux de 4 % par an. Ainsi se vérifiera bientôt la comparaison qu'établissait Claude Michelet : il y avait huit à dix millions d'Indiens, aux États-Unis, il y a un siècle (à peu près autant que d'agriculteurs français à la même époque). Il en reste quatre cent mille parqués dans des réserves... Les paysans pourront alors à juste titre se considérer comme les derniers des Mohicans.

Le spectre d'une campagne en friches, en revanche, s'éloigne. La plus grande partie des surfaces abandonnées ont été reprises et maintenues en culture, à l'exception de celles qui ne se prêtent pas à l'emploi des tracteurs. Sur les trente millions d'hectares de terres agricoles (qui représentent plus de la moitié de la superficie de la France), le recul n'a été que de 5 % au cours des vingt dernières années. Quelle que soit la région, il y a peu de terres à vendre, leur prix reste assez élevé et les exploitants se les disputent, tant la course à l'agrandissement demeure un objectif prioritaire. Dans un département comme la Moselle, on recense actuellement neuf exploitations de plus de cinq cents hectares, dont deux ont dépassé les mille hectares ! On s'oriente ainsi vers la constitution de gros « kolkhozes » dont les parts seront détenues par des sociétés.

Mais enfin, dans l'ensemble, le paysage n'a pas trop souffert de cette redistribution de la propriété agricole. Il suffit de traverser la France en voiture ou en train, ou de la survoler en avion, pour s'en convaincre. La campagne est toujours aussi belle, l'espace aussi soigneusement entretenu. Les prés, les champs et les bois dessinent une mosaïque parfaitement dessinée, changeante, dont les éléments, certes, sont de plus en plus largement dimensionnés mais dont le spectacle coloré ne cesse de m'émerveiller.

« Si on nous paie pour couper des ronces, on coupera des ronces ! »

C'est la forêt qui paie le plus lourd tribut à l'exode des hommes. Auparavant, chaque agriculteur avait son bout de forêt, où il allait couper son bois pour l'hiver, et pour ce faire il lui fallait entretenir des chemins. Il y emmenait paître ses chèvres, qui sont les meilleures débroussailleuses. Sur les coteaux, entre les parcelles boisées, il exploitait souvent quelques ares de vignes, qui faisaient office de coupe-feux. Ces petites surfaces, difficiles d'accès, peu rentables, ont été abandonnées par les nouveaux repreneurs, tout comme le pâturage des chèvres. C'est l'une des raisons qui expliquent la gravité des incendies de l'été 2003, dont le bilan s'établit à plus de cinquante mille hectares. Les techniciens de l'Office national des Forêts le reconnaissent. Mais qu'y faire ?

En 1971, *Sélection du Reader's Digest* m'avait chargé d'une enquête sur l'incendie de la forêt de Tanneron, dans le Var, qui venait de ravager trois mille cents hectares. Une résidente américaine, Mme Dina Gray, et ses quatre enfants avaient péri dans les flammes, aussi le drame avait-il secoué la France entière. « Ça ne peut plus durer », s'indignait-on déjà. « Si l'État ne prend pas les mesures nécessaires, la forêt méditerranéenne aura disparu à la fin du siècle ! » Et des voix commençaient à s'élever pour dire qu'au lieu d'acheter de nouveaux Canadairs, l'État ferait mieux d'acquérir des brebis et d'installer des jeunes qui, avec une aide financière complémentaire, pourraient exercer le métier de berger dans les zones forestières. Cela maintiendrait une population active sur place et finalement, cela coûterait moins cher à la collectivité.

Souvent relancée, l'idée n'a jamais été sérieusement examinée. Elle ne me paraît pourtant pas utopique. « Si on nous paie pour couper les ronces, et bien on coupera les ronces ! Mais on veut rester, occuper l'espace », me disait avec rage un jeune paysan de l'Aubrac lors d'un marché aux bestiaux où la baisse des cours de la viande désespérait les éleveurs. À défaut de pouvoir payer les produits agricoles à leur juste prix, je trouverais normal que la collectivité apporte aux petits agriculteurs un complément de revenus en les rémunérant pour leur fonction de conservateur du paysage, dans les zones dites fragiles. Après tout, on paie bien des jardiniers dans les villes.

Il y a encore quelques années, la comparaison choquait beaucoup d'agriculteurs. Leur métier a toujours été de nourrir les hommes. Une tâche noble. Ils ne voulaient pas devenir, ou du moins être considérés comme des gardiens de propriété. Entretenir la nature est une mission qui ne manque pas non plus de noblesse, pourtant. Et puis, comme les autres professions, il faut bien que celle d'agriculteur évolue, s'adapte aux nouvelles réalités.

Les chiffres sont là : les gains de production ont été tels qu'un agriculteur français nourrit aujourd'hui cent personnes contre vingt il y a quarante ans. 10 % des agriculteurs – les plus importants – couvrent 90 % des besoins alimentaires des Français. Les autres doivent donc s'ingénier à répondre à d'autres attentes.

J'entends parler d'agriculture « sociétale », de partenariat ville-campagne. De plus en plus, la ville et la campagne auront en effet besoin l'une de l'autre. Le métier d'agriculteur devra revêtir des formes différentes selon la distance qui sépare l'exploitation des centres urbains et selon la puissance d'attraction de la région. Les uns vendront de la chlorophylle aux citadins, en les accueillant dans des gîtes ruraux, et en profiteront pour placer leurs denrées : vin, confitures, conserves, charcuteries. D'autres, moins bien placés, se verront confier un rôle dans la gestion du patrimoine (terre, eau, paysage) et l'aménagement du territoire.

Ils y trouveront une nouvelle dignité et de nouvelles responsabilités, culturelles autant qu'économiques. « Banni pendant trente ans, symbole d'archaïsme, le terme de paysan est redevenu à la mode », constate le sociologue Bertrand

Hervieu, « comme pour signifier que le métier d'agriculteur est bien plus complexe que celui de producteur de matières premières ».

« Je leur vends aussi du souvenir »

Mais quand j'entends le mot « mode », j'éprouve quelques inquiétudes. Il désigne en principe un phénomène éphémère. Combien de temps la campagne restera-t-elle « à la mode » ? C'est la nostalgie qui pousse aujourd'hui nombre de citadins à revenir vers les valeurs paysannes. Mais les générations suivantes, qui n'auront pas connu ou n'auront pas entendu leurs parents, leurs grands parents parler avec émotion des joies simples d'une enfance à la campagne, comment se comporteront-elles ?

Robert Bérillon, l'éleveur de chèvres du Perréon (Rhône) qui fait de si bons fromages, me disait avec lucidité : « Quand les gens viennent chez moi, dans ma petite ferme, pour s'approvisionner, je sais bien que je leur vends aussi du souvenir. Ils veulent retrouver un goût, un environnement qu'ils ont connus. Mais après eux ? »

La plupart des jeunes citadins n'ont jamais mangé autre chose que des fromages industriels, achetés dans les rayons du supermarché, et ils s'en satisfont. Je viens de lire, dans un magazine, l'interview d'une talentueuse comédienne, Sylvie Testud, née à Lyon, une ville hautement gastronomique. Voici ce qu'écrit le journaliste : « Elle me parle pendant une dizaine de minutes, avec un lyrisme presque publicitaire, de son amour pour le camembert : " J'en mange un entier, chaque matin, au petit déjeuner, que je trempe dans mon café. Un Cœur de Lion bien coulant. Miam..." » Elle se régale avec l'un des camemberts industriels les plus insipides que je connaisse !

Et alors ? me dira-t-on. Chacun son goût ! D'accord, d'accord. Dans le café, de toute façon, mieux vaut ne pas gâcher un camembert au lait cru moulé à la louche. Mais je m'interroge sur l'avenir de tous ces petits agriculteurs qui ont provisoirement trouvé dans la production fermière de qualité une possibilité de vivre sur leur exploitation. Je crains que leur clientèle, déjà marginale, se réduise d'année en année, au profit d'une industrie agroalimentaire qui s'ingénie à flatter le palais des consommateurs en recourant aux additifs aromatiques et en créant sans cesse de nouveaux produits lancés à grand renfort de publicités alléchantes.

« Pour un gamin, le goût de la framboise c'est celui qu'il trouve dans le yaourt à la framboise du supermarché », observe Pascal Frissant, vigneron dans le Minervois. « Mais c'est un goût chimiquement renforcé, qui lui fera paraître fade celui d'une vraie framboise. Jamais la nature n'a créé des goûts aussi exubérants. » Ainsi déforme-t-on peu à peu le palais des consommateurs, en leur faisant perdre les vrais repères.

Un cimetière national

Je m'inquiète aussi pour une autre France que j'aime, celle de ces petites villes, chefs-lieux de canton ou d'arrondissement, qui devaient leur prospérité au tissu rural environnant et qui s'anémient à mesure que s'appauvrit leur couronne de villages. Les comices agricoles, les foires aux bestiaux, les grands marchés qui faisaient affluer la campagne, remplissant les cafés et les tiroirs-caisses, ont disparu ou perdu leur importance. Les commerces souffrent. Les services sont menacés. Les médecins peinent à trouver un successeur. Comment traverseront-elles cette période de bouleversements ?

Metteur en scène et comédien, né à Hérisson, Olivier Perrier a vu dépérir ce chef-lieu de canton de l'Allier, où il a organisé chaque été, pendant vingt-cinq ans, des rencontres théâtrales axées sur le monde paysan. Quand on lui demande comment il voit son avenir, il choisit de pratiquer l'humour noir :

« Si on voulait penser un avenir à Hérisson, ce serait de proposer la création d'un grand cimetière national, parce qu'il y a de l'espace pour ça : on peut y faire un très beau cimetière romantique, facile d'accès par l'autoroute, mieux que le Père Lachaise ! En plus, ça donnerait du travail à tous les chômeurs du canton : pour la fabrication des cercueils, l'entretien... On pourrait même développer une esthétique autour de la mort : musicale, picturale, théâtrale... Ce n'est pas du cynisme. C'est une réalité. Il s'agit de réfléchir à la meilleure façon de vivre le deuil et de parvenir à en faire un objet de vie. »

La réalité est attristante, en effet. Il y a une vingtaine d'années, j'étais venu à Hérisson pour filmer une mercière épatante qui évoluait dans une boutique d'un indescriptible désordre mais qui arrivait toujours à retrouver la pelote de laine ou le ruban qu'on lui demandait. Elle a disparu, bien sûr, m'apprend Olivier Perrier. Sept commerces ont encore fermé l'an dernier. Dans le bourg, les panneaux « À vendre » jaunissent sur les façades aux volets clos.

« Actuellement », constate-t-il, « la seule "boîte" qui marche à Hérisson, c'est l'hospice. On ne l'appelle plus comme ça, mais c'est pareil. Avec les retraités, il permet de maintenir les professions de santé : médecin, pharmacien, dentiste... Mais le soir, quand on marche dans la rue, on a l'impression que c'est le couvre-feu. »

Olivier Perrier n'envisage pas d'aller vivre ailleurs, pourtant. Il constate que les gens du pays ont perdu courage, qu'ils ont renoncé à se battre, mais il garde un petit espoir quant à lui. Parvenu à l'âge de la retraite, il vient de créer une distillerie et il s'est lancé dans la fabrication d'un whisky bourbonnais qui sera commercialisé à partir de 2006 ! Avec des idées innovantes, estime-t-il, on peut ramener des activités rentables. Et quand on insiste, il admet que le projet de cimetière national, avancé comme une boutade provocatrice, n'est peut-être pas si fou...

Il existe une revue bimensuelle, *Village Magazine*, qui relate et analyse de façon très concrète les expériences de retour à la campagne et les tentatives diverses pour revitaliser les zones rurales. On y apprend tout ce qu'il ne faut pas faire mais on y trouve aussi la confirmation qu'une bonne idée, bien exploitée, peut ouvrir des perspectives intéressantes dans des villages considérés comme condamnés. Les exemples foisonnent. Dans le Puy-de-Dôme, un meunier, un agriculteur et un boulanger se sont associés pour réintroduire la culture d'une variété de blé locale et mettre sur le marché un pain régional. Dans la vallée du Champsaur (Hautes-Alpes), Jean-François Gonfard a créé, sur sept hectares, la seule plantation française d'argousiers, dont les fruits sont les plus vitaminés de la planète. Jérôme Dumoulin a abandonné Paris pour devenir l'un des rares fabricants de moutarde artisanale, en Saintonge...

Aucun n'a fait fortune. Ils évoquent tous, au contraire, les difficultés qu'ils rencontrent pour rentabiliser leurs efforts. Mais ils estiment que c'est le prix à payer pour bénéficier d'une « qualité de vie » incomparable.

Il faut absolument vous abonner à ce magazine [1], si le « désir de campagne » vous démange. Mais on me dit qu'il a lui-même bien du mal à vivre...

L'abattement l'emporte, à nouveau, quand je lis dans *The Guardian* l'article d'un journaliste britannique qui a traversé l'hexagone à pied pendant cinq semaines, au cours de l'automne 2003.

« On peut marcher toute la matinée, toute la journée, et traverser une demi-douzaine de villages », écrit-il, « sans trouver le moindre bar ni la moindre auberge ni même le moindre magasin. Pour toute installation, il n'y a souvent qu'une cabine téléphonique et – avec de la chance – un abribus. Ce qui ne veut pas dire que les bus circulent régulièrement. L'ar-

1. *Village Magazine*, La Caillère, 61100 La Carneille.

rêt ne sert souvent qu'à un car scolaire qui passe le matin et le soir... » Sa conclusion : « Le sens du terroir et la diversité régionale, qui sont au cœur de l'identité française traditionnelle, sont peut-être en train de disparaître à jamais. »

Les rites de la ruralité se perdent, observe de son côté mon ami Jean-Claude Séguéla, qui vit dans un village du Languedoc. Les concours de belote, les lotos, tous ces petits événements qui réunissaient la population locale, tendent à se raréfier.

Les fêtes traditionnelles, en revanche, connaissent un regain de faveur, car les touristes et les citadins en sont friands. Elles sont souvent relancées par des néo-ruraux qui espèrent y trouver le moyen de s'intégrer à la vie et à l'histoire du village. Je connais même une commune, dans la Meuse, qui, à défaut d'en avoir hérité une, a organisé un concours, entre les habitants, pour « inventer une fête traditionnelle » !

Succès garanti également pour toutes les fêtes qui mettent en vedette un produit du terroir, que ce soit l'huile d'olive, la truffe, la tomate, le picodon, la dinde ou le boudin... et pour les manifestations qui permettent aux gamins d'approcher les animaux de la ferme. Si on associe les deux thèmes, on double les chances...

Je voudrais rendre un hommage, en passant, aux comités des fêtes. On parle rarement d'eux, parce que leurs activités s'exercent toujours en coulisses. Mais il faut savoir que derrière toute fête villageoise, il y a une équipe de bénévoles qui se sont rassemblés en dehors de toute considération politique et de tout intérêt personnel, dans le seul but d'animer leur petite commune, d'en faire, l'espace d'une journée, le pôle d'attraction du canton ou de l'arrondissement. Ils se sont souvent réunis des dizaines de fois pour préparer les festivités, se répartir les tâches, régler les moindres détails d'organisation (parking, service d'ordre, billetterie, buvette etc.).

Mon ami Guy Sorman, fondateur de *La Lettre du Maire rural*, qui fut longtemps conseiller municipal de Piencourt

(Eure), a raconté l'une ces séances préparatoires, dans un article paru dans *Paris-Normandie*. Je me permets d'en reprendre quelques extraits car il reflète parfaitement une réalité méconnue :

« À Piencourt, quelques semaines avant le jour J, se tient une des dernières réunions décisives. L'enjeu, ce sont les échantillons de vin rouge qui circulent entre nous, sur la table, autour de quelques verres. Il faut en effet choisir entre deux côtes-du-Rhône, l'un à neuf francs, l'autre à onze francs, un bordeaux que l'on a pu se procurer directement à six francs et une bouteille d'origine indéterminée dont le prix défie toute concurrence.

L'important, c'est moins la qualité du vin que nous allons retenir que sa vertu à se laisser boire. Car c'est sur les deux ou trois francs de marge par bouteille que s'attribuera le comité que va se gagner ou se perdre l'équilibre financier de la fête... Sur le prix des repas, nous ne gagnerons rien. Il faut donc que ces deux ou trois francs couvrent la location des tentes, des tables, des couverts, l'animation musicale... Il ne faut pas se tromper !

Elle dure, cette réunion, non pas que nous soyons particulièrement portés sur le vin rouge mais parce que nous aimons bien nous retrouver dans cette école désaffectée qui fut, pendant des générations, le lieu même de la vie, à Piencourt. Parce qu'aussi plusieurs membres du comité des fêtes y furent élèves, il y a quelques dizaines d'années...

Heureusement, le président nous annonce triomphalement qu'il a trouvé un traiteur qui, pour mille huit cents francs, nous garantit cinq cents cornets de frites. Et nous espérons bien, pour le même prix, en obtenir six cents. Sur cette information rassurante, nous pouvons rentrer chez nous avec, cependant, la mission de vendre au moins quinze bons de repas à quarante-cinq francs chacun...

Certes, nous n'avons plus de curé, nous n'avons plus d'instituteur. Plus de la moitié de la commune vit d'activités autres que l'agriculture, mais la commune existe bien encore puisqu'elle a son comité des fêtes, son vin, ses frites... »

Cette petite scène a certainement réveillé des souvenirs amusés chez tous ceux qui, un jour, se sont décarcassés pour assurer le succès d'une fête de village.

Alors, quelle France rurale pour 2020 ?

Tandis que je m'apprêtais à boucler mon livre, cherchant en vain une réponse à mes inquiétudes, j'ai appris que la DATAR venait de remettre au gouvernement une étude prospective intitulée « Quelle France rurale pour 2020 ? ». J'ai pensé : voilà une démarche intelligente, et je me suis précipité sur ce document officiel pour y trouver, si possible, des raisons d'espérer.

Il s'ouvre effectivement sur une note optimiste. Les auteurs se fondent, pour cela, sur les résultats du dernier recensement qui ont donné le signal d'un renouveau apparent du monde rural : pour la première fois depuis un siècle, la population s'est accrue dans la majorité des communes rurales (60 %) grâce à l'arrivée de nouveaux résidents. La campagne a gagné quatre cent dix mille habitants en dix ans. Elle n'est plus un lieu d'exode. C'est un renversement spectaculaire, sans aucun doute.

Mais il ne faut pas en tirer de conclusions trop hâtives car cette progression démographique est inégalement répartie. Si on la reporte sur une carte, on s'aperçoit qu'il y a désormais trois types de campagne en France, que la DATAR définit de la façon suivante :

– Les « campagnes des villes » : ce sont les communes rurales situées dans l'orbite des grandes agglomérations. On les appelle aussi « les banlieues des champs ». C'est elles, essentiellement, qui ont vu leur population augmenter. Mais les agriculteurs ont fui, après avoir avantageusement cédé leurs terrains aux promoteurs. Ils n'y représentent plus que 8 % de la population active.

– Les « campagnes fragiles » : elles constituent le tiers des communes rurales. Celles-là poursuivent leur déclin, inexorablement. La population y est plus âgée, plus agricole (20 %) et de revenus plus modestes. Elles se trouvent principalement dans le Massif central et dans le Massif armoricain (centre Bretagne). On dit qu'elles font partie du « rural profond » ou du « rural isolé ».

– Entre ces deux extrêmes, les « nouvelles campagnes », en progression lente, sont à la recherche d'un nouvel équilibre en essayant de tirer parti du développement du tourisme et des loisirs.

Les « ploucs » changent de camp

À la question : l'exode urbain va-t-il se poursuivre ? Oui, répondent les prévisionnistes de la DATAR, qui ne partagent donc pas mes inquiétudes. Le « désir de campagne » n'est pas un effet de mode, affirment-ils avec conviction. Il est destiné à durer. Selon une enquête récente, en effet, 27 % des urbains déclarent vouloir habiter à la campagne dans les prochaines années. « À supposer qu'ils accomplissent leur souhait, la population rurale doublerait d'ici à 2020 », ont calculé nos experts. Supposition improbable – entre l'envie et le passage à l'acte, il y a un monde – mais c'est dire à quel point la ville fait l'objet d'un phénomène de rejet. Elle n'est plus synonyme de progrès et de modernité. La campagne, à l'inverse, a perdu son image archaïque. Les « ploucs », bientôt, auront changé de camp...

D'après une autre enquête, les ruraux eux-mêmes, ayant abandonné tout complexe d'infériorité, jugent leur qualité de vie supérieure à celle des citadins.

En conclusion de leur étude, toutefois, les experts de la DATAR s'interrogent :

« L'espace rural est-il condamné à servir d'annexe urbaine, pour apporter aux villes ce qui leur fait défaut ? »

J'hésite à répondre oui, mais toutes les évolutions récentes vont dans ce sens. Elles tendent de plus en plus à placer la campagne en situation de dépendance. Or le citadin, où qu'il se trouve, a tendance à se comporter en consommateur irresponsable. Il consommera donc de l'espace rural comme une canette de Coca, sans souci de l'écosystème, sans se préoccuper du long terme. Chacun voulant avoir sa petite maison préfabriquée dans la prairie, on voit déjà se multiplier les constructions anarchiques qui dégradent le paysage.

C'est aux maires, en principe, qu'il appartient de maîtriser cette croissance, en imposant des règlements d'urbanisme sévères, mais la plupart du temps, ils sont tellement heureux de voir s'installer de nouveaux foyers – après en avoir tant perdu pendant des décennies ! – qu'ils se montrent peu exigeants.

Je les comprends, remarquez. L'exode rural a traumatisé les campagnes. Avant 1999, chaque recensement de la population sonnait comme un glas. Il leur faut le temps d'apprendre que la santé d'une commune ne se mesure pas seulement à la progression du nombre des habitants.

Le premier village bio de France

Je voudrais leur donner en exemple le maire de Correns (Var), Michaël Latz. Située dans l'arrière-pays varois, au cœur de la Provence verte, Correns est une commune de sept cents habitants qui pourrait en compter le double aujourd'hui si le maire avait accepté, comme la majorité de ses collègues, de céder à la pression immobilière. En vertu du phénomène d'héliotropisme, la population de la Provence verte a augmenté de 30 % au cours des dix dernières années ! Présentée par certains comme une performance extraordinaire, cette progression est considérée, tout au contraire, par Michaël Latz, comme une catastrophe.

« Le bâtiment ne doit pas être le moteur de la croissance

économique », proclame-t-il. « Je ne veux pas que Correns devienne une commune-dortoir pour des gens qui vont travailler dans l'agglomération niçoise. Avant d'accueillir de nouveaux habitants, il nous faut d'abord créer des richesses pour qu'ils puissent trouver à la fois un logement et un travail sur place. »

Plutôt que de livrer des terrains agricoles à la construction, il s'est attaché à les revaloriser. Les quatre-vingt-cinq viticulteurs de la commune ayant de plus en plus de difficultés à vendre leur récolte, il les a persuadés de se convertir à la culture biologique pour faire de Correns le premier village bio de France. La notoriété qui s'en est suivie leur a permis de commercialiser leurs vins 25 % plus cher. Tout le développement économique du village, désormais, s'effectue autour de ce concept « bio » qui a permis de maintenir la population agricole tout en attirant de nouvelles activités.

L'idée ne peut pas être reprise partout mais la démarche est la bonne. L'étude de la DATAR insiste à juste titre sur les dangers que pourrait représenter, à terme, une « invasion barbare » de la campagne par les citadins. J'en ai retenu trois :

– l'augmentation de la circulation automobile, pour effectuer les trajets domicile-travail, va poser des problèmes écologiques et accentuer la dépendance aux produits pétroliers.

– Les conflits entre les résidents et les nouveaux arrivants – qui veulent la campagne pour le calme, mais avec tous les avantages de la ville – vont s'exacerber d'autant plus que le rapport de forces s'inversera en faveur des nouveaux arrivants.

– Les activités agricoles et industrielles susceptibles de provoquer des nuisances seront mises en difficulté.

Craintes justifiées, comme je l'ai montré plus haut, et confirmées par les observations du rédacteur en chef de l'excellent *Magazine de la Touraine*, Jean-Luc Péchinot, qui s'est tout récemment rendu à Fondettes, une commune des environs de Tours où les pavillons ont poussé plus vite que l'orge, ces vingt dernières années, réduisant le nombre des exploitations agricoles à quatre. Marie-Cécile Beaufreton, qui cultive encore une cinquantaine d'hectares, s'y retrouve en butte aux récriminations des « rurbains » qui se sont appropriés le territoire. « Ils râlent parce que nos foins et nos moissons leur apportent de la poussière dans leurs piscines ! », s'indigne-t-elle. « Ils vont protester à la mairie quand on fait des tirs, le matin pour éloigner les étourneaux. Nous, les paysans, on n'a plus qu'à décamper. Ils se sentent chez eux, maintenant. »

Ces considérations concernent les zones rurales dites « sous influence urbaine », les « campagnes des villes ». Mais il ne faut pas oublier que, dans le même temps, un tiers des communes rurales continuent de se désertifier. Alors, quelles solutions les experts de la DATAR proposent-ils pour sauver ces « campagnes fragiles », ce « rural profond » ?

« La première priorité », estiment-ils, « est de mettre en place les actions nécessaires au maintien de l'agriculture. »

C'est évident. Il est peut-être un peu tard pour s'en apercevoir mais les opérations de sauvetage, effectivement, doivent commencer par là, et je ne peux qu'approuver les mesures préconisées :

– la rémunération des agriculteurs pour l'entretien et la gestion de l'espace
– un encouragement à la diversification de l'agriculture
– le soutien de l'agriculture de terroir
– le renforcement des petites villes et des bourgs ruraux qui maillent le territoire national.

Reste à savoir comment ces bonnes orientations seront traduites, concrètement, par le gouvernement.

« Le monde rural est une des chances de la France dans l'Europe à l'horizon de 2020. Sachons la saisir. » C'est le dernière phrase du rapport. Comment ne pas souscrire, là encore, à cette exhortation ? Mais j'ai entendu tant de beaux discours restés sans suite, j'ai assisté à l'enterrement de tant de rapports... Je constate simplement que dans son dernier

message de nouvel an, où il énumérait les ambitions de la France pour 2004, le président de la République n'a pas fait la moindre allusion au monde rural.
En attendant, l'hémorragie se poursuit. Chaque jour, des agriculteurs mettent la clé sous la porte, des milliers d'autres sont au bord de la faillite ou du découragement, alors que nous avons besoin d'eux – je ne le répèterai jamais assez – pour maintenir une campagne vivante.

Adieu veaux, vaches, cochons, volaille !

Quoi qu'il advienne, les Parisiens à la recherche d'un « paradis perdu » doivent se faire une raison : on ne retrouvera jamais plus l'image traditionnelle et bucolique de la paysannerie qui trotte encore dans leur tête... La fermière qui va ramasser les œufs dans la paille, puis jette du blé aux poussins de la basse-cour avant d'aller traire les vaches et nourrir les cochons, c'est une image dépassée. Elle ne survit plus guère qu'à la télévision, dans les spots publicitaires des industriels de l'agroalimentaire qui utilisent sans vergogne des clichés révolus, contribuant ainsi à entretenir chez le téléspectateur urbain le rêve illusoire d'une campagne figée dans le passé.

Cette agriculture de subsistance, mythique et séculaire, a été tuée par la mécanisation et surtout par la spécialisation des exploitations. Il était admis, autrefois, qu'il ne fallait pas mettre tous ses œufs dans le même panier. L'agriculteur faisait donc un peu de tout, pour répartir les risques. Mais par souci d'efficacité, il s'est engagé dans des « filières », dont il est désormais prisonnier : il fait du porc, ou du veau, ou des céréales, à l'exception du reste. On est entrés dans une autre forme d'agriculture, semi-industrielle.

Oui, je l'écris avec tristesse : Eulalie, Marcelle, Michel, la plupart des paysans que j'ai connus et évoqués dans ce livre appartiennent à un monde enfui, à une espèce disparue ou en sursis, dont les derniers spécimens ne subsistent que dans quelques régions enclavées comme les Monts d'Arrée, en Bretagne, le Queyras, l'Ariège, la Creuse... les fameuses et bien-nommées « campagnes fragiles ».

C'est un deuil difficile à accepter, mais il faut bien se résigner à « faire ce travail », comme disent les psychologues qu'on appelle pour soutenir les familles des victimes lors des grandes catastrophes.

L'agriculteur et l'agricultrice d'aujourd'hui, quand ils ont quitté leurs bottes et leurs vêtements de travail, ressemblent à monsieur et madame tout le monde, même s'ils ont gardé certains acquis de la mentalité paysanne. Ils achètent leurs œufs, leur lait, leurs légumes et leurs poulets au supermarché. Comme tout le monde. Ne comptez plus sur eux, amis citadins, pour vous envoyer des colis de ravitaillement, si une nouvelle guerre survenait, provoquant la pénurie dans les villes !

Les jeunes sont de plus en plus nombreux à construire leur maison d'habitation en dehors de la ferme, pour se préserver un espace de liberté : une démarche qui aurait paru insensée à leurs grands-parents, accoutumés à vivre au milieu de leurs bêtes et de leurs terres.

Tout change, insensiblement. Je n'avais jamais l'impression de déranger un paysan, autrefois, quand je l'abordais en plein travail. Il semblait avoir tout son temps pour me parler. Aujourd'hui, par la force des choses, il est devenu un homme pressé, comme les autres. Et presque aussi stressé. La veille au soir, il a regardé la télévision, comme moi, et au lieu de me donner des nouvelles du pays, comme avant, il m'interroge sur Michel Drucker ou PPDA.

Les agriculteurs se fondent dans la « normalité », tandis que s'efface peu à peu leur empreinte sur une ruralité qui leur échappe et qui doit se refaire une identité en intégrant une population nouvelle, d'origine et de culture urbaines.

Une époque s'achève. Une civilisation s'éteint. Et l'horizon n'est pas très clair...

Table

DU MÊME AUTEUR

Bonjour Monsieur le Maire, tomes I, II et III, La Table Ronde

Le bonheur est dans le pré, Stock

Vive la vie, Stock

Les Recettes de mon village, Édition° 1, en collaboration avec Valérie-Anne Létoile

Les Histoires de mon village, Édition° 1

Marianne, les visages de la République, Gallimard, en collaboration avec Maurice Agulhon

Marianne dans la cité, Éditions de l'Imprimerie Nationale, en collaboration avec Maurice Agulhon

Bonjour la France, tomes I et II, Éditions CPE